PRATIQUE VOCABULAIRE

660 exercices

B1

Thierry Gallier

Audio disponible en ligne ou en téléchargement sur l'espace digital **https://pratique.cle-international.com**

Direction éditoriale : Béatrice Rego
Marketing : Thierry Lucas
Édition : Brigitte Marie
Conception maquette : Dagmar Stahringer
Couverture : Sophie Ferrand
Mise en page : AMG
Studio : Bund

© CLE INTERNATIONAL, 2020
ISBN : 978-2-09-038984-5

Sommaire

1 • La description physique

- **A.** Le visage 7
- **B.** Les cheveux, la barbe 11
- **C.** Chez le coiffeur 12
- **D.** Se maquiller 16
- **E.** L'aspect physique 18
- **F.** Le style 21

2 • Le caractère

- **A.** Le caractère 24
- **B.** Les relations aux autres 30

3 • Les relations sociales

- **A.** Faire une rencontre 36
- **B.** La famille 38
- **C.** Participer à une sortie 42
- **D.** Aller au café, au restaurant 44

4 • Les sentiments

- **A.** Les goûts : aimer ou pas 59
- **B.** Les émotions (la joie, la tristesse) 63

5 • La santé

- **A.** Le corps 69
- **B.** Les problèmes de santé (les accidents et les maladies) 73
- **C.** Voir un médecin ou être à l'hôpital 77

6 • La vie quotidienne

- **A.** S'alimenter (la cuisine, les goûts alimentaires) 82
- **B.** Les courses 90
- **C.** Les transports 100
- **D.** L'aménagement intérieur de son appartement/sa maison 104

7 • Le temps libre

- **A.** Les loisirs 111
- **B.** Les sports 113
- **C.** Les vacances 119

8 • La mode

- **A.** Les vêtements 128
- **B.** Les chaussures et accessoires 135
- **C.** La haute couture 139

9 • La vie culturelle

- **A.** La littérature 144
- **B.** Les arts 150
- **C.** Le cinéma 154
- **D.** Les spectacles vivants 158

10 • Les médias, l'actualité et l'opinion

- **A.** La presse, la télévision 163
- **B.** Les événements 169
- **C.** Les opinions 173

11 • La nature

- **A.** Les paysages 179
- **B.** Les animaux 183
- **C.** Les plantes 189
- **D.** Les manifestations de la nature 191

12 • Les études

- **A.** Avant le bac : les écoles, les activités 196
- **B.** Après le bac : les formations, les diplômes 200

13 • La vie citoyenne

A. L'organisation des pouvoirs 210
B. La démocratie en action 214
C. Les sujets de société 217

14 • La vie professionnelle

A. Les secteurs d'activité 227
B. Les aspects économiques 232
C. Le cycle du travail 234
D. Qui fait quoi dans une entreprise ? 240

15 • L'argent

A. Les moyens de paiement 248
B. La banque 250

16 • Parler le français familier

A. Les personnes autour de soi 257
B. Les activités quotidiennes 261

17 • Les mots de la francophonie

A. En Europe 272
B. En Amérique 275
C. En Afrique 276

Présentation de l'ouvrage

Pour communiquer, il est indispensable de connaître le vocabulaire. Ce livre, de la collection Pratique, propose d'apprendre le vocabulaire du niveau B1 en autonomie avec un parcours clair et complet où les mots sont expliqués, illustrés et présentés en contexte.
L'ouvrage, divisé en 17 chapitres, traite de sujets nécessaires pour la communication dans le monde actuel. Les mots les plus courants sont présentés en premier, et chaque chapitre offre une progression.

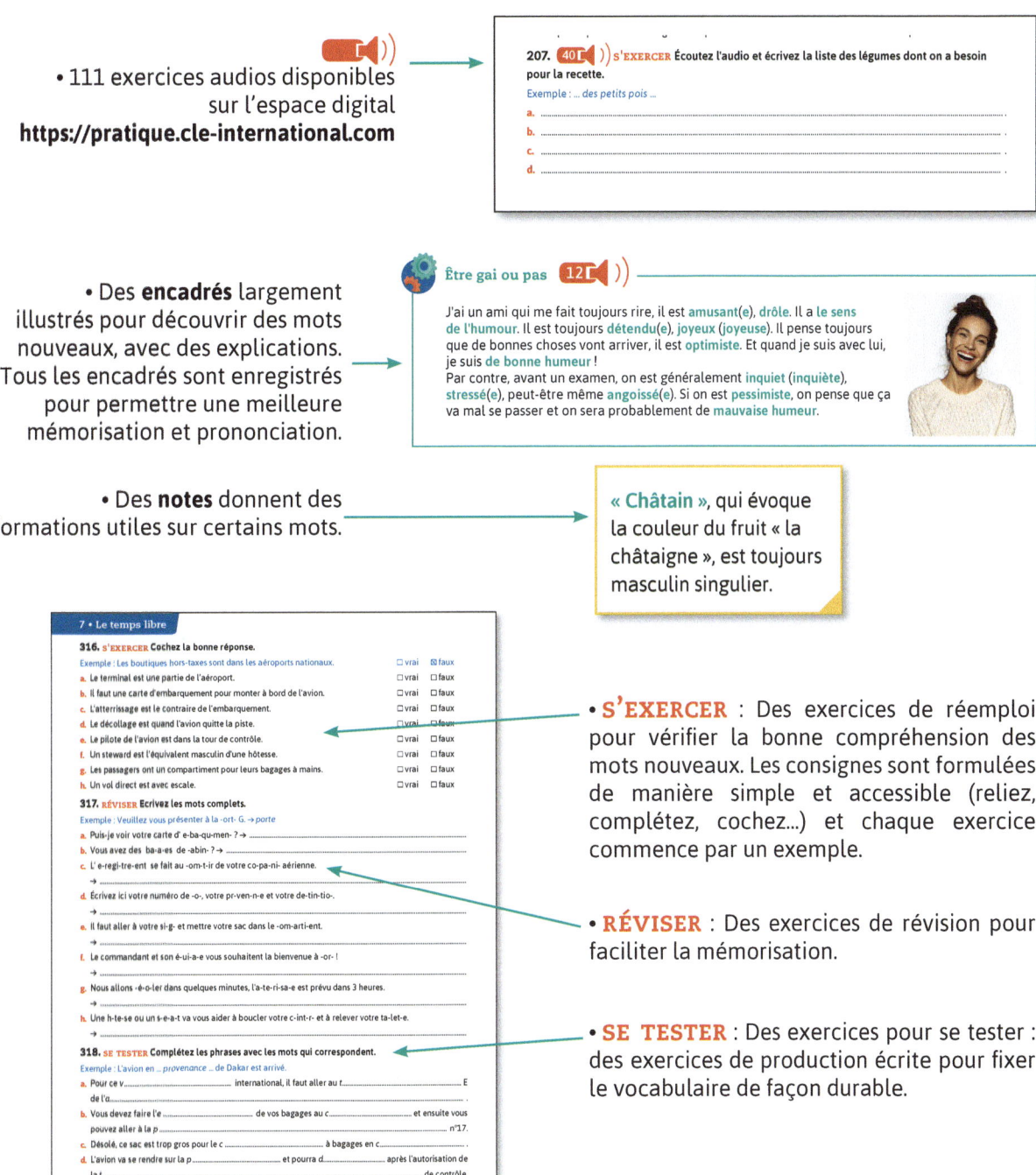

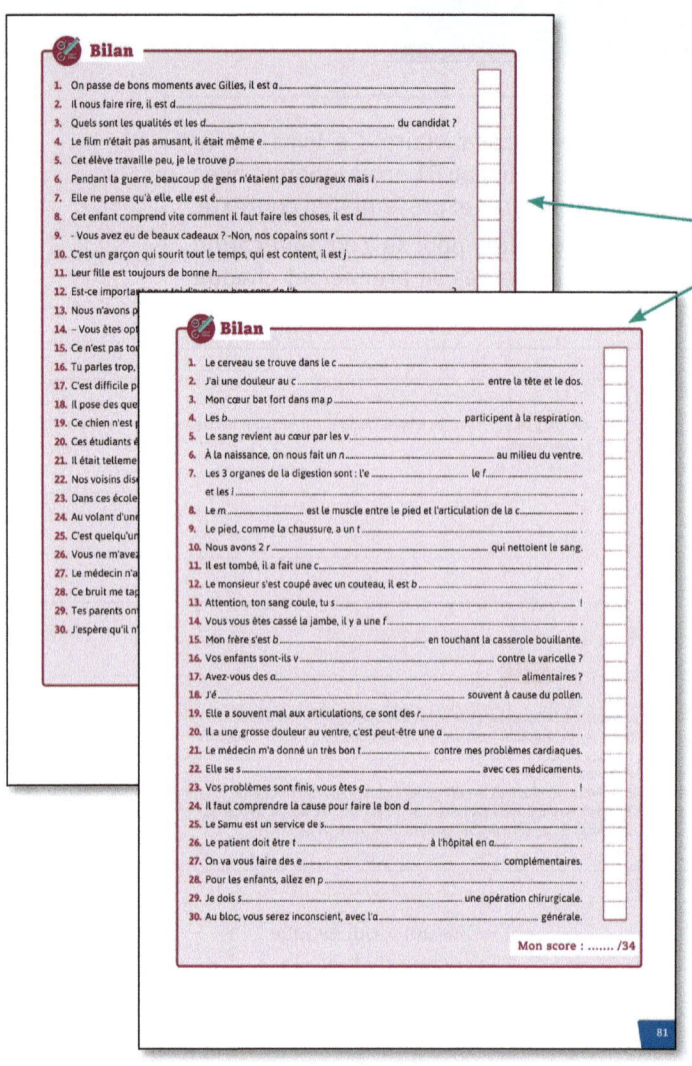

- Des **bilans** en fin de chapitre pour faire le point sur les connaissances avec des phrases à compléter.

- Les **corrigés des exercices et les transcriptions** dans un livret encarté.

Les consignes des exercices du livre :

- **souligner** : ce mot est souligné
- **barrer la mauvaise réponse** : réponse 1 réponse 2
- **cocher** : ☒   réponse 1 ☒   réponse 2 ☐
- **compléter les phrases** : + mot
- **écrire** les mots complets : remplacer les tirets par les lettres
- **relier** : associer des mots ou des éléments ensemble

- **remettre dans l'ordre** : les mots de cet exemple ne sont pas dans l'ordre :
  Exemple : sœur – Ma – soupe – mange – sa.
  Ici, ils sont dans l'ordre :
  → Ma sœur mange sa soupe.
- **choisir** : sélectionnez, choisissez la bonne réponse, « oui » ou « non ».
- **écouter** 01)) : j'écoute l'audio

1 • La description physique

A. Le visage

L'ensemble du visage 01

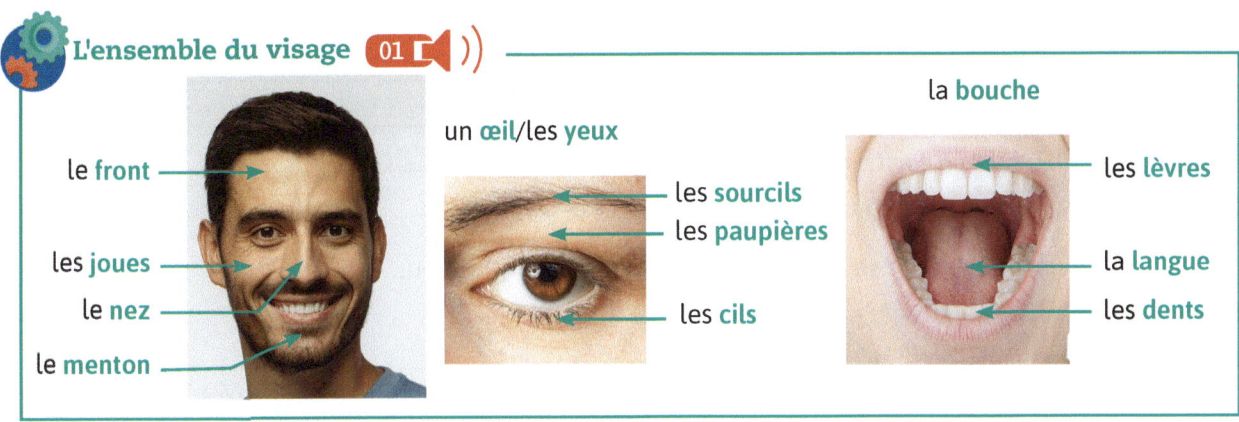

- le front
- les joues
- le nez
- le menton
- un œil/les yeux
- les sourcils
- les paupières
- les cils
- la bouche
- les lèvres
- la langue
- les dents

1. S'EXERCER Reliez les deux parties de la phrase.

a. Muriel a les yeux   • 1. blonds.
b. Elle se met du bleu   • 2. marron.
c. Je ne sens rien,   • 3. les oreilles.
d. Il a les sourcils   • 4. sur le menton.
e. Elle m'a fait une bise   • 5. sur les paupières.
f. Il a un peu de barbe   • 6. sur le front.
g. On entend avec   • 7. sur la joue.
h. Il a une petite marque   • 8. j'ai le nez bouché.

2. S'EXERCER Complétez les phrases avec les mots : *nez, sourcils, ~~oreilles~~, yeux, cils, front, paupières, menton.*

Exemple : Après le concert, j'avais mal aux ... oreilles ...

a. Le .... est au milieu du visage.

b. Les .... sont au-dessus des ....

c. Les .... sont au bord des ....

d. Le .... est dans le haut du visage.

e. Le .... est dans le bas du visage.

3. S'EXERCER Cochez la bonne réponse.

Exemple : Les cils sont sur   ☐ le menton   ☒ les paupières.

a. Les cils sont   ☐ sur les yeux   ☐ dans les oreilles.
b. On peut ouvrir ou fermer   ☐ les sourcils   ☐ les paupières.
c. Le menton est dans   ☐ le bas   ☐ le haut du visage.
d. Le front est dans   ☐ le bas   ☐ le haut du visage.
e. Le nez est entre   ☐ les yeux   ☐ les joues.

1 • La description physique

4. RÉVISER Les lettres des mots en italique sont mélangées. Écrivez les mots correctement.

Exemple : Elle a des *c s l i* très longs. → cils

a. On s'embrasse sur la *o j u e*. → ....
b. J'ai mal aux *e l e o l s i r*. → ....
c. Tu peux baisser les *a i s u r p è e p*. → ....
d. Elle a les *u i c l o s r s* de quelle couleur ? → ....
e. Il a un *t u n o b o* sur le *n e m t n o*. → ....
f. L'enfant a le *r f t o n* un peu chaud. → ....

5. RÉVISER Écrivez la réponse qui correspond à chaque question.

Exemple : Nous avons combien d'yeux ? → 2

a. Nous avons combien d'oreilles ? → ....
b. On a combien de joues ? → ....
c. S'il y a trop de lumière, qu'est-ce que je baisse ? → ....
d. Pour voir, on utilise quoi ? → ....
e. Comment s'appelle la partie la plus haute du visage ? → ....
f. Avec quoi peut-on respirer ? → ....

6. RÉVISER Reliez les deux parties de la phrase.

a. Elle a des dents • • 1. sur les lèvres.
b. Pour prononcer le -r, • • 2. la bouche.
c. Je me mets du rouge • • 3. la langue est en bas.
d. Maintenant, tu peux fermer • • 4. le menton.
e. La bouche est dans le bas • • 5. bien blanches.
f. La bouche est plus haut que • • 6. du visage.

7. RÉVISER Cochez la bonne réponse.

Exemple : Je laisse le bonbon sur ☒ la langue ☐ la dent.

a. Nous avons 32 ☐ dents ☐ lèvres.
b. La langue est ☐ dans la bouche ☐ sur les lèvres.
c. Nous avons 2 ☐ langues ☐ lèvres.
d. Il a de belles ☐ lèvres ☐ dents blanches.
e. Ne mets pas ça dans ta ☐ bouche ☐ langue !

8. RÉVISER Les lettres des mots en italique sont mélangées. Écrivez les mots correctement.

Exemple : la *e h u c o b* → bouche

a. la *u l g n e a* → .... c. les *t e n s d* → ....
b. les *s r e è l v* → ....

9. SE TESTER Complétez les phrases avec les mots qui correspondent.

Exemple : L'air passe par le ... *nez* ...

a. On entend avec les ....

A. Le visage

b. On voit avec les ....
c. La jeune fille a du bleu sur les ....
d. Mon copain a les cils et les .... bruns.
e. Patrick veut te faire une bise sur la ....
f. Le .... est dans le haut du visage ....
g. Le .... est dans le bas du visage ....

 À chacun son visage 02 🔊

 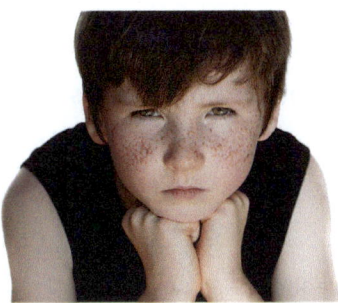 

Le teint peut être **clair**, **foncé**, **mat**. Les parents d'un(e) **métis(se)** ont des **teints** de peau différents. Les yeux **bridés** sont allongés, en forme d'amande.

On peut avoir des **taches de rousseur**. Les jeunes ont parfois des **boutons**, et les personnes plus âgées, des **rides**.

Quelqu'un **peut avoir/porter des lunettes**. Le **regard** est l'expression des yeux. Le **sourire** est l'expression joyeuse de la bouche.

10. S'EXERCER Reliez les deux parties de la phrase.

- **a.** Son copain a le teint
- **b.** Sur les joues, elle a
- **c.** L'horreur ! J'ai
- **d.** Sur le front, tu as
- **e.** Cette fille a
- **f.** Ses parents sont
- **g.** Elle a les yeux en amande,

- **1.** un gros bouton sur le nez !
- **2.** elle a les yeux bridés.
- **3.** une nouvelle ride !
- **4.** des taches de rousseur.
- **5.** mat.
- **6.** métis.
- **7.** le teint clair.

11. S'EXERCER Cochez la bonne réponse.

Exemple : À ton âge, tu n'as pas beaucoup de ☒ rides ☐ types.

a. Il peut être clair ou mat, ☐ le type ☐ le teint.
b. Ma petite sœur a des ☐ rides ☐ taches de rousseur.
c. Les yeux en amande sont ☐ bridés ☐ ridés.
d. Le contraire de clair, pour le teint, est ☐ rousseur ☐ foncé.
e. J'ai souvent un ☐ bouton ☐ teint sur le front.
f. Elle est ☐ bridée ☐ métisse.

1 • La description physique

12. S'EXERCER Complétez les phrases avec les mots : ~~peau~~, regard, porte, sourire, métisse, teint, mat.

Exemple : L'enfant a la … *peau* … claire.

a. Le .... concerne la couleur du visage.
b. Le .... est exprimé par les yeux.
c. Le .... montre qu'on est content.
d. Il .... des lunettes.
e. Ton frère est .... de peau.
f. Son teint n'est ni mat ni foncé, elle est ....

> Le mot **vieux** peut être considéré comme trop direct et remplacé par **âgé(e)**.

13. RÉVISER Remettez les mots de ces phrases dans l'ordre.

Exemple : lunettes ? Votre – des – porte – fille → Votre fille porte des lunettes ?

a. il – du – Il – vient – sud, – a – le – mat. – teint
   → ....

b. claire. – très – la – Sa – peau – mère – a
   → ....

c. rencontré – jeune – métisse. – une – femme – a – Il
   → ....

d. a – étudiant – boutons. – des – Cet
   → ....

e. Ma – les – mère – a – bridés. – yeux – grand-
   → ....

f. un – a – enfant – regard. – Cet – beau
   → ....

g. photo. – joli – sur – sourire – a – un – très – cette – nièce – Ta
   → v

14. SE TESTER Complétez les phrases avec les mots qui correspondent.

Exemple : Il a/porte des … *lunettes* … ?

a. Le .... est l'expression des yeux.
b. Elle est toujours contente, elle a le .... facile.
c. Avec ce soleil, tu as de plus en plus de .... sur les joues.
d. Le .... est la nuance de couleur de la peau du visage.
e. Le teint du visage peut être foncé ou au contraire ....
f. Son mari a les yeux en amande, les yeux ....
g. Tu commences à être âgée, tu as des .... sur le visage.
h. J'ai souvent un gros .... rouge à cet endroit !

B. Les cheveux, la barbe

La couleur et la longueur 03

Les cheveux peuvent être **bruns**, **blonds**, **châtain**, **roux**, **gris**, **blancs**, **teints**.
Ils peuvent **aussi être courts**, **longs**, **mi-longs**, **raides**, **bouclés**, **frisés**.

Quand on n'a pas de cheveux, on est **chauve**.
Certains hommes ont une **barbe**
(sur le menton, les joues) ou une **moustache**
(sur la lèvre du haut), qu'ils **taillent**
régulièrement. Pour éliminer les **poils** sur
le visage, ils doivent **se raser**.

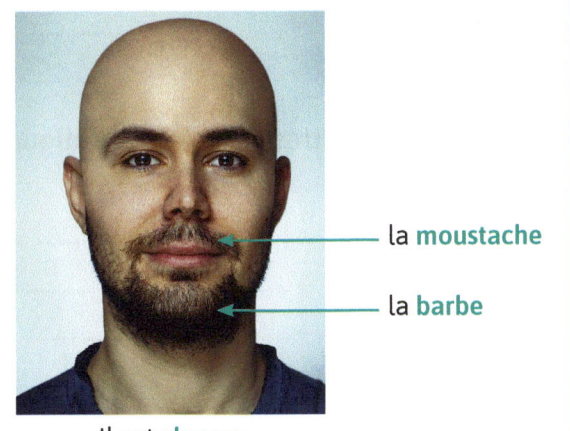

la **moustache**

la **barbe**

Il est **chauve**.

15. S'EXERCER Reliez les deux parties de la phrase.

a. La couleur de ses cheveux est noire,
b. Elle a les cheveux de couleur claire,
c. Ses cheveux sont entre brun et blond,
d. La couleur de ses cheveux est presque rouge
e. Il est un peu âgé, il a des cheveux
f. Elle est très âgée, elle a les cheveux
g. La couleur de ses cheveux n'est pas naturelle, ils sont

1. il est châtain.
2. elle est blonde.
3. il est brun.
4. teints.
5. gris.
6. blancs.
7. il est roux.

16. S'EXERCER Complétez les phrases avec : *longs, courts, ~~raides~~, mi-longs, bouclés, frisés, chauve.*

Exemple : Elle n'a pas de boucles, elle a les cheveux ... *raides* ...

a. Le coiffeur m'a coupé beaucoup de cheveux, ils sont ....
b. Ses cheveux sont entre courts et longs, ils sont ....
c. Il n'a pas du tout de cheveux, il est ....
d. Ses cheveux sont très bouclés, ils sont ....
e. Ses cheveux ne sont pas raides, ils sont ....

> « **Châtain** », qui évoque la couleur du fruit « la châtaigne », est toujours masculin singulier.

17. S'EXERCER Complétez les phrases avec : *taille, moustache, se raser, barbe, ~~poils~~.*

Exemple : Il a des ... *poils* ... sur le visage.

a. Il a une jolie .... sur les joues.
b. Il a une petite ....
c. Tous les jours, je me .... la barbe.
d. Il va .... avec un rasoir.

1 • La description physique

18. RÉVISER Écrivez « C » si on parle de la couleur, « T » pour la taille ou « N » pour la nature des cheveux.

Exemple : Elle a les cheveux courts. → T

a. Il a les cheveux frisés. → ....
b. Ses cheveux sont mi-longs. → ....
c. Elle est châtain. → ....
d. Martine est rousse. → ....
e. Ses cheveux sont raides. → ....
f. Il a quelques cheveux gris. → ....

19. RÉVISER Les lettres des mots en italique sont mélangées. Écrivez les mots correctement.

Exemple : se *r s e a r* → se raser

a. la *c h o e m a u t s* → ....
b. la *r b b e a* → ....
c. *l b s n o d* → ....
d. *x u r o* → ....
e. *r i é f s* → ....
f. *a e u v c h* → ....
g. *u t r s o c* → ....
h. *a â i h c t n* → ....

20. SE TESTER Complétez les phrases avec les mots qui correspondent.

Exemple : Il a une petite ... *moustache* ... au-dessus des lèvres.

a. Ses cheveux sont de couleur noire, il est ....
b. Elle a les cheveux clairs, elle est ....
c. Il a une longue .... sur les joues.
d. Il n'a plus de cheveux, il est ....
e. Elle a les cheveux très bouclés, ils sont ....

C. Chez le coiffeur

 L'arrivée au salon

Vous pouvez **prendre rendez-vous** dans un **salon de coiffure**, un **coiffeur**/une **coiffeuse** va s'occuper de vous. On va vous **laver** les cheveux avec un **shampoing** adapté aux cheveux **gras**, **secs**, **normaux**, ou avec des **pellicules**. Après, on les **sèche**.

C. Chez le coiffeur

21. S'EXERCER Reliez les deux parties de la phrase.

a. On a un nouveau salon • • 1. Non, normaux.
b. Il y a toujours du monde, il faut • • 2. de coiffure dans le quartier.
c. C'est toujours la même coiffeuse • • 3. prendre rendez-vous.
d. On commence par vous • • 4. qui s'occupe de moi.
e. Vous préférez • • 5. pellicules.
f. Vous avez les cheveux gras ? • • 6. laver les cheveux.
g. Je n'ai pas de • • 7. quel shampoing ?

22. S'EXERCER Complétez les phrases avec : ~~cheveux~~, coiffeur, ~~laver~~, coiffure, pellicules, shampoing, gras.

Exemple : : On va vous … *laver* … les … *cheveux* …

a. C'est un bon salon de ....
b. C'est un nouveau ....
c. Je ne connais pas cette marque de ....
d. Vous avez les cheveux secs ou .... ?
e. J'ai des ....

23. RÉVISER Les lettres des mots en italique sont mélangées. Écrivez les mots correctement.

Exemple : un *n a s l o* → salon

a. un *u f e r f c o i* → ....
b. un *o g s n p h m i a* → ....
c. *r x n o m u a* → ....
d. des *e s u i l e l p l c* → ....
e. un *z e d e r n – v o u s* → ....

24. SE TESTER Complétez les phrases avec les mots qui correspondent.

Exemple : J'aime bien ce salon de … *coiffure* …

a. Je dois aller chez le ....
b. J'ai .... jeudi à 15 h.
c. On commence par me .... les cheveux.
d. C'est une nouvelle marque de ....
e. Ce n'est pas ma .... habituelle.
f. Vous avez les cheveux normaux, gras ou .... ?
g. Attention, vous avez beaucoup de ....

1 • La description physique

La coiffure 05

On peut **se faire couper les cheveux**, avoir une **coupe** avec une **frange** ou une **raie**.
On peut vous **brosser/peigner** les cheveux, vous faire la **coiffure** de votre choix :
un **chignon**, des **nattes**, une **queue de cheval**.

On peut vous faire une **permanente**, un **brushing**, une **teinture** (une couleur).
Le résultat : on est bien ou **mal coiffé**, **ça vous va bien** ou **mal**.

---

25. S'EXERCER Reliez les deux parties de la phrase.

a. Tu as les cheveux trop longs,
b. On vous coiffe avec ou sans
c. Sur le front,
d. À l'arrière,
e. Sur les côtés,
f. J'ai envie de changer de
g. Je ne veux pas de coupe, seulement les

1. il faut les faire couper.
2. coiffure.
3. raie ?
4. peigner.
5. elle a une frange.
6. elle a un chignon.
7. elle a des nattes.

> Parfois, au moment de payer, on laisse un **pourboire** pour la personne qui nous coiffe.

26. S'EXERCER Cochez la bonne réponse.

Exemple : On va vous passer la brosse, on va vous	☒ brosser	☐ peigner.
a. Une boule de cheveux à l'arrière de la tête, c'est	☐ une raie	☐ un chignon.
b. Une ligne claire de séparation quand on coiffe les cheveux, c'est	☐ une raie	☐ une natte.
c. Quelques cheveux attachés à l'arrière, c'est une	☐ frange	☐ queue de cheval.
d. Les cheveux tressés, ce sont des	☐ nattes	☐ franges.
e. Les cheveux coupés bien droits au niveau du front, c'est une	☐ raie	☐ frange.
f. Un chignon, c'est une	☐ coiffeuse	☐ coiffure.

27. S'EXERCER Complétez les phrases avec : *brushing, permanente, bien coiffé, pourboire, ~~coupe~~, teinture, ça me va mal.*

Exemple : Se faire couper les cheveux, c'est une … *coupe* …

a. Un traitement de longue durée pour faire friser les cheveux, c'est une ……………………… .
b. Sécher les cheveux en leur donnant un style, c'est un ……………………… .
c. Changer la couleur des cheveux, c'est faire une ……………………… .
d. Aujourd'hui, je sors de chez le coiffeur, je suis ……………………… .
e. Je n'aime pas cette coiffure, ……………………… .
f. Cette coiffeuse s'occupe très bien de moi, je lui laisse un ……………………… .

C. Chez le coiffeur

28. RÉVISER Les lettres des mots en italique sont mélangées. Écrivez les mots correctement.

Exemple : des *s e t n t a* → nattes

a. un *s g r i h b u n* → brushing
b. une *n e p a t n e m r e* → permanente
c. bien *o f i é c f* → coiffé
d. une *u r e t i e t n* → teinture
e. un *b r o e p o i r u* → pourboire
f. un *o n i g n c h* → chignon
g. *p e g r i e n* → peigner

29. RÉVISER Remettez les mots de ces phrases dans l'ordre.

Exemple : des – faire – me – nattes ? – pouvez – Vous → Vous pouvez me faire des nattes ?

a. chez – Je – le – coiffé, – coiffeur. – mal – aller – vais – suis – je
→ Je suis mal coiffé, je vais aller chez le coiffeur.

b. sans – vous – ou – raie ? – coiffe – avec – On
→ On vous coiffe avec ou sans raie ?

c. queue – de – Aujourd'hui, – elle – cheval. – une – a
→ Aujourd'hui, elle a une queue de cheval.

d. permanente – voulez – juste – brushing ? – ou – un – une – Vous
→ Vous voulez juste un brushing ou une permanente ?

e. va - bien ! – nouvelle – te – coiffure – très – Cette
→ Cette nouvelle coiffure te va très bien !

f. résultat, – Je – très – pourboire – pour – voici – suis – content – du – un – vous.
→ Je suis très content du résultat, voici un pourboire pour vous.

30. SE TESTER Complétez les phrases avec le mot qui correspond.

Exemple : On va vous faire une coiffure qui ne reste pas longtemps, c'est un ... *brushing* ...

a. J'ai besoin de boucler mes cheveux pour assez longtemps, faites-moi une ....
b. On va changer la couleur, c'est une ....
c. On va vous faire une boule derrière la tête, c'est un ....
d. On va vous tresser les cheveux, ce sont des ....
e. On va attacher quelques cheveux à l'arrière, c'est une ....
f. On va vous couper les cheveux, c'est une ....
g. On va vous couper les cheveux sur une ligne parallèle au front, c'est une ....
h. On va vous coiffer les cheveux avec une ligne bien claire de séparation, c'est une ....
i. Si vous êtes content du coiffeur, vous pouvez laisser un ....

1 • La description physique

D. Se maquiller

Les soins de beauté 06

On peut se mettre du **maquillage**, **se maquiller**. Le **fond de teint** est une crème légèrement colorée. On peut mettre du **fard** sur les paupières, du **mascara** sur les cils et du **rouge à lèvres**, du **vernis à ongles** (on dit qu'on a les ongles **faits**). Pour enlever les poils, on demande une **épilation** ou on s'épile soi-même.

31. S'EXERCER Reliez les éléments qui correspondent.

a. mettre du maquillage	1. à lèvres
b. du fond	2. pour les cils
c. du fard	3. de teint
d. du mascara	4. (se) maquiller
e. du rouge	5. enlever les poils
f. du vernis	6. à ongles
g. faire une épilation	7. sur les paupières

(a. → 4.)

32. S'EXERCER Cochez la bonne réponse.

Exemple : J'aime bien ton ☐ épilation ☒ rouge à lèvres.

a. On va vous faire un joli ☐ maquillé ☐ maquillage.
b. Sur le visage, on met d'abord ☐ un fond de teint ☐ un fard.
c. J'ai envie de couleur sur les paupières, je mets du ☐ vernis ☐ fard.
d. sur les cils, tu peux mettre un peu plus de ☐ mascara ☐ rouge.
e. Sur les ongles, elle met du ☐ vernis ☐ fard.
f. On va vous enlever tous les poils, c'est ☐ un maquillage ☐ une épilation.

33. RÉVISER Les lettres des mots en italique sont mélangées. Écrivez les mots correctement.

Exemple : du *n e v s i r* à ongles → vernis

a. du *f d n o* de *t i t e n* → ....
b. faire un *l e a q a u l m i g* → ....
c. du *f d r a* à paupières → ....
d. du *a a m s c a r* pour les cils → ....
e. du *u o e g r* à lèvres → ....
f. une *i n i a o é p l t* → ....

D. Se maquiller

34. SE TESTER Complétez les phrases avec les mots qui correspondent.

Exemple : J'ai un nouveau … *rouge à lèvres* … extraordinaire !

a. Je vais me..
b. Je mets d'abord un .... de teint.
c. Je mets du .... sur les paupières.
d. J'ajoute du .... sur les cils.
e. Je vais me mettre du .... sur les ongles.
f. Pour enlever les poils, je me fais faire une ....

Bilan 1

1. Tu peux respirer par le n...............
2. Les enfants n'ont pas toutes leurs d...............
3. Ne parlez pas ! Fermez votre b...............
4. Pour ne pas voir, tu peux baisser les p...............
5. Avec de la musique trop forte, j'ai mal aux o...............
6. Quelle est la position de la l............... pour prononcer cette lettre ?
7. Ses parents ont des teints différents, il est m...............
8. Ton frère a le teint clair ou m............... ?
9. Avec l'âge, on a plus de r...............
10. Son fils p............... des lunettes de vue.
11. Tu as encore un gros b............... sur le front !
12. Elle a les yeux b..............., en forme d'amande.
13. Tes yeux ont un r............... très expressif.
14. Un petit s............... pour la photo !
15. Ses cheveux sont de couleur noire, il est b...............
16. La couleur de ses cheveux est entre noir et blond, elle est c...............
17. Vous pouvez me t............... la barbe ?
18. Ses cheveux sont presque rouges, il est r...............
19. Ce n'est pas la couleur naturelle, ses cheveux sont t...............
20. Il a les cheveux bouclés ? Non, r...............
21. J'ai besoin d'un shampoing spécial parce que j'ai des p...............
22. Mes cheveux sont trop longs, je vais les faire c...............
23. On lui a tressé les cheveux, elle a des n...............
24. Vous préférez un brushing ou une p............... ?
25. Je laisse un p............... à la coiffeuse.
26. Pour ce film, l'acteur a besoin d'un m............... très compliqué.
27. On vous met du f............... sur les paupières.
28. Tu veux du m............... sur les cils ?
29. Elle se met du v............... à ongles.
30. La dame veut une é............... des jambes pour enlever tous les poils.

Mon score : .... /30

E. L'aspect physique

La taille et le poids 07

Pour décrire quelqu'un, on peut parler de sa **taille** : il/elle mesure (il/elle **fait**) 1m80. Il est **grand** ou au contraire **petit**, il/elle est **moyen**(**ne**) (ni grand ni petit). On peut parler de son **poids** : il/elle **pèse** (il/elle **fait**) 70 kg (kilos), il/elle est **mince** ou au contraire **gros**(**se**). Il/Elle peut être **maigre** (très mince), **rond**(**e**) (un peu gros) ou **obèse** (très gros). Quand le corps devient plus gros, il grossit (verbe **grossir**). Si au contraire il devient plus mince, il maigrit (verbe **maigrir**). On peut faire un **régime** pour maigrir.

35. S'EXERCER Reliez les deux parties de la phrase.

a. Elle mesure • • 1. 78 kg.
b. Mon copain pèse • • 2. mince.
c. Il n'est pas petit, au contraire • • 3. il est moyen.
d. Il n'est ni petit, ni grand, • • 4. il est grand.
e. Il n'est pas gros, il est • • 5. j'ai maigri.
f. Notre fille est très mince, elle est • • 6. 1m72.
g. Tu as grossi ? Non, • • 7. maigre.

36. S'EXERCER Cochez la bonne réponse.

Exemple : Je suis plus gros qu'avant, j'ai ☐ maigri ☒ grossi.

a. Quelle est votre ☐ mesure ☐ taille ?
b. ☐ J'ai ☐ Je fais 1m82.
c. Quel est votre ☐ pèse ☐ poids ?
d. Il est un peu gros, il est ☐ rond ☐ obèse.
e. C'est un monsieur qui n'est pas grand, pas petit, il est ☐ maigre ☐ moyen.
f. Ma mère ☐ pèse ☐ mesure 70 kg.
g. Ce garçon n'est pas mince, il est ☐ grand ☐ gros.

37. S'EXERCER Complétez les phrases avec les mots : ~~pèse~~, *rond, taille, obèse, mesure, poids, régime, maigrir.*

Exemple : La valise … *pèse* … 30 kg.

a. C'est une personne de .... moyenne.
b. Vous savez combien il .... ? 1m90.
c. Il est gros ? Non, juste un peu ....

E. L'aspect physique

d. Julien est mince ? Non, très gros, il est ………………………………………………………………… .
e. Martine est plus mince, elle fait un ………………………………………………………………… .
f. La balance indique le ………………………………………………………………… .
g. Vous devez perdre des kilos, il faut ………………………………………………………………… .

38. RÉVISER Les lettres des mots en italique sont mélangées. Écrivez les mots correctement.
Exemple : Le *o i d p s* → poids
a. *r e s u r e m* → ……………………………………… .   **d.** *i m g r i r a* → ……………………………………… .
b. la *t l a e i l* → ……………………………………… .   **e.** *r s i s g o r* → ……………………………………… .
c. faire un *i g e m é r* → ……………………………………… .

39. SE TESTER Complétez les phrases avec les mots qui correspondent.
Exemple : À 12 ans, tu étais un peu grosse, tu étais … *ronde* …
a. Quelle est sa ………………………………………………………………… ? 1m85.
b. Et son ………………………………………………………………… ? 79 kg.
c. Il est grand ou ………………………………………………………………… ?
d. Il n'est pas grand, il n'est pas petit, il est ………………………………………………………………… .
e. Elle est grosse ? Non, elle est ………………………………………………………………… .
f. Il est très gros, il est ………………………………………………………………… .
g. Elle est très mince, elle est ………………………………………………………………… .
h. Je dois perdre des kilos, je vais ………………………………………………………………… .
i. Je suis grosse, je vais faire un ………………………………………………………………… .

À chacun son corps

On peut trouver que quelqu'un est très agréable à regarder, il/elle est **beau (belle)**, on aime sa **beauté**, il/elle est **joli(e)**, un peu moins que beau, ou **mignon(ne)**, un peu moins que joli. Au contraire, on parle de **laideur** : il/elle est **laid(e)**, familièrement il ou elle est **moche**. Quelqu'un peut nous **plaire**, parce qu'il a du **charme**, il/elle est **séduisant(e)**.
En général, un danseur est très **souple** (le contraire : **raide**). Quand on fait de l'exercice régulièrement, on est **musclé(e)**. On peut être **poilu(e)** (avec des poils sur la peau).

À chacun sa voix…
La **voix** peut être **grave** ou au contraire **aiguë**.

1 • La description physique

40. S'EXERCER Reliez les deux parties de la phrase.

a. Il a un visage magnifique,   1. il est séduisant.
b. Elle est assez belle,   2. mignon.
c. Ce bébé est   3. il est beau.
d. Il n'est pas beau,   4. elle est jolie.
e. Il a du charme,   5. il est musclé.
f. Elle n'est pas raide,   6. elle est souple.
g. Paul est sportif,   7. il est moche.

41. S'EXERCER Cochez la bonne réponse.

Exemple : Patrick est poilu, il a beaucoup de	☐ muscles	☒ poils.
a. La beauté est le contraire de la	☐ raideur	☐ laideur.
b. Sa copine est plus que jolie, elle est	☐ belle	☐ mignonne.
c. Son cousin n'est pas beau, il est	☐ laid	☐ mignon.
d. Son nouveau copain n'est pas super beau, mais il est	☐ mignon	☐ laid.
e. Cette personne me plaît,	☐ j'aime bien la regarder	☐ je n'aime pas la regarder.
f. Je vais faire du yoga, je ne suis pas assez	☐ souple	☐ raide.
g. Elle est séduisante,	☐ elle plaît à tout le monde	☐ elle ne plaît à personne.

42. S'EXERCER Complétez les phrases avec : *souple, séduisant, plaît, musclé, charme, aiguë, poilu, grave, raide.*

Exemple : Cédric fait beaucoup de sport, il est ... *musclé* ...

a. Son mari a beaucoup de ....
b. Qu'est-ce qui te .... en elle ?
c. Leur fils a beaucoup de succès avec les filles, il est ....
d. Il a beaucoup de poils sur le corps, il est ....
e. Elle fait de la danse, elle est très ....
f. Je ne fais jamais d'exercice, je suis tout ....
g. Mon prof chante dans une chorale, il a une jolie voix ....
h. Ma mère a une voix très ....

43. RÉVISER Écrivez le contraire.

Exemple : Il ne vous plaît pas ? Mais si, il me ... *plaît* ...

a. Il est beau ? Non, il est .... / ....
b. Tu es raide ? Non, je suis ....
c. Vous aimez la beauté ? Non, la ....
d. Le chanteur a une voix aiguë ? Non, ...

E. L'aspect physique

44. RÉVISER Remettez les mots de ces phrases dans l'ordre.

Exemple : mignon. – est – bébé – Leur – vraiment → Leur bébé est vraiment mignon.

a. du – être – sport – pour – musclé. – Je – plus - faire – vais

→ ....

b. moche. – Je – trouve – que – copain – est – son

→ ....

c. j' – plus – étais – j' – jeune, – Quand – étais – souple.

→ ....

d. charme. – de – Son – copain – a – beaucoup

→ ....

e. les – Tu – très – as – jambes – poilues !

→ ....

f. aiguë. – voix – Elle – avec – chante – belle – une

→ ....

45. SE TESTER Complétez les phrases avec les mots qui correspondent.

Exemple : Pour être ... *musclé* ..., il faut faire plus de sport.

a. Tout le monde aime le regarder, il est très b.. .

b. C'est un j.. garçon.

c. J'adore ce petit chat, il est m... !

d. Ce chien est horrible, il est l.. .

e. Il n'a pas beaucoup d'amis parce qu'il est m... .

f. J'aime cet acteur, il me p... .

g. Il fait de l'effet sur les femmes, il est s... .

h. Notre grand-père, quand il était jeune, avait du c.. .

i. Sa voix est basse, elle est g... .

j. Notre amie a une voix a.. .

F. Le style

 Décrire le look

L'aspect général d'une personne, le **look**, peut être **classique** ou au contraire **moderne**, **élégant** (avec bon goût), **chic** (très élégant). On peut dire que quelqu'un a de la **classe**, ou qu'il est **original**, s'il a un **tatouage par exemple**, ou au contraire, qu'il est **banal**, **ordinaire**. En ce qui concerne les vêtements portés, on peut être **bien** ou **mal habillé**, **soigné** (avec attention) ou au contraire **négligé**.

1 • La description physique

46. S'EXERCER Reliez les éléments qui correspondent.

a. l'aspect général • • 1. original
b. pas classique • • 2. moderne.
c. avec du goût • • 3. le look
d. pas banal • • 4. bien habillé
e. avec de beaux vêtements • • 5. un tatouage
f. pas soigné • • 6. élégant
g. un dessin permanent sur la peau • • 7. négligé

47. S'EXERCER Cochez la bonne réponse.

Exemple : J'aime ses vêtements, elle est ☒ bien habillée ☐ mal habillée.

a. Cet acteur s'habille avec bon goût, il est ☐ élégant ☐ négligé.
b. Cet homme a une élégance naturelle, ☐ il a de la classe ☐ il est classique.
c. Le style de cette femme est très élégant, il est ☐ banal ☐ chic.
d. Ce chanteur n'est pas comme les autres, il est ☐ original ☐ ordinaire.
e. Votre style est sans recherche, il est ☐ banal ☐ original.
f. Elle va se faire faire un dessin sur la peau, c'est un ☐ vernis ☐ tatouage.
g. Vous devez avoir un aspect parfait, être toujours ☐ soigné ☐ négligé.

48. RÉVISER Les lettres des mots en italique sont mélangées. Écrivez les mots correctement.

Exemple : C'est un peu trop *e d e m o r n* pour moi. → moderne

a. J'adore le *k o o l* de cette chanteuse. → ....
b. Où est ton *g o u t a e t a* ? → ....
c. Cet acteur a une *a s e l s c* naturelle. → ....
d. Vous avez un aspect un peu trop *é g l i é g n*. → ....
e. Il est toujours *b n i e a l b h é i l*. → ....
f. Ce style n'est pas assez original, c'est trop *l b n a a*. → ....

49. SE TESTER Complétez les phrases avec les mots qui correspondent.

Exemple : Ce vêtement n'a rien de spécial, il est … *ordinaire* …

a. Cette étudiante change de l.. chaque jour.
b. Je n'aime pas le style moderne, je préfère le c.. .
c. Tu as de la c.. avec ces vêtements !
d. Ce n'est pas assez original, c'est b.. .
e. Il a toujours une certaine recherche, il est é.. .
f. Il a un t.. qui représente un chat.
g. Aujourd'hui, je n'aime pas tes vêtements, tu es m.. h.. .
h. Devant les clients, il faut toujours être très s.., impossible d'être n.. .

Bilan 2

1. Quelle est votre t... ? 1m83.
2. Il est petit ? Non, il est g...
3. Quel est votre p... ? 78 kg.
4. Vous p... combien ? 56 kg.
5. Il est gros ? Non, il est m...
6. Ce mannequin doit grossir, elle est trop m...
7. Elle n'est ni petite, ni grande, elle est m...
8. Vous devez perdre quelques kilos, il faut m...
9. Je vais faire un r... pour perdre mes kilos.
10. On aime regarder ce garçon, il est b...
11. Elle a un j... nez.
12. Ton petit frère est tout m...
13. Je suis trop r... pour danser.
14. Avec du yoga, vous deviendrez plus s...
15. Ce chien a une tête bizarre, il est m...
16. Qu'est-ce que tu aimes, qu'est-ce qui te p... en elle ?
17. Quand je l'ai vu, je suis tombé sous le c...
18. Il fait beaucoup de sport, il est très m...
19. Il a des poils sur les bras, ils sont p...
20. Elle a la voix grave ou a... ?
21. Mon ami a un l... moderne.
22. Moi, je n'aime pas le moderne, je préfère le c...
23. Il sait choisir ses vêtements, il est toujours é...
24. Elle n'est pas comme tout le monde, elle est o...
25. C'est ordinaire, trop b... pour moi.
26. Il a un petit t... sur le bras.
27. Il fait toujours très attention à son aspect, il est s...
28. Tout doit être parfait pour ce travail, vous ne pouvez pas être n...
29. Elle a de beaux vêtements, elle est b... h...
30. Elle est toujours élégante, très c...

Mon score : .... /31

2 • Le caractère

A. Le caractère

Les grands traits de caractère 🔟◀)))

Les gens ont des **qualités** et des **défauts**. Quand je vois quelqu'un, je peux dire qu'il **a l'air** (il semble) **amusant**(**e**), ou au contraire, **ennuyeux** (**ennuyeuse**). Il est peut-être **sérieux** (**sérieuse**), **calme** ou au contraire **nerveux** (**nerveuse**), **gai**(**e**) ou **triste**. Il a **un esprit ouvert** ou au contraire, **étroit**, fermé.

50. S'EXERCER Écrivez « Q » si on parle d'une qualité ou « D » si on parle d'un défaut.

Exemple : amusant → Q

a. nerveux → ....
b. calme → ....
c. sérieux → ....
d. gai → ....
e. triste → ....
f. ennuyeux → ....
g. un esprit étroit → ....
h. un esprit ouvert → ....

51. S'EXERCER Reliez les deux parties de la phrase.

a. Un défaut est le contraire • • 1. elle est calme.
b. Cet acteur est comique, • • 2. il est sérieux.
c. On n'a pas envie d'écouter ce professeur, • • 3. il est ennuyeux.
d. Ta grand-mère ne s'énerve jamais, • • 4. d'une qualité.
e. Ce garçon fait attention à ce qu'il fait, • • 5. il est gai.
f. Il a toujours l'air content, • • 6. elle est triste.
g. Elle pleure souvent, • • 7. il est amusant.

52. S'EXERCER Cochez l'explication qui correspond.

Exemple : Elle est nerveuse : ☐ elle est triste   ☒ elle ne reste pas calme.

a. Il a l'air : ☐ il est ouvert   ☐ il donne l'impression.
b. Il a l'esprit ouvert : ☐ il s'intéresse à ce qui est différent   ☐ il est amusant.
c. Il a l'esprit étroit : ☐ il est sérieux   ☐ il n'accepte pas les idées nouvelles.
d. Il est ennuyeux : ☐ il est triste   ☐ il n'est pas intéressant.
e. Sa copine est triste : ☐ elle n'est pas gaie   ☐ elle a l'esprit étroit.
f. Ce livre est ennuyeux : ☐ il est amusant   ☐ il n'est pas intéressant.

53. RÉVISER Les lettres des mots en italique sont mélangées. Écrivez les mots correctement.

Exemple : Tu es toujours *c e m l a* ! → calme

a. Ton frère est gai ou *s t t e i r* ? → ....
b. Personne ne l'écoute quand elle parle, elle est *n e u s y e u n e*. → ....

A. Le caractère

c. Je trouve que mon père a l'esprit *t i o t r é*. → ....

d. Ce chanteur donne envie de rire, il est *s t a n a m u*. → ....

e. C'est une qualité ou un *a u d f é t* ? → ....

f. Ma femme est toujours un peu *e u r v e n s e* dans un avion. → ....

54. SE TESTER Complétez les phrases avec les mots qui correspondent.

Exemple : Cet homme est toujours tranquille, il est ... *calme* ...

a. Quelles sont ses *q*... ?

b. Elle a des *d* .... ?

c. Cet acteur a l'*a* .... intéressant.

d. Ton cousin nous fait souvent rire, il est *a*... .

e. Mon copain se concentre sur ce qu'il fait, il est *s*... .

f. Il ne contrôle pas ses émotions, il est *n*... .

g. Vous connaissez quelqu'un qui s'intéresse à tout, qui a l'*e* .... *o*... ?

h. Il n'aime pas les choses nouvelles, il a l'*e*... *é*... .

i. Cet enfant a toujours le sourire, il est *g*... .

j. Elle ne sourit pas souvent, elle est *t*... .

k. Il dit des choses qui ne sont pas intéressantes, il est *e*... .

 Dans la vie de tous les jours

Julien est **travailleur**, il trouve toujours une solution, il est **malin**(**maligne**), **débrouillard**(**e**) et **bien organisé**. Son copain, au contraire, est **paresseux** (**paresseuse**), **désordonné**(**e**).

Sur la route, il faut être **prudent**(**e**), pas imprudent(**e**) !

Mon père a très bien réussi dans la vie, mais il reste **modeste**, alors que son frère est **prétentieux** (**prétentieuse**). Mes parents font des cadeaux à leurs enfants, ils sont **généreux** (**généreuses**), pas du tout **radin**(**e**)s, ils s'occupent des autres, ils ne sont pas **égoïstes**.

Mon professeur est **autoritaire**, pas vraiment **indulgent**(**e**).

En cas de danger, vous seriez **courageux** (**courageuse**) ou au contraire, **lâche** ?

55. S'EXERCER Reliez l'explication, le trait de caractère qui correspond et son contraire.

a. faire attention	**1.** ordonné	**a.** prétentieux
b. travailler dur	**2.** prudent	**b.** paresseux
c. ne pas hésiter à se mettre en danger	**3.** travailleur	**c.** radin
d. faire les choses avec ordre	**4.** courageux	**d.** lâche
e. ne pas parler de ses qualités	**5.** généreux	**e.** indulgent
f. faire souvent des cadeaux	**6.** autoritaire	**f.** désordonné
g. être strict	**7.** modeste	**g.** imprudent

2 • Le caractère

56. S'EXERCER Cochez la bonne réponse.

Exemple : Elle prépare bien son travail, elle est : ☐ désorganisée ☒ organisée.

a. Je vais conduire pendant la nuit. Il faut être ☐ prudent ☐ modeste !
b. Julien ne pense pas aux autres, seulement à lui. Il est ☐ paresseux ☐ égoïste.
c. Mes parents nous invitent souvent, ils sont ☐ généreux ☐ radins.
d. Tu conduis trop vite ! Tu es ☐ modeste ☐ imprudent !
e. Mon fils va nous réparer le téléphone, il est ☐ débrouillard ☐ paresseux.
f. Elle n'a pas eu peur du danger, elle a été ☐ lâche ☐ courageuse.
g. Ton copain n'aime pas beaucoup travailler, il est ☐ paresseux ☐ travailleur.
h. Il ne raconte pas les bonnes choses qu'il fait, il est ☐ prétentieux ☐ modeste.

57. RÉVISER Complétez les phrases avec les mots (mettez le féminin et le pluriel si nécessaire) : ~~bien organisée~~, prétentieux, prudent, paresseux, modeste, malin, radin, lâche, égoïste.

Exemple : Le directeur a besoin d'une assistante. Elle doit être … *bien organisée* …

a. Nous cherchons un chauffeur, il doit être ....
b. Sophie n'est pas très motivée pour être au travail tôt le matin, on peut dire qu'elle est ....
c. Dans la famille, on n'aime pas les gens .... qui racontent qu'ils ont plein de qualités, nous préférons les personnes ....
d. Alain ne nous invite jamais au restaurant, il est ....
e. Elle n'a que 8 ans mais elle peut utiliser une tablette, elle est ....
f. Je ne l'aime pas, il ne pense qu'à lui, il est ....
g. Dans cette situation, je n'aurais pas le courage de faire quelque chose, je serais ....

58. RÉVISER Les lettres des mots en italique sont mélangées. Écrivez les mots correctement et écrivez le féminin.

Exemple : Mon copain m'offre beaucoup de choses, il est *é n x g r é u e*. → généreux, généreuse

a. Tu manques d'ordre, tu es *o d é s r i n é g a s*. → ....
b. Ce garçon sait tout faire, il est *a l n m i*. → ....
c. Il ne paye jamais rien, il est *d i a n r*. → ....
d. Fais attention en voiture, il ne faut pas être *u e t m d r i p n*. → ....
e. Il ne pense jamais aux autres, il est *s e é t o g ï*. → ....
f. Il n'est pas travailleur, plutôt *r s e s a p u x e*. → ....
g. Ne soyez pas trop strict, mais soyez *t n d i u n e g l* ! → ....

59. SE TESTER Complétez les phrases avec les mots qui correspondent.

Exemple : Ma copine est toujours contente de travailler, elle est … *travailleuse* …

a. Il n'a pas peur d'intervenir dans une situation dangereuse, il est c... .
b. Dans ce contexte historique, les gens sont plus l... .
c. Je ne le vois jamais travailler, il est p... .

A. Le caractère

d. Tout est en désordre sur sa table, il est *d*.. .
e. Il trouve toujours une solution, il est très *d*.. .
f. Si tu fais du vélo à Paris, sois *p*.. !
g. Il parle toujours de ses qualités, il est *p*.. .
h. Vous demandez un salaire trop haut, il faut être un plus *m*.. .
i. Elle ne nous offre jamais rien, elle est *r*.. .
j. Elle pense d'abord aux autres, elle n'est vraiment pas é.. .
k. On ne peut pas discuter les décisions du directeur, il est *a*.. .

Être gai ou pas 12

J'ai un ami qui me fait toujours rire, il est **amusant**(e), **drôle**. Il a **le sens de l'humour**. Il est toujours **détendu**(e), **joyeux** (**joyeuse**). Il pense toujours que de bonnes choses vont arriver, il est **optimiste**. Et quand je suis avec lui, je suis **de bonne humeur** !
Par contre, avant un examen, on est généralement **inquiet** (**inquiète**), **stressé**(e), peut-être même **angoissé**(e). Si on est **pessimiste**, on pense que ça va mal se passer et on sera probablement de **mauvaise humeur**.

60. S'EXERCER Reliez les deux parties de la phrase.

a. Elle est de bonne • • **1.** il est joyeux.
b. Il a le sens de • • **2.** l'humour.
c. Il est amusant ? Oui, • • **3.** humeur.
d. Elle est optimiste ? Non, • • **4.** stressé.
e. Il est détendu ? Non, • • **5.** il est drôle.
f. Il est angoissé ? Non, mais un peu • • **6.** elle est pessimiste.
g. Il sourit tout le temps, • • **7.** il est inquiet.

61. S'EXERCER Cochez la bonne réponse.

Exemple : Je suis sûre que tout va bien se passer, il faut être ☐ pessimiste ☒ optimiste.
a. J'adore ce film, il me met de ☐ bonne ☐ mauvaise humeur.
b. J'ai un examen mais j'ai bien révisé, je me sens ☐ détendu ☐ stressé.
c. Chaque pays a un sens de ☐ l'humeur ☐ l'humour différent.
d. Ma tante aime s'amuser, elle est ☐ angoissée ☐ joyeuse.
e. Marc nous fait toujours rire, il est ☐ amusant ☐ pessimiste.
f. Leur fille n'est pas rentrée et elle n' a pas téléphoné. Ils sont ☐ joyeux ☐ inquiets.
g. Je n'aime pas les transports en commun, je suis toujours ☐ détendu ☐ stressé.

2 • Le caractère

62. RÉVISER Écrivez le synonyme après « = » ou le contraire après « ≠ ».

Exemple : stressé ≠ détendu

a. optimiste ≠ ....
b. de bonne humeur ≠ ....
c. amusant = ...
d. gai = ...
e. très inquiet = ...

63. RÉVISER Écrivez les mots complets.

Exemple : mon ami est -p-imis-e. → *optimiste*

a. Il est toujours de bonne h-m-u-   → ....
b. Vous avez un très bon sens de l'-u--ur   → ....
c. Nous n'avons pas de nouvelles, nous sommes -n-ui-ts   → ....
d. On rit avec lui, il est -r-le   → ....
e. Elle sourit tout le temps, elle est -o-e-se   → ....
f. Elle a eu de graves problèmes, elle est a-goi-s-e   → ....

64. SE TESTER Complétez les phrases avec les mots qui correspondent.

Exemple : En ville, beaucoup de gens ne sont pas détendus, ils sont ... *stressés* ...

a. Il nous fait rire, il est a ....
b. Ce film est comique, il est d ....
c. Je ne pourrais pas vivre avec une personne sans un excellent s .... de l' h .... !
d. Je suis de très b .... h .... aujourd'hui.
e. On fait du yoga pour être plus d ....
f. Pour elle, l'avenir sera bien, elle est o ....
g. Son mari trouve que de mauvaises choses vont arriver, il est p ....
h. Cet enfant sourit tout le temps, il est j ....
i. Je n'ai pas le résultat de mon examen, je suis i ....

Autour de la parole 13

Ce garçon parle tout le temps, il est **bavard** (e), il n'est pas **discret** (**discrète**).
Il/Elle dit ce qu'il/elle pense, il/elle est **franc** (**franche**), **direct**(e).
Il/Elle a du mal à parler aux autres, il/elle est **réservé**(e), et même **timide**.
Il/Elle pose trop de questions, il/elle est **indiscret** (**indiscrète**).
Il/Elle veut toujours savoir de nouvelles choses, il/elle est **curieux** (**curieuse**), il/elle a de la **curiosité**.

65. S'EXERCER Écrivez « = » si ce sont des synonymes ou « ≠ » pour des contraires.

Exemple : discret, indiscret : ≠

a. franc, direct : ....
b. bavard, discret : ....
c. timide, réservé : ....
d. être curieux, avoir de la curiosité : ....

A. Le caractère

66. S'EXERCER Complétez les phrases avec les mots (mettez le féminin si nécessaire) : *timide, direct, bavard, discret, franc, réservé, indiscret, curieux.*

Exemple : Un diplomate ne peut pas être ... *direct* ...

a. Je vais vous dire ma vraie opinion, je vais être .... avec vous.

b. Lui, il parle beaucoup mais sa sœur est plus ....

c. Cet élève parle trop en classe, il est ....

d. Cette fille s'intéresse à tout, elle est ....

e. Je n'aime pas beaucoup parler en public, je suis ....

f. Elle a beaucoup de difficultés pour parler aux autres, elle est ....

g. Cette question sur ma vie privée est ....

67. RÉVISER Les lettres des mots en italique sont mélangées. Écrivez les mots correctement et écrivez le féminin.

Exemple : Il fait beaucoup de bruit, il n'est pas *c i r s e t d*. → discret, discrète

a. Tais-toi, tu es *v a r b a d* ! → ....

b. Il apprend vite, il est *r u x c u e i* → ....

c. Arrêtez avec vos questions, vous êtes *e d c t r s i i n* ! → ....

d. Il n'hésite pas à donner son opinion, il est *n c a r f*. → ....

e. Exprime-toi, ne sois pas *e m i d t i* ! → ....

f. Il ne cache rien, il est *t c e d i r* → ....

68. SE TESTER Complétez les phrases avec les mots qui correspondent.

Exemple : Il pose tout le temps des questions, il est trop ... *curieux* ...

a. Elle n'arrête pas de parler, elle est *b*.. .

b. Dites-moi la vérité, soyez *f*.. .

c. On ne l'entend jamais, il est très *d*.. .

d. Cet élève n'aime pas prendre la parole, il est *t*.. .

e. Cette fille n'est pas à l'aise en public, elle est *r*.. .

f. Je ne réponds pas à cette question, elle est trop *i*.. .

g. Il faut de la *c*.. pour faire des découvertes.

2 • Le caractère

B. Les relations aux autres

 Aimer les autres ... ou pas

L'ami(e) idéal(e) dit ou fait seulement des choses **agréables**, il/elle est **gentil** (**gentille**). J'aime bien être avec lui/elle, il/elle est **sympathique** (**familièrement : sympa**). Il/Elle fait attention à mes besoins, il/elle est **attentif** (**attentive**). Il/Elle fait attention à mes sentiments, il/elle est **sensible**. Il/Elle ne s'énerve pas si je suis en retard, il/elle est **patient**(**e**).

J'ai un voisin/une voisine qui est **désagréable** avec les gens, il/elle est **méchant**(**e**). Il/Elle ne fait rien pour qu'on l'apprécie, il/elle est **antipathique**. Il/Elle n'accepte aucun retard, il/elle est **impatient**(**e**). Il/Elle peut très bien oublier un rendez-vous, il/elle est **distrait**(**e**). Il/Elle ne s'intéresse pas aux problèmes des autres, il/elle est **indifférent**(**e**).

69. S'EXERCER Reliez les contraires.

a. sympathique   1. méchant
b. gentil   2. indifférent
c. attentif   3. impatient
d. patient   4. désagréable
e. agréable   5. antipathique

70. S'EXERCER Cochez la réponse qui correspond.

Exemple : Mon frère fait tout ce que je n'aime pas, il est	☐ gentil	☒ méchant.
a. Ma grand-mère fait tout pour me faire plaisir, elle est	☐ méchante	☐ gentille.
b. On est bien avec lui, il est	☐ sympathique	☐ antipathique.
c. Avec les clients, vous devez être	☐ attentif	☐ indifférent.
d. Cet enfant déteste attendre, il est	☐ impatient	☐ patient.
e. Quelqu'un a pris mon vélo, c'est	☐ gentil	☐ méchant !
f. Tu n'écoutes pas quand je te parle, tu es	☐ distrait	☐ attentif.
g. Elle comprend facilement mes sentiments, elle est	☐ indifférente	☐ sensible.

71. RÉVISER Écrivez les mots complets.

Exemple : Il est s-n-i-le à ma situation → *sensible*

a. Il est toujours g-n-i- avec moi → ....
b. Elle m'a dit quelque chose de m-c--nt → ....
c. Elle déteste attendre, elle est i-pa-i-nt- → ....
d. Tu as oublié notre rendez-vous, tu es di-tr-i- ! → ....
e. J'ai rencontré des gens s-pat-i-u-s pendant ce voyage. → ....
f. Ce bruit est -é-a-r-a-le. → ....
g. Il ne s'intéresse pas à moi, il est -nd-f-é-e-t. → ....

B. Les relations aux autres

72. RÉVISER Remettez les mots de ces phrases dans l'ordre.

Exemple : copain – il – oublie – tout. – Mon – distrait. – est → Mon copain oublie tout, il est distrait.

a. enfant – ses – cadeaux. – L' – est – de – voir – impatient

→ ....

b. est – très – c' – Merci, – à – vous ! – gentil

→ ....

c. sympathique. – ami – est – vraiment – Ton – nouvel

→ ....

d. antipathique. – femme – est – trouve – sa – que – Je

→ ....

e. personnes – Ce – pas – est – sensibles. – pour – n' – film – les

→ ....

f. une – vieille – avons – est – très – tante – qui – désagréable. – Nous

→ ....

73. SE TESTER Complétez les phrases avec les mots qui correspondent.

Exemple : L'enfant pose trop de questions, il est ... *curieux* ...

a. Il est amoureux de moi, il me dit plein de choses a... .
b. Je suis content, ma collègue de bureau est s... .
c. Mon oncle dit des choses horribles sur moi, il est m... .
d. Ma grand-mère me demande ce que je préfère, elle est a... .
e. Mon ami comprend mes sentiments, il est s... .
f. Notre petit-fils n'a pas fait de bêtises, il a été g... .
g. C'était une mauvaise soirée pour moi, j'ai fait une rencontre d... .
h. Cet élève pense toujours à autre chose, il est d... .
i. Il ne s'intéresse pas à ma situation, il est i... .
j. Personne n'aime être avec lui, il est trop a... .
k. Nous sommes i... d'avoir les résultats du test.

Montrer de la sympathie ou de l'antipathie   15

Mon copain/Ma copine me montre facilement son amour, il/elle est **tendre**.
Il/Elle n'est pas **brutal**(e), il/elle est **doux** (**douce**). Il/Elle est toujours prêt à me voir, il/elle est **disponible**.
J'ai aussi un(e) ami(e), il/elle est **amical**(e) avec moi. Il/Elle sourit facilement, il/elle est **souriant**(e). Il/Elle accepte facilement des personnes qu'il/elle ne connaît pas, il/elle est **accueillant**(e).
Mais toi, quand on est avec toi, on perd notre calme, tu es **énervant**(e).
Tu montres que tu n'es pas content(e) de façon violente, tu es facilement **en colère**, tu es irritable.

2 • Le caractère

74. S'EXERCER Reliez les deux parties de la phrase.

a. Il me parle d'amour, •   • 1. elle est disponible.
b. Il est méchant, •   • 2. il est amical.
c. Il n'est pas agressif, •   • 3. il est tendre.
d. Je peux la voir quand je veux, •   • 4. il fait des choses désagréables.
e. Nous sommes des amis, •   • 5. elle est souriante.
f. Elle a toujours le sourire, •   • 6. il est en colère.
g. Il montre avec force qu'il n'est pas content, •   • 7. il est doux.

75. S'EXERCER Complétez les phrases avec les mots (mettez le féminin si nécessaire) :

énervant, amical, doux, brutal, disponible, colère, accueillant, ~~souriant~~.

Exemple : La personne à la réception sourit facilement, elle est … souriante …

a. À l'école, cet élève peut être agressif, il est quelquefois ....
b. Elle est toujours gentille, elle est ....
c. Il a été comme un ami avec moi, il a été ....
d. C'est un pays qui est très .... avec les visiteurs.
e. Ce bruit me dérange, je le trouve ....
f. Leur enfant ne reste pas calme, il se met vite en ....
g. Elle a toujours du temps pour moi, elle est ....

76. RÉVISER Cochez la bonne réponse.

Exemple : Être doux, c'est être gentil.	☒ vrai	☐ faux
a. Quelqu'un qui est tendre, c'est agréable.	☐ vrai	☐ faux
b. Quelqu'un qui est énervant, c'est agréable.	☐ vrai	☐ faux
c. Amical et amoureux, c'est la même chose.	☐ vrai	☐ faux
d. Être accueillant, c'est être gentil avec des inconnus.	☐ vrai	☐ faux
e. La colère est un comportement doux.	☐ vrai	☐ faux
f. Quelqu'un de brutal est agressif.	☐ vrai	☐ faux

77. RÉVISER Les lettres des mots en italique sont mélangées. Écrivez les mots correctement et écrivez le féminin.

Exemple : *t n v é a r n e* → énervant, énervante

a. *l a c a i m* → ....
b. *u a l t r b* → ....
c. *i c l c l u a a t n e* → ....
d. *x u o d* → ....
e. *o t u r i s a n* → ....
f. *n r e d t e* → ....

78. SE TESTER Complétez les phrases avec les mots qui correspondent (mettez le féminin si nécessaire).

Exemple : Le bébé me fait des sourires, il est … souriant …

a. Il n'est jamais là, jamais d... .
b. Elle a une voix d... .

B. Les relations aux autres

c. Son refus a été b... .

d. Il m'aime, il me dit des mots t.. .

e. Ce n'est pas une relation amoureuse mais a.. .

f. Vous acceptez facilement les autres, vous êtes a.. .

g. Mon père n'était pas content du tout, il s'est mis en c.. contre moi.

h. Cet enfant fait toujours les mêmes bêtises, c'est é.. .

 Bon ou mauvais comportement

Cet enfant sait ce qu'il faut faire ou ne pas faire, il est **bien élevé(e)**, ou au contraire **mal élevé(e)**. Il est allé dans de bonnes écoles, il a **une bonne éducation**, ou au contraire, **une mauvaise éducation**. Il ne dérange pas les autres, il est **poli(e)**. Il a une intelligence pratique, il est **habile**. Il est naturellement diplomate, il a du **tact**.

Cet homme/Cette femme dit des gros mots, il/elle est **impoli(e)**. Il/Elle peut même être **agressif** (**agressive**). Il/Elle n'hésite pas à dire des injures, il/elle **insulte** les autres et peut même les **agresser**.

Pour travailler dans cet hôtel, il faut être **honnête**. Nous n'acceptons pas un **menteur** (une **menteuse**), quelqu'un qui ment (**mentir**), qui **raconte des histoires** (des choses fausses), et qui **trompe** les gens (avec de fausses déclarations).

79. S'EXERCER Reliez les contraires.

- **a.** poli •   • **1.** dire la vérité
- **b.** une bonne éducation •   • **2.** mal élevé
- **c.** agressif •   • **3.** impoli
- **d.** mentir •   • **4.** gentil
- **e.** bien élevé •   • **5.** une mauvaise éducation

80. S'EXERCER Cochez la bonne réponse.

Exemple : Tu as dit que tu étais étudiant,
et ce n'est pas vrai, tu nous as   ☐ agressés   ☒ trompés.

a. Un ambassadeur doit   ☐ insulter   ☐ avoir du tact   avec les gens.

b. Les étudiants de cette université   ☐ sont mal élevés ☐ ont une bonne éducation.

c. À la maison, il sait tout faire, il est   ☐ habile   ☐ menteur.

d. La dame utilise toujours de jolis mots, elles est ☐ impolie ☐ polie.

e. Ce monsieur est agressif avec ses mots, il   ☐ insulte   ☐ trompe.

f. Ce que tu dis n'est pas vrai, tu es   ☐ impoli   ☐ un menteur !

g. Il ne fait pas de choses interdites, ☐ il nous insulte ☐ il est honnête.

h. L'élève a tapé sur un autre élève, il l'a ☐ trompé   ☐ agressé.

i. Elle ment tout le temps, elle raconte ☐ des histoires ☐ des insultes.

2 • Le caractère

81. RÉVISER Écrivez « B » si c'est bien ou « M » si c'est mal.

Exemple : Il est honnête → B

a. avoir du tact → ....
b. être bien élevé → ....
c. être impoli → ....
d. insulter → ....
e. être habile → ....
f. agresser → ....
g. mentir → ....
h. avoir une bonne éducation → ....
i. tromper : → ....

82. RÉVISER Remettez les mots de ces phrases dans l'ordre.

Exemple : as – Tu – menti ! – encore – nous – → Tu nous as encore menti !

a. bien – un – couple – Nos – élevé. – très – sont – amis
   → ....

b. tact. – avoir – d' – est – Pour – ce – du – nécessaire – travail, – il
   → ....

c. a – meilleures – universités. – bonne – Elle – une – les – reçu – dans – éducation
   → ....

d. avec – Ton – toi ? – copain – été – a – déjà – agressif
   → ....

e. est – camarades. – enfant – avec – ses – impoli – Cet – souvent
   → ....

f. pendant – Les – minutes. – se – conducteurs – 10 – insultés – deux – sont
   → ....

g. principale – quelqu'un, – est – moi, – la – l' – chez – c' – Pour – qualité – honnêteté.
   → ....

h. histoires. – Je – me – ne – pourrais – quelqu'un – qui – vivre – pas – avec – raconte – des
   → ....

83. SE TESTER Complétez les phrases avec les mots qui correspondent.

Exemple : Elle parle avec des gros mots, elle est … *impolie* …

a. Elle a rencontré quelqu'un avec de bonnes manières, qui est b............................ é............................ .
b. Dans cette école horrible, j'ai reçu une m............................é............................ .
c. Un élève doit être p............................ avec son professeur !
d. Ses parents lui ont parlé avec t............................ et il a accepté leur demande.
e. Il n'était pas content et il a commencé à nous i............................ .
f. Je trouve cet homme politique trop a............................ .
g. Vous pouvez répondre franchement, soyez h............................ !
h. Attention, cet homme est un m............................ mais il est très h............................ de ses mains.
i. Arrêtez de nous raconter des h............................ , vous nous avez t............................ .

Bilan

1. On passe de bons moments avec Gilles, il est a..
2. Il nous faire rire, il est d..
3. Quels sont les qualités et les d.. du candidat ?
4. Le film n'était pas amusant, il était même e...
5. Cet élève travaille peu, je le trouve p..
6. Pendant la guerre, beaucoup de gens n'étaient pas courageux mais l................................
7. Elle ne pense qu'à elle, elle est é...
8. Cet enfant comprend vite comment il faut faire les choses, il est d...............................
9. - Vous avez eu de beaux cadeaux ? -Non, nos copains sont r..
10. C'est un garçon qui sourit tout le temps, qui est content, il est j................................
11. Leur fille est toujours de bonne h..
12. Est-ce important pour toi d'avoir un bon sens de l'h.. ?
13. Nous n'avons pas de nouvelles, nous sommes i...
14. – Vous êtes optimiste pour son examen ? – Non, plutôt p...
15. Ce n'est pas toujours possible de dire exactement ce qu'on pense, d'être f....................
16. Tu parles trop, tu es b... !
17. C'est difficile pour elle de parler à des gens, elle est très t..
18. Il pose des questions, il s'intéresse aux choses, il est c..
19. Ce chien n'est pas du tout violent, au contraire, il est très d..
20. Ces étudiants étrangers viennent d'arriver, il faut être a.. avec eux.
21. Il était tellement mécontent qu'il s'est mis en c...
22. Nos voisins disent toujours « bonjour » et « au revoir », ils sont p.................................
23. Dans ces écoles, on reçoit une bonne é..
24. Au volant d'une voiture, les gens sont souvent moins calmes, plus a............................
25. C'est quelqu'un qui ne fait jamais rien de mal, il est h...
26. Vous ne m'avez pas dit la vérité, je déteste les gens qui m..
27. Le médecin n'a pas annoncé la mauvaise nouvelle directement, il a du t........................
28. Ce bruit me tape sur les nerfs, il est é..
29. Tes parents ont l'esprit ouvert ou é.. ?
30. J'espère qu'il n'a pas oublié notre rendez-vous, car il est souvent d...............................

Mon score : .... /30

3 • Les relations sociales

A. Faire une rencontre

 L'amour

Quelqu'un qui vit seul est **célibataire**. Il/Elle va peut-être **rencontrer** une personne, faire une rencontre, **connaître** quelqu'un, avoir un **coup de foudre**, **être** ou **tomber amoureux** (amoureuse).
Il/Elle va **déclarer** son amour. Ils vont **s'embrasser**, se faire des **baisers**, **échanger** leurs numéros de téléphone, **se voir** régulièrement, être **amants** et vivre ensemble leur **passion**.

84. S'EXERCER Reliez les deux parties de la phrase.

a. Jean-Luc vient de rencontrer • • 1. amoureuse.
b. Julie vit seule, elle est • • 2. quelqu'un.
c. Ma cousine a fait • • 3. des baisers.
d. Comment vous vous êtes • • 4. connus ?
e. Ils sont • • 5. une rencontre.
f. Elle est tombée • • 6. célibataire.
g. Ils se font • • 7. amants.

85. S'EXERCER Complétez les phrases et mettez les étapes dans l'ordre.

Exemple : Ils se sont rencontrés dans une soirée. : 1

a. Ils ont .... leurs numéros avant de partir. : ....
b. Ils sont .... amoureux. : ....
c. Ils ont eu un .... de foudre. : ....
d. Ils se .... régulièrement. : ....
e. Ils se sont embrassés, ils se sont fait des .... : ....

86. S'EXERCER Cochez l'explication qui correspond.

Exemple : Échanger les numéros : ☐ appeler l'autre ☒ donner son numéro et noter celui de l'autre.

a. Avoir le coup de foudre : ☐ être attiré tout de suite par quelqu'un ☐ détester une personne
b. S'embrasser : ☐ être amants ☐ échanger des baisers
c. Se voir : ☐ être ensemble ☐ se regarder dans une glace
d. Être amants : ☐ déclarer son amour ☐ être un couple
e. Une passion : ☐ une relation amoureuse forte ☐ la fin de l'amour
f. Déclarer son amour : ☐ dire à l'autre personne qu'on l'aime ☐ parler de son amour à ses parents

A. Faire une rencontre

87. S'EXERCER Complétez les phrases avec les mots : *célibataire, rencontre, déclarer, connaître, tomber, passion, se voir, ~~baisers~~*.

Exemple : On se fait tout le temps des … *baisers* …

a. Comment fais-tu pour .... de nouvelles personnes ?
b. Vous êtes marié ou .... ?
c. Elle a fait une belle ....
d. Tu as envie de .... amoureuse ?
e. Je cherche le bon moment pour .... mon amour.
f. On est bien ensemble, on arrête pas de ....
g. Ma tante vit une véritable .... avec cet homme.

88. RÉVISER Écrivez les mots complets.

Exemple : C'est la pa--i-n ! → *passion*

a. Notre cousine est encore -é-ib-ta-r-. → ....
b. J'ai toujours envie de l'e-b-as-e-. → ....
c. Ils sont -m-n-s. → ....
d. Je suis tombé complètement a-o-r-u-. → ....
e. Comment tu as -e-c-nvré Martine ? → ....
f. Elle n'a pas voulu -c-an-er nos numéros. → ....
g. Je me demande comment d-c-a-er mon amour. → ....

89. SE TESTER Complétez les phrases avec les mots qui correspondent.

Exemple : Ils se sont … *connus* … en vacances.

a. Tes amis se sont r.. comment ?
b. Martine a eu le c.. de f.. pour lui.
c. Elle est en couple maintenant, elle n'est plus c.. .
d. Tu es déjà t.. a.. de quelqu'un ?
e. Au restaurant, il m'a d.. qu'il m'aimait.
f. Le garçon a voulu é.. nos numéros.
g. On se fait des b.. .
h. Thomas et Jade sont ensemble, ils sont a.. .
i. J'espère qu'on va se v.. très souvent.

3 • Les relations sociales

B. La famille

La vie à deux

Un **couple** peut vivre en **union libre** (sans mariage officiel), faire un **Pacs** (Pacte Civil de Solidarité), un contrat de vie commune. Deux personnes peuvent **se marier**, faire un mariage **civil** (à la mairie) et s'ils le souhaitent **religieux**. Elles envoient un **faire-part** aux invités. Deux **témoins** par marié vont signer des documents. Les mariés partiront parfois en **voyage de noces**. Le couple aura peut-être des enfants, la **naissance** se fera à la **maternité**. L'enfant dormira dans son **berceau**. On peut aussi **adopter** un enfant. L'**aîné** est le premier. Pour la cérémonie du baptême, les parents choisiront un parrain ou une marraine. Le couple va peut-être **se séparer**, c'est un **divorce**. Les nouveaux enfants seront un **demi-frère**, une **demi-sœur**, et les parents un **beau-père**, une **belle-mère**.

90. S'EXERCER Reliez les deux parties de la phrase.

a. Ils se sont mariés   • 1. en couple.
b. Ils sont en union   • 2. à la mairie.
c. Ils vivent   • 3. un Pacs.
d. J'étais leur   • 4. libre.
e. Ils ont signé   • 5. de noces.
f. Ils ont eu une cérémonie   • 6. témoin.
g. Ils sont partis en voyage   • 7. à l'église.

91. S'EXERCER Cochez la bonne réponse.

Exemple : Le Pacs est : ☒ un contrat ☐ un mariage.

a. Deux personnes qui s'aiment sont   ☐ un couple   ☐ des mariés.
b. Les personnes en union libre   ☐ sont mariées   ☐ ne sont pas mariées.
c. Les invités reçoivent   ☐ un témoin   ☐ un faire-part avec des détails de la cérémonie.
d. Un mariage est officiel s'il est fait   ☐ à la mairie   ☐ dans un lieu religieux.
e. Le mariage fait à la mairie s'appelle le mariage   ☐ citoyen   ☐ civil.
f. Les témoins   ☐ présentent les mariés   ☐ signent des documents.
g. Le couple part parfois en voyage   ☐ de noces   ☐ de mariage.

B. La famille

92. S'EXERCER Reliez les mots et les définitions.

a. la naissance • • 1. le plus âgé
b. la maternité • • 2. l'hôpital spécial pour la naissance
c. le berceau • • 3. le fait de naître
d. adopter • • 4. la fin légale du mariage
e. l'aîné • • 5. le petit lit d'un nouveau-né
f. le baptême • • 6. la personne responsable religieusement de l'enfant
g. un divorce • • 7. la cérémonie où le bébé devient catholique
h. le parrain ou la marraine • • 8. devenir légalement le parent d'un enfant

93. RÉVISER Complétez les phrases avec les mots : *civil, faire-part, noces, se marier, témoin, religieux, libre*.

Exemple : Ils s'aiment, ils vont … *se marier* ….

a. Nous avons reçu un .... pour le mariage de Jules et Marie.
b. Le mariage .... aura lieu à la mairie à 11h.
c. Le mariage .... aura lieu à l'église Saint-Marcel.
d. Ils partiront en voyage de .... aux Antilles.
e. Tu veux te marier avec moi ? – Non, je préfère l'union ....
f. Paul sera mon ....

94. S'EXERCER Cochez la bonne réponse.

Exemple : La marraine est responsable d'un enfant après le baptême.   ☒ vrai   ☐ faux
a. Le parrain est le père du bébé baptisé.   ☐ vrai   ☐ faux
b. Le baptême est une cérémonie catholique.   ☐ vrai   ☐ faux
c. Un couple en union libre peut divorcer.   ☐ vrai   ☐ faux
d. Un demi-frère est un frère par un parent seulement.   ☐ vrai   ☐ faux
e. Le beau-père est le nouveau mari de la mère.   ☐ vrai   ☐ faux
f. Une demi-sœur est une fille adoptée.   ☐ vrai   ☐ faux

95. RÉVISER Les lettres des mots en italique sont mélangées. Écrivez les mots correctement et écrivez le féminin.

Exemple : *é p s é a r*   → séparé   → séparée

a. un *é r i a m*   → ....   → ....
b. *i g e r e x l i u*   → ....   → ....
c. *î n a é*   → ....   → ....
d. un *n a p r a r i*   → ....   → ....
e. un *m i d e - r e è r f*   → ....   → ....
f. un *a u e b – r è e p*   → ....   → ....

3 • Les relations sociales

96. RÉVISER Soulignez la bonne réponse.

Exemple : Quelle est votre date de né/naissance ?

a. Le bébé est né à la maternité/marraine.

b. Le nouveau-né est dans son baptême/berceau.

c. Son père a une nouvelle femme, elle est sa belle-mère/sa belle-sœur.

d. Si les personnes d'un couple, marié ou non, ne vivent plus ensemble, c'est un divorce/une séparation.

e. Le divorce est un acte légal pour un couple marié/en union libre.

f. Devenir le parent d'un enfant déjà né est une maternité/une adoption.

97. SE TESTER Complétez les phrases avec les mots qui correspondent.

Exemple : Ils sont ensemble, ils sont ... *en couple* ...

a. Mes copains vont se m... .

b. On va t'envoyer un f.. pour le mariage.

c. Le mariage c.. aura lieu à la mairie de notre ville.

d. Vous faites un mariage r... ?

e. Chaque marié doit avoir deux t... .

f. Vous allez où en voyage de n... ?

g. Mes cousins ne sont pas mariés, ils sont en u.. l.. .

h. Nous sommes ravis de vous annoncer la n.. de notre fils Gabriel
à la m.. des Oiseaux.

i. Ce couple ne pouvait pas avoir d'enfants, il a décidé d'a... .

j. Le premier enfant est l'a... .

Bilan 1

1. J'ai fait une r... intéressante pendant mon voyage.
2. Tu fais comment pour c... de nouvelles personnes ?
3. Elle m'a tout de suite plu, c'était le c............................... de f............................... .
4. Pour l'instant, je vis seul, je suis c... .
5. Vous êtes déjà t............................... a............................... de quelqu'un ?
6. Quand on est ensemble, on arrête pas de se faire des b... .
7. J'espère qu'on va pouvoir se v............................... demain pour passer un moment ensemble.
8. Ils s'aiment, ils sont a... .
9. Ils sont en train de vivre leur p... .
10. Je n'ai pas voulu é... mon numéro de téléphone avec lui.
11. Je suis amoureux d'elle mais je n'ai pas encore d... mon amour.
12. Ses parents ne sont pas mariés, ils vivent en u............................... l............................... .
13. Moi, j'ai l'intention de faire un P... avec mon copain.
14. Ils ont fait seulement un mariage c... à la mairie.
15. Il y avait une cérémonie r... à l'église.
16. Tu sais qui étaient leurs t... à leur mariage ?
17. On vient de recevoir un joli f...............-p............................... pour leur mariage.
18. Les mariés vont partir en v............................... de n............................... .
19. Gabriel et Juliette nous ont appris la n... de leur enfant.
20. Comment s'appelle leur premier enfant, leur a... ?
21. Le bébé est né à la maison ou à la m... ?
22. Où est le bébé ? – Dans son b... !
23. Ils n'ont pas réussi à avoir un enfant, ils vont essayer d'a... .
24. Nous sommes invités au b... de l'enfant.
25. On t'a choisie pour être la m... de notre fils.
26. J'ai un p... mais je ne l'ai jamais vu.
27. Ils ne vivent plus ensemble, ils sont s... .
28. Mes parents étaient mariés, ils ont d... .
29. J'ai une sœur, et avec la nouvelle femme de mon père, un d...............-f............................... .
30. Ce n'est pas ma mère mais ma b...............-m............................... .

Mon score : .... /37

3 • Les relations sociales

C. Participer à une sortie

Proposer une soirée 19

– On va **fêter** notre bac, ça fait un an qu'on est diplômés, c'est l'**anniversaire** de notre promotion. On pourrait **se voir**, inviter nos copains, nos copines. On va **s'amuser**, c'est l'occasion de **revoir** certaines personnes.
Ça **te dit/te plairaît** de venir, tu fais quoi le 23 mars ?
– Je **veux bien**, pourquoi pas ?
– **Dommage**, j'ai déjà quelque chose de **prévu**, **ça tombe** en même temps qu'une autre fête.
– Moi, ça ne me dit rien, si on faisait autre chose ?
– On peut **boire un verre** ensemble/**prendre un pot** (familier), **dîner/bouffer** (familier) quelque chose.
– Tu es **disponible** à cette date ? On aimerait vous voir à cette soirée, vous pouvez me **confirmer** que vous serez là ?
– Moi, **j'hésite** entre deux dates, je ne suis pas tout à fait sûr(**e**).

*On **voit** ses amis à une fête, on **rencontre** quelqu'un quand on le voit pour la première fois ou par hasard.*

98. S'EXERCER Reliez les deux parties de la phrase.

a. Oui d'accord,   • 1. de notre diplôme.
b. On va fêter   • 2. je ne suis pas disponible.
c. Dommage,   • 3. la fin de l'année scolaire.
d. C'est l'anniversaire   • 4. je veux bien !
e. On va revoir   • 5. quel jour ?
f. Ça tombe   • 6. un pot ensemble.
g. On va tous boire   • 7. nos copains, nos copines.

99. S'EXERCER Complétez les phrases avec les mots : *dîner, pot, prévu, hésite, dit, disponible, ~~confirmer~~, s'amuser.*

Exemple : Tu peux me … *confirmer* … que tu viens ?

a. Vous êtes .... à cette date ?
b. Non, je ne peux pas venir, j'ai déjà .... quelque chose.
c. J'ai faim, on va .... quand ?
d. J'ai soif, on va prendre un .... ?
e. On va bien .... !
f. – Tu vas à la soirée ? – Je ne sais pas, j'.. .
g. Ça te .... de venir avec nous ?

> En France, la moitié du budget des loisirs est utilisé pour voir des proches (la famille ou les amis).

C. Participer à une sortie

100. RÉVISER Remettez les mots de ces phrases dans l'ordre.

Exemple : deux – copains – dates. – hésitent – entre – Mes → Mes copains hésitent entre deux dates.

a. On – l'anniversaire – notre – fêter – pourrait – de – bac.
→ ....

b. nous ? – pot – Ça – avec – te – un – dit – prendre – de
→ ....

c. année ? – fin – de – un – Si – l' – la – pour – ensemble – pot – prenait – on
→ ....

d. de – copains – me – revoir – de – Ça – plairait – l' – université. – mes
→ ....

e. ce – soir-là. – je – ne – pas – est – disponible – dommage – C' – suis
→ ....

f. semaine – tombe – fête – La – la – première – décembre. – de
→ ....

g. bien – On – ensemble – dîner – et – s'amuser. – va
→ ....

101. RÉVISER Écrivez les mots complets.

Exemple : Peut-être, j'h-s-te → j' *hésite.*

a. Tu viens avec nous f – – er la fin du stage ? → ....
b. Vous êtes – is – on – – le à quelle date ? → ....
c. Ça te – la – rai – de dîner avec nous ? → ....
d. Ça – o – be un samedi. → ....
e. On va – ou – – er nos plats préférés ! → ....
f. Ils vont bien s' – m – s – r. → ....

102. SE TESTER Complétez les phrases avec les mots qui correspondent.

Exemple : C'est l'occasion de se ... *revoir* ...

a. On va f .... notre fin de stage tous ensemble.
b. Ça te p .... de venir avec nous ?
c. Je suis sûr qu'on va bien s'a ....
d. On pourrait prendre un p .... tous ensemble.
e. Il y a de très bons trucs à b ....
f. Nos copains sont d .... à cette date ?
g. – Il faut me c .... que tu viens.
– Je ne sais pas si j'y vais, j'h .... encore.
h. Ça t .... pendant le week-end.
– J'ai déjà p .... une soirée.
Mais on pourra se v .... une autre fois.

3 • Les relations sociales

D. Aller au café, au restaurant

Boire un verre 20

Je connais un bar avec une bonne **ambiance**, on **passe** de la bonne musique, on peut le **privatiser** (réserver tout l'endroit). On est en voiture, si tu es à pied on peut **passer te prendre** chez toi. Les autres **se retrouvent** à la sortie du métro.
On peut se mettre en **salle**, au **comptoir**, à la **terrasse**. Comme boisson, ou **consommation**, on a le choix entre de la **bière** en **bouteille** ou (à la) **pression**, avec de la **mousse**. Il y a des **jus de fruit** (comme une **orange pressée**), une bouteille d'**eau minérale** ou une **carafe** d'eau (du **robinet**). On peut prendre un **apéritif**, comme le Kir (du vin blanc et de la liqueur de cassis), un **cocktail** avec ou sans alcool. Pour les amateurs de vin, ils peuvent choisir un **cépage** (le type de raisin, par exemple : Pinot noir, Merlot, Chardonnay, Sauvignon), une **appellation** (le nom du vin lié à l'origine géographique, par exemple : Saint-Émilion, Gaillac), le **millésime** (l'année de récolte du raisin). Si possible il faut **goûter** le vin avant de le servir, pour savoir s'il vous plaît. On va **passer une bonne soirée** !

103. S'EXERCER Reliez les deux parties de la phrase.

a. Vous préférez être au comptoir ou   •   • 1. au métro à côté du bar.
b. En apéritif, je prendrai   •   • 2. quel genre de musique ?
c. Je prends une bière   •   • 3. à la terrasse ?
d. Pour moi, une orange   •   • 4. à quelle heure ?
e. On passe   •   • 5. tout le bar pour notre soirée.
f. On se retrouve   •   • 6. pression.
g. Mon entreprise a privatisé   •   • 7. pressée !
h. Vous passez me prendre   •   • 8. un Kir.

104. S'EXERCER Complétez les phrases avec les mots : *consommation, prendre, terrasse, ~~pressée~~, cocktail, retrouver, soirée, comptoir, mousse.*

Exemple : Je peux avoir une orange … *pressée* … ?

a. Tous les copains vont se .... à l'entrée du bar.
b. On passera te .... en voiture à 20 h.
c. On a juste le temps de boire un café au ....
d. On est un groupe, on va s'installer sur la ....
e. J'ai déjà commandé ma ....
f. Mon demi de bière a trop de ...., je vais attendre pour boire.
g. Je vais prendre un .... sans alcool.
h. On a tous passé une bonne ....

> Un **demi** n'est pas un demi-litre de bière mais un quart (25 cl).

D. Aller au café, au restaurant

105. S'EXERCER Cochez la bonne réponse.

Exemple : Le vin ☐ est ☒ n'est pas un jus de fruit.

a. Le cépage du vin est ☐ le type de raisin ☐ la région d'origine.
b. Le millésime est ☐ le prix ☐ l'année de production.
c. L'appellation est ☐ le nom du village ☐ la couleur du raisin.
d. Le Kir est ☐ un cépage ☐ un apéritif.
e. Goûter le vin veut dire : ☐ mélanger avec une autre boisson ☐ essayer.

106. RÉVISER Reliez les deux éléments qui correspondent et écrivez de quoi il s'agit.

a. l'ambiance • • **1.** un millésime **a.** un bar
b. à la pression • • **2.** la musique **b.** la ....
c. un cépage • • **3.** une carafe **c.** du ....
d. du vin blanc • • **4.** la mousse **d.** du ....
e. une bouteille • • **5.** de la liqueur **e.** de l' ....

107. RÉVISER Les lettres des mots en italique sont mélangées. Écrivez les mots correctement.

Exemple : Pour moi, un demi de *r e b i è à l a r o p n s e i s*. → bière (à la) pression

a. Quelqu'un va *t e i r r s v i p a* la *s l a l e* du restaurant. → ....
b. Je n'aime pas l' *b c a a i n m e* dans ce *a b r*. → ....
c. La *e r s s e r a t* est pleine, on se met au *t c p m r o i o* . → ....
d. C'est de l'eau *n e a l i m r é* ou du *n o t e i r b* ? → ....
e. On prend une *c f a r e a* de *u s j* de fruit. → ....
f. Quel est le *p a g é e c* de ce *n i v* ? → ....
g. C'est un *x t l e n e e c l i s m l i e é m l* . → ....
h. Vous *r e z e p n* un *a i é t r i p f* ? → ....
i. Nous *s a s p s n o* une très bonne *é s r o e i* . → ....

108. SE TESTER Complétez les phrases avec les mots qui correspondent.

Exemple : Vous avez commandé vos ... *consommations* ... ?

a. J'aime bien aller dans ce bar, il y a une bonne *a*.. .
b. Ça coûte combien pour *p* .... tout le bar ?
c. Je *r*.. mes copains à l'entrée du café.
d. Tu préfères qu'on s'installe à la *t*.. ou en *s*.. ?
e. Votre demi est sur le *c*.. .
f. Il y a une jolie *m* .... dans mon verre de bière.
g. Vous voulez boire un *a*.. avant de manger ?
h. Quel est le *c* .... de ce vin ?
i. Vous nous conseillez quelle *a* .... ?
j. C'est un mauvais *m* .... pour le rouge.

45

3 • Les relations sociales

Manger dans un café

Dans un café, on trouve aussi des choses simples à manger comme une **salade niçoise** (avec des tomates, du poivron, du thon, des olives etc.), de la **charcuterie** (du **pâté** de campagne, des **rillettes**, du **saucisson** sec ou à l'ail, du **jambon** cuit ou cru) avec des **cornichons** (dans du vinaigre), un **tartare** de bœuf (avec de la viande crue), des **saucisses** avec de la **purée** de pommes de terre...
Une **brasserie** est une sorte de grand café qui sert des plats simples toute la journée.

109. S'EXERCER **Reliez les éléments qui correspondent.**

a. un tartare •   • 1. de campagne
b. une salade •   • 2. de pommes de terre
c. du pâté •   • 3. cuit
d. de la purée •   • 4. niçoise
e. du jambon •   • 5. de bœuf

110. S'EXERCER **Soulignez la bonne réponse.**

Exemple : *On peut/On ne peut pas* manger le jambon cru.

a. Le tartare est de la viande *crue/cuite*.
b. La salade niçoise est une salade *composée/verte*.
c. Dans l'assiette de charcuterie, il y a *du saucisson /de la purée de pommes de terre*.
d. Il y a *de la pâte/du pâté* de campagne.
e. La saucisse est servie *cuite/crue*.
f. Les cornichons *sont une sorte de viande/accompagnent la charcuterie*.

111. RÉVISER **Écrivez les mots complets.**

Exemple : Tu aimes le steak -a-ta-e ? → *tartare*

a. Je prends une salade -i-o-s-. → ....
b. Ces -i-le-tes sont excellentes ! → ....
c. C'est très bon avec des -o-nic-o-s. → ....
d. Je vais prendre une s-u-i-se. → ....
e. Vous voulez de la -u-é- avec ? → ....
f. Il y a plein de sortes de s-u-is-o-s. → ....
g. Tu préfères le -a-b-n cru ou cuit ? → ....
h. On a mangé dans une b-a-s-r-e. → ....

D. Aller au café, au restaurant

112. SE TESTER Complétez les phrases avec les mots qui correspondent.

Exemple : Je vais prendre des ... *saucisses* ... avec de la purée.

a. Qu'est-ce qu'il y a dans la salade n............................. ?
b. Je n'aime pas le t................................. de bœuf.
c. En entrée, on peut prendre une assiette de c...
d. Il y a du p....................................... de campagne.
e. Tu aimes le s... sec ?
f. Vous avez déjà mangé des r... ?
g. Le j... cuit est blanc.
h. Vous pouvez nous apporter un pot de c... ?

Arriver au restaurant 22

On va au restaurant (familièrement, le « restau ») bien sûr pour manger, mais c'est aussi l'occasion d'être avec ses amis ou sa famille.
Quand on arrive au restaurant, on regarde le **menu** (les plats proposés pour ce repas), la **carte** (tous les plats disponibles), avec des **formules** (des choix de plats avec un prix spécial), le **plat du jour**, la **carte des vins**. Le serveur/ la serveuse prend la **commande** et **apporte** les plats.
S'il **manque** quelque chose, comme une serviette, on demande : « Vous pouvez m'**apporter** une serviette, s'il vous plaît ? »
En entrée, on peut prendre des **crudités** (des légumes crus en salade), une **quiche**, du **foie-gras**...

113. S'EXERCER Reliez les deux parties de la phrase.

a. Tu préfères le menu
b. Cette formule
c. Quel est
d. On appelle
e. Vous êtes prêts
f. Il manque
g. Je vous apporte ça

1. est seulement pour le déjeuner.
2. à commander ?
3. ou la carte ?
4. le plat du jour ?
5. une fourchette.
6. la serveuse.
7. tout de suite.

114. S'EXERCER Cochez la bonne réponse.

	vrai	faux
Exemple : La serveuse apporte les plats.	☒ vrai	☐ faux
a. La carte des vins est la liste des vins disponibles.	☐ vrai	☐ faux
b. Le plat du jour est toujours le même.	☐ vrai	☐ faux
c. Il faut commander pour avoir les plats.	☐ vrai	☐ faux
d. S'il manque un objet, c'est qu'il n'est pas là.	☐ vrai	☐ faux
e. Le serveur prépare les plats.	☐ vrai	☐ faux
f. Les crudités sont des légumes cuits.	☐ vrai	☐ faux
g. Un repas permet de voir ses amis, sa famille.	☐ vrai	☐ faux

3 • Les relations sociales

115. S'EXERCER Complétez les phrases avec les mots : *carte, quiche, menu, manque, entrée, commande, crudités, foie gras.*

Exemple : Je peux prendre la ... *commande* ... ?

a. Est-ce qu'il y a un .... enfant ?
b. Il .... un verre.
c. Tu as choisi quoi en .... ?
d. Je vais prendre une .... avec une salade verte.
e. Je te recommande le .... , ici il est excellent.
f. Il fait chaud, j'ai envie de ....
g. Je vous apporte la .... des vins.

116. RÉVISER Les lettres des mots en italique sont mélangées. Écrivez les mots correctement et écrivez si c'est le client (C) ou le serveur/la serveuse (S) qui parle.

Exemple : On prend la *r f o u l e m*. → formule → C

a. Quel est le plat du *o j r u* ? → .... → ....
b. Nous pouvons *m o d r e c n a m* ? → .... → ....
c. Qu'est-ce qu'il a dans la *h q i e c u* lorraine ? → .... → ....
d. Désolé, nous n'avons plus de *i o f e - r s a g*. → .... → ....
e. Je n'ai pas besoin de la *t e r c a* des vins. → .... → ....
f. Il *u e a m q n* une serviette, vous pouvez l'apporter ? → .... → ....
g. Je vous *a e o t p r p* du pain. → .... → ....

117. SE TESTER Complétez les phrases avec les mots qui correspondent.

Exemple : Qu'est-ce qu'on prend en ... *entrée* ... ?

a. On choisit le *m*.................... ou la *c*.................... ?
b. Le midi, il y a une *f*.................... pas chère.
c. Tu as regardé la *c*.................... des vins ?
d. Le plat du *j*.................... n'est plus disponible.
e. Je vous écoute pour la *c*.................... .
f. Vous pouvez nous *a*.................... de l'eau ?
g. Il *m*.................... un couteau.
h. En entrée, une assiette de *c*.................... .
i. Moi, je préfère une *q*.................... .
j. Je n'aime pas le *f*....................- *g*.................... .

On mange de la viande 23

La viande : On trouve du bœuf, un **steak bleu** (le minimum), **saignant**, **à point**, bien cuit (le maximum), du **gigot** d'agneau, une **cuisse** de poulet, un **magret** (un filet) **de canard**, une **escalope** de veau, des **côtelettes** de porc, un **coq au vin**, des **brochettes**...

D. Aller au café, au restaurant

118. S'EXERCER Reliez les éléments qui correspondent.

a. une escalope
b. une cuisse
c. des côtelettes
d. un coq
e. un steak
f. un magret
g. un gigot

1. saignant
2. au vin
3. de poulet ou de canard
4. d'agneau
5. de porc
6. de veau
7. de canard

119. S'EXERCER Cochez la bonne réponse.

Exemple : La cuisse du poulet est ☐ l'aile ☒ la jambe.

a. Le steak le moins cuit est ☐ rouge ☐ bleu.
b. « À point » est moins cuit que ☐ saignant ☐ bien cuit.
c. Le gigot est ☐ la cuisse ☐ le filet de l'agneau.
d. Le magret de canard est ☐ une cuisse ☐ un filet.
e. L'agneau est un jeune ☐ bœuf ☐ mouton.
f. Une brochette, c'est ☐ des petits morceaux de viande sur un pic ☐ de la viande en sauce.
g. Le coq est une sorte de ☐ poulet ☐ canard.
h. Une escalope est un morceau ☐ plat ☐ épais.

120. RÉVISER Écrivez les mots complets.

Exemple : Pour moi, une c-i- -e de poulet. → *cuisse*

a. Je voudrais du bœuf -ai-n-n- . → ....
b. On va manger du -i-o-t. → ....
c. C'est de la viande d'a-n-a-. → ....
d. Je prends un -a-r-t de canard. → ....
e. Il y a quoi dans la b-oc-e- -e ? → ....
f. Vous voulez une e-ca-o-e de veau ? → ....
g. Je préfère des c-te-et-es de porc. → ....

121. SE TESTER Complétez les phrases avec les mots qui correspondent.

Exemple : Tu manges de la ... *viande* ... ?

a. J'ai envie d'une c .... de poulet.
b. Vous préférez votre bœuf s .... ,
à p .... ou b .... c .... ?
c. Vous avez du m .... de canard ?
d. Je n'aime pas le mouton mais j'adore l'a ....
e. J'ai commandé des c .... de porc.
f. Le g .... est servi avec des haricots.
g. Le c .... au v .... est un plat traditionnel.
h. Je te conseille les b .... grillées au feu de bois.

49

3 • Les relations sociales

On mange du poisson ou on est végétarien 🔊 24

- un crabe
- un homard
- un bigorneau
- une crevette
- une huître

Un filet de bar rôti, du saumon fumé, un dos de cabillaud grillé, un pavé de thon, des sardines grillées, une spécialité de Marseille : une bouillabaisse (plusieurs poissons bouillis ensemble avec des légumes, le jus est servi en soupe), un plateau de fruits de mer avec ou sans coquilles (des crevettes, des gambas, des bigorneaux, des langoustines, du crabe, des oursins, des huîtres...)

Sans viande : des plats végétariens/végan, des céréales, du quinoa, des légumes secs, des lentilles, des pois chiches, de la semoule, des légumes verts (des haricots verts, des petits pois), du riz, des pâtes, des champignons de Paris...

122. S'EXERCER Reliez les mots et les définitions.

a. Un poisson blanc • • 1. un filet
b. Peut être rouge ou blanc • • 2. la sardine
c. Un petit poisson qu'on trouve aussi en boîte • • 3. le bar
d. Une tranche • • 4. le cabillaud
e. Un poisson de l'Atlantique • • 5. le thon
f. Un plat avec plusieurs poissons cuits dans l'eau • • 6. la coquille
g. La partie extérieure et dure de certains fruits de mer • • 7. la bouillabaisse

123. S'EXERCER Cochez la bonne réponse.

Exemple : L'huître est dans une coquille.	☒ vrai	☐ faux
a. Le saumon peut être fumé.	☐ vrai	☐ faux
b. La bouillabaisse est faite avec du poisson grillé.	☐ vrai	☐ faux
c. La crevette a une coquille.	☐ vrai	☐ faux
d. Les gambas sont de grosses crevettes.	☐ vrai	☐ faux
e. Le bigorneau ressemble à un escargot.	☐ vrai	☐ faux
f. Le crabe est une crevette.	☐ vrai	☐ faux
g. L'oursin est recouvert de pics noirs.	☐ vrai	☐ faux

> Les fruits de mer = tous les produits de la mer qui se mangent sauf le poisson.

D. Aller au café, au restaurant

124. S'EXERCER Complétez les phrases avec les mots : *saumon, cabillaud, filets, langoustines, sardines, thon, plateau.*

Exemple : Le dos de ... *cabillaud* ... est excellent ici.

a. On commence par du .... fumé.

b. Le poisson est découpé en ....

c. Je prends des .... grillées.

d. Vous voulez quelle cuisson pour le pavé de .... rouge ?

e. Nous allons commander un .... de fruits de mer.

f. Les .... sont servies avec de la mayonnaise.

125. S'EXERCER Reliez les éléments qui correspondent.

a. Les végétariens • • 1. ne mangent rien d'origine animale.
b. Les végans • • 2. pois
c. Des pois • • 3. ne mangent pas de viande.
d. Des petits • • 4. secs
e. Les lentilles sont des légumes • • 5. verts
f. Les haricots verts sont des légumes • → • 6. de Paris
g. Des champignons • • 7. chiches

126. S'EXERCER Soulignez la bonne réponse.

Exemple : Il est végan, il adore les pâtes/le pâté.

a. On est allés dans un restaurant végétarien, on a mangé du quinoa/du thon.

b. Mon copain est végan, il mange/il ne mange pas d'œufs.

c. Dans le plat, il y avait des légumes secs comme de la semoule/des lentilles.

d. Vous pouvez manger des légumes verts, comme les petits pois/les pois chiches.

e. On met aussi des féculents comme le riz/la viande.

127. RÉVISER Les lettres des mots en italique sont mélangées. Écrivez le mot correctement et écrivez si c'est un poisson (P) ou un fruit de mer (F).

Exemple : Tu aimes le goût du *a r c b e* ? → crabe → F

a. Je prends du *a l u d i c a b l*. → .... → ....
b. Vous avez des *r n i s s a e d* grillées ? → .... → ....
c. Pour moi, une douzaine d' *u t r s e h î*. → .... → ....
d. C'est du *o t h n* blanc ou rouge ? → .... → ....
e. C'est la première fois que je mange des *n b o i r x u e g a*. → .... → ....
f. Ce sont des *v s e t c r e e t* ou des gambas ? → .... → ....
g. Il n'y a plus de *a o u m n s* fumé. → .... → ....
h. Vous avez déjà mangé des *i r s n u o s* ? → .... → ....

3 • Les relations sociales

128. RÉVISER Écrivez les mots complets.

Exemple : C'est un plat -é-a- → végan.

a. On prend un plat avec du -u-no- → ....

b. Il y a des -e-ti-l-s. → ....

c. Ce plat est fait avec des p- -s-hi-h-s → ....

d. Tu veux des -é-u-es s- -s ? → ....

e. Je préfère des p-t-s. → ....

f. Ça, c'est de la -e-ou-e. → ....

g. On ajoute des c-r-a-es. → ....

h. Est-ce qu'il y a des c-a-pi-no-s de Paris ? → ....

129. SE TESTER Complétez les phrases avec les mots qui correspondent.

Exemple : Qu'est-ce qu'on prend en … entrée … ?

a. – J'ai choisi du s .... fumé. – Moi, je préfère un pavé de t .... blanc.

b. Ils ont un excellent b .... rôti.

c. Je viens de Marseille, je prends une b .... !

d. Il y a une douzaine d' h ....

e. Tu préfères des gambas ou des c .... ?

f. Les b .... sont des escargots de mer.

g. Je ne mange pas le c .... ni les o ...., mais j'adore la l ....

h. Il déteste tout ce qui est dans une c ....

i. On prend un plat végétarien avec du q ...., des pois c ...., de la s .... et des c .... de Paris.

Pour finir le repas

Le fromage est fait au **lait cru** ou **pasteurisé**. Le fromage de **chèvre frais** est **doux**, quand il est **affiné** (plus ancien), il devient **sec** et plus **fort**. Les **bleus** sont au lait de vache ou de **brebis** pour le roquefort. On a de de la **pâte pressée** non-cuite pour le cantal, la tomme, le reblochon ou de la pâte pressée cuite pour l'emmental, le comté...
En dessert, on peut prendre par exemple une pâtisserie : une **religieuse** (la même pâte que l'éclair) au **parfum** chocolat, au café ou à la vanille, une **tarte Tatin** (aux pommes mais cuite avec la pâte en haut) avec de la glace à la vanille. On peut aussi choisir une **coupe de glace**, une **île flottante** = des **œufs à la neige** (du blanc d'œuf cuit avec de la crème anglaise et du caramel), des **crêpes** Suzette (flambées)...
On peut boire un **digestif** (de l'alcool très fort, comme du Cognac, du Calvados...)

Pour les fêtes de fin d'année (Noël et Nouvel An), les restaurants proposent un menu spécial pour le **réveillon** (le dîner du 24 décembre ou du 31 janvier).

D. Aller au café, au restaurant

130. S'EXERCER Reliez les deux parties de la phrase.

a. Le roquefort est un bleu de
b. Du lait cru ou
c. Un fromage gardé dans une cave est
d. Le goût peut être doux ou
e. La pâte pressée peut être cuite ou
f. Un fromage affiné est plus
g. Un fromage frais est plus

1. fort.
2. affiné.
3. chèvre.
4. pasteurisé.
5. jeune.
6. non-cuite.
7. vieux.

(f → 7)

131. S'EXERCER Cochez la bonne réponse.

Exemple : Le fromage de chèvre peut être frais ou ☒ sec ☐ cuit.

a. Le roquefort est fait avec du lait de ☐ brebis ☐ vache.
b. Un fromage affiné est plus ☐ doux ☐ fort.
c. L'emmental est à pâte pressée ☐ non-cuite ☐ cuite.
d. Le lait pasteurisé est ☐ chauffé ☐ non-chauffé.
e. Le roquefort ☐ est ☐ n'est pas le seul bleu.
f. Un fromage affiné est ☐ gardé en cave ☐ coupé fin.

132. S'EXERCER Reliez les éléments qui correspondent.

a. une île
b. des œufs
c. des crêpes
d. une tarte
e. une coupe
f. une religieuse
g. boire

1. Suzette
2. Tatin
3. flottante
4. à la neige
5. un digestif
6. de glace
7. au parfum café

(f → 7)

133. S'EXERCER Écrivez le mot qui correspond à l'explication.

Exemple : On sert plusieurs morceaux de glace dans → une ... *coupe* ...

a. Elle a la même pâte qu'un éclair mais plus ronde. → la ....
b. Une tarte cuite à l'envers → la tarte ....
c. On l'appelle aussi « œufs à la neige » → une ....
d. Elle est flambée → la ....
e. C'est un alcool très fort bu à la fin du repas → un ....
f. La saveur donnée à un dessert (par exemple chocolat, vanille ...) → le ....

3 • Les relations sociales

134. S'EXERCER Reliez ce qu'on voit typiquement sur une table de réveillon de Noël et l'explication.

a. du foie • • 1. de fromages • a. une boisson de luxe
b. du saumon • • 2. d'huîtres • b. du poisson
c. une douzaine • • 3. gras • c. une sélection de chèvre, vache, brebis
d. de la dinde • • 4. fumé • d. des fruits de mer
e. un plateau • • 5. farcie aux marrons • e. une préparation de canard ou d'oie
f. une bouteille de • • 6. de Noël • f. un dessert
g. une bûche • • 7. champagne • g. une volaille

135. RÉVISER Les lettres des mots en italique sont mélangées. Écrivez le mot correctement et écrivez si c'est un fromage (F) ou un dessert (D).

Exemple : *l a t c n a* → cantal → F

a. *l m n a e e t m* → .... → ....
b. *o r r e o q u t f* → .... → ....
c. *e l i i u g e s r e* → .... → ....
d. *l e î n l e a f t t o t* → .... → ....
e. *o l o e h c b r n* → .... → ....
f. *p c ê e r e z e u t t S* → .... → ....
g. *e a r t t t i n a T* → .... → ....
h. *h r e v è c a r f s i* → .... → ....

136. RÉVISER Remettez les mots de ces phrases dans l'ordre.

Exemple : est – cuite. – de – C' – la – pressée – pâte – non- → C'est de la pâte pressée non cuite.

a. cru. – faits – lait – au – nos – Tous – sont – fromages
→ ....

b. un – Savoie. – prends – morceau – de – tomme – de – Je
→ ....

c. frais – Tu – le – sec ? – chèvre – préfères – ou
→ ....

d. air – a – l' – Ce – cantal – délicieux ! – affiné
→ ....

e. chocolat. – Mon – est – la – religieuse – préféré – au – dessert
→ ....

f. vanille. – Tatin – J' – tarte – la – la – adore – la – de – avec – glace – à
→ ....

g. caramel. – la – à – des – œufs – avec – neige – du – avons - Nous
→ ....

h. digestif, – calvados. – de – En – prendre – on – va – verre – un
→ ....

D. Aller au café, au restaurant

137. SE TESTER Complétez les phrases avec les mots qui correspondent.

Exemple : Vous voulez une ... *pâtisserie* ... ?

a. Ce n'est pas du lait de vache mais de c... .
b. Ce fromage est fait avec du lait de b... .
c. C'est du lait c.. ou p... ?
d. Ce fromage est resté longtemps dans une cave, il est a... .
e. C'est de la p... pressée.
f. Le roquefort est un exemple de fromage b... .
g. Pour moi, une île f... .
h. Pour la glace, vous désirez quel p... ?
i. Je vais prendre des c... flambées.
j. Je ne bois pas de d..., je trouve que c'est trop fort.

Avant de partir 26

Voici des commentaires possibles sur le repas :
Cette sauce est faite **avec quoi**/quels sont les **ingrédients** ?
La viande est **tendre**, **dure**, ce n'est pas **assez cuit**.
C'est **délicieux**, je **me régale**, ça me **plaît** beaucoup !
C'est un peu trop **salé**, je n'aime pas ce **goût**. C'est **épicé**, un peu **fort** pour moi.
Le vin a un goût de **bouchon**.

Pour payer 27

Il faut demander **l'addition** en disant : « C'est **combien**, je peux vous **régler**, je vous **dois** combien ? »
On peut **partager** l'addition avec les autres personnes (chacun paye sa part), ou payer pour l'autre (« je t'invite »). On paye **en espèces** (on dit familièrement : **en liquide**). Le garçon va nous **rendre la monnaie**. Si on paye **par carte**, il faut faire le **code secret**. En général, on laisse un **pourboire** pour le personnel.

138. S'EXERCER Reliez les deux parties de la phrase.

a. Quels sont • • 1. elle est tendre.
b. Vous mettez quoi • • 2. suis régalé avec ce plat.
c. La viande n'est pas dure, • • 3. les ingrédients de cette salade ?
d. Je me • • 4. plaît pas.
e. Cette sauce ne me • • 5. dans cette sauce ?
f. Le poisson n'est pas assez • • 6. bouchon.
g. Le vin a un petit goût de • • 7. salé.

3 • Les relations sociales

139. S'EXERCER Complétez les phrases avec les mots : *plaît, dure, ~~fort~~, bouchon, épicé, salé, régale, cuit, goût.*

Exemple : Désolé, c'est trop … *fort* …, je n'ai pas l'habitude !

a. La viande est difficile à manger, elle est un peu ....
b. Attention, ce plat antillais est très .... !
c. C'est très bon, on se ....
d. – Ça vous .... ? – Oui, beaucoup !
e. – Il faut ajouter du sel ? – Non, c'est assez ....
f. J'ai demandé à point, ce n'est pas assez ....
g. C'est un nouveau .... pour moi.
h. J'espère que le vin ne sent pas le ....

140. S'EXERCER Reliez les deux parties de la phrase.

a. On peut avoir • • 1. en quatre personnes.
b. Vous réglez • • 2. en liquide.
c. On va partager • • 3. l'addition ?
d. Faites le code • • 4. comment ?
e. En espèces veut dire • • 5. pourboire ?
f. On lui laisse combien en • • 6. le garçon va me rendre la monnaie.
g. J'ai mis 50 €, • • 7. secret.

141. S'EXERCER Cochez la bonne réponse.

Exemple : Aux repas de fête, beaucoup de gens boivent du champagne. ☒ vrai ☐ faux
a. Le grand repas avant Noël s'appelle « le réveil ». ☐ vrai ☐ faux
b. Le 31 décembre est aussi l'occasion d'un repas spécial. ☐ vrai ☐ faux
c. La bûche est un dessert traditionnel pour Noël. ☐ vrai ☐ faux
d. Le coq au vin est un plat typique pour Noël. ☐ vrai ☐ faux
e. Le foie gras est un dessert. ☐ vrai ☐ faux
f. On ne mange pas de fromage au repas de Noël. ☐ vrai ☐ faux
g. Il y a un dîner traditionnel le 1er janvier. ☐ vrai ☐ faux

142. RÉVISER Écrivez les mots complets.

Exemple : Il y a beaucoup d'-n-r-die-ts. → *ingrédients*

a. J'adore la viande, elle est t-n--e. → ....
b. Ce plat est -é-i-i-u- → ....
c. On peut r-g-e- par carte ? → ....
d. L'a- -i-i-n, s'il vous plaît ! → ....
e. Il y a un problème avec le vin, il a un goût de -o-c-o-. → ....
f. Moi, je paye en e- -è-es. → ....
g. On va laisser un bon p-ur-o-r- pour le serveur. → ....
h. Tu ne vas pas tout payer, on -a-ta-e. → ....

D. Aller au café, au restaurant

143. RÉVISER Remettez les mots de ces phrases dans l'ordre.

Exemple : sauce – cette – goût – est – un – de – Le – fort – peu – moi. – pour
→ Le goût de cette sauce est un peu fort pour moi.

a. est - cuite. - pas - mais - tendre - assez - viande - La
→ La viande est assez tendre mais pas cuite.

b. a – ce – plat. – bien – on – J' – quoi – fait – aimerais – avec – savoir
→ J'aimerais bien savoir avec quoi on a fait ce plat.

c. pas, – plaît – ne – c' – trop – me – épicé. – Ça – est
→ Ça ne me plaît pas, c'est trop épicé.

d. régalés. – Tout – on – était – est – s' – délicieux,
→ Tout était délicieux, on s'est régalés.

e. sent – parce – qu' – On – il – bouchon. – vin – le – va – changer – le
→ On va changer le vin parce qu'il sent le bouchon.

f. paye, – moi – qui – invite ! – t' – C' – je – est
→ C'est moi qui t'invite, je paye !

g. vous – addition – peut – l' – s' – il – On – avoir – -plaît ?
→ On peut avoir l'addition s'il vous plaît ?

h. ou – en – Vous – liquide ? – par – régler – carte – préférez
→ Vous préférez régler par carte ou en liquide ?

i. le – Il – pourboire ? – faut – laisser – combien – pour
→ Il faut laisser combien pour le pourboire ?

144. SE TESTER Complétez les phrases avec les mots qui correspondent.

Exemple : J'adore, c'est ... *délicieux* ... !

a. Il y a beaucoup d'i.. dans cette sauce.
b. La viande est super, elle est t.. .
c. Ce steak est un peu d.. .
d. C'est très bon, on se r.. .
e. Ce plat me p.. beaucoup.
f. Le g.. est spécial.
g. Il aime les épices, donc la cuisine é.. .
h. Malheureusement, le vin sent le b.. .
i. Tu as demandé l'a.................................. ? – C'est cher, on va p.................................. .
j. J'attends que la serveuse me rende la m.. .
k. Tu crois que c'est assez comme p.. ?
l. On paye par c.. ou en l.. ?

Bilan 2

1. Tu f.. la fin du stage avec nous ?
2. On est un groupe de copains et copines, on va tous se v........................... ce week-end.
3. Dommage, la soirée t.............................. en même temps qu'un anniversaire.
4. On va boire un p............................ et d............................ tous ensemble.
5. On a choisi ce bar pour sa bonne a... .
6. Tu préfères être dans la salle ou dehors, à la t... ?
7. Pour moi, une bière, pas en bouteille, une p... .
8. Dans la carafe, c'est de l'eau du r... .
9. Le raisin, c'est du chardonnay, j'adore ce c... .
10. J'ai oublié le nom, l'a.. du vin que j'ai bu.
11. J'adore la charcuterie, en particulier les r... .
12. C'est du jambon c.. ou cru ?
13. Les c.. sont conservés dans du vinaigre.
14. Ce plat n'est pas au menu mais à la c... .
15. J'aime la viande crue, je prends un t.................................... de bœuf.
16. Cette viande n'est pas dure, elle est bien t... .
17. Il m.. un verre, vous pouvez nous en apporter un ?
18. En général, je mange mon steak s.................................... ou à point.
19. Le plat du jour est du g.. d'agneau.
20. J'ai envie d'une e.. de veau.
21. Ici, on prépare très bien le m.................................... de canard.
22. Mon poisson préféré est le s.. fumé.
23. Le r.................. de Noël commence par un p.................. de f.................. de mer.
24. Je vais prendre une douzaine d'h... .
25. Certains fruits de mer ont une c.................. dure pour les protéger.
26. Ce plat végétarien a beaucoup de f.................. (comme le blé, le maïs...).
27. Les bons fromages sont gardés longtemps en cave, ils sont a................... .
28. Mon dessert préféré est l'île f.................. (les œufs à la neige).
29. On va régler l'a... .
30. – Vous payez par carte ? – Non, en l... .

Mon score : .... /33

4 • Les sentiments

A. Les goûts : aimer ou pas

« Dire qu'on aime » 28

Je trouve que ce n'est **pas mal**, c'est **intéressant**, ça m'**intéresse** beaucoup.
J'**aime**, ça me **plaît**, j'**adore**, je suis **fou** (**folle**) **de** peinture. Je suis **passionné**(**e**) d'archéologie.
C'est **bon** ! (par exemple, le goût, la qualité), c'est **bien** ! (on parle plus généralement de « comment c'est fait »).
Je suis **satisfait**(**e**) du résultat, c'est très satisfaisant.
Je suis **gourmand** (**e**) (je n'hésite pas à profiter des bonnes choses) !
C'est **génial**, **super** ! J'**admire** cette personnalité.

145. S'EXERCER Reliez les éléments qui correspondent.

a. J'aime beaucoup.   • • 1. C'est bon.
b. J'aime.   • • 2. C'est bien.
c. J'aime le goût.   • • 3. Ça me plaît.
d. J'aime comment c'est fait.   • • 4. Je suis passionné.
e. J'aime manger de bonnes choses. • • 5. J'adore.
f. J'ai une passion.   • • 6. J'admire.
g. Je trouve extraordinaire.   • • 7. Je suis gourmand.

> On utilise souvent des phrases négatives qui paraissent plus nuancées, « ce n'est pas mal » plutôt que « c'est bien ».

146. S'EXERCER Cochez la bonne réponse

Exemple : Elle a une passion pour cet auteur, elle est ☐ super   ☒ passionnée.

a. Tu aimes ce film ? Oui,   ☐ il est pas mal.   ☐ il n'est pas bien.
b. La musique est très bien !   ☐ J'adore !   ☐ Pas mal !
c. Vous avez déjà mangé dans ce restaurant ? Oui,   ☐ ça ne me plaît pas.   ☐ c'est très bon.
d. Vous aimez Gandhi ? Oui,   ☐ pas intéressant.   ☐ je l'admire.
e. J'ai un intérêt pour l'art,   ☐ ça m'intéresse.   ☐ c'est bon.
f. Vous trouvez que la cuisine est bien faite ? Oui, ☐ c'est très bien.   ☐ c'est gourmand.
g. C'est une super soirée ! Oui,   ☐ ça ne me passionne pas. ☐ c'est génial.
h. Vous êtes satisfait de notre travail ? Oui,   ☐ c'est satisfaisant.   ☐ c'est sans intérêt.

4 • Les sentiments

147. RÉVISER Les lettres des mots en italique sont mélangées. Écrivez les mots correctement et écrivez le féminin.

Exemple : C'est un *nob* restaurant. → bon → bonne

a. C'est un endroit *s e t s é a r n t n i*. → .... → ....
b. Je suis *s p a o s n é i n* par cette ville. → .... → ....
c. Mon père apprécie les bonnes choses, c'est un *g r n o a m u d*. → .... → ....
d. Il est *u f o* d'architecture. → .... → ....
e. Ce musicien est *i n g l a é*. → .... → ....
f. Nous sommes *s i t a i s t f s a* de tes progrès ! → .... → ....

148. RÉVISER Barrez le mot mal écrit et écrivez-le correctement.

Exemple : J'aime bien ce livre, il n'est pas ~~bien~~. → ... mal ... .

a. Les professeurs ne sont pas satisfaisants de tes résultats. → ....
b. Tu trouves que tu as fait un bien trimestre ? → ....
c. Cet élève ne intéressant pas aux maths. → ....
d. Vous avez bon travaillé ! → ....
e. Son exposition me plaisant. → ....

149. SE TESTER Complétez les phrases avec les mots qui correspondent.

Exemple : Moi, j'aime Napoléon, mais lui, il l'... *adore* ... !

a. J'ai lu ce livre sans m'arrêter, il est vraiment *i* ....
b. J'ai vu tes résultats à l'école, c'est *p* .... *m* ....
c. L'auteur du livre est un *f* .... d'histoire.
d. Pour faire ces études, il faut être *p* .... par les langues.
e. – Tu aimes voyager ? – Oui, ça me *p* .... beaucoup.
f. Ce film est très *b* .... fait. C'est un très *b* .... film.
g. – On a gagné. C'est *s* .... ! – J'*a* .... votre courage !
h. Cette musique est *g* .... !
i. Vos résultats ne sont pas *s* ...., il faut travailler plus !
j. –Tu prends encore un peu de tarte ? – Oui, je veux bien, je suis *g* .... !

 « Dire qu'on n'aime pas »

J'ai des doutes. Je suis **surpris(e)**, **étonné(e)**, **je m'attendais** à autre chose. Je suis **déçu(e)**, c'est moins bien que ce que j'attendais, c'est une déception.
Je ne suis pas **convaincu(e)** (totalement d'accord), ce n'est **pas terrible**, je **préfère** une autre solution.
Ça me **gêne**, ça me **dérange**, je ne **supporte** pas, c'est insupportable. J'en ai **marre** (familier) ou j'en ai **ras le bol** (familier) de ce bruit (je ne peux plus accepter ça) !
Je **déteste**, je **hais** (verbe *haïr*, avoir de la haine) cette idée.
Je **me méfie** de cet homme (je n'ai pas confiance en lui).

A. Les goûts : aimer ou pas

150. S'EXERCER Reliez les deux parties de la phrase.

a. C'est une surprise,   •   • 1. je suis déçu.
b. Je ne suis pas sûr du résultat,   •   • 2. j'en ai marre.
c. Je m'attendais à mieux,   •   • 3. je suis étonné.
d. Je ne peux plus supporter cette situation,   •   • 4. j'ai des doutes.
e. Pour moi, c'est une gêne,   •   • 5. je me méfie.
f. Je n'aime pas du tout,   •   • 6. ça me dérange.
g. Je n'ai pas confiance en ces personnes,   •   • 7. je hais ça.

> Si on est indifférent, on peut dire : « **Bof !** » ou « **Ça m'est égal !** »

151. S'EXERCER Écrivez le mot complet et écrivez « = » si les mots ont le même sens ou « ≠ » pour le sens contraire.

Exemple : très agréable / *in-u-po-ta-le* → insupportable .... → ≠

a. ras le bol / *– ar – e* → .... → ....
b. adorer / *– – ïr* → .... → ....
c. surpris / *– to – n –* → .... → ....
d. ça gêne / ça *d – r – n – e* → .... → ....
e. ne pas faire confiance / se *–é – – er* → .... → ....
f. J'espérais mieux / une *d – ce – ti – n* → .... → ....

152. S'EXERCER Cochez la bonne réponse.

Exemple : Je n'aime pas du tout ça. ☐ je doute ☒ je hais.

a. La fumée te dérange ? Oui ☐ ça me gêne. ☐ ça m'est égal.
b. La nouvelle vous a surpris ? Oui, on est ☐ indifférents. ☐ étonnés.
c. Vous avez mangé dans ce restaurant ? Oui, ☐ c'est très bon ☐ ça ne me plaît pas.
d. Je ne suis pas sûr de comprendre, j'ai ☐ une déception ☐ un doute.
e. - J'en ai marre ! - Moi aussi, ☐ j'en ai ras le bol ☐ je doute.
f. Pour nous, c'est clair que vous allez réussir, nous en sommes ☐ convaincus ☐ déçus.
g. Il répond « bof ! » parce qu'il ☐ n'a pas d'opinion ☐ trouve ça insupportable.

153. S'EXERCER Complétez les phrases avec les mots : *attendais, dérange, préfère, supporte, doute, marre, déçu, convaincu, ~~déteste~~, terrible*.

Exemple : Je ... *déteste* ... les escargots, je n'en mange jamais !

a. Je n'ai pas envie de conduire, je .... prendre le train.
b. L'élève est .... par son mauvais résultat au test.
c. Quelle surprise ! Je ne m' .... pas à votre visite.
d. Le professeur n'est pas .... par nos explications.
e. Ton bulletin de notes n'est pas ....
f. Vous êtes sûrs ou vous avez un .... ?
g. La fumée ne te .... pas ?

61

4 • Les sentiments

h. J'en ai .... de cette météo !

i. Ta musique est trop forte, on ne .... plus ce bruit !

154. RÉVISER Remettez les mots de ces phrases dans l'ordre.

Exemple : – avez – nous – Vous – bravo ! – convaincus, → Vous nous avez convaincus, bravo !

a. – espère. – La – ne – cigarette – vous – de – dérange – fumée – j' – pas,

→ ....

b. – en – est – bol ! – le – qui – ai – C' – j' – moi – toujours – paye, – ras

→ ....

c. – de – répéter – marre – parents – fils. – chose – ont – même – la – Ses – leur – à – en

→ ....

d. – est – du – toujours – font – c' – bruit, – insupportable ! – voisins – Mes

→ ....

e. – suis – ne – plus. – appelle – Je – déçu – elle – qu' – m' – parce

→ ....

f. – demande – attendais – à – Je – en – pas – ne – m' – mariage. – cette

→ ....

g. – ce – pour – parti, – ses – vote – idées. – hais – pas – je – Je – ne

→ ....

h. – elle. – tout – me – je – le – fille – ment – méfie – temps, – d' – Cette

→ ....

155. 🔊 30)) **RÉVISER Écoutez et écrivez les mots dans le tableau.**
Indiquez si le sens est positif (+) ou négatif (-).

Exemple : super	+
a.	
b.	
c.	
d.	
e.	
f.	
g.	
h.	
i.	
j.	
k.	
l.	

A. Les goûts : aimer ou pas

156. SE TESTER Complétez les phrases avec les mots qui correspondent.

Exemple : Il n'écoute jamais ce genre de musique, il ... *déteste* ... !

a. Le concert est moins bien que l'année dernière, je suis d.. .
b. C'était une surprise pour nous, nous étions é.. .
c. J'ai lu son programme et je ne suis pas c.. .
d. Il aime bien faire une visite surprise à ses parents, ils ne s'a.. jamais à le voir.
e. Cette lumière me g.. tu peux la baisser ?
f. Ce film pose une question qui n'est pas agréable, qui d.. le public.

157. SE TESTER Complétez les phrases avec les mots qui correspondent.

Exemple : Nous sommes allés une fois dans ce restaurant, il n'est pas ... *terrible* ...

a. Quand on lui demande son opinion, il ne répond jamais « oui » ou « non » mais b............................... !
b. Cette voiture a toujours un problème, j'en ai m.. !
c. On a encore perdu le match, j'en ai r.. le b............................ !
d. Depuis hier, il a une douleur i.. à une dent.
e. On ne sait rien de lui, il faut se m.. pour l'instant.
f. Est-ce que l'élève a fait le travail seul ? Nous avons des d.. .
g. J'ai oublié l'anniversaire de mon ami. Il me h.. !

B. Les émotions (la joie, la tristesse)

« Dire qu'on est content »

En ce moment, tout va bien pour moi, je suis **content**(**e**), **heureux** (heureuse), je suis **ravi**(**e**) (très content) de ce qui m'arrive. C'est le **bonheur** ! J'ai toujours envie de **rire**.
– Qu'est-ce que tu **ressens** ? (ressentir) – Je suis **ému**(**e**), quelle émotion !
Je suis **fier** (**fière**) de toi ! Je suis **calme**, **tranquille**, **décontracté**(**e**).
Je suis **soulagé**(e) (les mauvaises choses que j'attendais ne sont pas arrivées).

158. S'EXERCER Reliez les éléments qui correspondent.

a. Elle était calme ?   • 1. on est soulagés.
b. Tu es content ?   • 2. Oui, tranquille.
c. Il était ému ?   • 3. Oui, je suis heureux.
d. J'admire ce que tu as fait,   • 4. Oui, il y avait beaucoup d'émotion.
e. Vous ressentez   • 5. quoi à cet instant ?
f. Il était tendu ?   • 6. je suis fier.
g. On a pas eu d'accident,   • 7. Non, plutôt décontracté.

4 • Les sentiments

159. S'EXERCER Soulignez la bonne réponse.

Exemple : Leur mariage se passe très bien, ils sont bonheur / heureux.

a. J'ai senti / ressenti de la joie.
b. Cette histoire m'a beaucoup émotion / émue.
c. Je suis ravi / décontracté de vous rencontrer !
d. Bravo ! On est émus / fiers de toi !
e. Elle est sortie de l'hôpital, je suis soulagé / ému.

160. S'EXERCER Complétez les phrases avec les mots : *ému, soulagé, content, fier, ravi, heureux, rire, tranquille, ressentir, décontracté.*

Exemple : Notre fils est … *content* … du résultat.

a. Mon frère est .... de faire votre connaissance.
b. Le film était amusant, il m'a fait ....
c. Mon copain était très ...., il avait du mal à parler.
d. Elle a très bien travaillé, tu es .... d'elle.
e. Ils forment un couple parfait, ils sont ....
f. Tu es énervé, reste .... un moment.
g. Avec ce jeu, vous allez .... des émotions fortes.
h. Mon mari reste .... dans toutes les situations.
i. L'enfant n'a pas disparu, il est là, tout le monde est ....

161. RÉVISER Remettez les mots de ces phrases dans l'ordre.

Exemple : – amis. – décontractée – entre – C' – soirée – est – une – just –
→ C'est juste une soirée décontractée entre amis.

a. – de – sommes – très – contents – voyage – Nous – îles. – notre – les – dans
→ ....

b. – j' – étais – vie – de – est – période – où – C' – une – heureux. – ma – vraiment
→ ....

c. – que – Depuis – ma – c' – ai – le – bonheur ! – rencontré – est – j' – copine,
→ ....

d. – nouvelle ? – la – avez – en – quoi – Vous – entendant – ressenti
→ ....

e. – Piaf. – ému – Édith – chanson – toujours – d' – Je – quand – suis – j' – cette – écoute
→ ....

f. – calmes. – plus – étaient – a – enfants – pas – les – à – rendre – on – réussi – Les – excités, – n'
→ ....

g. – contrat – J' – mon – signé – je – de – ai – travail, – soulagé ! – suis
→ ....

h. – avoir – compétition. – être – gagné – fier – peux – cette – d' – Tu
→ ....

B. Les émotions (la joie, la tristesse)

162. SE TESTER Complétez les phrases avec les mots qui correspondent.

Exemple : L'hôtel est bien ? Vous êtes ... *contents* ... ?

a. Raconte-nous un moment où tu as r.. de la joie.

b. Nous sommes h.. de vous annoncer que vous êtes sélectionné.

c. Je suis r.. de vous rencontrer !

d. Le b.. pour moi, c'est de faire ce dont j'ai envie.

e. Avec ce nouveau travail, il est plus d.. .

f. Les résultats à l'école sont meilleurs, ses parents sont s.. .

g. Notre grand-père était f.. de nous montrer ses médailles.

h. Depuis qu'il fait du yoga, il est plus c.. .

i. Mon mari aime bien raconter des histoires pour nous faire r.. .

j. L'acteur était très é.. quand il a reçu le prix.

« Parler de ce qui n'est pas joyeux »

Je **m'inquiète pour** lui/elle. J'ai **des soucis** (des sujets d'inquiétude). Je suis **triste** de ce qui lui arrive. Depuis quelques jours, j'ai **le cafard** (un peu familier, j'ai des idées noires), tout me fait **pleurer**. Je suis **découragé(e)** (sans motivation). Je suis **anxieux** (anxieuse, pas tranquille). Je suis **jaloux** (**jalouse**) de toi. J'ai **honte**, je **regrette** ce que j'ai fait. Ce comportement me **dégoûte**.
J'ai **peur** de ce qui va arriver, c'est la **panique** (j'ai tellement peur que je ne sais plus quoi faire).
Il y a eu une catastrophe, c'est **horrible**, c'est l'horreur, **abominable** ! C'est **choquant** ! Quel **malheur** !

163. S'EXERCER Reliez les éléments qui correspondent.

a. Je n'ai pas envie de rire,   **1.** je regrette.
b. Il est joyeux ?   **2.** je m'inquiète.
c. J'ai des problèmes,   **3.** plutôt de pleurer.
d. Je n'ai pas l'esprit tranquille,   **4.** Non, triste.
e. Je n'aurais pas dû dire ça,   **5.** Non, le malheur !
f. Je suis déprimé,   **6.** des soucis.
g. C'est le bonheur ?   **7.** c'est horrible.
h. C'est une horreur,   **8.** j'ai le cafard.

4 • Les sentiments

164. S'EXERCER Cochez la bonne réponse.

Exemple : La situation est très mauvaise ? Oui, ☐ je suis jaloux ☒ c'est triste.

a. En ce moment, elle a toujours les larmes aux yeux, ☐ elle a peur ☐ elle pleure.
b. Quand on a des soucis, ☐ on est tranquille ☐ on n'est pas tranquille.
c. Il n'a plus de courage, il est ☐ découragé ☐ jaloux.
d. Avoir peur est ☐ plus fort ☐ moins fort qu'être paniqué.
e. Je déteste cette personne, ☐ elle me dégoûte ☐ j'en suis jalouse.
f. C'est très grave, tout le monde trouve ça ☐ triste. ☐ choquant.
g. Ce que tu as fait est inacceptable, tu dois ☐ avoir honte ☐ avoir le cafard.
h. Cette famille a connu le bonheur, mais maintenant, c'est ☐ le malheur ☐ le cafard !

165. S'EXERCER Complétez le texte avec les mots : *horribles, soucis, peur, abominable, malheur, ressentir, choquantes, honte, panique.*

Exemple : Notre fils a des ... soucis ... à l'école.

Julia, une amie à moi, adore les films d'horreur. Plus c'est (1) ...., plus elle est contente. Moi, il y a des scènes que je trouve (2) .... Elle dit que je suis trop sensible et n'ai pas (3) .... de voir des images (4) .... C'est vrai que j'ai du mal à voir du (5) .... Même si je sais que c'est de la fiction, je ne peux pas m'empêcher de (6) .... de la (7) ...., et même de la (8) ....
En fait, je commence à m'inquiéter pour Julia. Est-elle normale ?

166. RÉVISER Les lettres des mots en italique sont mélangées. Écrivez les mots correctement.

Exemple : C'est une histoire *m o a i n b e a l b.* → abominable

a. Ne te fais pas de *s c i o s u* pour moi ! → ....
b. Ne vous *z e i u q n t é i* pas ! → ....
c. C'est une *i r t t e s* nouvelle. → ....
d. Il reste enfermé, il a le *a r a f c d.* → ....
e. Tu *p e r s e l u* facilement au cinéma ? → ....
f. En cas de *u h m a l r e*, appeler ce numéro. → ....

167. RÉVISER Reliez les contraires.

a. rire • • 1. être content
b. le bonheur • • 2. super
c. avoir honte • • 3. pleurer
d. être tranquille • • 4. le malheur
e. être triste • • 5. être fier
f. horrible • • 6. être inquiet

B. Les émotions (la joie, la tristesse)

168. RÉVISER Les lettres des mots en italique sont mélangées. Écrivez les mots correctement.

Exemple : Il m'a dit des choses *b l s r e i h r o* ! → horribles

a. Je suis toujours un peu *x a n u e i x* avant un examen. → ....
b. Elles avaient un peu peur, mais ce n'était pas la *i q p a n e u*. → ....
c. J'espère qu'elle a *o t h e n* de ce qu'elle a fait ! → ....
d. Je suis désolé, je *t e r e t r g e* de vous avoir dit ça. → ....
e. Il est très *a x j o l u* de sa femme. → ....

169. SE TESTER Complétez les phrases avec les mots qui correspondent.

Exemple : Tu n'as pas besoin d'être ... *anxieux* ... !

a. En ce moment, il ne lui arrive que du m................................. .
b. Nous avons appris la t................................. nouvelle.
c. On s'i................................. pour vous si vous ne donnez pas de nouvelles.
d. Il a eu quelques s................................. de santé.
e. Ne p................................. pas, ça ne sert à rien !
f. Depuis que son copain est parti, elle a le c................................. .
g. Je n'ai pas p................................. des souris.

170. SE TESTER Complétez les phrases avec les mots qui correspondent.

Exemple : Il ne faut pas être ... *découragé* ..., vous allez trouver une solution.

a. Les gens ont eu un moment de p................................. en essayant de sortir.
b. Il sait que ce n'était pas bien, il r................................. ce qu'il a fait.
c. Tu n'as pas h................................. de mentir comme ça !
d. Je ne peux pas manger ce plat, ça me d................................. !
e. Dans cette vidéo, il y a des images c................................. pour un enfant.
f. Il est arrivé une catastrophe a................................. .
g. Elle est j................................. de sa grande sœur.

Bilan

1. J'ai un intérêt pour ce sujet, je le trouve i..
2. Elle aime beaucoup ce parfum, elle l'a..
3. C'est une bonne idée, elle me p..
4. Il adore manger, il est g..
5. Ce professeur est excellent, il est g..
6. Vous a.. quel personnage historique ?
7. Il va souvent au concert, c'est un f.. de musique.
8. Quelle surprise ! Votre visite nous a é..
9. Je ne pouvais pas m'a.. à un si bon résultat !
10. Arrête ce bruit ! ça nous g.. !
11. Je peux m'asseoir ici, ça ne vous d.. pas ?
12. Sa copine a été d.. d'apprendre qu'il lui avait menti.
13. On en a m.. de répéter toujours la même chose.
14. J'en ai r.. le b.. d'attendre ce bus !
15. – Tu m'aimes ! – Tu plaisantes, je te d.. je te h.. !
16. Je ne s.. plus tes mensonges répétés.
17. Ce couple est passé du b.. parfait à un m.. terrible.
18. Nous n'avons plus confiance, nous nous m.. de lui.
19. Ses parents étaient r.. de faire la connaissance de son copain.
20. C'est un excellent résultat, vous pouvez être f.. de vous !
21. Il était très é.. quand on lui a dit qu'il était sélectionné.
22. Christophe et Nathalie sont très h.. ensemble.
23. J'avais perdu mon passeport, mais je viens de le retrouver, je suis s..
24. Cet élève a des difficultés, nous savons qu'il a des s.. avec sa famille.
25. Il a eu des problèmes sentimentaux et maintenant il a le c..
26. J'aimerais bien avoir une belle maison comme vous, je suis j.. !
27. Pas de p.. ! Il y aura à manger pour tout le monde !
28. Notre fils a h.. de ce qu'il a fait.
29. Je r.. d'avoir acheté ce téléphone, il ne marche pas.
30. Il vient d'y avoir une catastrophe a.. . C'est un m.................. pour ce pays.

Mon score : ……. /34

5 • La santé

A. Le corps

 « Le haut du corps »

Dans le **crâne**, le **cerveau** permet entre autres de penser. Le **cou** est entre la tête et le reste du corps, avec à l'intérieur, la **gorge**. Les **épaules** sont entre le cou et les bras, le **poignet** est l'articulation de la main et le **coude** est l'articulation du bras. Dans la **poitrine**, le **cœur** bat et les **poumons** sont les **organes** de la **respiration**. Les **bronches** aident à respirer. Le sang circule dans les **veines** et les **artères**, puis il est filtré par les **reins**.

171. S'EXERCER Reliez les deux parties de la phrase.

a. Le sang passe dans • • 1. la poitrine.
b. Le cerveau se trouve dans • • 2. le cou.
c. La gorge est dans • • 3. filtrent le sang.
d. Le cœur est dans • • 4. les poumons.
e. Les reins • • 5. la tête.
f. Le coude est • • 6. l'articulation de la main.
g. Le poignet est • • 7. les veines.
h. La respiration est faite par • • 8. l'articulation du bras.

> Quelques mots, comme **cœur** s'écrivent avec le « -e dans l'-o », c'est aussi le cas pour les mots : sœur, bœuf, œuf…

172. S'EXERCER Cochez la réponse qui correspond.

Exemple : Les reins filtrent	☐ l'air	☒ le sang.
a. Le crâne est	☐ un os	☐ un organe.
b. Le cerveau permet	☐ la pensée	☐ la respiration.
c. Le sang circule	☐ seulement dans les veines	☐ dans les veines et les artères.
d. Le cœur est responsable de	☐ la pensée	☐ la circulation du sang.
e. La gorge est dans	☐ le cou	☐ la poitrine.
f. Les épaules sont entre	☐ le coude et la tête	☐ le cou et la tête.
g. Les bronches participent	☐ à la respiration	☐ à la filtration du sang.

> Pour une femme, la **poitrine**, c'est aussi « les seins ».

173. S'EXERCER Complétez les phrases avec les mots : *coude, cou, artères, ~~crâne~~, bronches, gorge, épaules, reins.*

Exemple : Il a reçu un coup sur le … *crâne* …

a. Le sang va du cœur vers le reste du corps dans les ....
b. J'ai mal au .... , je ne peux pas plier le bras.

5 • La santé

c. Ouvre la bouche, je vais regarder si ta .... est rouge.

d. Il a du mal à respirer, c'est à cause des ....

e. Elle a les cheveux qui touchent ses ....

f. Les .... sont dans le bas du dos.

g. La girafe a un .... très long.

174. S'EXERCER Complétez les phrases avec les mots : *poumons, poignet, cerveau, ~~respiration~~, organe, veines, poitrine, cœur.*

Exemple : La ... *respiration* ... permet à l'oxygène de passer dans le sang.

a. Il est tombé sur la tête, on va lui faire un scanner du ....

b. J'ai beaucoup écrit, j'ai une douleur au ....

c. On va vous faire une radio des ....

d. Le sang revient vers le cœur par les ....

e. Chaque .... a une fonction vitale.

f. J'ai couru, j'ai le .... qui bat très fort.

g. Gonfle la .... avant de plonger.

175. RÉVISER Les lettres des mots en italique sont mélangées. Écrivez les mots correctement.

Exemple : Quelle est la fonction de cet *a r g e n o* ? → organe

a. Tu as le fond de la *g r e g o* un peu rouge. → ....

b. On va lui faire une radio de l' *u e p é l a*. → ....

c. Le sang circule dans les *s e n i v e* et les *r s a è r e t*. → ....

d. La respiration est assurée par les *s h e o r c b n* et les *n p o o s u m*. → ....

e. Ne pose pas tes *u c e s d o* sur la table ! → ....

f. Quelle partie du *v u a e e c r* est responsable du langage ? → ....

g. Il a une nouvelle montre au *p e t i g o n*. → ....

176. RÉVISER Écrivez la réponse qui correspond à chaque question.

Exemple : Quel organe fait circuler le sang ? → Le cœur

a. Comment s'appelle l'articulation entre la main et le bras ? → ....

b. Quel organe se trouve dans le crâne ? → ....

c. Le sang circule dans le corps en passant par quoi ? → ....

d. Quel est le nom de la partie du corps entre le cou et le bras ? → ....

e. Quels sont les organes qui filtrent le sang ? → ....

f. Quelle est la fonction des poumons ? → ....

177. SE TESTER Complétez les phrases avec les mots qui correspondent.

Exemple : On va faire une radio de la ... *poitrine* ...

a. Le c.. est l'articulation du bras.

b. Dans la tête, le c.. est un os et le c.. est un organe.

A. Le corps

c. Le c... envoie le sang dans les a... et les v... .

d. L'é... est entre le bras et le cou.

e. Les b... et les p... sont les organes de la r... .

f. Les r... sont des filtres pour le sang.

g. Après une partie de tennis, j'ai souvent mal aux p... .

h. Ouvre la bouche, le docteur va regarder ta g... .

 « **Le bas du corps** »

Au milieu du **ventre**, on voit le **nombril**, et à l'intérieur, l'**estomac**, le **foie** et les **intestins** participent à la digestion. Dans le dos, les **côtes** sont des os attachés à la **colonne vertébrale**, constituée de vertèbres.
Les jambes s'attachent au **bassin**, qui a pour articulation la **hanche**. En haut de la jambe, la **cuisse** est un muscle, et le **genou** une articulation. La **cheville** est entre le **mollet** et le pied, qui a un **talon** (la partie qu'on pose au sol pour marcher) et des **orteils** (les doigts).

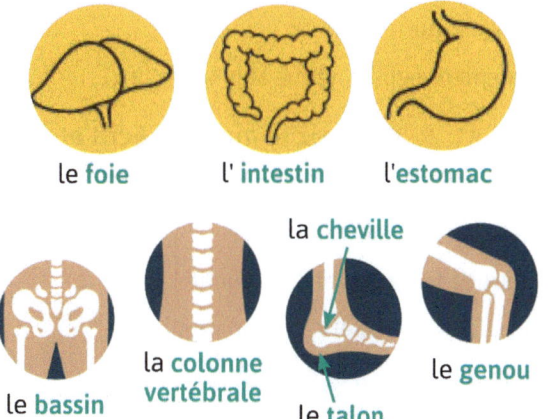

le **foie**   l' **intestin**   l'**estomac**

la **cheville**

le **bassin**   la **colonne vertébrale**   le **talon**   le **genou**

178. S'EXERCER Reliez les deux parties de la phrase.

a. L'estomac • • **1.** dans le dos.
b. Le nombril • • **2.** un muscle.
c. La colonne vertébrale est • • **3.** un orteil.
d. La cuisse est • • **4.** est au centre du ventre.
e. Le genou est • • **5.** s'occupe de la digestion.
f. Le talon est • • **6.** dans le bas de la jambe.
g. Un doigt de pied est • • **7.** une articulation.
h. La cheville est • • **8.** une partie du pied.

> Dans « **estomac** », on ne prononce pas le -c final.

179. S'EXERCER Cochez la bonne réponse.

Exemple : La cuisse est en bas de la jambe. ☐ vrai ☒ faux

a. Le foie est dans le ventre. ☐ vrai ☐ faux
b. Le nombril est l'organe de la digestion. ☐ vrai ☐ faux
c. La hanche est l'articulation du bassin. ☐ vrai ☐ faux
d. La colonne vertébrale est constituée d'orteils. ☐ vrai ☐ faux
e. Le genou est l'articulation du pied. ☐ vrai ☐ faux
f. Les côtes sont des muscles. ☐ vrai ☐ faux
g. Le talon est une partie du pied. ☐ vrai ☐ faux

> On utilise l'expression « **avoir l'estomac dans les talons** » quand on a très faim.

5 • La santé

180. S'EXERCER Complétez les phrases avec les mots : *colonne, côte, estomac, ~~ventre~~, cheville, bassin, mollets, talons.*

Exemple : Les organes de la digestion sont dans le … *ventre* …

a. Il est tombé pendant le match de rugby et il a mal à une ....
b. Il faut que je mange quelque chose, j'ai l'... dans les talons !
c. J'espère qu'il n'a pas de problème à la .... vertébrale.
d. Pour cet exercice de gym, vous devez garder le .... bien droit.
e. Depuis que je fais du vélo, j'ai les .... bien musclés.
f. Appuyez sur le sol avec vos ....
g. Mon pied a glissé, je me suis tordu la ....

181. RÉVISER Barrez le mot mal écrit et écrivez-le correctement.

Exemple : J'ai une douleur à la ~~cote~~.   → côte

a. Mets tes bras sur tes anches.   → ....
b. Tournez le basin vers la gauche !   → ....
c. Elle a posé une fleur sur son nombri. → ....
d. Le foi participe à la digestion.   → ....
e. J'ai mal à l'estoma.   → ....
f. Mes orteilles sont trop serrés dans ces chaussures. → ....

182. RÉVISER Écrivez les réponses qui correspondent à chaque question.

Exemple : Quel organe est responsable de la circulation du sang ? → le cœur

a. Quels organes s'occupent de la digestion ?   → ....
b. Qu'est-ce qu'on voit au milieu du ventre ?   → ....
c. Quels os sont attachés à la colonne vertébrale ?   → ....
d. Quel est le muscle en haut de la jambe ?   → ....
e. Comment s'appelle le muscle entre le genou et le pied ? → ....
f. Quel est le nom de l'articulation entre la jambe et le pied ? → ....
g. Quel est l'autre nom pour les doigts de pieds ?   → ....

183. SE TESTER Complétez les phrases avec les mots qui correspondent.

Exemple : Tu dois plier tes … *genoux* …

a. La digestion se fait dans le v... .
b. Les organes de la digestion sont l'e................................, le f................................ et les i................................ .
c. En haut des jambes, l'os du b................................ a pour articulation la h................................ .
d. Le m... est le muscle entre la jambe et le pied.
e. La c... est l'articulation dans le bas de la jambe.
f. Les doigts de pieds s'appellent aussi des o... .
g. Pour marcher, on pose le pied par terre sur le t... .
h. Dans le dos, les c................................ sont attachées à la c................................ v................................ .

B. Les problèmes de santé (les accidents et les maladies)

 « Des problèmes pas trop graves » 35

On risque de **tomber**, faire une **chute**, avec comme résultat de se faire un **bleu** (une marque sur la peau), de **se blesser**, se faire une **blessure** (une partie du corps est abîmée) qui peut faire **saigner** (le sang coule). On peut **se casser** un os, se faire une **fracture**, ou **se fouler** une articulation. Il est aussi possible de **se brûler**, se faire une **brûlure**, avec le feu.
On peut aussi être victime d'une **infection** par un **microbe**, un **virus**. Pour les enfants, c'est par exemple la **varicelle** (avec beaucoup de **boutons** sur le corps, l'envie de **se gratter**) ou les **oreillons** (avec les oreilles qui font mal, on a de la **fièvre**). On est généralement **vacciné** contre ces maladies **contagieuses**.

184. S'EXERCER Reliez les éléments qui correspondent.

a. la fracture　　　　　　　　　　1. avec le feu
b. se brûler　　　　　　　　　　　2. une articulation
c. tomber, c'est　　　　　　　　　3. d'un os
d. se fouler　　　　　　　　　　　4. à cause des boutons
e. se gratter　　　　　　　　　　　5. faire une chute
f. se vacciner　　　　　　　　　　6. se faire une blessure
g. une maladie　　　　　　　　　7. contre un virus
h. se blesser, c'est　　　　　　　　8. contagieuse

Le verbe « **chuter** » existe mais il est d'un style recherché.

185. S'EXERCER Cochez la bonne réponse.

Exemple : Les reins filtrent　　　　　　☐ l'air　　　☒ le sang.

a. Il m'a donné un coup sur la jambe, maintenant j'ai ☐ un rouge　☐ un bleu.
b. La vieille dame a fait　　　　　　　　☐ une chute　☐ une fièvre.
c. Attention, l'assiette est très chaude, ne te　☐ foule　☐ brûle　pas !
d. La côte est cassée, c'est une　　　　　☐ brûlure　☐ fracture.
e. Un microbe peut provoquer　　　　　☐ une infection　☐ une fracture.
f. Il s'est　　　　　　　　　　　　　　☐ foulé　☐ blessé　le doigt avec un couteau.
g. L'enfant a des boutons partout, il a　　☐ les oreillons　☐ la varicelle.

186. S'EXERCER Complétez les phrases avec les mots : *saigne, blessure, contagieuse, ~~vacciné~~, fracture, fièvre, foulé, brûlé.*

Exemple : Vous êtes ... *vacciné* ... contre les oreillons ?

a. Une maladie qui se transmet d'une personne à l'autre est ....
b. Il a reçu un coup violent et il ....
c. Il est tombé de vélo et il s'est fait une petite .... au bras.
d. La jambe est cassée, c'est une ....

5 • La santé

e. Elle s'est .... le poignet pendant le match de volley.

f. Je me suis .... en prenant un plat dans le four.

g. Il a attrapé un virus, il a de la ....

187. RÉVISER Les lettres des mots en italique sont mélangées. Écrivez les mots correctement.

Exemple : Attention de ne pas *t e r b o m* !   → tomber

a. Il a été *e s b s é l* dans un accident de voiture. → ....

b. Ils ont souffert de *r û r u l s e b* à cause d'un incendie. → ....

c. Elle a une *t r u r c a f e* du bras droit. → ....

d. Il s'est coupé et il *a e s g i n*. → ....

e. Leur enfant a attrapé la *v l a r e l c i e*. → ....

f. Vous êtes *c n é a c v i* contre ce virus ? → ....

g. Il s'est *l o f u é* la cheville. → ....

188. RÉVISER Remettez les mots de ces phrases dans l'ordre.

Exemple : – infection. – une – provoqué – Un – a – microbe → Un microbe a provoqué une infection.

a. – est – toujours – forte. – aussi – fièvre – La

→ ....

b. – gratte – Notre – elle – se – le – temps. – a – tout – et – fille – la – varicelle – attrapé

→ ....

c – main – et – la – saigné. – est – dame – a – à – beaucoup – La – blessée – elle – s'

→ ....

d. – tu – te – sur – tu – plaque, – mets – ta – Si – la – brûler ! – vas – main

→ ....

e. – êtes – virus. – ce – contre – n' – Malheureusement, – vous – vacciné – pas

→ ....

f. – chute – Votre – l' – et – bassin. – il – père – fait – escalier – une – une – a – du – a – dans – fracture

→ ....

189. SE TESTER Complétez les phrases avec les mots qui correspondent.

Exemple : C'est une maladie qui se transmet, elle est ... *contagieuse* ...

a. En vélo, fais attention de ne pas *t*..., de ne pas faire de *c*... .

b. Il s'est battu avec son frère, il a un gros *b* .... sous l'œil.

c. Mon grand-père a été *b*... pendant la guerre, il a eu plusieurs *b*... .

d. La radio montre une *f*... du bras.

e. Je ne peux plus marcher, je me suis *f*... la cheville.

f. Avec le feu, il s'est *b*... la main, il a une *b*... .

g. On vous a *v*... contre ce virus.

h. Il a de la *f*... et mal aux oreilles, il a les o... .

B. Les problèmes de santé

« Des problèmes et des solutions » 36

Des personnes ont une **allergie** alimentaire ou une allergie au pollen, qui les fait **éternuer**. L'**asthme** rend la respiration difficile. Les **rhumatismes** provoquent des douleurs dans les articulations. Pour le **diabète**, il faut surveiller le taux de sucre dans le sang. On peut faire un **malaise** (perdre conscience), avoir une **appendicite** (une inflammation très forte d'une partie de l'intestin, faire un **AVC** (Accident Vasculaire Cérébral) dans le **cerveau** ou une **crise cardiaque** (quand le cœur s'arrête). Le **cancer** provoque des tumeurs. Le **Sida** est une maladie sexuellement transmissible.
Il faut avoir une **consultation** avec un médecin ou aller à l'hôpital pour faire un **diagnostic** (comprendre la cause) et proposer un **traitement** au **patient**, comme des **médicaments**, pour **soigner** et finalement **guérir** (être à nouveau en bonne santé).

190. S'EXERCER Reliez les deux parties de la phrase.

a. Il respire mal   1. éternuer.
b. Vous avez une allergie   2. cardiaque.
c. Le pollen me fait   3. pendant quelques minutes.
d. Elle a des rhumatismes   4. alimentaire.
e. Cette personne ne mange pas de sucre   5. à cause de l'asthme.
f. Mon oncle a fait une crise   6. l'appendicite.
g. Il a fait un malaise   7. dans les genoux.
h. Il faut l'opérer tout de suite de   8. en raison d'un diabète.

191. S'EXERCER Cochez la bonne réponse.

Exemple : À cause du pollen,   ☐ je perds conscience   ☒ j'éternue souvent.

a. L'appendicite est   ☐ une allergie   ☐ une inflammation.
b. Ma mère a un rhumatisme   ☐ au cerveau   ☐ aux épaules.
c. Quand on a un diabète, il faut faire attention
   à la quantité de   ☐ sel   ☐ sucre   dans le sang.
d. L'asthme est un problème pour   ☐ respirer   ☐ digérer.
e. Un AVC se passe   ☐ dans le cerveau   ☐ dans le cœur.
f. Le Sida se transmet   ☐ par la bouche   ☐ par les relations sexuelles.
g. Quand on perd connaissance, c'est ☐ une crise cardiaque   ☐ un malaise.

5 • La santé

192. S'EXERCER Reliez les éléments qui correspondent.

a. le patient • • 1. le diagnostic
b. des tumeurs • • 2. les médicaments
c. la cause • • 3. avec un médecin
d. une consultation • • 4. la personne malade
e. le traitement • • 5. un cancer
f. s'occuper d'un malade • • 6. être guéri
g. ne plus être malade • • 7. soigner

193. RÉVISER Barrez le mot mal écrit et écrivez-le correctement.

Exemple : Quel est le ~~diagnostique~~ ? → diagnostic

a. Mon copain a une alergie au gluten. → ....
b. Tu as déjà été opéré de l'apendicite ? → ....
c. Quelqu'un a de l'astme dans votre famille ? → ....
d. Sa mère souffre du diabete. → ....
e. Ici, il va vite gérir. → ....
f. J'ai des rumatismes dans les poignets. → ....

194. RÉVISER Complétez les phrases avec les mots : *consultation, patient, ~~crise~~, soigné, AVC, traitement, tumeur, rhumatisme, guéri.*

Exemple : Ne faites pas d'efforts violents, sinon c'est la … *crise* … cardiaque !

a. J'ai souvent mal aux articulations, c'est peut-être un ....
b. Son père est mort d'un ....
c. Le cancer a provoqué une ....
d. Le médecin m'a reçu pour une ....
e. J'ai un nouveau .... contre l'asthme.
f. Le .... a été transporté à l'hôpital.
g. Ce docteur m'a très bien ....
h. J'ai retrouvé ma bonne santé, je suis ....

195. SE TESTER Complétez les phrases avec les mots qui correspondent.

Exemple : On ne connaît pas encore le … *diagnostic* ….

a. Il ne boit jamais de lait, il a une a... .
b. Il a parfois du mal à respirer à cause de son a... .
c. Elle a souvent des douleurs dans les genoux, ce sont des r... .
d. Son mari est mort d'un A................................. V................................. C................................. .
e. Je voudrais une c... avec le docteur Legendre.
f. La patient a reçu un t................................. très efficace, il est maintenant g................................. .
g. Il a le cœur fragile, il a déjà fait une c................................. c................................. .
h. Est-ce qu'il y a des m................................. pour s................................. cette maladie ?

C. Voir un médecin ou être à l'hôpital

« Les secours en cas d'urgence »

Quand quelqu'un appelle les services de **secours**, comme les **pompiers** ou le **Samu** (Service d'Aide Médicale d'Urgence), la personne peut être **transportée** à l'**hôpital**, dans une **ambulance**. Elle se retrouvera dans la **salle d'attente** du service des **urgences**, un **infirmier**/une **infirmière** viendra la voir. On pourra lui demander de **passer** une **radio** ou un **scanner**, et de **faire des examens** complémentaires dans le **laboratoire d'analyses**.

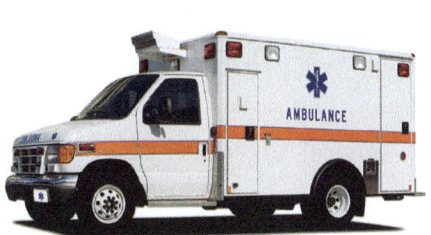

196. S'EXERCER Reliez les deux parties de la phrase.

a. Vous serez dans • • 1. à l'hôpital.
b. Il faut appeler • • 2. va s'occuper de vous.
c. On doit vous transporter • • 3. une radio de la jambe.
d. Merci d'attendre • • 4. les secours.
e. Une infirmière • • 5. d'analyses.
f. Vous allez passer • • 6. dans la salle d'attente.
g. On a un laboratoire • • 7. une ambulance.

197. S'EXERCER Complétez les phrases avec les mots : *scanner, ~~laboratoire~~, analyses, radio, infirmier, attente, urgences, transporter, ambulance.*

Exemple : Le … *laboratoire* … va vous envoyer les résultats.

a. Quand Michel s'est coupé la main, on a dû le ………………………………………………… à l'hôpital.
b. La dame fait un AVC, appelez vite une ………………………………………………… !
c. Il faut aller tout de suite au service des ………………………………………………… .
d. On est restés plusieurs heures dans la salle d'………………………………………………… .
e. On a besoin de faire quelques ………………………………………………… pour faire le diagnostic.
f. Un ………………………………………………… est venu et m'a posé des questions.
g. Sur le ………………………………………………… du cerveau, on voit qu'il n'y a pas de tumeur.
h. On m'a fait une ………………………………………………… des poumons.

198. RÉVISER Les lettres des mots en italique sont mélangées. Écrivez les mots correctement.

Exemple : Vous allez passer un *e a n s c r n*. → scanner

a. Allô les *r e p s i m p o* ? → ………………………………………………… .
b. J'appelle un service de *s e u s r o c*. → ………………………………………………… .
c. Voici la salle d' *t n a e t e t*. → ………………………………………………… .

5 • La santé

d. C'est le service des *e g r u e s n c*.   → ....
e. Une *r n i è i m e i f r* va venir.   → ....
f. Il faut faire quelques *x e m s e n a*.   → ....

199. RÉVISER Remettez les mots de ces phrases dans l' ordre.

Exemple : – les – attend – résultats – des – On – examens. → On attend les résultats des examens.

a. – crise – à – Ce – hôpital. – une – monsieur – faut – fait – il – l' – cardiaque, – transporter – le
→ ....
b. – des – service – urgences. – dame – vieille – pompiers – la – au – conduit – Les – ont
→ ....
c. – venue – et – Une – questions. – voir – infirmière – est – posé – a – m' – des – me
→ ....
d. – scanner – besoin – cerveau. – d' – un – On – a – de – votre
→ ....
e. – ambulance – J' – ramener – chez – vous. – une – vous – appelle – pour
→ ....

200. SE TESTER Complétez les phrases avec les mots qui correspondent.

Exemple : Les ... *pompiers* ... vont arriver.

a. Le Samu est un service de s.. .
b. Il faut t.. cette personne à l'h........................... .
c. Nous sommes au service des u.. .
d. Le docteur a demandé des e.. .
e. On lui a fait un s.. du cerveau.
f. Il faut vous conduire en a.. .
g. J'ai besoin d'une r.. de mon pied.
h. Vous recevrez les résultats du l.. d'analyses.

« Les services de l'hôpital »   38

En fonction des résultats des examens du patient, on l'enverra vers d'autres services, comme la **médecine générale**, la **cardiologie** (pour le cœur), la **pédiatrie** (pour les enfants), la **maternité** (pour les femmes **enceintes**, pour faire des **échographies**, pour le suivi de la **grossesse** et l'**accouchement**). S'il faut **subir** une **opération**, il y a le **bloc opératoire** pour la **chirurgie** avec un **chirurgien** et un spécialiste de l'**anesthésie** (il fait dormir le patient). Ils sont aidés par l'**imagerie médicale**, peuvent utiliser un **rayon laser** et opérer **à distance**.

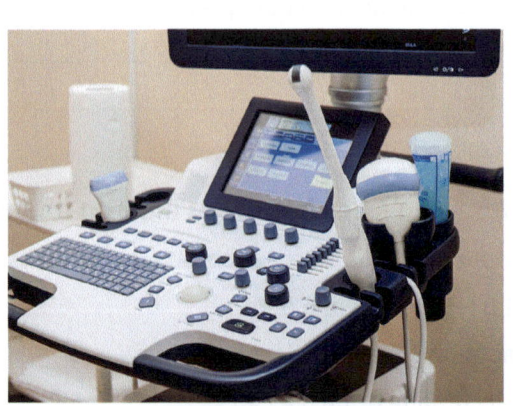

C. Voir un médecin ou être à l'hôpital

201. S'EXERCER Reliez les éléments qui correspondent.

a. la pédiatrie　　　　　　　　　　　　　1. le cœur
b. opérer　　　　　　　　　　　　　　　2. les enfants
c. la maternité　　　　　　　　　　　　　3. la chirurgie
d. le bloc opératoire　　　　　　　　　　4. un accouchement
e. la cardiologie　　　　　　　　　　　　5. pour dormir au bloc
f. l'anesthésie　　　　　　　　　　　　　6. laser
g. un rayon　　　　　　　　　　　　　　7. à distance

202. S'EXERCER Complétez les phrases avec les mots : *chirurgien, subir, bloc, ~~accouchement~~, grossesse, enceinte, anesthésie, rayon, échographie.*

Exemple : L'… *accouchement* … va bientôt arriver.

a. Ma tante va .... une petite opération.
b. Les infirmiers vont vous descendre au .... opératoire.
c. Le .... a réussi l'opération.
d. Sa femme attend un enfant, elle est ....
e. Elle est suivie par un docteur pendant sa ....
f. On va faire une .... du ventre.
g. Cette opération se fait sous .... générale.
h. Pour cette intervention sur les yeux, on utilise un .... laser.

203. RÉVISER Barrez le mot mal écrit et écrivez-le correctement.

Exemple : Elle est ~~encinte~~.　　　　→ enceinte

a. Ce docteur fait de la pédiatri.　　　　→ ....
b. Voici le résultat de l'écographie.　　→ ....
c. Nous allons suivre votre grosesse.　→ ....
d. L'acouchement peut arriver d'un jour à l'autre. → ....
e. Il faut un rayon lazer.　　　　　　　→ ....
f. Vous n'aurez pas mal, c'est sous anestésie. → ....

204. RÉVISER Cochez la bonne réponse.

Exemple : La chirurgie se fait dans un bloc opératoire.　　☒ vrai　☐ faux

a. La cardiologie est spécialisée dans le cerveau.　　☐ vrai　☐ faux
b. Les enfants sont soignés en pédiatrie.　　☐ vrai　☐ faux
c. L'accouchement et la grossesse sont la même chose.　　☐ vrai　☐ faux
d. L'anesthésie permet de ne pas être conscient au bloc.　　☐ vrai　☐ faux
e. Avec l'imagerie médicale, il y a des opérations à distance.　　☐ vrai　☐ faux
f. Pour certaines interventions, on utilise un rayon laser.　　☐ vrai　☐ faux

5 • La santé

205. SE TESTER Complétez les phrases avec les mots qui correspondent.

Exemple : On va vous faire une … *échographie* …

a. Je dois aller à l'hôpital pour s... une opération.
b. Avec l'a... générale, vous n'allez rien sentir.
c. On va vous amener au b .... opératoire.
d. Voici le c... qui va réaliser l'opération.
e. Pour vos problèmes de cœur, il faut aller au service de c... .
f. Nous venons voir notre enfant au service de p... .
g. Ma femme est e .... l' a... est pour bientôt.
h. Grâce à la technologie, l'opération sera faite à d... .

Bilan

1. Le cerveau se trouve dans le c... .
2. J'ai une douleur au c... entre la tête et le dos.
3. Mon cœur bat fort dans ma p... .
4. Les b.. participent à la respiration.
5. Le sang revient au cœur par les v.. .
6. À la naissance, on nous fait un n.. au milieu du ventre.
7. Les 3 organes de la digestion sont : l'e... le f.......................... et les i... .
8. Le m.............................. est le muscle entre le pied et l'articulation de la c........................ .
9. Le pied, comme la chaussure, a un t.. .
10. Nous avons 2 r... qui nettoient le sang.
11. Il est tombé, il a fait une c.. .
12. Le monsieur s'est coupé avec un couteau, il est b... .
13. Attention, ton sang coule, tu s... !
14. Vous vous êtes cassé la jambe, il y a une f... .
15. Mon frère s'est b... en touchant la casserole bouillante.
16. Vos enfants sont-ils v... contre la varicelle ?
17. Avez-vous des a... alimentaires ?
18. J'é.. souvent à cause du pollen.
19. Elle a souvent mal aux articulations, ce sont des r.. .
20. Il a une grosse douleur au ventre, c'est peut-être une a... .
21. Le médecin m'a donné un très bon t................... contre mes problèmes cardiaques.
22. Elle se s.. avec ces médicaments.
23. Vos problèmes sont finis, vous êtes g... !
24. Il faut comprendre la cause pour faire le bon d... .
25. Le Samu est un service de s... .
26. Le patient doit être t... à l'hôpital en a................................... .
27. On va vous faire des e... complémentaires.
28. Pour les enfants, allez en p... .
29. Je dois s... une opération chirurgicale.
30. Au bloc, vous serez inconscient, avec l'a.. générale.

Mon score : .... /34

6 • La vie quotidiennene

A. S'alimenter (la cuisine, les goûts alimentaires)

 « Les légumes frais

Dans les marchés, même dans les grandes villes, on trouve des légumes et des fruits frais.
Parmi les plus courants : un **chou**, un **chou-fleur**, un **chou de Bruxelles**, du **brocoli**, des **haricots verts**, des **petits pois**, du **céleri rave** ou **en branche**, un **artichaut**, une **aubergine**, une **courgette**, un **poivron** (vert, rouge ou orange), un **navet**, un **poireau**, un **radis noir**, une **betterave rouge**.
S'ils ne sont pas frais, les légumes peuvent aussi être **surgelés** (à -18°), en **boîtes de conserve** (en métal) ou en **bocal** (en verre).

206. S'EXERCER Barrez le mot qui ne désigne pas un légume frais.

Exemple : un haricot – une boîte – un navet

a. du brocoli – du céleri – une pomme
b. une noix – du radis noir – une betterave rouge
c. des petits pois – une aubergine – du poivre
d. une courgette – du blé – un poivron
e. des pois chiches – un chou-fleur – un artichaut
f. un chou – des lentilles – un poireau

207. **S'EXERCER** Écoutez l'audio et écrivez la liste des légumes dont on a besoin pour la recette.

Exemple : … *des petits pois* …

a. ……… .
b. ……… .
c. ……… .
d. ……… .

208. S'EXERCER Reliez les éléments qui correspondent.

a. un chou-   • 1. gine
b. des petits   • 2. fleur
c. un arti-   • 3. rouge
d. une auber-   • 4. pois
e. une bette-   • 5. en branche
f. un poivron   • 6. chaut
g. du céleri   • 7. rave

209. RÉVISER Cochez la bonne réponse.

Exemple : La betterave peut être rouge.   ☒ vrai   ☐ faux

a. Un bocal est en métal.   ☐ vrai   ☐ faux
b. Un produit surgelé est à très basse température. ☐ vrai   ☐ faux

A. S'alimenter (la cuisine, les goûts alimentaires)

c. Il y a 3 couleurs possibles pour le poivron. ☐ vrai ☐ faux

d. Le radis peut être noir. ☐ vrai ☐ faux

e. Le poivre est un légume. ☐ vrai ☐ faux

f. Le chou-fleur est une fleur. ☐ vrai ☐ faux

210. RÉVISER Barrez le mot mal écrit et écrivez-le correctement.

Exemple : C'est une ~~boîte~~ de conserve. → boîte

a. On va manger des choux de Brusselles. → ....

b. C'est une salade avec des beteraves rouges. → ....

c. Tu as déjà mangé un artichaud ? → ....

d. Je déteste le célery. → ....

e. C'est un produit surgele. → ....

f. On achète des aricots verts. → ....

g. Vous voulez du radi noir ? → ....

211. SE TESTER Complétez les phrases avec les mots qui correspondent.

Exemple : On va ajouter des ... *petits pois* ...

a. J'ai acheté un c.................................. f.................................. bien blanc.

b. On mange rarement des c.................................. de Bruxelles.

c. Tu préfères le p.................................. vert, rouge ou jaune ?

d. Il faut un n.................................. dans la soupe.

e. Tu aimes le r.................................. noir ?

f. J'ai mis de la b.................................. rouge dans la salade.

g. On va acheter une b.................................. de h.................................. verts.

h. Tu préfères le c.................................. rave ou en branche ?

« En complément des légumes » 41

Pour la salade, on trouve : la **laitue**, la **batavia** ou l'**endive** (blanche). On peut aussi consommer des légumes **secs** : les **lentilles**, les **haricots** blancs ou rouges, les **pois chiches**, les **flageolets**.
Les **céréales** sont importantes en particulier si on est **végétarien** (on mange sans viande), **végétalien** (on ne mange rien d'origine animale) ou **végan** (on n'utilise rien d'origine animale) : il y a le **blé**, le **maïs**, le **riz**, si possible **complets** (avec l'enveloppe du grain). On peut avoir des habitudes alimentaires particulières si on est **intolérant au gluten**, si on **digère** mal le lait, si on évite le **gras** (pour la ligne) ou si on mange **sans sucre** (pour des raisons médicales). Pour des préoccupations écologiques, on peut préférer acheter dans un **magasin de producteurs**, manger **bio**, **local** ou de **saison**. On préfère acheter des produits avec moins d'**emballage**, on peut prendre des produits **en vrac** avec un bocal en verre ou un sac en papier. On pratique le **tri sélectif** des déchets et on évite le **gaspillage** (jeter des aliments non consommés).

6 • La vie quotidienne

212. S'EXERCER Reliez les deux parties de la phrase.

a. Je prends de la salade, — 1. il est végétalien.
b. Dans ce plat, il faut des pois — 2. complet.
c. Il ne mange aucun produit animal, — 3. de la batavia.
d. Vous mettez du riz — 4. au gluten.
e. Dans le quartier, on a un magasin — 5. chiches.
f. Dis-moi si tu es intolérant — 6. d'emballages.
g. J'achète si possible les légumes secs — 7. de producteurs.
h. Nous évitons les produits avec trop — 8. en vrac.

213. S'EXERCER Cochez la réponse qui correspond.

Exemple : Dans un magasin de producteurs, ☐ on doit faire ses légumes ☒ des gens vendent les légumes qu'ils produisent.

a. La lentille est un légume ☐ frais ☐ sec.
b. Le blé est ☐ une céréale ☐ un légume.
c. L'endive est ☐ un légume ☐ une salade.
d. Si on garde l'enveloppe du grain, c'est une céréale ☐ en vrac ☐ complète.
e. L'emballage est ☐ un type de magasin ☐ ce qui contient un produit.
f. Mettre à la poubelle des légumes qu'on a pas mangés, c'est du ☐ tri sélectif ☐ gaspillage.
g. Des produit faits au moment de l'année où je les achète sont ☐ de saison ☐ en vrac.
h. Certaines personnes ont du mal pour ☐ acheter le lait ☐ digérer le lait.

214. S'EXERCER Complétez les phrases avec les mots : *local, végan, secs, gaspillage, ~~sans~~, tri, bio, emballage, vrac.*

Exemple : C'est un plat … *sans* … sel.

a. Je n'utilise aucun produit d'origine animale, je suis ....
b. Les légumes .... sont recommandés si on ne mange pas de viande.
c. Pour éviter le transport des légumes, nous choisissons ce qui est ....
d. Dans cette boutique, il n'y a pas d' .... inutile.
e. Si vous avez un bocal, vous pouvez acheter en ....
f. Nous avons 3 poubelles pour le .... sélectif.
g. Nous luttons contre le .... des aliments.
h. Ici, tous nos légumes sont ....

A. S'alimenter (la cuisine, les goûts alimentaires)

215. RÉVISER Écrivez les mots complets.

Exemple : de -a-so- → *de saison*

a. vé-é-ali-n : ....
b. des -lag-ol-ts : ....
c. des l-nt-l-es : ....
d. un e-ba-la-e : ....
e. i-tol-r-nt : ....
f. le ga-pil-a-e : ....
g. sans -ra- : ....

216. RÉVISER Écrivez la réponse qui correspond à chaque question.

Exemple : Comment est un produit qui ne vient pas de loin ? → *local*

a. Un végétalien mange-t-il des œufs ? → ....
b. Le maïs est un exemple de quoi ? → ....
c. Un produit est généralement vendu avec quoi autour ? → ....
d. Quel est le type d'agriculture sans produits chimiques ? → ....
e. Le pois chiche est quel type de légume ? → ....
f. Que fait-on si on jette des légumes au lieu de les manger ? → ....

217. SE TESTER Complétez les phrases avec les mots qui correspondent.

Exemple : Pour mon régime, je dois manger sans … *gras* …

a. Es-tu i... au gluten ?
b. En entrée, on va faire une salade d'e... .
c. Le b........................... le m........................... ou le r........................... sont des c........................... .
d. Les produits du supermarché sont souvent dans des e.. .
e. N'oublie pas ton bocal, on va acheter des légumes en v.. .
f. Les h.., les l.., les f..
et les p........................... c........................... sont des exemples de légumes s........................... .
g. Dans notre ville, on fait le tri s... .
h. Il faut éviter le g... des aliments !

« Les fruits » 42

On a le choix entre une **pomme**, une **poire**, un **abricot**, une **pêche**, un **brugnon** aussi appelé **nectarine** (une variété de pêche), du **raisin**, une **prune**, un **kiwi**, un **melon** ou une **figue**. Si on préfère les agrumes : une **orange**, un **citron**, un **citron vert**, une **mandarine**, une **clémentine** ou un **pamplemousse**.
Parmi les fruits rouges : la **fraise**, la **cerise**, la **framboise**, la **mûre**, les **myrtilles**, le **cassis** ou les **groseilles**.
Les fruits exotiques viennent des pays chauds : l'**ananas**, la **mangue**, la **noix de coco** ou la **papaye**.
Les fruits secs peuvent se garder ou s'utiliser en pâtisserie : les **raisins secs**, les **pruneaux** (des prunes séchées), les **dattes** (des palmiers).
Certains fruits ont un **pépin** (une petite graine à l'intérieur, comme dans le raisin), un **noyau** (une partie dure au centre, comme dans la cerise). Quand on a fini de manger une pomme, ce qui reste est le **trognon**.

6 • La vie quotidienne

218. S'EXERCER Reliez les éléments qui correspondent.

a. une fram-   1. mousse   a. un fruit sec
b. l'ana-   2. neaux   b. un agrume
c. des pru-   3. gnon   c. un fruit exotique
d. un pample-   4. boise   d. une sorte de pêche
e. une pom-   5. cot   e. un fruit à noyau
f. un abri-   6. me   f. un fruit rouge
g. un bru-   7. nas   g. un fruit à trognon

219. S'EXERCER Cochez la bonne réponse.

Exemple : Le pamplemousse est   ☐ une mousse de fruit   ☒ un agrume.

a. Le brugnon, c'est la même chose qu'   ☐ une poire   ☐ une nectarine.
b. Un abricot a   ☐ un noyau   ☐ des pépins.
c. Un citron peut être jaune ou   ☐ vert   ☐ rouge.
d. Une orange est   ☐ un fruit sec   ☐ un agrume.
e. La mangue est un fruit   ☐ rouge   ☐ exotique.
f. On trouve les dattes sur   ☐ les cocotiers   ☐ les palmiers.
g. On fait les pruneaux avec   ☐ des raisins séchés   ☐ des prunes séchées.
h. Le raisin peut être   ☐ frais ou sec   ☐ seulement frais.

> **Ananas** se prononce avec ou sans le -s.

220. 🔊 43 **S'EXERCER** Écoutez et écrivez les noms des fruits.

Exemple : J'ai fait un gâteau aux raisins secs. → ... *des raisins secs* ...

a. ....
b. ....
c. ....
d. ....
e. ....

221. S'EXERCER Les lettres des mots en italique sont mélangées. Écrivez les mots correctement et écrivez les types de fruits.

Exemple : une *r e a f i s*   → fraise   → un fruit rouge

a. un *s a a n a n*   → ....   → ....
b. une *e i c e r s*   → ....   → ....
c. des *i n a s r s i* secs   → ....   → ....
d. un *r t i o c n   r e t v*   → ....   → ....
e. une *t r l i e m y l*   → ....   → ....
f. une *l e c n é e n i m t*   → ....   → ....
g. des *u n x p e a r u*   → ....   → ....
h. une *a p y p e a*   → ....   → ....

A. S'alimenter (la cuisine, les goûts alimentaires)

222. RÉVISER Écrivez le fruit qui correspond.

Exemple : un fruit rouge avec un noyau → une cerise

a. Ce fruit a un trognon → une ....
b. Un agrume jaune ou vert → un ....
c. Utilisé pour faire du vin → le ....
d. On les trouve dans les cocotiers → les n...
e. Une petite graine dans certains fruits → un ....
f. Une partie dure et plutôt grosse dans certains fruits → un ....
g. Les pruneaux sont faits avec → des ....
h. Un petit fruit fragile, mauve à l'extérieur, orangé à l'intérieur → une ....

223. RÉVISER Ces noms de fruits ont été mal écrits, écrivez-les correctement.

Exemple : une peche → pêche

a. une mange → ....
b. un qiwi → ....
c. un panplemousse → ....
d. une date → ....
e. une mirtille → ....
f. une fige → ....
g. une mure → ....

> La **mûre** est un fruit, mais on utilise aussi le mot « mûr (e) » pour désigner un fruit qui est prêt à être mangé, qui n'est plus vert.

224. SE TESTER Complétez les phrases avec les mots qui correspondent.

Exemple : En automne, je mange beaucoup de ... *poires* ...

a. Je sais que tu aimes les fruits rouges, voici une tarte aux *m*... .
b. Le *p*... est un agrume qui a beaucoup de jus.
c. La pêche, le *b*... et la *n*... sont très similaires.
d. Les *p*... séchées deviennent des *p*... .
e. L'*a*... vient des pays chauds, c'est un fruit *e*... .
f. Le *r*... a des petites graines à l'intérieur, ce sont des *p*... .
g. Il y a un gros *n*... dans une *m*... .
h. J'ai mangé la pomme avec la peau, il ne reste que le *t*... .

6 • La vie quotidienne

« Préparer les légumes »

Les légumes peuvent se manger **crus** ou **cuits**. Il faut parfois les **éplucher** (enlever la peau, par exemple pour les pommes de terre), les couper en **morceaux** sur une **planche** à découper. Pour les cuisiner, on peut les faire **bouillir** (dans de l'eau), **revenir** des oignons par exemple, ou **sauter** (dans une **poêle** avec du beurre), **frire** (dans de l'huile) ou cuire longtemps dans une **cocotte**. On peut **couvrir** (mettre un couvercle), enlever l'eau avec une **passoire**. On utilise une **râpe** (râper) pour ajouter la peau d'un agrume par exemple.
Une boîte de conserve s'ouvre avec un **ouvre-boîte**.
On sert une soupe avec une **louche**.
Les huiles les plus utilisées : d'**arachide**, d'**olive**, de **tournesol**, de **maïs**.
On n'oublie pas de **saler** (mettre du sel) ou **poivrer** (poivre). On peut ajouter une **herbe aromatique** :
le **persil**, le **thym**, le **basilic**, la **ciboulette**, la **menthe**, la **coriandre**, l'**estragon**. Ou si on préfère une **épice** : le **safran**, le **piment**, la **vanille**, la **cannelle**, la **noix de muscade**...

225. S'EXERCER Reliez les deux parties de la phrase.

a. Tu peux m'aider à éplucher   •   • 1. les oignons dans du beurre.
b. Vous préférez les courgettes   •   • 2. d'olive.
c. On commence par faire revenir   •   • 3. crues ou cuites ?
d. J'enlève l'eau des haricots   •   • 4. noix de muscade.
e. Prends la louche   •   • 5. les pommes de terre ?
f. Il faut ajouter un peu d'huile   •   • 6. avec une passoire.
g. On va goûter pour voir si c'est assez   •   • 7. pour servir la soupe.
h. Pour finir, je râpe un peu de   •   • 8. salé et poivré.

226. S'EXERCER Cochez la bonne réponse.

Exemple : Pour ouvrir la conserve il faut	☐ une planche	☒ un ouvre-boîte.
a. On fait bouillir des légumes dans	☐ de l'huile	☐ de l'eau.
b. Les pommes de terre sont frites dans	☐ de l'huile	☐ de l'eau.
c. Pour enlever l'eau, on passe les légumes dans	☐ une poêle	☐ une passoire.
d. Faites sauter les pommes de terre dans	☐ une louche	☐ une poêle.
e. Il faut couvrir la casserole avec	☐ un couvercle	☐ un ouvre-boîte.
f. Le thym est	☐ un légume	☐ une herbe aromatique.
g. Le safran est	☐ une sorte d'huile	☐ une épice.
h. J'utilise surtout de l'huile	☐ d'arachide	☐ de persil.

A. S'alimenter (la cuisine, les goûts alimentaires)

227. S'EXERCER Complétez les phrases avec les mots : *bouillir, poêle, planche, ~~piment~~, menthe, maïs, râpe, saler.*

Exemple : La sauce est trop forte à cause du ... piment ...

a. On va couper les navets sur la ....
b. Faites .... l'eau et ajoutez les haricots.
c. Il faut faire revenir les oignons dans la ....
d. On met un peu de citron vert avec la ....
e. Il faut peut-être .... un peu plus.
f. Vous utilisez de l'huile de .... ?
g. On termine avec une feuille de ....

228. S'EXERCER Les lettres des mots en italique sont mélangées. Écrivez le mot correctement et indiquez U pour un ustensile, H pour une herbe et E pour une épice.

Exemple : la *l e i l n v a* → la vanille .... → **E**

a. une *h u e c l o* → .... → ....
b. de la *n m h e t e* → .... → ....
c. une *o t e c o c t* → .... → ....
d. de la *e a l n l e n c* → .... → ....
e. du *l s p i r e* → .... → ....
f. une *ê l o p e* → .... → ....
g. une *o i s r e s p a* → .... → ....
h. l' *g t a n o s r e* → .... → ....

229. RÉVISER Remettez les mots de ces phrases dans l'ordre.

Exemple : – de – la – la – vanille – cannelle ? – ou – Tu – de – préfères
→ Tu préfères de la vanille ou de la cannelle ?

a. – revenir – abord, – tu – de – les – fais – dans – olive. – d' – D' – oignons – huile – l'
→ ....
b. – passoire. – une – les – les – haricots – Quand – cuits, – on – dans – sont – met
→ ....
c. – ouvre – on – de – va – ouvrir – la – Prends – chiches. – boîte, – l' – pois – -boîte
→ ....
d. – mettre – peu – un – Il – saler – et – du – plus – faut – persil.
→ ....
e. – jus – louche – et – coriandre. – de – J' – feuilles – quelques – une – ajoute – de
→ ....

6 • La vie quotidienne

230. SE TESTER Complétez les phrases avec les mots qui correspondent.

Exemple : Il faut ... *râper* ... de la noix de muscade dans la sauce.

a. Je coupe les courgettes sur une p... .

b. On peut faire s.. les pommes de terre dans une p.................................... ou les faire

f.. dans de l'huile.

c. Fais b... de l'eau pour faire la soupe.

d. Quand c'est cuit, on met tout dans la p .... pour enlever l'eau.

e. J'apporte une l... pour servir la soupe.

f. C'est assez s .... et p... ?

g. Pour la vinaigrette, on a de la c .... du jardin.

h. Je vous ai préparé un thé à la m... .

B. Les courses

 « À manger et à boire »

À manger
Dans une boulangerie, on trouve entre autres : du **pain de campagne**, de **seigle**, **complet**, **bio**, **sans gluten**, **sans sel** ou **tranché** (coupé). Le **croissant** ou la **brioche** sont des **viennoiseries**.
En plus des pâtisseries courantes, on peut acheter un **gâteau d'anniversaire**, en précisant le nombre de **portions/parts**, avec à l'extérieur du glaçage, des **fruits confits**, des **bougies**, et on n'aura plus qu'à le **découper**.

À boire
L'**eau minérale** peut être **gazeuse** ou **plate**. On peut préférer des **jus de fruits** ou des **sodas**.
Pour une boisson **alcoolisée**, on peut choisir une **bouteille de vin**, de la **bière**, du **cidre** (de pomme).

Pour éviter d'acheter du plastique, une bouteille en verre peut être **consignée** (le magasin rembourse le prix de la bouteille).
Pour les boissons chaudes, on trouve des **sachets de thé**, de **tisane** ou du chocolat chaud.

231. S'EXERCER Reliez les éléments qui correspondent.

a. du pain • • 1. plate
b. un gâteau • • 2. de seigle
c. des fruits • • 3. d'anniversaire
d. de l'eau • • 4. alcoolisée
e. une bouteille • • 5. de fruit
f. une boisson • • 6. de tisane
g. un sachet • • 7. consignée
h. un jus • • 8. confits

> On dit « **J'achète à manger, à boire** ».

B. Les courses

232. S'EXERCER Barrez l'intrus.

Exemple : des jus de fruits → de pomme – de poire – ~~un soda~~

a. du pain → complet – une part – tranché
b. des viennoiseries → du seigle – une brioche – un croissant
c. un gâteau d'anniversaire → des bougies – du glaçage – du thé
d. une boisson chaude → du chocolat chaud – du café – de la bière
e. une boisson consignée → du vin – de la tisane – du cidre
f. de l'eau minérale → plate – gazeuse – alcoolisée

233. RÉVISER Ces mots ont été mal écrits, écrivez-les correctement.

Exemple : une boison → boisson

a. une bougi → ....
b. de la bierre → ....
c. un glacage → ....
d. du sègle → ....
e. consinée → ....
f. du té → ....

234. RÉVISER Cochez la bonne réponse.

Exemple : « Des parts » ou « des portions », c'est la même chose.   ☒ vrai   ☐ faux

a. Le pain tranché est coupé.   ☐ vrai   ☐ faux
b. Le pain de campagne est un exemple de viennoiserie.   ☐ vrai   ☐ faux
c. La tisane est une sorte de thé avec des plantes.   ☐ vrai   ☐ faux
d. Un client d'un magasin peut être remboursé du prix d'une bouteille consignée.   ☐ vrai   ☐ faux
e. L'eau plate est sans gaz.   ☐ vrai   ☐ faux
f. Le cidre est un type de bière.   ☐ vrai   ☐ faux
g. Le chocolat se boit seulement froid.   ☐ vrai   ☐ faux
h. Il faut découper un gâteau d'anniversaire avant de le manger.   ☐ vrai   ☐ faux

235. SE TESTER Complétez les phrases avec les mots qui correspondent.

Exemple : Vous voulez que je ... *tranche* ... le pain ?

a. Tu veux de l'eau p........................... ou g........................... ?
b. Je trouve que le pain de c........................... a plus de goût.
c. Au petit-déjeuner, j'aime bien manger des c........................... ou de la b........................... .
d. Il manque les b........................... sur le gâteau d'a........................... .
e. On n'a plus de s........................... de thé, seulement de la t........................... .
f. Tu préfères ouvrir une bouteille de v........................... ou de c........................... ?
g. Je ne prends jamais de boissons a..........................., seulement des j........................... de fruits ou des s........................... .
h. Le magasin va rembourser cette bouteille en verre, elle est c........................... .

6 • La vie quotidienne

« Des commerces non-alimentaires »

Dans un bureau de tabac, on peut acheter un **paquet** de cigarettes, un **briquet** (pour allumer), du **tabac à rouler**, du **papier à cigarettes**, des **timbres**, des **jeux de loterie** et quelquefois des **tickets de transport**. Une **librairie** vous vendra un **livre**, **neuf** ou d'**occasion**. Au rayon **papeterie**, on peut trouver une **enveloppe**, du **papier**, un **carnet**, un **dossier** ou un **classeur**.
On va chez un(e) **fleuriste** pour un **bouquet de fleurs**, une **plante**, de la **terre** ou de l'**engrais**.
Dans une **bijouterie**, on vend des **bijoux**, comme une **bague**, un **collier**, un **bracelet**, une **montre** qui peut être en **or**, en **argent**.
Une **parfumerie** est spécialisée dans le **parfum**, le **maquillage**, les **produits de beauté** et les **crèmes**.
On se rend dans un magasin de **puériculture** pour des articles pour bébés comme un **biberon** (pour faire boire le bébé), une **poussette** (pour le transporter), un **sac à langer**, du **lait en poudre** ou un **siège auto** pour bébé.

236. S'EXERCER Reliez les éléments qui correspondent.

a. un bri-	1. seur	a. une librairie
b. du maquil-	2. quet	b. un bureau de tabac
c. une ba-	3. quets	c. une parfumerie
d. un bibe-	4. gue	d. une bijouterie
e. un clas-	5. vre	e. la puériculture
f. un li-	6. ron	f. un fleuriste
g. des bou-	7. lage	g. une papeterie

> Dans les rues des grandes villes, des **kiosques** vendent des journaux, des cartes postales, des plans, des guides touristiques...

237. S'EXERCER Complétez les phrases avec les mots : *biberon, poussette, ~~montre~~, bracelet, dossier, engrais, tabac, beauté, paquets, d'occasion.*

Exemple : Tu as une superbe ... *montre* ... en or !

a. J'achète du .... à rouler, c'est moins cher que les .... de cigarettes.
b. Le bébé boit encore au ....
c. Tu es trop grand pour être dans la .... !
d. Vous me conseillez quel .... pour ces plantes ?
e. J'utilise un .... de couleur différente pour chaque matière.
f. On trouve encore des livres ....
g. J'ai vu un joli .... avec des pierres.
h. Pour son anniversaire, elle a eu plein de produits de ....

238. RÉVISER Écrivez le mot complet. Indiquez si on le trouve dans un bureau de tabac (T), une bijouterie (B) ou un magasin de puériculture (P).

Exemple : un si-ge -uto po-r b-b-   → un siège auto pour bébé   → P

a. un *-r-que-*   → .... → ....
b. un *b-b-ro-*   → .... → ....
c. des *-i-o-x*   → .... → ....

B. Les courses

d. un *sa- à -an-er* → .... → ....
e. une *m-nt-e en ar-en–* → .... → ....
f. des *ti-b-es* → .... → ....
g. un *co-lie-* → .... → ....
h. des *-e-x de l-te-ie* → .... → ....

239. RÉVISER Écrivez la réponse qui correspond à chaque question.

Exemple : Où s'achètent les livres ?   → Dans une librairie
a. Avec quoi boit un bébé ?   → ....
b. Qu'utilise-t-on pour transporter un jeune enfant ?   → ....
c. On allume une cigarette avec quoi ?   → ....
d. Dans quel magasin peut-on acheter une bague ?   → ....
e. Comment est un livre qui n'est pas neuf ?   → ....
f. Dans quelle partie d'une librairie peut-on acheter un dossier ?   → ....
g. Chez qui puis-je trouver de l'engrais ?   → ....

240. SE TESTER Complétez les phrases avec les mots qui correspondent.

Exemple : J'ai besoin d'un petit ... *carnet* ... pour écrire les nouveaux mots.
a. Je passe au bureau de *t*.., j'ai besoin d'un *b*.. .
b. Tu as acheté ce livre *n*.. ou d'*o*.. ?
c. Au début de l'année scolaire, je vais chercher de nouveaux *d*.. et des *c*.. à la papeterie.
d. Ce *f*.. a des *b*.. de fleurs très frais et de jolies *p*.. .
e. Le seul *b*.. que je porte est une *b*.. en *a*.. offerte par ma grand-mère.
f. Le bébé a faim, on met le lait en *p*.. dans son *b*.. .
g. C'est une *p*.. pour deux enfants.
h. On va lui offrir des produits de *b*.. .

« Des commerces pour la maison ou les loisirs » 47

Dans une **animalerie**, on pourra acheter des animaux et des produits pour les animaux comme des **croquettes** pour les nourrir ou de la **litière** pour le confort des chats.
Un **magasin d'informatique** propose un **ordinateur**, **portable** ou **de bureau**, un **écran**, un **clavier**, une **imprimante**, une **cartouche d'encre** (noir et blanc ou couleurs), une **clé USB**.
On ira chez un marchand d'électro-ménager pour une **cafetière électrique**, une **machine à expresso**, un **frigo** (**réfrigérateur**), un **congélateur**, un **lave-linge**, un **lave-vaisselle**, des **plaques de cuisson**, un **four**, un **four à micro-ondes** ou un **aspirateur**.
Un magasin de bricolage vend des **outils**, des **clous**, des **vis**, des **prises électriques**, de la **peinture**, des **pinceaux** ou du **plâtre**.
Et chez un marchand d'**articles de jardin**, on peut trouver du **matériel** comme un **râteau**, une **tondeuse**, des **graines** ou des **plantes**.

6 • La vie quotidienne

241. S'EXERCER Reliez les éléments qui correspondent.

a. de la litière • • 1. pour le jardin
b. des croquettes • • 2. d'encre
c. une cartouche • • 3. pour le chat
d. un écran • • 4. de bricolage
e. un four • • 5. électrique
f. une tondeuse • • 6. pour les animaux
g. une cafetière • • 7. à micro-ondes
h. des outils • • 8. d'ordinateur

242. S'EXERCER Cochez la bonne réponse.

Exemple : J'ai transféré le document dans   ☐ une prise électrique   ☒ une clé USB.

a. Je garde des légumes surgelés pendant des mois dans mon   ☐ four   ☐ congélateur.
b. En général, le chat mange   ☐ de la litière   ☐ des croquettes.
c. Je vais faire le ménage, je prends mon   ☐ ordinateur   ☐ aspirateur.
d. Il faudra imprimer le document, vous avez   ☐ une imprimante   ☐ une tondeuse ?
e. Pour repeindre mon mur, j'achète   ☐ un pinceau   ☐ un râteau.
f. Pour laver les vêtements, il faut   ☐ un lave-linge   ☐ lave-vaisselle.
g. Quand l'herbe est trop haute dans le jardin, on passe   ☐ la cafetière électrique   ☐ la tondeuse.
h. Pour faire cuire la viande, mettez la poêle sur   ☐ les plaques de cuisson   ☐ l'imprimante.

243. S'EXERCER Barrez l'intrus.

Exemple : des plaques de cuisson – ~~des graines~~ – un four

a. un ordinateur – une clé USB – des plantes
b. des vis – un clavier – des clous
c. un lave-vaisselle – un râteau – une tondeuse
d. de la peinture – de la litière – des pinceaux
e. du plâtre – une cartouche d'encre – un écran
f. un aspirateur – un frigo – des croquettes

244. S'EXERCER Les lettres des mots en italique sont mélangées. Écrivez les mots correctement.

Exemple : Je mets ça dans le *g i r o f* ou dans le *r a n l o g e é t c u* ? → frigo, congélateur

a. C'est une *u o r c t h e a c* d'encre pour l'*a n t e i r m m p i e*. → ....
b. Pour le chat, il faut des *r o t s e c q u e* et de la *i t i r è e l*. → ....
c. On a un *v e a l - g e i n l* pour les vêtements et un *v a l e - s a e e l v l i s* pour les assiettes
   → ....
d. J'achète de la peinture et des *a i e c p u x n*. → ....
e. Il y a un *t u a e r â* et une *e d o u n t s e* dans le jardin. → ....
f. Je remplace une *i p r s e* électrique dans la chambre. → ....
g. L'*a r é c n* de l'ordinateur *e l o t p a b r* est cassé → ....

B. Les courses

245. RÉVISER Écrivez la réponse qui correspond à chaque question.

Exemple : Sur quelle partie de l'ordinateur peut-on voir une vidéo ? *L'écran*

a. Comment s'appelle un ordinateur qui n'est pas de bureau ? ....
b. De quoi les chats ont-ils besoin pour leur confort ? ....
c. Qu'utilise-t-on pour réchauffer un plat très rapidement ? ....
d. Dans quoi peut-on laver les plats sales après manger ? ....
e. Dans quoi se trouve l'encre d'une imprimante ? ....
f. Quel appareil est utilisé pour enlever la poussière dans la maison ? ....
g. Que passe-t-on dans le jardin pour couper l'herbe ? ....

246. SE TESTER Complétez les phrases avec les mots qui correspondent.

Exemple : Il faut changer cette … *prise électrique* …

a. Vous pouvez insérer la c.................................... USB dans le c.................................... de l'ordinateur.
b. Je ne trouve pas le r.................................... dans le jardin.
c. Tu vas passer la t.................................... dans l'herbe ?
d. Pour le café, vous avez une c.................................... é....................................
   ou une m.................................... à e.................................... ?
e. Il n'y a plus de l.................................... pour le chat !
f. Dans ma boîte à outils, j'ai des v.................................... et des c....................................
   mais pas de p.................................... pour la peinture.

« D'autres façons d'acheter » 🔊 48

En centre-ville, il est possible de faire des courses dans une **rue commerçante** ou dans les **rayons des grands magasins** (où on trouve à peu près tout) ou des **centres commerciaux** (avec plusieurs magasins différents).
Les hypermarchés sont de grands supermarchés à l'extérieur des villes.
On y trouve tous les produits pour l'alimentation et l'**entretien** de la maison comme une **éponge**, du **liquide vaisselle**, de la **lessive**, de l'**eau de Javel**, un **balai/balai brosse**, un **chiffon**, une **serpillière** ou un **seau**.
À l'entrée, on peut prendre un **panier**, ou un **caddie**/un **chariot**.
Chaque article a une **étiquette** avec un **code barre**.
On trouve des prix réduits pendant les **soldes** (à des périodes spécifiques) ou les **promotions** (le reste de l'année).
On a aussi la possibilité de faire un **achat** ou commander un produit sur un **site** Internet, où il faut **payer en ligne**. On peut **être livré** (quelqu'un apporte l'article chez vous) ou **aller chercher son colis**.

247. S'EXERCER Cochez la bonne réponse.

Exemple : Une rue commerçante est une rue avec beaucoup de magasins. ☒ vrai ☐ faux

a. Pendant les soldes, on paye moins cher. ☐ vrai ☐ faux
b. Il y a des soldes toute l'année. ☐ vrai ☐ faux

6 • La vie quotidienne

c. Un panier est plus petit qu'un caddie. ☐ vrai ☐ faux
d. Un hypermarché est plus petit qu'un supermarché. ☐ vrai ☐ faux
e. Un grand magasin vend seulement de l'alimentation. ☐ vrai ☐ faux
f. « Faire un achat » veut dire « acheter ». ☐ vrai ☐ faux
g. Si je ne veux pas aller chercher mon produit, je peux être livré. ☐ vrai ☐ faux
h. Une étiquette est un produit d'entretien. ☐ vrai ☐ faux

248. S'EXERCER Reliez les éléments qui correspondent.

a. une rue • • 1. en ligne
b. un centre • • 2. un colis
c. un caddie • • 3. un achat
d. payer • • 4. commercial
e. un code • • 5. commerçante
f. faire • • 6. d'hypermarché
g. livrer • • 7. barre

249. S'EXERCER Barrez l'intrus.

Exemple : Utilisé pour l'entretien de la maison → une éponge – ~~un caddie~~ – une serpillière

a. Un endroit pour faire différentes courses → un centre commercial – un grand magasin – un code barre
b. Du matériel pour l'entretien → une étiquette – un balai – un seau
c. Pour mettre ses produits au supermarché → un caddie – un panier – une éponge
d. Des réductions de prix → un colis – une promotion – des soldes
e. Pour obtenir des achats faits en ligne → se faire livrer – aller chercher – un chariot
f. Des produits d'entretien → du liquide vaisselle – un chariot – de l'eau de Javel

250. RÉVISER Écrivez le mot complet.

Exemple : une *s-r-il-i-re* → *serpillière*

a. un gran- m-ga-in → ....
b. un bal-i b-o-se → ....
c. de l'e-u de -ave- → ....
d. un c-a-iot → ....
e. un -ode ba-re → ....
f. des -old-s → ....
g. un -hi-fon → ....
h. un ac-a- → ....

251. RÉVISER Remettez les mots de ces phrases dans l'ordre.

Exemple : – chariot ? – ou – Tu – un – panier – prendre – veux – un – tu
→ Tu préfères prendre un panier ou tu veux un chariot ?

a. – vais – soldes. – cher, – la – attendre – des – est – je – trop – période – Ce – sac
→ ....

B. Les courses

b. – mis – seau ? – un – avez – d' – le – dans – Vous – peu – de – Javel – eau

→ ....

c. – passé – le – cuisine. – la – avec – dans – ai – J' – serpillière – balai – la – -brosse

→ ....

d. – On – courses – du – quartier. – nos – les – fait – dans – commerçantes – rues

→ ....

e. – prix – avec – le – barre. – peut – À – des – code – articles – caisse, – le – on – savoir – la

→ ....

252. SE TESTER Complétez les phrases avec les mots qui correspondent.

Exemple : J'ai un grand ... *centre commercial*... près de chez moi.

a. On trouvera cette marque dans un *g*.. *m*.. .
b. Les prix sont moins chers pendant les *s*.. et les *p*.. .
c. On prend un *ca*.. ou un *p*.. ?
d. Je trouverai ça dans quel *r*.. de l'*h*.. ?
e. Le *c*.. *b*.. est sur l'*é*.. du produit.
f. Pour faire le ménage, on aura besoin d'un *s*.. avec un *b*.. et une *s*.. .
g. J'ai commandé l'article sur un site et on m'a *l*.. .
h. Il n'a pas pu payer son achat en *l*.. .

Bilan 1

1. Au marché, on a vu des c............................... fleurs et des c............................... de B............................... .
2. En entrée, on peut faire du c............................... rave, du r............................... noir et de la b............................... rouge.
3. Est-ce qu'il reste des h............................... verts s............................... au congélateur ?
4. On a encore un b............................... en verre avec des pois c...............................
5. En cette saison, on trouve de la belle e............................... bien blanche pour faire en salade.
6. Ma sœur ne mange rien d'origine animale, elle est v...............................
7. Chez nous, on évite de jeter des aliments, on fait attention au g...............................
8. J'achète les lentilles en v............................... dans un sac en papier pour éviter d'avoir trop d'e............................... autour des produits.
9. Le b............................... et la n............................... sont des sortes de pêche, avec un n............................... au milieu.
10. Mon agrume préféré est le p...............................
11. Tu é............................... les navets, tu les coupes en m............................... et tu les mets dans la soupe.
12. Quand les haricots sont cuits, je les mets dans une p............................... pour enlever l'eau.
13. Comme herbe a............................... on peut mettre du t...............................
14. Je n'ai pas d'o............................... - b............................... je ne peux pas utiliser ces petits pois en conserve.
15. À la fin, il faut r............................... un peu de la peau d'un citron vert sur le plat.
16. J'ai acheté du pain c............................... et on a pas besoin de le couper, il est déjà t...............................
17. Ma viennoiserie préférée est la b...............................
18. J'ai commandé un gâteau d'anniversaire 6 p............................... / p............................... (2 réponses). Je n'ai plus qu'à mettre les b...............................
19. Tu prends de l'eau p............................... ou g............................... ?
20. On préfère prendre une bouteille en verre, et si elle est c............................... le magasin nous la rembourse.
21. Le soir, à la place du thé, j'aime bien prendre une t............................... en s...............................

22. Je n'ai plus de tabac à r...
et il me faut un b.. pour allumer les cigarettes.

23. C'est au rayon p.................................. de cette librairie que j'ai trouvé des d..............................
et des cl... très pratiques pour trier mes documents.

24. Dans cette b.. j'ai acheté une superbe b..
en o... .

25. Il faut racheter un b.. pour le bébé
et une p.. pour notre fille.

26. Il n'y a plus de l.. pour le chat,
ni de c.. pour le chien.

27. C'est sale par terre, je vais passer l'a..

28. Je vais laver le sol, il me faut un b.. un s......................... avec un peu d'eau
de J.. et une s.. .

29. C'est un peu cher, on va attendre les prochaines s...
ou les p..

30. J'ai c.................................. cet ordinateur sur un site Internet, j'ai payé mon a................................
en l.. et on va me l.................................... à la maison.

Mon score : .... /61

6 • La vie quotidienne

C. Les transports

« Voiture ou moto »

En ville, il faut trouver une **place** pour **garer** la voiture, comme dans un **parking en surface** ou **souterrain**, qui est généralement payant. Ça permet de mettre les courses dans le **coffre**. Certains préfèrent utiliser un **deux-roues** comme une **moto**, une **mobylette**, ou un **scooter** qui roulent sur la route. Avec un **vélo** et une **trottinette électrique**, on peut aller sur la **piste cyclable**.
On est souvent pris dans un **embouteillage** (familièrement, un bouchon), la **circulation** est dense, il faut s'arrêter au **feu rouge**, respecter les **panneaux** comme la **vitesse limitée**, un **sens interdit**, un **stationnement interdit**. En cas d'**infraction**, la police donne un **P.V** (procès verbal), il faut payer une **amende**, on peut perdre des **points** sur le **permis de conduire**. Il est aussi interdit de téléphoner au **volant** et il est obligatoire de porter un **casque** en moto.

En dehors des villes, on trouve des routes plus rapides, une **autoroute**, où on paye généralement un **péage**.
On doit faire le **plein d'essence** et faire faire l'**entretien** de sa voiture dans un garage, sinon on risque de **tomber en panne**.

253. S'EXERCER Reliez les deux parties de la phrase.

a. Où as-tu garé
b. C'est un parking en surface ou
c. Les motos ne doivent pas rouler sur
d. Les courses sont
e. Tu as déjà fait de la trottinette
f. Vous avez combien de points sur votre
g. Attention, il y a un feu

1. souterrain
2. une piste cyclable.
3. permis de conduire ?
4. la voiture ?
5. dans le coffre.
6. rouge !
7. électrique ?

> La **route** est à l'extérieur des villes, la **rue** à l'intérieur.

254. S'EXERCER Barrez l'intrus.

Exemple : Pour garer sa voiture → une place – ~~un péage~~ – un parking souterrain

a. Une partie d'une voiture → un volant – un panneau – un coffre
b. Des types de routes → une autoroute – une piste cyclable – une panne
c. L'état de la circulation → un feu rouge – un bouchon – un embouteillage
d. Des interdictions sur la route → un sens interdit – un permis de conduire – vitesse limitée
e. À payer pour une infraction → un P.V. – une amende – un point
f. Des actions nécessaires quand on roule → le plein – l'entretien – le péage
g. Des deux-roues → un P.V. – un scooter – une mobylette

C. Les transports

255. S'EXERCER Complétez les phrases avec les mots : *vitesse, casque, péage, ~~surface~~, feu, cyclable, garer, panne, embouteillage, stationnement.*

Exemple : Il y a un parking en … *surface* …

a. Si tu fais de la trottinette électrique, mets un .... !
b. On est arrivés en retard à cause d'un .... sur la route.
c. Tu ne peux pas .... la voiture ici, il y a un panneau de .... interdit.
d. Quand vous faites du vélo, vous avez une piste ....
e. Ici, la .... est limitée à 30 km/h.
f. C'est combien le .... sur l'autoroute ?
g. En vélo aussi on doit s'arrêter au .... rouge !
h. Je ne suis jamais tombé en .... avec cette moto.

256. RÉVISER Les lettres des mots en italique sont mélangées. Écrivez les mots correctement.

Exemple : Ne téléphone pas si tu es au *t o v l n a* !   → volant

a. Tu peux ouvrir le *f e c r* of ?   → ....
b. Il y a un *n e a p a u n* de sens *e n d t r i t i*.   → ....
c. On est resté bloqués dans un *m u l e o l b g e e i t a*.   → ....
d. Je laisse ma voiture au garage pour l'*r e i e n t n t e*.   → ....
e. Il faut s'arrêter pour faire le *l e i n p* d'essence.   → ....
f. Tu aimerais avoir une *t i n e r t o t t e t* électrique ?   → ....
g. Il faudrait plus de pistes *c e c s l l b y a*.   → ....
h. Il a dû payer une *n a m e d e* à cause d'une *n o i t c f a i n r*. → ....

257. RÉVISER Cochez la bonne réponse.

Exemple : Un garage peut faire l'entretien d'une voiture.   ☒ vrai   ☐ faux

a. Un parking est toujours souterrain.   ☐ vrai   ☐ faux
b. Il est obligatoire de porter un casque en moto.   ☐ vrai   ☐ faux
c. On peut perdre des points sur son permis de conduire.   ☐ vrai   ☐ faux
d. Des panneaux indiquent ce qui interdit ou autorisé.   ☐ vrai   ☐ faux
e. On s'arrête quand il y a un feu vert.   ☐ vrai   ☐ faux
f. Une voiture en panne ne peut plus rouler.   ☐ vrai   ☐ faux
g. Une autoroute est généralement en centre-ville.   ☐ vrai   ☐ faux
h. Une mobylette a normalement 4 roues.   ☐ vrai   ☐ faux

258. SE TESTER Complétez les phrases avec les mots qui correspondent.

Exemple : On va plus vite sur une … *autoroute* …

a. J'ai laissé la voiture dans un parking s.. .
b. On va mettre tous les paquets dans le c.. de la voiture.
c. Notre fils adore sa t.. électrique parce qu'il n'est jamais bloqué dans les e.. .

6 • La vie quotidienne

d. En vélo, c'est plus prudent d'avoir un c.................................. sur la tête et de rester sur la p.................................. cyclable.

e. Tu ne peux pas g.................................. la voiture ici, il y a un p.................................. de s.................................. interdit.

f. J'ai tous mes points sur mon p.................................. de conduire, je n'ai jamais fait d'i.................................. .

g. Il n'y plus assez d'essence, on va faire le p.................................. .

h. C'est une vieille voiture, elle pourrait t.................................. en p.................................. d'un jour à l'autre.

 « En métro »

On peut acheter son **ticket** au **guichet** ou au **distributeur automatique**. Certaines personnes ont un « **pass** », c'est un **forfait** mensuel ou annuel avec un prix fixe et un nombre de trajets illimité. Il existe aussi des **tarifs réduits**. On **valide** son ticket en le passant par un **portillon automatique**. Il y a parfois un(e) **contrôleur(euse)** qui peut vous demander votre ticket.
Une fois que vous êtes **descendu** dans la **station** et que vous avez trouvé la **direction** à prendre, vous pouvez attendre sur le **quai**. Aux **heures de pointe**, il y a beaucoup plus de métros qu'aux heures **creuses**. Quand la **rame** (le train) est arrivée, vous **montez** dedans, et vous pouvez vous **asseoir** ou rester **debout**. Vous descendez à la station de destination, vous pouvez prendre une **correspondance/ changer de ligne** ou **sortir** si vous êtes arrivé.
Pour le **bus** ou le **tramway** (sur **des rails**), à l'extérieur, on attend à **l'arrêt** de bus ou de tramway.

259. S'EXERCER Reliez les deux parties de la phrase.

a. J'ai acheté un ticket au • • 1. une correspondance.
b. Le portillon automatique • • 2. tarif réduit.
c. On paye moins cher si on a droit au • • 3. distributeur automatique.
d. Un contrôleur peut • • 4. la rame.
e. Les gens qui habitent là toute l'année • • 5. valide votre ticket.
f. Ce n'est pas direct, il y a • • 6. vérifier votre billet.
g. Vous pouvez monter dans • • 7. prennent un forfait annuel.

> Certaines lignes de métro sont **automatiques**, elles n'ont pas de **conducteur**.

260. S'EXERCER Cochez la bonne réponse.

Exemple : Le pass est un forfait pour	☒ un mois ou plus	☐ un seul trajet.
a. On peut acheter un ticket	☐ au guichet	☐ au portillon automatique.
b. Dans un train d'une ligne automatique, il n'y a pas	☐ de passagers	☐ de conducteur.
c. Un tramway roule sur	☐ des rails	☐ une rame.
d. Il y a plus de métros aux heures	☐ creuses	☐ de pointe.
e. Si je ne peux pas m'asseoir dans le métro, je reste	☐ assis	☐ debout.
f. La direction est	☐ la station où je suis	☐ la dernière station d'une ligne.
g. On peut attendre la prochaine rame sur	☐ le quai	☐ l'arrêt.
h. S'il y a une correspondance,	☐ je sors	☐ je change de ligne.

C. Les transports

261. RÉVISER Soulignez le mot qui est bien écrit.

Exemple : On prend quelle line – ligne ?

a. un arrêt – un arrest (de bus)
b. J'ai pris un tiquet – un ticket.
c. Elle voudrait s'assoir – s'asseoir.
d. Il y a un tariff – tarif réduit.
e. C'est le conducteur – le conductor.
f. Je suis resté debou – debout.

262. RÉVISER Écrivez la réponse qui correspond à chaque question.

Exemple : Sur quoi roule un tramway ? Des rails.

a. Comment s'appelle la personne qui conduit le métro ? ....
b. Où pouvez-vous achetez votre billet s'il n'y a pas de distributeur automatique ? ....
c. Comment appelle-t-on le contraire des heures de pointe ? ....
d. Quel mot désigne le train dans le métro ? ....
e. Que fait-on quand le métro est arrivé à quai ? ....
f. Si on est pas assis, on est comment ? ....
g. Si le trajet n'est pas direct, que faut-il prendre ? ....
h. Où attend-on un bus ? ....

263. SE TESTER Complétez les phrases avec les mots qui correspondent.

Exemple : On va plus vite sur une ... *autoroute* ...

a. J'attends le métro sur le q... .
b. On doit prendre quelle d... ?
c. C'est direct ou avec une c... ?
d. Je n'ai pas pu m'asseoir, j'étais d... .
e. Vous pouvez acheter un ticket au g... .
f. On m... dans la rame à la s...
   Montparnasse et on d... à Gare du Nord.
g. C'est l'a... de bus le plus proche de chez moi.
h. On a vu des r..., c'est pour le tramway.

6 • La vie quotidienne

D. L'aménagement intérieur de son appartement/sa maison

 « Être bien chez soi »

Il est pratique d'avoir un **placard** pour le **rangement** de ses affaires, ou une **armoire**, une **penderie** avec des **cintres** pour les vêtements, une **commode** avec des **tiroirs**, une **bibliothèque** (un meuble pour les livres). Et pour se regarder, on met un **miroir** / une **glace**. Pour voir clair, on a un **lampadaire**, une **lampe**, un **abat-jou**r (la partie en papier autour de la lampe).
Il faut brancher la **prise** (au bout du fil) à la prise électrique (au mur).
Pour la **décoration** (familièrement : la déco), on peut mettre du **papier peint** aux murs, **repeindre**, **refaire** la peinture, mettre des **rideaux** aux fenêtres, des **volets** à l'extérieur. Ça peut être aussi un joli **dessus-de-lit** ou **couvre-lit**, un **coussin**, un **tapis**, un **poster** au mur, un **cadre** avec une photo **accrochée** au mur à un **crochet**. Certaines personnes aiment **suivre les tendances** en matière de déco.
Il est aussi recommandé de faire l'**isolation thermique** (pour le froid) ou **phonique** (pour le bruit).

264. S'EXERCER Reliez les deux parties de la phrase.

a. C'est dans le premier tiroir   • 1. les volets.
b. Le pantalon est   • 2. la glace.
c. Il fait nuit, il faut fermer   • 3. de la commode.
d. Tu peux te regarder dans   • 4. la chambre.
e. Je n'aime pas l'abat-jour de   • 5. sur un cintre.
f. On va changer le couvre-lit dans   • 6. un cadre.
g. J'ai trouvé une belle photo dans   • 7. cette lampe.

> On utilise le même mot pour **la prise** électrique d'un appareil et la partie fixée au mur.

265. S'EXERCER Cochez la bonne réponse.

Exemple : « Déco » est le mot familier pour ☐ décorateur ☒ décoration.

a. Un placard est	☐ un meuble	☐ une décoration au mur.
b. Les volets sont généralement	☐ à l'intérieur	☐ à l'extérieur d'une pièce.
c. Les rideaux sont généralement	☐ à l'intérieur	☐ à l'extérieur d'une pièce.
d. Un abat-jour est	☐ une lampe	☐ une partie d'une lampe.
e. Un cadre est	☐ un type de photo	☐ autour d'une photo.
f. Une bibliothèque est pour	☐ les vêtements	☐ les livres.
g. Le papier peint	☐ se met sur les murs	☐ est utilisé comme couvre-lit.
h. Un miroir ou une glace, c'est	☐ différent	☐ la même chose.

D. L'aménagement intérieur

266. S'EXERCER Complétez les phrases avec les mots : *lampadaire, tapis, placard, tiroir, coussins, rideaux, accrocher, tendances, déco, cadre, refaire, isolation, crochet.*

Exemple : Vous avez des ... rideaux ... aux fenêtres ?

a. Toute notre vaisselle est dans un grand ....

b. La table a un petit ....

c. Le .... du salon n'est pas branché.

d. Je vais mettre un .... au mur de ma chambre pour .... un petit tableau.

e. Elle a mis la photo dans un joli ....

f. On va mettre un .... en laine au sol et des .... sur le canapé.

g. C'est une maison ancienne, il faut .... l'... thermique.

h. Tu t'intéresses à la .... tu connais les dernières .... ?

267. RÉVISER Écrivez les mots complets.

Exemple : un -o-e- → volet

a. une c-mm--e → ....

b. un c-nt-e → ....

c. un -ou-s-n → ....

d. des r-d-a-x → ....

e. une pr-s- → ....

f. du p-p-er -ein- → ....

g. un cr-c-e- → ....

h. l'is-l-t-on -h-ni-ue → ....

268. RÉVISER Remettez les mots de ces phrases dans l'ordre.

Exemple : – la – pour – actuelles – déco ? – Quelles – tendances – sont – les
→ Quelles sont les tendances actuelles pour la déco ?

a. – pouvez – de – la – chambre. – vos – mettre – Vous – toutes – l' – armoire – dans – affaires

→ ....

b. – sont – commode. – la – deuxième – de – Mes – chemises – tiroir – le

→ ....

c. – refaire – ou – mettre – On – entre – papier – peinture – peint. – du – la – hésite

→ ....

d. – envie – repeindre – les – les – J' – et – de – de – rideaux – ai – volets. – changer

→ ....

e. – Il – isolation – l' – de – s' – phonique. – occuper – thermique – et – encore – faut

→ ....

f. – un – le – une – photo – poster – cadre. – mur – dans – au – vais – par – remplacer – Je

→ ....

6 • La vie quotidienne

269. SE TESTER Complétez les phrases avec les mots qui correspondent.

Exemple : Les ... *coussins* ... ont la même couleur que le ... *tapis* ...

a. J'ai mis tous mes nouveaux livres dans la b..

b. Ton costume est sur un c... dans la p...

c. Il est temps d'ouvrir les r... et la fenêtre pour fermer les v... à l'extérieur.

d. Dans la chambre, on a une grande a.. avec une g... pour se voir.

e. J'ai mis un c.. au mur pour a... une nouvelle photo dans un c...

f. Il faut trouver un nouvel a..j... pour ce l...

g. J'ai oublié de b... la lampe à la p... électrique.

h. L'isolation t... est très bonne, mais pas l'isolation p...

« Des problèmes courants à la maison et des solutions -1 » 52

Si on a une **fuite** d'eau, une **inondation**, un évier **bouché**, un **ballon d'eau chaude** ou un **chauffe-eau** à changer, il faut faire venir un **plombier**.
S'il y a une **coupure** de **courant** (d'électricité), il faut regarder le **compteur** électrique, vérifier les **fusibles**.
Si on n'a pas d'**interphone** et que le **code** de la porte a changé, on doit **prévenir** les gens qui viennent nous voir.
Si on a un **voisin bruyant**, il faut en parler au **gardien**/à la **gardienne** de l'immeuble.
Si on a une **cheminée** ou un **poêle**, il faut le faire **ramoner** (nettoyer).
Si le **chauffage** est **en panne**, **les radiateurs** ne chauffent pas, la **clim'**(atisation) est déréglée, on fait venir un réparateur.
Si **Internet** ne marche plus, il n'y plus de **connexion**, on doit appeler le **service clients**, l'**assistance** par téléphone.

270. S'EXERCER Reliez les deux parties de la phrase.

a. On a une fuite • • 1. est coupé.
b. Il faut changer • • 2. les fusibles.
c. Le courant • • 3. d'eau dans la salle de bains.
d. Je vais vérifier • • 4. ramonée.
e. Le code de l'immeuble • • 5. le ballon d'eau chaude.
f. La cheminée doit être • • 6. Internet.
g. La clim' est • • 7. a changé.
h. Nous n'avons plus de connexion • • 8. déréglée.

Ne pas confondre un **poêle**, qui chauffe, et une **poêle**, pour cuisiner.

271. S'EXERCER Cochez la bonne réponse.

Exemple : Il faut une connexion pour aller sur Internet.   ☒ vrai   ☐ faux

a. Un poêle est un moyen de chauffage.   ☐ vrai   ☐ faux
b. « Le courant » veut dire « l'électricité ».   ☐ vrai   ☐ faux
c. Une cheminée a besoin d'être ramonée.   ☐ vrai   ☐ faux

D. L'aménagement intérieur

d. Un radiateur permet la connexion à Internet.	☐ vrai	☐ faux
e. Un poêle a des fusibles.	☐ vrai	☐ faux
f. La gardienne est une policière.	☐ vrai	☐ faux
g. Dans une inondation, il y a de l'eau partout.	☐ vrai	☐ faux
h. Le service clients aide si on a un problème de connexion.	☐ vrai	☐ faux

272. RÉVISER Les lettres des mots en italique sont mélangées. Écrivez les mots correctement.

Exemple : Je dois appeler l' *i c n t e a s s a s* par téléphone. → assistance

a. L'évier est *é h b c u o*. → ....
b. On a rarement une *u o e c p u r* de courant. → ....
c. Tu peux m'appeler par l' *o n p e n h t e r i*. → ....
d. Pense à faire *m r a o n r e* ta cheminée ! → ....
e. On a appelé le *b m o p e i l r* pour réparer le *n l a b o l* d'eau chaude. → ....
f. Je n'ai plus de *n o e x i o n c n* à Internet. → ....
g. J'ai changé un *u l b i f e s* au *u t r c e p o m* électrique. → ....
h. Il fait froid, le *r a u e t r i d a* est en panne. → ....

273. RÉVISER Écrivez le mot qui correspond.

Exemple : Il permet d'avoir de l'eau chaude. → un … *chauffe-eau* …

a. Il répare les fuites. → le ....
b. Elle s'occupe de l'immeuble. → la ....
c. C'est un moyen de chauffage. → un ....
d. On le dit de quelqu'un qui fait du bruit. → ....
e. Il permet de parler avec quelqu'un devant l'immeuble. → l' ....
f. Un petit élément dans le compteur. → un ....
g. Nettoyer l'intérieur d'une cheminée. → ....
h. C'est une aide en cas de problème → une ....

274. SE TESTER Complétez les phrases avec les mots qui correspondent.

Exemple : On a trop chaud, la … *clim'* … ne marche pas.

a. Nous avons une *f* .... d'eau sous la baignoire.
b. L'évier est *b* ...., il ne faut pas l'utiliser.
c. Tu fais le *c* .... pour entrer, et ensuite il y a un *i* ....
d. On a froid, le *c* .... est en panne.
e. J'ai un voisin *b* .... juste à côté, il me dérange !
f. Tu as prévenu la *g* .... de l'immeuble ?
g. Pour aller sur Internet, ici on a quelquefois une mauvaise *c* ....
h. J'ai dû appeler plusieurs fois le service d'*a* .... par téléphone.

6 • La vie quotidienne

« Des problèmes courants à la maison et des solutions -2 »

S'il y a un **feu**, un **incendie**, de la **fumée**, il faut utiliser un **extincteur** pour **éteindre** les flammes, et si c'est insuffisant, appeler un numéro d'**urgence**. Les **pompiers** viendront de la **caserne** dans un camion avec une **grande échelle** et des **lances** pour arroser le feu avec de l'eau.
En cas de **cambriolage** (quelqu'un entre chez vous pour voler), c'est un **vol** avec un **voleur**, il faut faire une **déclaration** au **commissariat** de police et prévenir l'**assurance**, peut-être **porter plainte**. Vous aurez moins de risques avec une porte **blindée**, une **serrure** renforcée, installée par un **serrurier**.
Si vous devez vous **plaindre** d'un problème au **propriétaire**, vous devrez peut-être lui envoyer une lettre en **recommandé avec accusé de réception**.
D'autres problèmes pratiques : des **souris** dans la maison (il faut mettre du produit contre les souris ou les rats) et des **punaises** de lit.
Ce qui peut arriver dans une maison : la porte du garage est **coincée** (bloquée), le toit n'est plus **étanche**, il y a des fuites d'eau dans le **grenier**, des **tuiles** sont parties, il faut changer le **portail**, remettre du **vernis** sur les volets.

275. S'EXERCER Reliez les deux parties de la phrase.

a. Les pompiers vont éteindre • • 1. bloquée.
b. Nous devons faire une déclaration • • 2. on nous a volé un tableau.
c. On a eu un cambriolage, • • 3. l'incendie.
d. La porte du garage est • • 4. des tuiles ont disparu.
e. Tu dois envoyer une lettre • • 5. plainte.
f. Sur le toit de la maison, • • 6. au commissariat.
g. Je ne sais pas encore si je vais porter • • 7. au propriétaire.
h. Le locataire s'est plaint • • 8. recommandée.

276. S'EXERCER Cochez la bonne réponse.

	vrai	faux
Exemple : Pour un cambriolage on appelle les pompiers.	☐	☒
a. En cas de vol, il faut porter plainte.	☐	☐
b. Le serrurier s'occupe des fuites dans le grenier.	☐	☐
c. Les pompiers éteignent le feu avec un extincteur.	☐	☐
d. Une porte blindée est une porte bloquée.	☐	☐
e. Tu peux trouver des punaises dans ton lit.	☐	☐
f. Un toit étanche laisse passer l'eau.	☐	☐

277. S'EXERCER Barrez le mot qui ne correspond pas.

Exemple : pour les gens qui ont une maison → le portail – ~~une plainte~~ – le grenier

a. un feu → de la fumée – un incendie – des punaises
b. les pompiers → une caserne – un vol – une grande échelle

D. L'aménagement intérieur

c. pour éteindre un feu → une serrure – un extincteur – une lance

d. un vol à la maison → un cambriolage – un voleur – des souris

e. une porte spéciale → une lance – blindée – une serrure renforcée

f. qui prévenir en cas de cambriolage → l'assurance – le commissariat – la caserne

g. le toit d'une maison → étanche – blindé – avec des tuiles

278. RÉVISER Écrivez les mots complets.

Exemple : On a remis du *v-r-i-* sur les volets. → *vernis*

a. une porte b-i-d-e et une se-ru-e spéciale → ....

b. un e-tin-teu- pour ét-in-re un feu → ....

c. la l-n-ce à incendie des -o-pie-s → ....

d. un ca-bri-la-e avec plusieurs -ol-urs → ....

e. la porte du garage b-o-u-e → ....

f. une fuite dans le -re-ier → ....

g. le toit ét-nc-e → ....

h. appeler un numéro d'-r-en-e → ....

279. SE TESTER Complétez les phrases avec les mots qui correspondent.

Exemple : Vérifiez que vous avez toujours un ... *extincteur* ... qui fonctionne bien.

a. Le monument a disparu dans un terrible i.. .

b. Les pompiers sur leur g.. é.. ont mis des heures à é.. les flammes.

c. C'était difficile de respirer à cause de la f.. .

d. Après notre c.., où on nous a v.. des bijoux, nous avons fait une d.. au c.. .

e. Le serrurier nous a installé une porte b.. .

f. Il y a du produit contre les s.. mais pour les p.. de lit, qu'est-ce qu'on peut faire ?

g. Après la tempête, on a remis des t.. sur le toit qui est à nouveau é.. .

h. Voici le numéro que tu dois appeler en cas d'u.. .

Bilan 2

1. J'ai cherché longtemps une place pour g.............................. la voiture.
2. Tous les sacs sont dans le c..
3. On voit de plus en plus de t.................. électriques sur les p.............. cyclables.
4. En mobylette, tu dois mettre un c .... sur la tête.
5. Un scooter est un deux r..
6. Il n'a pas vu le p .... de sens-interdit.
7. Vous avez perdu des points sur votre permis de conduire parce que vous êtes passé au f... rouge.
8. S'il n'y a pas de g........................... pour acheter votre ticket, vous avez aussi un d... automatique.
9. On va prendre la l... 4.
10. Ce n'est pas direct, on a une c ....
11. Je n'ai pas pu m'asseoir, c'était l'heure de p......................, j'étais d..................
12. Vous savez où il y a un a... de bus ?
13. Un tramway roule sur des r..
14. Pour le rangement, nous avons plusieurs p............................... dans chaque pièce.
15. Il faut changer l'ampoule de ce l..
16. Tu m'aides à fermer tous les v........................ et les r........................ ?
17. On a refait l'i... thermique.
18. Elle a trouvé une belle commode avec 4 t..
19. Il faudrait un c.. au mur pour mettre ce tableau.
20. Je crois qu'il y a une f.. d'eau.
21. Il faut peut-être changer un f......................... au c......................... électrique.
22. On doit faire r.. la cheminée.
23. Vous avez une g....................................... qui s'occupe de l'immeuble ?
24. Nous n'avons pas d'i......................, seulement un c.................. à la porte d'entrée.
25. Il y a eu un incendie dans notre immeuble, les p..................... sont vite venus et ils ont pu é................................. le feu avec leurs l.................................
26. On a eu un c............................, des v............................ sont entrés chez nous et nous ont pris des meubles anciens.
27. Maintenant, vous devriez faire installer une porte b................................. avec une s... renforcée.
28. Tu as envoyé la lettre en r........................ avec a.................. de réception ?
29. J'ai fait tout de suite une d........................ au c........................ de police.
30. C'est quoi le numéro d'u.. ?

Mon score : .... /42

7 • Le temps libre

A. Les loisirs

 Occuper son temps libre »

Les loisirs sont des activités pendant le **temps libre**, pour **se reposer**, **se distraire**, autour d'un **centre d'intérêt**.
On peut être dans une **association** (des gens proposant un service non-commercial) ou faire du **bénévolat** (sans être payé). On peut aussi faire un **jeu**, jouer à quelque chose, on est alors un **joueur**/une **joueuse**. Il faut suivre les **règles**, si possible ne pas **tricher**. Ça peut être un jeu **de hasard**, avec des **dés**, des **cartes** qu'il faut **distribuer**. Pour un jeu **de stratégie**, comme les **dames** ou les **échecs**, on fait une **partie**, on joue chacun son **tour**. Les jeux **de société** ont un **plateau**, un **pion** qu'on avance. Il existe aussi des loisirs **créatifs** (la **poterie**, le **tricot**) ou des jeux **vidéo** sur ordinateur, avec une **console** ou **en ligne**.
Certaines personnes font une **collection** de quelque chose (verbe : collectionner), vont dans les **brocantes**/aux **puces** (pour les objets anciens sans grande valeur). Les activités à l'extérieur peuvent être la **pêche** (pour le poisson), avec une **canne**. On peut aussi **faire de l'exercice**, aller à un **cours** de **gym**, **se promener**, faire une **promenade**, familièrement, faire une **balade** (verbe : **se balader**).

280. S'EXERCER **Reliez les éléments qui correspondent.**

a. une console   1. un pion   a. un jeu de stratégie
b. les dés   2. la poterie   b. un loisir créatif
c. un plateau   3. les cartes   c. un jeu de hasard
d. un joueur   4. la balade   d. un jeu de société
e. les dames   5. des règles   e. un jeu vidéo
f. le tricot   6. les échecs   f. une activité d'extérieur
g. la pêche   7. en ligne   g. un jeu

281. S'EXERCER **Barrez le mot qui ne correspond pas.**

Exemple : une activité physique → faire de l'exercice – ~~une partie d'échecs~~ – un cours de gym

a. un jeu de société → un pion – une canne – un plateau
b. les cartes → un dé – un atout – distribuer
c. une activité → une association – commercial – le bénévolat
d. un jeu → une partie – un tour – une promenade
e. à l'extérieur → une promenade – une balade – de la glaise
f. des règles → un jeu – tricher – une association
g. un jeu vidéo → un ordinateur – une canne – une console

282. S'EXERCER Complétez les phrases avec les mots : *triche, partie, balade, brocante, collectionne, ~~console~~, association, tricoté, dés.*

Exemple : Tu as une ... *console* ... de jeux vidéo ?

a. Si on faisait une .... de dames ?
b. Je n'aime pas jouer aux cartes avec mon frère, il .... tout le temps.
c. Ma sœur .... les cartes postales anciennes.
d. On a trouvé une chaise pas chère à la ....
e. Il a lancé les .... et il a fait un double six.
f. Je suis dans une .... de protection des animaux.
g. Il fait beau, on pourrait faire une .... autour du village.
h. C'est moi qui ai .... ce pull !

283. RÉVISER Écrivez les mots complets.

Exemple : Tu connais les r-g- -s de ce jeu ? → *règles*

a. J'aime me di-t-a- -e pendant mes loisirs avec des jeux. → ....
b. Quels sont tes -ent-es d'intérêt ? → ....
c. Mon ami co-le-tio-ne les étiquettes de bouteilles de vin. → ....
d. On s'est -a-a-és dans la ville. → ....
e. Tu as déjà fait une partie de -eu v-d-o en li-ne ? → ....
f. Tu préfères jouer aux d-m-s ou aux -che-s ? → ....
g. Vous avez trouvé cette table dans une -ro-a-te ? → ....
h. Elle fait du bénévolat dans une -s-o-ia-ion. → ....

284. RÉVISER Écrivez le mot qui correspond.

Exemple : Les dames et les échecs sont quel type de jeu ? → *un jeu de stratégie*

a. C'est un mot familier pour « une promenade » → une ....
b. Que fait quelqu'un qui aime acheter une catégorie d'objet ? → il ....
c. Que fait quelqu'un qui ne respecte pas les règles du jeu ? → il ....
d. Comment s'appelle un loisir où on fabrique quelque chose ? → un loisir ....
e. Un groupe de personnes qui n'agit pas pour le profit c'est → une ....
f. Pour quel type de jeu on a souvent besoin d'un plateau et de pions ? → un jeu de ....
g. On l'utilise pour la pêche → une ....

285. SE TESTER Complétez les phrases avec les mots qui correspondent.

Exemple : Tu peux m'expliquer les ... *règles*... de ce jeu ?

a. Prends ta canne, on va à la *p*... !
b. Si tu aimes jouer aux *é* .... , on peut faire une *p*... .
c. Comme je *c* .... les livres d'art, je vais sur les *b*.. ou les marchés aux *p*.. pour en trouver.

d. C'est à ton t........................ de jouer, tu dois avancer ton p........................ sur le p........................ .

e. Vous ne serez pas payé pour cette activité, c'est du b........................ .

f. J'aime marcher, alors on fait de longues b........................ dans la forêt.

g. Je sais t........................ une écharpe en laine.

B Les sports

 « Les sports d'équipe » 55

Au **foot**(-ball), le **footballeur**/la **footballeuse** joue avec un **ballon rond**, dans un **club**, sur un **terrain** ou dans un **stade**. Un **entraîneur** l'aide à se préparer.
Pour le **rugby**, c'est un ballon **ovale**. Au **hand-ball** et au **volley-ball**, on joue avec la main, au **basket-ball**, il faut mettre un **panier**. Autre sport collectif, le hockey sur glace qui se joue sur une patinoire avec un palet.
Pour tous ces sports, quand on fait un **match** entre deux **équipes**, avec un **gardien de buts**, on essaye de marquer un **but**. Les **supporters** (mot anglais utilisé seulement dans le contexte sportif) sont là pour **encourager** les joueurs ou **commenter** le match. Un **arbitre** regarde s'il y a une **faute**, un **hors-jeu**, il **siffle**, met un **carton** jaune ou rouge. On fait une pause à la **mi-temps**. Le **score** est le nombre de buts, peut être un **match nul** (aucuns points).
Les jeux de raquette, comme le **tennis**, se jouent sur un **terrain** ou **court**, avec un **filet**, des **lignes**, une **raquette**, une **balle**. Il faut **servir/faire un service** (envoyer la balle à son adversaire). Un **tournoi** est une compétition. Pour le **badminton**, un **volant** remplace la balle. Pour le **tennis de table/ping-pong**, on joue sur une table.

286. S'EXERCER Reliez les éléments qui correspondent.

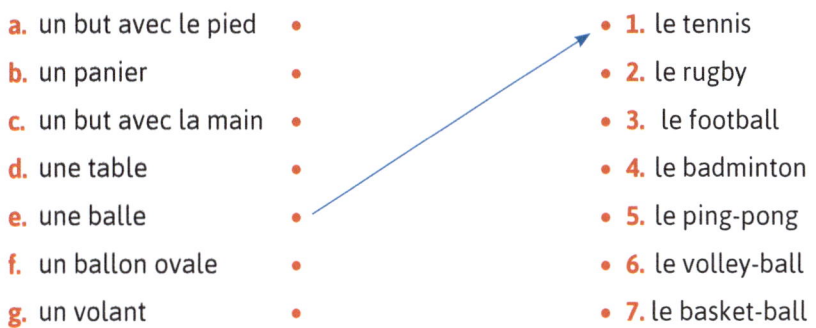

a. un but avec le pied • • 1. le tennis
b. un panier • • 2. le rugby
c. un but avec la main • • 3. le football
d. une table • • 4. le badminton
e. une balle • • 5. le ping-pong
f. un ballon ovale • • 6. le volley-ball
g. un volant • • 7. le basket-ball

287. S'EXERCER Barrez le mot qui ne correspond pas.

Exemple : un supporter – un arbitre – encourager

a. une raquette – le foot – un court
b. un carton – siffler – une balle
c. une table – un filet – le basket
d. un ballon ovale – le badminton – le rugby
e. un volant – le football – une raquette

7 • Le temps libre

   f. un jeu de main – un panier – le volley-ball
   g. un terrain – le ping-pong – des lignes
   h. faire un service – la mi-temps – un match nul

288. S'EXERCER Complétez les phrases avec les mots : *tournoi, entraîneur, ovale, arbitre, score, siffler, faute, gardien, carton, hors-jeu, service, filet.*

Exemple : Le rugby se joue avec un ballon ... *ovale* ...

   a. Le .... final du match est de 2 à 1.
   b. L'... va bientôt .... la fin du match.
   c. Ce joueur a participé à un .... international de tennis de table.
   d. Le .... de but a laissé passer la balle.
   e. Le joueur a fait une ...., il était ....
   f. La balle de .... a touché le ....
   g. C'est un .... rouge pour ce joueur, il doit quitter le terrain.
   h. Cette équipe a un très bon ....

289. RÉVISER Barrez le mot qui est mal écrit et écrivez le mot correct.

Exemple : La finale a lieu dans un ~~stad~~   → stade

   a. un gardian de buts   → ....
   b. une équipe de foot-bolleuses   → ....
   c. un balon de foot   → ....
   d. on va jouer sur le cours de tennis → ....
   e. le résultat est match nulle   → ....
   f. c'est mon jouer de rugby préféré → ....

290. RÉVISER Cochez la bonne réponse.

Exemple : Le ping-pong est la même chose que le badminton.	☐ vrai	☒ faux
a. Le badminton se joue avec un volant.	☐ vrai	☐ faux
b. L'arbitre est un joueur de l'équipe.	☐ vrai	☐ faux
c. Les joueurs de foot sont seulement des hommes.	☐ vrai	☐ faux
d. Un club organise une activité sportive.	☐ vrai	☐ faux
e. On dit qu'il y a un match nul si le match n'est pas intéressant.	☐ vrai	☐ faux
f. La mi-temps est la fin du match.	☐ vrai	☐ faux
g. Être hors-jeu est une faute au football.	☐ vrai	☐ faux
h. L'entraîneur est un type de supporter.	☐ vrai	☐ faux

291. SE TESTER Complétez les phrases avec les mots qui correspondent.

Exemple : Personne n'a marqué de but, c'est un match ... *nul* ...

   a. On utilise un ballon r.. ou o... ?
   b. Les joueurs sont sur le t .... de foot.

B. Les sports

c. Ce g... de but est très bon.
d. Le joueur a s .... pour le 3ᵉ jeu, mais la balle a touché la l...................................... .
e. Au badminton, le v... doit passer au-dessus du f.. .
f. L'a... a donné un c... jaune au joueur.
g. Il y a une f..., ce joueur est h..-j........................ .
h. Voici l'e... de l'équipe nationale.

« Les sports individuels » 56

Le golf se **pratique** sur un terrain avec des **trous**. On fait un **parcours**, on pose la balle sur un **tee** et on l'envoie avec un **club** (une canne) en évitant les **bunkers** (une zone de sable).
Pour le **cyclisme**, on est sur un **vélo**. On peut aussi **s'entraîner** dans un club de **gym**(**nastique**) pour faire de la **musculation** en **soulevant des poids** avec l'aide d'un **coach**. L'**athlétisme** comporte diverses disciplines comme la **course à pied** (on est un **coureur**), le **saut en hauteur** ou **en longueur**, le **lancer de poids**...
Dans une compétition, on peut **battre un record**, être un **champion**/une **championne**. Aux **Jeux Olympiques** (les J.O.), on obtient une **médaille** pour une **victoire**, pas une **défaite**, sans **dopage** (sans utiliser des produits donnant plus de force). Si on préfère un sport de **combat**, comme le **judo**, le **karaté**, on porte un **kimono** avec une **ceinture** avec une couleur indiquant la force. Pour la **boxe**, sur un **ring**, on porte des **gants** pour protéger les mains, on donne et on reçoit des **coups**.

292. S'EXERCER Reliez les éléments qui correspondent.

a. une médaille	1. un record	a. la musculation
b. soulever	2. les Jeux	b. le judo
c. battre	3. un kimono	c. Olympiques
d. une ceinture	4. des poids	d. une compétition
e. des gants	5. un parcours	e. l'athlétisme
f. le saut	6. un ring	f. le golf
g. un tee	7. la course	g. la boxe

293. S'EXERCER Cochez la bonne réponse.

Exemple : Le karaté est ☐ une forme d'athlétisme ☒ un sport de combat.
a. Le cyclisme se pratique ☐ sur un ring ☐ sur un vélo.
b. Au golf, le but le but est d'envoyer la balle dans ☐ les trous ☐ les bunkers.
c. Pour le judo, on porte ☐ un masque ☐ un kimono.
d. C'est une discipline athlétique ; le lancer de ☐ balle ☐ poids.
e. À la boxe, on échange des coups avec ☐ ses mains ☐ des cannes.

7 • Le temps libre

f. Un coach est	☐ une compétition	☐ une personne.
g. Le contraire d'une victoire est	☐ une défaite	☐ une médaille.
h. Prendre des produits interdits, c'est	☐ du dopage	☐ un record.

294. S'EXERCER Complétez les phrases avec les mots : *battre, coups, médaille, ~~ceinture~~, dopage, saut, musculation, victoire, parcours.*

Exemple : Il est ... *ceinture* ... noire de judo.

a. Bravo pour ta .... !
b. Cette championne a reçu une .... d'or aux J.O.
c. Il vient de .... le record du monde !
d. Au judo, on ne donne pas de ....
e. Au golf, nous avons fait un très bon ....
f. Le coach m'entraîne pour le .... en hauteur.
g. Il y a des risques de .... dans cette compétition.
h. Son corps a changé depuis qu'il fait de la ....

295. RÉVISER Écrivez les mots complets.

Exemple : une compétition de c-cl-s-e → *cyclisme*

a. la c-u-se à pied → ....
b. les Jeux -l-mpi-ues → ....
c. une m-da-ll- d'argent → ....
d. un champion de g-mna-t-que → ....
e. s-ule-er des poids → ....
f. un k-m-n- pour le karaté → ....
g. le saut en -au-eu- → ....
h. des c-u-s sur un ring → ....

296. RÉVISER Remettez les mots de ces phrases dans l'ordre.

Exemple : – ai – pied. – course – J' – arrêté – de – la – à – de – faire → J'ai arrêté de faire de la course à pied.

a. – est – copain – de – ceinture – qui – noire – un – ai – J' – judo.
   → ....

b. – championne – est – Martine – en – de – longueur. – saut.
   → ....

c. – de – Jeux – combien – Olympiques ? – médailles – pays – Notre – a – aux
   → ....

d. – tous – m' – club – au – entraîne – de – jours – gym. – les – Je
   → ....

e. – tes – gants – Prends – et – le – sur – boxe – de – monte – ring.
   → ....

B. Les sports

297. SE TESTER Complétez les phrases avec les mots qui correspondent.

Exemple : Il met ses ... *gants* ... de boxe.

a. Je fais souvent de la c... à pied.

b. On a fait un p.. de golf de 18 t... .

c. Pour la m.. au club de gym, je m'e.. avec un coach.

d. En athlétisme, j'ai déjà fait du saut en h.. et en l.. mais jamais
   de l.. de p.. .

e. Il fait du j.. , il est c.. verte.

f. Notre équipe a obtenu une m.. aux J.. O.. .

g. Après une défaite, nous sommes heureux de cette v..

h. Elle vient de b.. un record, c'est la nouvelle c.. .

 « Des sports individuels »

> Pour la **marche** ou la **randonnée** (plus sportive), on peut suivre un **chemin** généralement **balisé** (avec des flèches pour la direction), faire une **étape** (s'arrêter pour la nuit). L'**escalade** et l'**alpinisme** se pratiquent en montagne.
> Si on préfère les sports **nautiques** (dans l'eau), la natation consiste à **nager** par exemple le crawl, la brasse, et on est un **nageur**/une **nageuse**. Il existe aussi la **plongée** (sous l'eau), avec un **masque** (sur la tête) et des **palmes** (aux pieds), des **bouteilles** (d'oxygène) ou sans, on est alors en **apnée**. Le **surf** est une **planche** sur laquelle il faut tenir en **équilibre**, et le **kitesurf** une planche avec un cerf-volant.
> On peut faire du **bateau**, **naviguer** sur un **voilier**, avec une **voile** sur un **mât**, ou sur un bateau à **moteur**, ou un **yacht** (luxueux). Il faudra **tenir la barre**.
> Pour l'**équitation**, on **monte** un cheval ou un **poney** (plus petit), dehors ou dans un **manège** (une salle), on s'assoit sur la **selle**, on tient les **rênes** pour diriger le cheval, on porte une **bombe** pour protéger la tête. On peut faire une **course d'obstacles**.

298. S'EXERCER Reliez les éléments qui correspondent.

a. Pour l'équitation,   • • 1. un sport de montagne.
b. La randonnée se pratique   • • 2. une nage.
c. L'escalade est   • • 3. on monte un cheval.
d. La brasse est   • • 4. quelqu'un qui nage.
e. La plongée   • • 5. en marchant.
f. Un bateau peut être   • • 6. se fait sous l'eau.
g. Un nageur est   • • 7. sur l'eau.
h. Un surf est une planche   • • 8. à voile ou à moteur.

7 • Le temps libre

299. S'EXERCER Barrez le mot qui ne correspond pas.

Exemple : le surf – le poney – le kitesurf

a. une voile – un mât – une selle

b. une étape – des palmes – un chemin balisé

c. un poney – un masque – des palmes

d. une selle – une bombe – un cerf-volant

e. un manège – naviguer – tenir la barre

f. des bouteilles – l'apnée – l'équitation

g. l'escalade – le nautisme – l'alpinisme

300. S'EXERCER Cochez la bonne réponse.

Exemple : L'alpinisme, c'est monter en haut des montagnes. ☒ vrai ☐ faux

a. Pour faire du surf, il faut un bon équilibre. ☐ vrai ☐ faux

b. Naviguer, c'est aller en bateau. ☐ vrai ☐ faux

c. Une étape est un chemin de randonnée. ☐ vrai ☐ faux

d. La selle se trouve sur un bateau à voile. ☐ vrai ☐ faux

e. L'apnée est une plongée sans masque. ☐ vrai ☐ faux

f. Le cavalier dirige son cheval avec les rênes. ☐ vrai ☐ faux

g. On peut pratiquer l'équitation dans un manège. ☐ vrai ☐ faux

h. Les palmes se portent aux mains. ☐ vrai ☐ faux

301. RÉVISER Les lettres des mots en italique sont mélangées. Écrivez les mots correctement.

Exemple : un surf avec un *f r c e - o n l a t v* → un cerf-volant

a. tenir les *s ê e r n* du cheval → ....

b. un chemin de *n d n e a o r é n* → ....

c. une bonne *e g e s n a u* → ....

d. naviguer sur un *t h y a c* → ....

e. en *e i é r l u q b i* sur un kite-surf → ....

f. de l'*e a d a e l c s* en montagne → ....

g. plonger avec un *m s u e q a* et des *s p a m l e* → ....

h. tenir la *r e a b r* du bateau → ....

302. RÉVISER Écrivez la réponse qui correspond à chaque question.

Exemple : Où peut-on faire du surf ? → À la mer.

a. C'est une marche sportive. → la ....

b. Comment est un chemin avec des flèches pour les gens qui marchent ? → ....

c. Que porte-t-on sur la tête quand on monte un cheval ? → une ....

d. C'est une forme de plongée sans bouteilles. → l'..

e. Sur quoi est fixée la voile sur un bateau ? → un ....

B. Les sports

f. Le crawl est un exemple de quoi ? → une ....
g. Quel type de course peut-on faire à cheval ? → une course ....
h. Que tient-on pour diriger un voilier ? → la ....

303. SE TESTER Complétez les phrases avec les mots qui correspondent.

Exemple : C'est un ... *yacht* ... à moteur.

a. Nous aimons marcher, alors nous avons suivi un c.................................... de r.................................... .
b. Mon père a un bateau sur lequel il adore n...................................., il tient la b.................................... .
c. Pendant les vacances, j'ai fait de la p.................................... sous-marine, je portais un m....................................
et des p.................................... mais pas de b.................................... d'oxigène.
d. Dans le m...................................., une femme montait un cheval, assise sur la s....................................
et les r.................................... à la main, une b.................................... sur la tête.
e. Théo est un excellent n...................................., et il peut tenir en é.................................... sur un surf.
f. À la montagne, vous pourrez pratiquer l'a.................................... et l'e.................................... .
g. C'est un immense bateau, il a 3 m.................................... et plein de v.................................... .
h. On a marché toute la journée, on va faire une é.................................... pour se reposer.

C. Les vacances

 « Partir en vacances » **58**

En arrivant à destination, je vais dans un **office de tourisme** pour prendre un **plan** (avec le nom des rues), des **brochures** (avec des informations utiles). Je peux aussi y trouver un **hébergement** (un endroit pour dormir), comme un hôtel, une **auberge de jeunesse**, un **club de vacances**, un **terrain de camping**, une **location** (comme un appartement), une **chambre d'hôte** ou un **gîte** (une petite maison) chez l'habitant. Je peux choisir la **pension complète** (la nuit et tous les repas **inclus**) ou la **demi-pension** (un seul repas).
Dans une **station balnéaire** (au bord de la mer), sur la **plage**, je me mets sur le **sable** ou les **galets** (des petites pierres), et je peux **ramasser** des **coquillages** Avec mon **maillot de bain**, je **me baigne**, je prends des **bains de soleil** sous un **parasol** (une sorte de grand parapluie) pour protéger ma peau.
Il y a probablement un **casino** (pour les jeux d'argent).
Si je vais dans une **station de ski**, je peux **skier**, faire du **ski de piste ou de fond**, avec des **bâtons**, et je porte une **tenue** spéciale. Le **forfait** (un prix fixe pour une période) me permet de prendre les **remontées mécaniques** pour arriver en haut des **pistes**.

7 • Le temps libre

304. S'EXERCER Complétez les phrases avec les mots : *hôtes, auberge, balnéaire, station, hébergement, pension, bain, remontées, bâton.*

Exemple : Ma mère est déjà sur la plage pour son … *bain* … de soleil.

a. Nous avons passé nos vacances dans une charmante station ……………………………… au bord de l'Atlantique.
b. Vous cherchez quel type d'……………………………… , un hôtel ou un camping ?
c. L'office de tourisme nous a conseillé une chambre d'……………………………… qui était très bien.
d. Quel est le prix de la chambre en demi-……………………………… ?
e. J'ai perdu un ……………………………… de ski dans la neige.
f. Notre fils dort à l' ……………………………… de jeunesse.
g. Combien coûtent les ……………………………… mécaniques ?
h. Tu me conseilles quelle ……………………………… pour faire du ski de fond ?

305. S'EXERCER Reliez les éléments qui correspondent.

a. un parasol	•	• 1. un terrain de camping	•	• a. un hôtel
b. un plan	•	• 2. les galets	•	• b. un hébergement
c. des bâtons	•	• 3. une brochure	•	• c. des coquillages
d. une auberge de jeunesse	•	• 4. la demi-pension	•	• d. un office de tourisme
e. la pension complète	•	• 5. une remontée mécanique	•	• e. se baigner
f. une plage	•	• 6. un bain	•	• f. une station balnéaire
g. un maillot	•	• 7. du sable	•	• g. une station de ski

306. S'EXERCER Cochez la bonne réponse.

Exemple : Je cherche une adresse sur ☐ un galet ☒ le plan de la ville.

a. Les 3 repas sont inclus, vous êtes en ☐ demi-pension ☐ pension complète.
b. Le soleil est très fort aujourd'hui, on prend le ☐ parasol ☐ parapluie.
c. Un forfait paye ☐ les remontées mécaniques ☐ une piste.
d. Vous pourrez faire des jeux d'argent ☐ à l'office de tourisme ☐ au casino.
e. Le ski de fond se pratique ☐ sur la neige ☐ sur la mer.
f. Un gîte est un hébergement ☐ dans un hôtel ☐ chez une personne.
g. Sur la plage, on peut ramasser ☐ des coquillages ☐ des bâtons.

307. RÉVISER Écrivez les mots complets.

Exemple : C'est une -u-er-e de jeunesse. → *auberge*

a. Nous avons réservé en -en-io- complète. → ………………………………
b. Ils ont choisi un club de vacances comme h-be-ge-en-. → ………………………………
c. On dort dans une chambre d'- -te- et nos amis ont pris une l-ca-ion. → ………………………………
d. J'ai ramassé ces jolis -o-uil-a- -s ! → ………………………………
e. Sur la plage, c'est du -a-le ou des g-l-ts ? → ………………………………
f. N'oubliez pas de planter votre b-t-n dans la neige. → ………………………………
g. Cette s-a-ion de ski a plein de -emo-té-s mécaniques. → ………………………………
h. Tu vas sur la -i- -e noire ? → ………………………………

C. Les vacances

308. RÉVISER Écrivez le mot qui correspond à l'explication.

Exemple : Les touristes y vont pour avoir des informations. → *l'office de tourisme*

a. Très généralement, un endroit pour dormir → un h.. .
b. Elle peut être demi ou complète. → la p.. .
c. On y fait du ski, elle a une couleur. → une p.. .
d. Pour revenir en haut et continuer à skier → une r.................... m.................... .
e. Un petit livre utile pour les touristes → une b.. .
f. Il peut être dans l'eau ou au soleil. → le b.. .
g. Ils sont à la place du sable. → les g.. .
h. Il protège du soleil. → un p.. .

309. SE TESTER Complétez les phrases avec les mots qui correspondent.

Exemple : N'oublie pas d'utiliser ton ... *bâton* ... quand tu skies.

a. Vous préférez un h.. dans un hôtel, une chambre d'h..
ou une a.. de jeunesse ?
b. Nous sommes passés à l'o.. de tourisme pour avoir un p..
de la ville et des b.. sur les choses à visiter.
c. Tu préfères le ski de p.. ou de f.. ?
d. Je n'aime pas beaucoup prendre les r.................... m.................... pour retourner en haut.
e. Sur la côte, il y a une très jolie station b.. avec un c.. pour jouer.
f. Je me suis b.. dans la mer et j'ai pris un b.. de soleil sur le sable.
g. J'ai ramassé des g.. et des c.. sur la plage.

 « Partir en voyage »

En voyage, on a le choix entre faire un **circuit** (visiter plusieurs lieux) avec un **itinéraire**, faire des **visites** qui peuvent être **guidées**. Au contraire, pour un **séjour** on s'installe dans un seul endroit.
Dans la journée, on peut faire des **excursions** (à proximité). On peut aussi faire un **voyage scolaire** (avec l'école) ou **linguistique**, (avec des cours de langues.)
D'autres voyageurs préfèrent faire une **croisière**, qui combine le transport et l'hébergement. On se rend au **port**, au **quai** de la compagnie, **fluviale** ou **maritime**, pour l'embarquement sur le **navire** ou le **paquebot** (plus gros). Il y a plusieurs **ponts** et des **cabines** intérieures ou extérieures. En pleine mer, le bateau prend de la vitesse (exprimée en **nœuds**), on peut profiter des **animations**, des **divertissements** comme la **soirée de gala** avec le **commandant de bord**. À l'arrivée, c'est le **débarquement**.

7 • Le temps libre

310. S'EXERCER Barrez le mot qui ne correspond pas.

Exemple : Un endroit pour prendre un bateau → un port – un nœud – un quai

a. pour un circuit → un itinéraire – des visites guidées – un équipage
b. pour apprendre → un voyage scolaire – un voyage linguistique – un divertissement
c. un bateau → un gala – un paquebot – un navire
d. un type de croisière → maritime – le commandant – fluviale
e. pendant la croisière → des animations – la soirée de gala – la tour de contrôle
f. une partie d'un bateau → le pont – la cabine – un quai

311. S'EXERCER Reliez les éléments qui correspondent.

a. l'itinéraire   1. d'une journée
b. des excursions   2. pour s'améliorer en anglais
c. une visite   3. de votre circuit
d. un voyage linguistique 4. sur le bateau
e. le débarquement   5. guidée
f. l'embarquement   6. de gala
g. une cabine   7. à l'arrivée
h. une soirée   8. extérieure

312. RÉVISER Cochez la bonne réponse.

Exemple : Une excursion est une visite de plusieurs jours.   ☐ vrai   ☒ faux

a. L'itinéraire d'un circuit ce sont les lieux où on va passer la nuit.   ☐ vrai   ☐ faux
b. Un séjour comprend l'hébergement dans plusieurs endroits.   ☐ vrai   ☐ faux
c. Un paquebot est un petit navire.   ☐ vrai   ☐ faux
d. Un voyage scolaire est fait pour étudier quelque chose.   ☐ vrai   ☐ faux
e. Il est possible de faire une croisière sur un fleuve.   ☐ vrai   ☐ faux
f. Les passagers d'un navire dorment dans des cabines.   ☐ vrai   ☐ faux
g. La vitesse d'un bateau s'exprime en nœuds.   ☐ vrai   ☐ faux

313. RÉVISER Les lettres des mots en italique sont mélangées. Écrivez les mots correctement.

Exemple : Le bateau avançait à 80 *œ n s u d.* → nœuds

a. Tu connais l' *t i n r é i i e r a* de ton circuit ? → ....
b. J'ai visité cette ville pendant un voyage *o l i e s a r c.* → ....
c. Pour notre anniversaire, on se paye une *e i r o è i r s c* sur un *e b u t q p o a*.
   → ....
d. Si tu faisais un voyage *i n u s t e i l i g u q* ? → ....
e. Aujourd'hui, nous faisons une *s x c r i e u o n* avec la visite *u d g i e é* d'un château. → ....
   ....
f. Nous avons une *e n c b i a* extérieure au *t o n p* supérieur. → ....
g. Voici le *n m d t a n o c m a* du *r e a n v i.* → ....

C. Les vacances

314. SE TESTER **Complétez les phrases avec les mots qui correspondent.**

Exemple : Tu préfères un ... *circuit* ... sur les sites historiques ou un ... *séjour* ... au bord de la mer ?

a. Notre hôtel propose des visites g............................... et des e............................... d'une journée.
b. Nous avons proposé à notre fils de faire un voyage l............................... avec des cours.
c. La classe va partir en voyage s...............................
d. J'aimerais bien faire une c............................... sur un beau navire. Je passerais beaucoup de temps sur le p............................... ou dans ma c............................... .
e. Le navire est arrivé à destination, préparez-vous au d............................... .

 « Prendre l'avion »

Si on part loin, on devra probablement prendre l'avion dans un **aéroport**, un **terminal**, pour un vol, avec une provenance (d'où vient l'avion), et une **destination** (où il va). Le vol peut être **direct** ou avec une **escale**.
Les passagers doivent faire l'**enregistrement** des bagages au **comptoir** de la **compagnie aérienne**. Avec leur **carte d'embarquement**, ils se dirigent vers la **porte** d'embarquement, en passant des **contrôles** de sécurité et de police, et des boutiques **hors-taxes** pour les vols internationaux.
Quand ils sont **montés à bord** de l'avion, les **hôtesses** et les **stewards** (c'est l'**équipage**) viennent les accueillir, ils vont jusqu'à leur **siège** (la place où ils s'assoient), et peuvent mettre leur bagage de cabine dans le **compartiment** à bagages. Il faut boucler sa **ceinture de sécurité**, relever la **tablette** et le **dossier** du siège, on est prêt pour le **décollage**, l'avion quitte la **piste** (verbe : décoller), et à l'arrivée, c'est l'**atterrissage**, l'avion atterrit en suivant les instructions de la **tour de contrôle**.

315. S'EXERCER **Reliez les éléments qui correspondent.**

a. la carte
b. une compagnie
c. l'enregistrement
d. embarquer
e. la ceinture
f. décoller
g. une boutique
h. atterrir

1. hors-taxes
2. de la ville de départ
3. dans l'avion
4. d'embarquement
5. aérienne
6. à destination
7. des bagages
8. de sécurité

> Il y a beaucoup de mots similaires pour l'avion et le bateau : **embarquer**, **à bord**, **l'équipage**, **une escale**...

316. S'EXERCER **Barrez le mot qui ne correspond pas.**

Exemple : pour les bagages → l'enregistrement – ~~la tablette~~ – le compartiment

a. dans un aéroport → une tour de contrôle – un terminal – un compartiment
b. avant un vol → les contrôles – une tour – l'enregistrement
c. dans un terminal → un comptoir – une porte – une ceinture

7 • Le temps libre

d.	des actions pour un vol	→ la provenance – le décollage – l'atterrissage
e.	les personnes travaillant à bord	→ l'équipage – une hôtesse – un passager
f.	des parties du siège	→ le compartiment – le dossier – la tablette
g.	pour la sécurité	→ les contrôles – la piste – la ceinture
h.	des types de vol	→ direct – sans escale – hors-taxes

317. S'EXERCER Cochez la bonne réponse.

Exemple : Les boutiques hors-taxes sont dans les aéroports nationaux. ☐ vrai ☒ faux

a. Le terminal est une partie de l'aéroport. ☐ vrai ☐ faux
b. Il faut une carte d'embarquement pour monter à bord de l'avion. ☐ vrai ☐ faux
c. L'atterrissage est le contraire de l'embarquement. ☐ vrai ☐ faux
d. Le décollage est quand l'avion quitte la piste. ☐ vrai ☐ faux
e. Le pilote de l'avion est dans la tour de contrôle. ☐ vrai ☐ faux
f. Un steward est l'équivalent masculin d'une hôtesse. ☐ vrai ☐ faux
g. Les passagers ont un compartiment pour leurs bagages à mains. ☐ vrai ☐ faux
h. Un vol direct est avec escale. ☐ vrai ☐ faux

318. RÉVISER Ecrivez les mots complets.

Exemple : Veuillez vous présenter à la -ort- G. → *porte*

a. Puis-je voir votre carte d' e-ba-qu-men- ? → ....
b. Vous avez des ba-a-es de -abin- ? → ....
c. L' e-regi-tre-ent se fait au -om-t-ir de votre co-pa-ni- aérienne.
   → ....
d. Écrivez ici votre numéro de -o-, votre pr-ven-n-e et votre de-tin-tio-.
   → ....
e. Il faut aller à votre si-g- et mettre votre sac dans le -om-arti-ent.
   → ....
f. Le commandant et son é-ui-a-e vous souhaitent la bienvenue à -or- !
   → ....
g. Nous allons -é-o-ler dans quelques minutes, l'a-te-ri-sa-e est prévu dans 3 heures.
   → ....
h. Une h-te-se ou un s-e-a-t va vous aider à boucler votre c-int-r- et à relever votre ta-let-e.
   → ....

319. SE TESTER Complétez les phrases avec les mots qui correspondent.

Exemple : L'avion en ... *provenance* ... de Dakar est arrivé.

a. Pour ce v... international, il faut aller au t... E
   de l'a... .
b. Vous devez faire l'e... de vos bagages au c... et ensuite vous
   pouvez aller à la p... n°17.

C. Les vacances

c. Désolé, ce sac est trop gros pour le c... à bagages en c... .

d. L'avion va se rendre sur la p.. et pourra d................................. après l'autorisation de la t... de contrôle.

e. Nous allons bientôt a....................... à destination, merci de vérifier que votre c...................... est bien bouclée, que le d........................... de votre s........................... est droit et que la t........................... devant vous est remontée.

f. Dans les boutique h...t... on vous demandera votre c... d'e... .

g. Notre cousin travaille dans une c... aérienne, il est s... et sa femme est h... ils sont parfois dans le même é... .

h. C'est un vol d... ou avec une e... ?

Bilan

1. Quels sont tes l.. préférés pendant ton temps libre ?
2. Notre fils fait du b.. dans une a.. pour l'environnement, il n'est donc pas payé.
3. Quand je joue avec quelqu'un, je déteste qu'on ne respecte pas les r.................................... et que l'on t.. .
4. Les d... et les é... sont des jeux de stratégie.
5. Avec cette c.. , j'ai attrapé beaucoup de poissons.
6. À ce jeu de société, il faut avancer un p................................ sur un p........................ .
7. On a marché, on a fait une grande b.. dans le quartier.
8. Tu pourrais me t.. un pull en laine ?
9. Vous avez besoin d'un ballon r.. ou o................................ ?
10. Le g... de but n'est pas très bon !
11. L'a... a sifflé la fin du match.
12. La b........................... de tennis a touché le f......................................., il faut refaire le s.. .
13. Je fais une c.. de vieux disques. J'en trouve, avec d'autres vieux objets, dans les b................................ ou les marchés aux p................................ .
14. Je prends mes c.. de golf et on peut faire un p.................. .
15. Pendant les J.. O.., notre équipe a gagné 10 m.. .
16. Nous avons vu une compétition d'a...................................... avec de la c.................................... à pied, du s.. en hauteur et du lancer de poids.
17. Tu devrais faire de la m.......................... dans un club de gym avec un c........................ pour t'expliquer comment s.. les poids.
18. Gilles aime les sports de combat, il a fait du j.., il est c.. noire.
19. Si vous aimez marcher, vous pouvez faire de la r.................................... , c'est facile, vous suivez les indications sur les chemins b.. .
20. Pendant nos vacances, nous avons fait de la p.. sous l'eau avec des b.. pour respirer, un m.. sur la tête et des p................................ aux pieds.
21. Moi, je préfère être sur la s.................................... d'un cheval et m'entraîner dans un m.. .

Bilan

22. Sur le bateau, il faut s'occuper de la v... pour avancer, et tenir la b... dans la bonne direction.
23. J'ai réservé une chambre d' h... dans une belle station b.............................
24. À l'o... de tourisme, on m'a donné un p... des rues et plein de b... .
25. Les enfants adorent passer la journée sur la plage et ramasser des c..., c'est du s..., pas des g... .
26. J'ai oublié le p..., je ne peux pas rester en plein soleil, alors je vais me b... dans la mer.
27. Notre séjour dans cette s... de ski s'est très bien passé. Nous avons essayé le ski de p... et de f... .
28. Vous avez intérêt à prendre un f... pour payer les r... m... .
29. Après l'e... des bagages, il faudra aller à la porte d'e... et le d... de l'avion sera dans 1 heure.
30. Pour notre voyage en amoureux, on va faire une c... en mer, sur un superbe p... .

Mon score : .... /66

8 • La mode

A. Les vêtements

« Les tenues de base » 61

En haut, un homme peut **porter** une **chemise**, un **gilet** (sans **manches**), une **parka** (une longue veste). Pour une femme ; en haut, un **corsage**, et en bas une **jupe**, un **legging** ou encore une **robe** qui couvre le haut et le bas. Pour un homme ou une femme : un **polo**, un **t-shirt**. En bas, un **pantalon**, un **jean**, un **chino**, avec la **taille** haute ou basse, une **coupe** droite ou près du corps, serré, ajusté, moulant, avec un **ourlet** en bas de la jambe, avec un **pli**. L'été : un **bermuda** (plus long qu'un **short**). Si la veste et le pantalon sont dans le même **tissu**, c'est un **costume** pour un monsieur et un **tailleur** pour une dame.

un **costume**   une **parka**   un **bermuda**   un **tailleur**

320. s'exercer Reliez les deux parties de la phrase.

a. Une parka • • 1. se porte en haut.
b. Le gilet • • 2. est dans le bas du pantalon.
c. Un corsage • • 3. est pour un homme ou une femme.
d. Un ourlet • • 4. est une sorte de veste.
e. Un bermuda • • 5. n'a pas de manches.
f. La coupe • • 6. est bien quand il fait chaud.
g. Un polo • • 7. est haute ou basse.
h. La taille • • 8. est droite ou près du corps.

> Un **tailleur** est un aussi le nom d'un homme qui fait des vêtements (peu utilisé aujourd'hui).

321. s'exercer Ces vêtements sont-ils pour homme, pour femme, ou pour les deux ? Cochez la bonne réponse.

Exemple : un jean   ☐ un homme   ☐ une femme   ☒ les deux

a. un legging   ☐ un homme   ☐ une femme   ☐ les deux
b. une chemise   ☐ un homme   ☐ une femme   ☐ les deux
c. un tailleur   ☐ un homme   ☐ une femme   ☐ les deux
d. un pantalon   ☐ un homme   ☐ une femme   ☐ les deux
e. une robe   ☐ un homme   ☐ une femme   ☐ les deux
f. un polo   ☐ un homme   ☐ une femme   ☐ les deux
g. un costume   ☐ un homme   ☐ une femme   ☐ les deux
h. une jupe   ☐ un homme   ☐ une femme   ☐ les deux

A. Les vêtements

322. S'EXERCER Complétez les phrases avec les mots : *moulant, legging, ~~short~~, coupe, pli, chino, tissu, T-shirt.*

Exemple : Tu as un ... *short* ... pour faire du sport ?

a. C'est un pantalon classique avec un .... en bas.

b. Ce jean a une .... droite.

c. En bas, elle portait un .... noir.

d. Ce pantalon est très serré, il est ....

e. Je me suis acheté un .... pour le week-end.

f. Ne venez pas au travail en ...., il faut mettre une chemise !

g. J'aime bien le .... de cette veste, je crois que c'est du velours.

323. RÉVISER Complétez les mots et soulignez le mot qui correspond.

Exemple : *h-ute / ba---* → pour *la coupe* ou <u>*la taille*</u>

a. une ju-e / un le--ing / une -obe → pour un *homme* ou une *femme*

b. un p – lo / un - -shirt / un cor-age → pour *le haut* ou *le bas*

c. se--é / a-usté / d-oit → pour *la coupe* ou *la taille*

d. un -ailleur / un cos-ume / une -obe → pour *le bas* ou *le haut et le bas*

e. un ou-let / un -li /-un c-ino → pour *un T-shirt* ou *un pantalon*

f. une par-a / un p-lo / un -ilet → pour *le haut* ou *le bas*

g. un bermud-/ un -ean / un -hort → pour *le haut* ou *le bas*

324. RÉVISER Les lettres des mots en italique sont mélangées. Écrivez les mots correctement.

Exemple : Je mets un *r s o t h* et je vais courir. → short

a. Tu préfères mettre un *o p l o* ou une *c m i e s h e* ?

→ ....

b. On sort, mets ta *r a p a k* ! → ....

c. Ce chino a une coupe *e i t r d o* ou *é r e e r s* ?

→ ....

d. La *i l t a e l* de ce jean est trop *a s s e b*.

→ ....

e. Comment tu trouves ce *g i g n e l g* noir avec un *h- r i T s t* ?

→ ....

f. Ce *a r g e s c o* va très bien avec ce *a o p n n l a t*.

→ ....

g. C'est une *u e j p* avec de jolis *i p s l*.

→ ....

h. Cette *e o r b* est trop longue, on va refaire l' *l t u e o r*.

→ ....

8 • La mode

325. SE TESTER Complétez les phrases avec les mots qui correspondent.

Exemple : C'est un ... *yacht* ... à moteur.

a. Avec ce *l*............................. blanc en bas, tu mettrais en haut un *c*............................. de quelle couleur ?

b. Au bureau, elle porte généralement un *t* .... *j* .... ou *p*............................. .

c. L'été, je passe mes journées en *b* .... et en *T*-............................. .

d. Ce *p*............................. n'est pas joli sous ta veste, essaye cette *c*.............................

avec un *g* ...., c'est plus chic.

e. Dehors, j'aime bien avoir une *p*............................. .

f. J'ai déjà un jean, je préfère un *c* .... avec une *c*............................. droite et la *t*............................. haute.

g. Il faut refaire l'*o*............................. du pantalon.

h. Pour le soir, j'ai cette *r*............................. avec un *p*............................. dans un très joli *t*............................. .

 « Les tenues spécifiques »

Pour sortir : une **robe du soir** pour elle, un **smoking** pour lui.
Contre la pluie : un **imperméable**.
Contre le froid : un **pull** (en laine), un **manteau**,
un **anorak**, une **doudoune**. Aux pieds : des **chaussettes**.
Pour travailler : une **blouse**. Pour faire du sport :
un **short**, un **survêtement**. Pour dormir : un **pyjama**,
une **chemise de nuit** (pour une femme), et quand
on sort du lit, un **peignoir**, une **robe de chambre**.
Les sous-vêtements pour homme : en haut,
un **maillot de corps**, en bas, un **slip**, un **caleçon**,
un **boxer** ; pour une femme : de la **lingerie**
avec de la **dentelle** pour décorer, en haut, un
soutien-gorge, en bas, une **culotte**, un **collant**,
des **bas**.

une **robe du soir**

un **imperméable**

un **peignoir**

un **collant**

326. S'EXERCER Reliez les 3 éléments qui correspondent.

a. un short   1. une doudoune   a. le sport
b. une robe du soir   2. une robe de chambre   b. dormir
c. un pull   3. un survêtement   c. le froid
d. un pyjama   4. un smoking   d. rester dans la chambre
e. un peignoir   5. un maillot   e. des sous-vêtements féminins
f. un caleçon   6. un collant   f. des sous-vêtements masculins
g. un soutien-gorge   7. une chemise de nuit   g. une sortie chic

327. S'EXERCER Cochez la bonne réponse.

Exemple : Un collant se porte dans   ☐ le haut du corps   ☒ le bas du corps.

a. Pour travailler, beaucoup de gens portent   ☐ une blouse   ☐ un corsage.

A. Les vêtements

b. Une doudoune est ☐ un vêtement très chaud ☐ une sorte de pull.
c. Pour une soirée chic, on met généralement ☐ un anorak ☐ un smoking.
d. Un maillot de corps est ☐ un pyjama ☐ un sous-vêtement.
e. Une chemise de nuit est pour ☐ une femme ☐ un homme.
f. Un imperméable se porte ☐ quand il pleut ☐ dans la salle de bains.
g. Aux pieds, on porte ☐ des caleçons ☐ des chaussettes.
h. Un boxer est une sorte de ☐ slip ☐ soutien-gorge.

328. S'EXERCER Complétez les phrases avec les mots : *smoking, imperméable, lingerie, dentelle, blouse, boxer, survêtement, peignoir, manteau.*

Exemple : Je vais mettre ce … *manteau* … au-dessus de mon costume.

a. Il va sûrement pleuvoir, je mets mon ………………………………………… .
b. Au laboratoire, il faut porter une ………………………………………… .
c. Quand je sors du bain, j'aime bien mettre un ………………………………………… .
d. J'ai rarement l'occasion de porter mon ………………………………………… .
e. Il y a une nouvelle boutique qui vend de la belle ………………………………………… .
f. J'ai vu une jolie culotte avec de la ………………………………………… .
g. Il fait un peu frais dehors, je mets mon ………………………………………… pour courir.
h. Comme sous-vêtement, il préfère un slip ou un ………………………………………… ?

329. RÉVISER Barrez le mot qui ne correspond pas.

Exemple : de la lingerie – de la dentelle – ~~des chaussettes~~

a. un manteau – un anorak – un maillot de corps
b. un smoking – un peignoir – une robe du soir
c. un short – une blouse – un survêtement
d. une chemise de nuit – une doudoune – un pyjama
e. un soutien-gorge – une culotte – un boxer
f. un imperméable – une robe de chambre – un peignoir
g. un caleçon – un pull – un slip
h. une blouse – un collant – des bas

330. RÉVISER Écrivez le mot qui correspond à l'explication.

Exemple : Ce sont des sous-vêtements féminins chics. → la … *lingerie*…

a. En quoi est généralement fait un pull ? → en l………………………
b. Quel vêtement chaud se porte souvent sur un costume ? → un m………………………
c. C'est une sorte d'anorak. → une d………………………
d. C'est un vêtement pour le travail. → une b………………………
e. C'est une sorte de boxer. → un c………………………
f. Il est comme des bas, mais en une seule pièce. → un c………………………
g. Quelle décoration trouve-t-on souvent sur la lingerie ? → de la d………………………
h. On les porte aux pieds. → les c………………………

8 • La mode

331. SE TESTER Complétez les phrases avec les mots qui correspondent.

Exemple : Sous sa chemise, il a un ... *maillot de corps* ... bleu.

a. Il fait très froid, ce *m*... n'est pas assez chaud, je préfère un *a*...
ou une *d*.. .

b. Pour le sport, ne restez pas en short, il faut un *s*.. .

c. Sous sa robe, elle avait un *s*.. -*g*.. avec
une jolie *d*... et un *c*... noir.

d. Il n'était pas pieds nus, il avait des *c*... .

e. Il y avait un chimiste en *b*... blanche.

f. Le matin, quand je me lève, j'aime bien passer un *p*... ou
une *r*... de *c*... .

g. Les enfants, mettez votre *p*.. et votre *c*.. de nuit pour aller dormir !

h. Comme sous-vêtement, il préfère un *s*.. ,
un *c*.. ou un *b*.. ?

« Décrire un vêtement » 63

un **col en V**

des **pulls**

un **col roulé**

Une **manche** (sur le bras) est longue ou courte, le **col** (au niveau du cou) est **en V**, **rond**, **roulé**. Sur la tête, une **capuche**. Une **poche** sert à mettre un objet. Les fermetures : un **bouton**, une **fermeture éclair**, un **Velcro**, une **braguette** (une ouverture dans un pantalon).

une **fermeture éclair**

Les matières : la **soie**, le **coton**, le **synthétique**, le **cuir**, la **laine** (vierge), le **cachemire**, le **velours**, le **lin**, la **flanelle**, le **satin**, un **mélange**. Il peut être issu **du commerce éthique**, **bio**. L'aspect du tissu est **uni** (sans décoration), avec des **rayures** (des lignes), des **pois**, des **fleurs**, **écossais**, **à carreaux**, **imprimé** (avec des **motifs**), il peut être **assorti** (bien se combiner) avec un autre vêtement.
Le style peut être **classique** ou **décontracté**, **bohème**, **minimaliste**.
Quelques actions : **mettre** ≠ **enlever**, **s'habiller** ≠ **se déshabiller**, **serrer** ≠ **desserrer**.

des **motifs**

332. S'EXERCER Barrez le mot qui ne correspond pas.

Exemple : ~~une poche~~ – le cachemire – la laine

a. rond – roulé – uni

b. un Velcro – une capuche – une fermeture éclair

c. le lin – la flanelle – des rayures

A. Les vêtements

d. le velours – des carreaux – des pois
e. classique – en V – décontracté
f. mettre – imprimé – enlever
g. une braguette – le satin – un mélange
h. des pois – écossais – du cuir

333. S'EXERCER Reliez les éléments qui correspondent.

a. une manche   • 1. la tête
b. le col   • 2. pour mettre quelque chose
c. une capuche   • 3. un tissu
d. une poche   • 4. un style
e. la soie   • 5. le cou
f. uni   • 6. des lignes
g. des rayures   • 7. le bras
h. décontracté   • 8. sans motifs

334. S'EXERCER Complétez les phrases avec les mots : *capuche, poche, braguette, éthique, assorti, desserrer, s'habiller, satin.*

Exemple : Ce pull est fabriqué par le commerce ... *éthique* ...

a. Vérifie que la clé est bien dans ta ....
b. Il pleut, je mets ma ....
c. Ce pull est bien .... à ton pantalon, c'est la même couleur.
d. Attention, ta .... est ouverte !
e. J'ai trouvé un superbe chemisier en ....
f. J'ai trop mangé, je vais .... un peu mon pantalon.
g. Il aime bien .... dans un style différent chaque jour.

335. RÉVISER Écrivez le mot qui correspond.

Exemple : Le contraire de mettre est   → *enlever*

a. Il peut être rond, en V ou roulé   → le c ....
b. Elle peuvent être longues ou courtes   → les m ....
c. C'est un mécanisme pour ouvrir ou fermer → la f .... é ....
d. Cette matière n'est pas naturelle   → le s ....
e. C'est une ouverture dans un pantalon   → une b ....
f. Une décoration avec des lignes   → des r ....
g. Ce style n'est pas classique il est   → d ....
h. Quand le tissu n'a pas de motifs, il est → u ....

8 • La mode

336. RÉVISER Les lettres des mots en italique sont mélangées. Écrivez les mots correctement.

Exemple : C'est fait avec du *o t c o n* bio. → coton

a. Ce polo a des *n a m c s h e* longues et un col *o d n r*.

→ ....

b. Ton nouveau pull a un style *h m o è b e* ou *r a n c é é c t t d o* ?

→ ....

c. C'est une parka avec de grandes *p e c h s o* et une *e a h c u p c* pour la tête.

→ ....

d. Pour le jean, vous voulez une *u b a g t e e t r* avec des *n t s o b u o* ou une *r r e m e u t e f* éclair ?

→ ....

e. J'ai chaud, je vais *r e e n v l e* mon pull en *r e m c i h e c a*.

→ ....

f. Ce tissu n'est pas uni, il a un motif *é o s i s a s c*. → ....

g. Nous avons des pantalons en *s r l u v o e*, en *e e l l l a n f* ou avec un *n a e g l é m*.

→ ....

h. Ce T-shirt vient-il du commerce *t é u e h i q* ? → ....

337. RÉVISER Remettez les mots de ces phrases dans l'ordre.

Exemple : – uni – ou – un – imprimé ? – Tu – tissu – préfères → Tu préfères un tissu uni ou imprimé ?

a. – en – chemisette – portait – soie – une – Il – manches – à – courtes.

→ ....

b. – bleues – flanelle. – Les – assorties – du – rayures – sont – en – pantalon – pull – avec – le

→ ....

c. – poches – ses – pratique – capuche. – blouson – est – et – Ce – avec – deux – sa – très

→ ....

d. – pull – cachemire – V ? – en – en – -vous – avec – col – un – ce – Avez

→ ....

e. – boutons, – gilet – Ce – éclair. – se – avec – ferme – des – fermeture – une – pas

→ ....

f. – vais – le – Velcro. – capuche – je – La – desserrer – me – serre,

→ ....

g. – commerce – du – habille – toujours – éthique. – avec – vêtements – Elle – s' – des

→ ....

338. SE TESTER Complétez les phrases avec les mots qui correspondent.

Exemple : Il a choisi un manteau de ... *style classique* ...

a. Ce pull en c .... est magnifique, mais je préfère un col rond à la place du col r.......................... .

b. Je me suis acheté un pantalon en v .... avec une b .... à boutons.

134

A. Les vêtements

c. En général, je ne porte pas de matière s........................, je préfère le naturel, comme la s........................, la l........................, le c........................ animal ou le c........................, si possible b........................ .

d. Ton anorak est trop serré, e .... -le et on va d........................ les Velcro.

e. Les p........................ bleus du chemisier sont a........................ avec le pantalon.

f. Il fait froid, je mets mes mains dans mes p........................, je passe ma c........................ sur ma tête et je ferme la f........................ é........................ de ma parka.

g. Vous choisissez plutôt du tissu du c........................ é........................ ?

h. J'hésite entre un tissu u........................ ou i........................ avec des r........................ .

B. Les chaussures et accessoires

« À propos de la chaussure

des **mocassins**

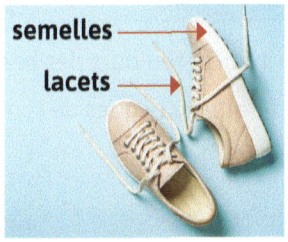

semelles et **lacets**

Les chaussures :
On a le choix entre des chaussures de ville, en cuir, comme des **mocassins**, des **bottes** en cuir ou en caoutchouc à mettre quand il pleut, des **bottines** (plus courtes), des chaussures plus légères en **toile**, des **ballerines** (pour femmes, comme pour les danseuses), des **baskets** (pour le sport), des **sandales**, des **tongs** (pour la plage), des **sabots**, des **chaussons** à porter à la maison.
La partie sous la chaussure est la **semelle**, avec un **talon** (aiguille s'il est très fin), et au-dessus, les **lacets**, dont il faut faire un **nœud**.

Des accessoires :
Une **ceinture** pour le pantalon, un **chapeau**, une **casquette**, un **bonnet** ou un **béret** sur la tête, un **sac**, une **cravate** que l'on porte avec une chemise, un **foulard** dans un tissu léger comme la soie, une **écharpe** en laine, des **gants** pour les mains.

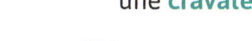

une **cravate**

des **gants** et un **bonnet**

339. S'EXERCER Cochez la bonne réponse.

Exemple : Les baskets ont des talons aiguille.   ☐ vrai   ☒ faux

a. Les bottes peuvent être en cuir ou en caoutchouc.   ☐ vrai   ☐ faux
b. Le talon est sur le dessus d'une chaussure.   ☐ vrai   ☐ faux
c. La ballerine est généralement portée par un homme.   ☐ vrai   ☐ faux
d. Les tongs sont des chaussures de ville en cuir.   ☐ vrai   ☐ faux
e. Les sabots sont légers et se portent à la maison.   ☐ vrai   ☐ faux
f. Un béret se porte sur la tête.   ☐ vrai   ☐ faux
g. Un foulard est plus épais, plus chaud qu'une écharpe.   ☐ vrai   ☐ faux
h. Les gants sont une sorte de cravate.   ☐ vrai   ☐ faux

8 • La mode

340. S'EXERCER Reliez les éléments qui correspondent.

a. la ceinture • • 1. en soie
b. la cravate • • 2. les mains
c. des lacets • • 3. un col de chemise
d. une écharpe • • 4. un pantalon
e. un foulard • • 5. le sport
f. un béret • • 6. un nœud
g. des gants • • 7. la tête
h. des baskets • • 8. en laine

341. S'EXERCER Complétez les phrases avec les mots : *lacets, talons, ~~ballerines~~, mocassins, bonnet, toile, bottines, sac, semelle.*

Exemple : L'été, elle aime porter des … *ballerines* …

a. Vous préférez des chaussures en cuir ou en ……………………………… ?
b. Ton nouveau ……………………………… rouge est assorti avec ton chapeau.
c. Les bottes, j'en porte rarement, je préfère les ……………………………… .
d. Les sabots traditionnels ont une ……………………………… en bois.
e. Quand il fait froid dehors, j'ai toujours mon ……………………………… en laine sur la tête.
f. Au travail, elle doit mettre des ……………………………… hauts.
g. Je ne l'ai jamais vu avec des ……………………………… il porte toujours des baskets.
h. Attention, tes ……………………………… sont défaits, tu risques de tomber !

342. RÉVISER Barrez le mot qui ne correspond pas.

Exemple : sur la tête → un chapeau – un bonnet – ~~une cravate~~

a. des matières pour les chaussures → du cuir – de la laine – de la toile
b. sous une chaussure → le talon – la semelle – les lacets
c. pour la tête → un chausson – une casquette – un béret
d. des chaussures légères → des sandales – des sabots – des ballerines
e. des chaussures de ville → des tongs – des bottines – des mocassins
f. se porte autour du cou → une écharpe – un foulard – une ceinture

343. RÉVISER Écrivez les mots complets.

Exemple : des –an–s pour les mains → *gants*

a. des bo – – es en ca – ut – hou – → ……………………………… .
b. des bo – – i – es ou des mo – ass – ns en – ui – → ……………………………… .
c. un s – c et un fo – la – d → ……………………………… .
d. une – char – e en l – in– → ……………………………… .
e. des s – nd – les et des to – – s → ……………………………… .
f. des bas – ets et une cas – ue – te → ……………………………… ;

B. Les chaussures et accessoires

g. un b – re – ou un bo – ne –   → ....

h. un nœ – d de c – ava – e   → ....

344. SE TESTER Complétez les phrases avec les mots qui correspondent.

Exemple : Tu veux un modèle avec ou sans ... *lacets* ... ?

a. Au bureau, il met des m.............................. ou des b.............................. en c.............................. .

b. En soirée, elle porte en général des t.. hauts.

c. Le week-end, on est plus confortable dans des b.............................. pour faire du sport, des chaussures en t.........................., des b.............................. pour elle, et si on va à la plage, des t.............................. .

d. Pour l'anniversaire de maman, on va lui offrir un f.. en soie.

e. J'aime bien porter une c.............................. avec ma chemise mais je n'aime pas faire le n.............................. .

f. À la maison, vous restez en chaussettes ou vous mettez des c.. ?

g. Pour le ski, il me faut des nouveaux g.............................. pour les mains et un b.............................. pour la tête.

h. Quand il pleut, je mets mes b.. en c.............................. .

« Acheter des vêtements et des chaussures » 65

Je peux acheter un vêtement **neuf** ou **d'occasion** (déjà utilisé). Je vois un **modèle** dans la **vitrine**, je demande ma **taille** (M, L, XL), sur **l'étiquette** je vois le nom de la **marque** (la société qui l'a créé). Je peux l'**essayer** dans une **cabine**. Si c'est trop **serré**, **large**, **long**, il faudra faire des **retouches**, **raccourcir** ou au contraire, **rallonger**.
Je choisis ce qui est **tendance** (à la mode), ou ce qui **va bien avec** un autre vêtement. Je peux apprécier le tissu qui est **doux**, **confortable**, **agréable à porter**. Je serai **bien habillé**(e) (ou mal). Si ça **me va bien**, j'aurai **envie** de le porter, c'est mon style, ça me **fait une belle silhouette**, c'est **élégant**, ça m'**amincit** (je parais plus mince). Si mes chaussures sont **usées**, je rentre dans un magasin de chaussures, je cherche ma **pointure**, je passe une paire avec un **chausse-pied**. Ça me **serre**, c'est trop **étroit**, je **me sens bien ou mal** dedans. On me propose d'acheter du **matériel d'entretien**, du **cirage**, une **bombe** pour imperméabiliser le cuir.

une **étiquette**

du **matériel d'entretien**

un **chausse-pied**

---

345. S'EXERCER Cochez la bonne réponse.

Exemple : Les retouches sont des changements pour ☒ un vêtement   ☐ des chaussures.

a. Si un vêtement n'est pas neuf il est   ☐ usé   ☐ d'occasion.

b. Un client peut essayer un modèle dans   ☐ la vitrine   ☐ une cabine.

c. Rallonger, c'est rendre plus   ☐ long   ☐ large.

d. L'équivalent de la taille pour les chaussures, c'est   ☐ la paire   ☐ la pointure.

8 • La mode

e. Un tissu doux est ☐ agréable ☐ désagréable ... à toucher.
f. Si le pied est trop serré, la chaussure est trop ☐ étroite ☐ large.
g. Le cuir est imperméabilisé avec ☐ une bombe ☐ un chausse-pied.
h. Pour l'entretien des chaussures, on utilise ☐ du cirage ☐ une étiquette.

346. S'EXERCER Reliez les éléments qui correspondent.

a. neuf • • 1. la taille
b. la marque • • 2. la mode
c. XL • • 3. sur l'étiquette
d. rallonger • • 4. ou d'occasion
e. une tendance • • 5. dans une cabine
f. un tissu • • 6. une silhouette plus fine
g. essayer • • 7. ou raccourcir
h. amincir • • 8. doux

347. S'EXERCER Écrivez « = » si les mots ont le même sens ou « ≠ » pour un sens différent

Exemple : une paire – 2 → =

a. rallonger – raccourcir → ....
b. chic – élégant → ....
c. amincir – grossir → ....
d. être bien habillé – être mal habillé → ....
e. avoir envie d'un vêtement – aimer → ....
f. confortable – agréable à porter → ....
g. se sentir bien dans des chaussures – se sentir mal → ....
h. faire l'entretien – être usé → ....

348. RÉVISER Écrivez le mot qui correspond.

Exemple : Il aide à mettre des chaussures. → un ... *chausse-pied* ...

a. Un magasin y montre ces modèles. → une ....
b. Le contraire de « d'occasion ». → ....
c. On peut y essayer un vêtement. → une ....
d. Il est utilisé pour l'entretien du cuir. → le ....
e. On peut y lire des informations, comme la marque. → une ....
f. C'est nécessaire si un vêtement ne va pas bien. → les ....
g. Un autre mot pour « mode ». → une ....
h. Donner l'air moins gros. → ....

B. Les chaussures et accessoires

349. RÉVISER Soulignez les lettres qui conviennent pour compléter le mot.

Exemple : une éti – – ette → q – <u>qu</u>

a. ra – – onger → ll – l
b. la tail – – → la – le
c. une sil – – uette → ho – o
d. élé – ant → ge – g
e. une tend – nce → e – a
f. un modè – – → le – l
g. le cira – e → g – j
h. être bien – – billé → ha – a

350. SE TESTER Complétez les phrases avec les mots qui correspondent.

Exemple : Cette veste ... *te va bien* ..., prends-la !

a. Tu aimes porter des vêtements n.. ou d'o.. ?
b. J'adore ce nouveau m.. de casquette dans la v.. .
c. Vous pouvez e.. ce pantalon dans la c.. .
d. Si ce n'est pas à votre t.. , nous pouvons faire des r.. .
e. J'aime toucher ce tissu, il est d.. .
f. Je porte ces chaussures depuis longtemps, elles sont u.. .
g. Ce manteau te fait une belle s.. , tu as l'air plus fine, il t'a.. .
h. Je vais aussi prendre du c.. pour l'entretien du cuir.

C. La haute couture

« Le monde de la couture »

Dans une **maison de couture**, un **grand couturier**, un **créateur** / une **créatrice**, un(e) **styliste**, **dessine** sa création. C'est ensuite **cousu** (verbe : coudre), dans un atelier, pour le fait main, en utilisant du **fil**, une **aiguille**, une **épingle**, un **dé à coudre** (pour protéger les doigts), ou avec une machine à coudre. Tout est **sur mesure**.
Dans le domaine du **luxe** et de la **mode**, chaque année, la **collection** printemps-été/automne-hiver est présentée dans des **défilés** où des **mannequins** portent les nouveaux modèles. Certaines marques proposent aussi des modèles en **prêt-à-porter.**

De nombreuses marques de mode créent aussi des **produits de beauté**, du **parfum** et de l'eau **de toilette** (moins intense). Pour la fabrication, on utilise des **huiles essentielles** ou des produits de **synthèse**.
L'**arôme** dépend de la **composition**, avec une **note** de **tête**/de **cœur**, de **fond** qui peut être **florale**, **boisée**, **orientale**. On le vend dans un joli **flacon**.

8 • La mode

351. S'EXERCER Reliez les éléments qui correspondent.

a. une maison • • 1. essentielle
b. un dé • • 2. de beauté
c. la haute • • 3. couture
d. des produits • • 4. de couture
e. une note • • 5. de toilette
f. une huile • • 6. de tête
g. un mannequin • • 7. dans un défilé
h. une eau • • 8. à coudre

> Être à la mode : correspondre à la tendance du moment.

352. S'EXERCER Barrez le mot qui ne correspond pas.

Exemple : du parfum – de l'eau de toilette – ~~un défilé~~

a. un fil – un flacon – une aiguille
b. un dé – un défilé – des mannequins
c. une épingle – un dé – la composition
d. de cœur – coudre – de fond
e. un styliste – floral – boisé
f. un arôme – une composition – un défilé
g. à la main – sur mesure – une collection

353. S'EXERCER Complétez les phrases avec les mots : *note, composition, ~~luxe~~, mesure, fait, boisé, prêt-à-porter, synthèse, fil.*

Exemple : La haute couture est un … *luxe* …

a. Tous nos modèles sont sur ....
b. C'est cousu avec du .... et une aiguille.
c. Ce manteau, c'est du .... main.
d. L'eau de toilette a une .... florale.
e. Je préfère un arôme plus ....
f. Ce modèle n'existe pas en ....
g. On utilise aussi des produits de ....
h. La .... de ce parfum est un secret.

354. RÉVISER Les lettres des mots en italique sont mélangées. Écrivez les mots correctement.

Exemple : C'est dessiné par un grand *i r t e u u c r o*. → couturier

a. Prenez un dé à *r d c e u o* et des *a e i i l l u g* s. → ....
b. C'est une grande *t l y t i e s* s. → ....
c. Voici nos modèles *u a h t e   e u u o r c t*. → ....
d. La nouvelle *n o c o l i e l c t* est prête. → ....
e. Les *n e n u m q s n i a* font un *i d é f é l*. → ....

C. La haute couture

f. On va comparer la note de *r o c u e* et de *n d o f*. → ....
g. Dans ce parfum, il y a des huiles *t e e s e l e i l s s n*. → ....
h. C'est vendu dans une boutique de *e r p t - - ê t r o p à*. → ....
i. Tu préfères une note *r n e i t l e a o* ou *r o f a l e l* ? → ....

355. RÉVISER Écrivez le mot qui correspond.

Exemple : Elle est moins forte qu'un parfum. → une ... *eau de toilette* ...

a. Il est fait exactement à la taille du client. → sur ....
b. On y trouve seulement des produits exceptionnels. → le ....
c. Il ou elle défile avec les vêtements d'un créateur. → un ....
d. On l'utilise avec le fil pour coudre. → une ....
e. Il protège le doigt qui coud. → le ....
f. L'odeur agréable d'un parfum → un ....
g. On en fait pour montrer la nouvelle collection. → un ....
h. On y met du parfum. → un ....

356. SE TESTER Complétez les phrases avec les mots qui correspondent.

Exemple : Ce modèle de créateur est fait ... *sur mesure* ...

a. Les vêtements de h..-c..
sont dessinés par un(e) s.. .
b. Pour coudre à la main, il faut du f.., une a..,
des é.. et un d.. .
c. Chaque c.. de nouveaux modèles est montrée dans
un d.. avec des m.. .
d. Le p..-à-p.. est vendu dans des boutiques.
e. Dans la c.. d'un parfum, il y a des h.. e.. .
f. Un parfum peut avoir une note de c.. ou de f.. .
g. L'a.. d'un parfum ou d'une e.. de t.. peut être
f.., b.. ou o.. .
h. Les parfumeries vendent des p.. de b..
et des f.. de parfum.

Bilan

1. D'habitude, elle porte une j.............................. mais là elle a une r.. .
2. Un p.. est moins classique qu'une c.. .
3. Il pleut, je mets mon i.. .
4. C'est en coton ? – Non, c'est en s... naturelle.
5. J'ai un nouveau j................................... avec la t............................... basse et la c... serrée.
6. Ce manteau est fait dans quel t... ? Du v.......................... .
7. Tu préfères cette cravate u.................................... ou avec des r.................................. ?
8. Quand il fait froid, je remonte la c.................................... de ma p................................ .
9. Au labo, il faut porter une b.. blanche.
10. Comme sous-vêtements, elle portait de la jolie l... en satin avec des motifs en d... .
11. J'ai une grande p................................ dans mon pantalon pour mettre mes clés.
12. Tu préfères une braguette avec une f................................... é.................................. ou des b... ?
13. Ce pull a déjà été porté, il n'est pas n................................, il est d'o............................ .
14. À la maison, je mets mes c.. aux pieds.
15. Il pleut, je vais enlever mes m.................................. en cuir et mettre des b... en c... .
16. Comment tu peux marcher avec des t... aussi hauts !
17. Les s... de mes chaussures sont déjà usées !
18. Je n'ai plus de c... pour l'entretien de mes chaussures.
19. Je vais e.. cette jupe dans la cabine.
20. Vous avez ma t.. ? C'est du 36.
21. Il fait froid, je sors avec mes g.................................... en laine pour les mains et un b... pour la tête.
22. Le nom de la marque est écrit sur l'é... .
23. Regarde ce pull dans la v... du magasin !
24. Si c'est trop long, on peut vous le r.. . On fait toutes les r... nécessaires.
25. Les vêtements de haute c.................................... sont faits sur m................................ .
26. J'ai appris à coudre, je sais utiliser du f................................., une a............................., et je n'oublie pas de porter un d.. au doigt.

Bilan

27. Nous sommes allés à un d.. de mode, les m.. portaient des modèles fabuleux.
28. Comme cadeau, je vais prendre un f.. de parfum ou d'e.. de t.. .
29. J'adore l'a.. de ce parfum, c'est f.. et un peu b.. .
30. Dans la c.. de ce parfum, il y a différentes h.. e.. .

Mon score : .... /55

9 • La vie culturelle

A. La littérature

« Les types de livres »

Le **lecteur** ou la **lectrice** (la personne qui lit) voit le **titre** (le nom) du livre sur la **couverture**, avec le nom de l'**auteur(e)** (mot général) ou de l'**écrivain** (plus spécifique à la littérature). C'est peut-être un livre, ou familièrement, un **bouquin**, par exemple dans ce livre **il s'agit d'**histoire.
Le **genre** littéraire peut être une **fiction**, un **roman**, écrit par un **romancier**/ une **romancière**, une **nouvelle** (un texte court), un **conte** (très imaginaire), une **correspondance** (des lettres), des **mémoires** (sur certains événements de la vie de l'auteur), une **biographie** (sur la vie d'une personne), une **autobiographie** (sur la vie de l'auteur), un **journal** (des notes sur ce qu'on fait chaque jour), un **récit** (raconter une histoire vraie ou imaginée).
Il peut aussi s'agir d'un **poème**, écrit par un **poète**/une **poétesse**, des textes avec une musique particulière donnée par les **vers** (des lignes avec une longueur spécifique et souvent la répétition d'un son à la fin) ou au contraire **en prose**.

357. S'EXERCER Reliez les éléments qui correspondent.

a. un écrivain • • 1. un type de littérature
b. le titre • • 2. familièrement : un livre
c. un lecteur • • 3. une fiction développée
d. le genre • • 4. une personne qui lit
e. un bouquin • • 5. une personne qui écrit
f. une fiction • • 6. une courte fiction
g. une nouvelle • • 7. le nom du livre
h. un roman • • 8. une histoire inventée

> Le mot **mémoire** est féminin quand il s'agit de la capacité à se rappeler, mais masculin pluriel pour le genre littéraire.

358. S'EXERCER Barrez le mot qui ne correspond pas.

Exemple : des éléments d'un livre → le titre – la couverture – ~~la prose~~

a. quelqu'un qui écrit → un auteur – un écrivain – un lecteur
b. une fiction → un roman – une nouvelle – des mémoires
c. pas de la fiction → un conte – un récit – un journal
d. des auteurs → une poétesse – un romancier – un bouquin
e. le récit d'une vie → un conte – une autobiographie – une biographie
f. des types de texte → la poésie – la prose – la couverture
g. la poésie → un poète – des vers – la correspondance

A. La littérature

359. RÉVISER Cochez la bonne réponse.

Exemple : Un genre est une forme de littérature. ☒ vrai ☐ faux

a. Une biographie raconte la vie de l'auteur. ☐ vrai ☐ faux
b. Une nouvelle est plus courte qu'un roman. ☐ vrai ☐ faux
c. « Dans ce livre, il s'agit de... » veut dire « C'est un livre sur... » ☐ vrai ☐ faux
d. Un récit peut être de la fiction ou pas. ☐ vrai ☐ faux
e. Un romancier écrit des contes. ☐ vrai ☐ faux
f. Les vers sont combinés à de la musique. ☐ vrai ☐ faux
g. Un poème peut être écrit en prose. ☐ vrai ☐ faux
h. Dans une correspondance, on trouve des lettres, en général d'un écrivain. ☐ vrai ☐ faux

360. RÉVISER Écrivez le mot qui correspond.

Exemple : On y lit des lettres. → une ... correspondance ...

a. C'est un auteur de romans. → un .... / une ....
b. C'est un livre dans lequel l'auteur raconte sa vie. → une ....
c. C'est un texte qui raconte une histoire. → un ....
d. C'est un auteur de vers. → un .... / une ....
e. L'auteur y écrit ses activités quotidiennes. → un ....
f. C'est une ligne poétique. → un ....
g. C'est une personne qui lit. → un .... /une ....
h. C'est une courte fiction. → une ....

361. RÉVISER Écrivez les mots complets.

Exemple : Le titre est écrit sur la – ou – er – ure → couverture

a. Maupassant a écrit des – o – ans, des c – n – es et des – ou – ell – s.
   → ....
b. Tu sais si cet auteur a écrit son – ut – bi – gra – hie ? → ....
c. L'acteur nous a lu un magnifique po – m – en –r o – e de Rimbaud. → ....
d. Dans ce r – ci – , il s' – g – t d'une bataille de Napoléon. → ....
e. Nous avons lu le – ou – na – de cet é – ri – ai – mais pas encore sa – orre – po – dan – e.
   → ....
f. Je lis peu de r – m – ns car je préfère ce qui n'est pas de la – i – tion. → ....

362. SE TESTER Complétez les phrases avec les mots qui correspondent.

Exemple : Un journal n'est pas une ... fiction ...

a. Pour les enfants, je vous conseille ce c................................ sur des animaux qui parlent.
b. Si je n'ai pas beaucoup de temps, je lis des n................................, sinon des r................................ .
c. Cet a................................ n'écrit pas toujours le même g................................ de livres. Il a fait plusieurs
   b................................ de personnalités et des r................................ sur l'histoire.

9 • La vie culturelle

d. Son dernier b.. est super ! Il s'a.. de voyages.

e. Malheureusement, sa c.. n'est pas publiée.

f. Le cardinal raconte cet événement dans ses m.. .

g. Ce jour-là, le roi n'a rien écrit dans son j.. .

h. Un p.. est écrit par un poète ou une p.., il est en v.. ou en prose.

 « Le contenu »

Un livre est divisé en **chapitres**, avec un numéro. L'histoire comprend des **personnages** (une personne représentée dans la fiction) et une **intrigue** (une histoire), avec un **dénouement** (la fin de l'intrigue). L'auteur a généralement un **style**, qui est une manière personnelle d'écrire. Il peut appartenir à un **mouvement** littéraire comme le **romantisme**, le **surréalisme**...
En classe, on peut lire un **passage**/un **extrait** (une partie) et dans un devoir, faire une **citation** (une phrase du texte reprise entre **guillemets** « »).
Si on préfère, on peut lire une B.D. (bande dessinée), avec des **dessins**, des **bulles** avec du texte, dans un album fait par un **dessinateur**/une **dessinatrice**.

363. S'EXERCER Reliez les éléments qui correspondent.

a. un personnage   •   • **1.** une partie du livre numérotée

b. une intrigue   •   • **2.** la façon d'utiliser la langue

c. le style   •   • **3.** une personne imaginée

d. un chapitre   •   • **4.** des mots dans un dessin

e. « »   •   • **5.** une bande dessinée

f. une citation   •   • **6.** une histoire

g. une B.D.   •   • **7.** les guillemets

h. une bulle   •   • **8.** un passage repris

364. S'EXERCER Cochez la bonne réponse.

Exemple : Le féminin de dessinateur est   ☒ dessinatrice   ☐ dessin

a. Dans une fiction, on trouve des   ☐ personnes   ☐ personnages.

b. Le dénouement est   ☐ une bonne histoire   ☐ la fin de l'histoire.

c. Le romantisme est   ☐ un mouvement littéraire ☐ un style.

d. Dans une B.D., les bulles ont   ☐ des dessins   ☐ du texte.

e. Un livre de bandes dessinées est   ☐ un album   ☐ un chapitre.

f. Un passage, c'est la même chose qu'   ☐ un extrait   ☐ un album.

g. Une citation se fait avec   ☐ des guillemets   ☐ des dessins.

A. La littérature

365. RÉVISER Les lettres des mots en italique sont mélangées. Écrivez les mots correctement.

Exemple : Je n'ai pas lu le livre entier, seulement des *i r a e t s t x*. → extraits

a. Cet écrivain fait partie de quel *t e m o n m v u e é r r a i i l t e t* ? → ....
b. En classe, nous avons lu un *g p s a s e a* d'un roman de Camus. → ....
c. Nous devons faire la liste des *a n s p e o n r s e g* principaux et résumer l' *n g r t i i e u*. → ....
d. Pour une *t c t o i i a n*, n'oubliez pas les *i u l e m s g t e l* ! → ....
e. Je vais lire un *a x t t e r i* à voix haute. → ....
f. Vous me conseillez quel *l b m a u de d a b n e s i s n é s e s e d* ? → ....

366. RÉVISER Remettez les mots de ces phrases dans l'ordre.

Exemple : – de – son – extraits – livre. – nouveau – Les – des – ont – journaux – publié
→ Les journaux ont publié des extraits de son nouveau livre.

a. – intrigue – surprenante. – est – L' – de – livre – son – dernier
 → ....
b. – attachants – personnages – sont – style – et – Les – original. – le
 → ....
c. – dernier – chapitre, – au – ce – pas – ne – Jusqu' – m' – dénouement. – je – attendais – à
 → ....
d. – plein – album. – Notre – relu – cet – a – fois – de – fils
 → ....
e. – était – bulle – la – La – dans – entre – guillemets. – phrase
 → ....
f. – de – un – célèbre. – est – bandes – dessinée. – C' – dessinateur
 → ....
g. – appartient – au – Cet – mouvement – surréaliste. – auteur
 → ....

367. SE TESTER Complétez les phrases avec les mots qui correspondent.

Exemple : Le ... *romantisme* ... était au XIXᵉ siècle.

a. Le p... de la vieille dame apparaît au c... 3.
b. L'i... apporte un suspense et on est surpris par le d... de l'histoire.
c. Elle a un s... très reconnaissable.
d. Dans une c..., on met des g... au début et à la fin de la phrase.
e. Le réalisme est un m... littéraire.
f. Il m'a offert un a... de b... d... .
g. Sur les dessins, tu sais dans quel ordre il faut lire les b... ?
h. C'est un dessinateur ou une d... ?

9 • La vie culturelle

 « La vie d'un livre »

Un texte ancien du patrimoine littéraire est un classique, ce qui est écrit récemment, une **nouveauté**. Le livre est **publié** par un **éditeur**/une **éditrice** avec l'intervention d'un **correcteur**/une **correctrice** pour enlever les **fautes**, **imprimé** sur du papier, dans un ou plusieurs **volumes**, avec une **préface** (une présentation au début). On peut le trouver en **édition de poche** (plus petit et moins cher) ou en **version numérique**. Si cette **œuvre**, ce travail de l'auteur(e), est particulièrement importante, c'est un **chef d'œuvre**, il aura d'excellentes **critiques**, du **succès** auprès du public, deviendra un **best-seller** (c'est le mot anglais). Il pourra recevoir une **récompense**, un **prix littéraire**, comme le prix du Gouverneur général ou le Goncourt, et son auteur(e) aura des chances d'entrer à l'**Académie française**, deviendra un(e) « **immortel**(le) », car les académiciens sont élus à vie.

368. S'EXERCER Reliez les éléments qui correspondent.

a. Un travail littéraire • • 1. une nouveauté
b. Un livre ancien • • 2. un éditeur
c. Un livre récent • • 3. une œuvre
d. Il publie des livres. • • 4. le papier
e. Il corrige les fautes. • • 5. un classique
f. On imprime dessus. • • 6. un texte pour présenter le livre
g. Un volume • • 7. un correcteur
h. Une préface • • 8. un livre dans une série

369. RÉVISER Cochez la bonne réponse.

Exemple : Les critiques donnent leur avis sur   ☒ les livres   ☐ le public.

a. Un chef d'œuvre est ☐ une grande œuvre ☐ un livre moins cher.
b. Chaque partie d'une série de livres est ☐ une préface ☐ un volume.
c. Un best-seller est un livre qui a ☐ de bonnes critiques ☐ beaucoup de lecteurs.
d. Le correcteur ☐ imprime les livres ☐ corrige les erreurs.
e. Un livre peut se trouver en version papier ou ☐ numérique ☐ académique.
f. L'édition en poche est un format ☐ pour les critiques ☐ plus petit.
g. Le Goncourt est ☐ un éditeur ☐ un prix littéraire.
h. Un immortel est le nom donné à ☐ un livre de l'Académie ☐ un membre de l'Académie.

370. RÉVISER Écrivez le mot qui correspond à l'explication.

Exemple : Quand un livre a un grand succès, c'est → un … best-seller …

a. Il fait partie des textes anciens et reconnus → un ....
b. Il publie des livres → un ....
c. Une partie d'un livre publié dans une série → un ....
d. Cette personne corrige les fautes → un ....

A. La littérature

e. C'est faire apparaître le texte sur du papier → ....
f. Dans un format de livre plus petit → en ....
g. C'est une récompense → un ....
h. Familièrement, un membre de l'Académie française → un ....

371. RÉVISER Écrivez les mots complets.

Exemple : Mon ami est co-re-t-ur dans un journal. → *correcteur*

a. Ce livre a été publié par un é-d-teur étranger.
   → ....

b. C'est une des œ-v-es de Voltaire que je préfère, en fait, pour moi, c'est son c-e- d'œ-v-e.
   → ....

c. Le dictionnaire existe en trois -o-um-s.
   → ....

d. C'est avec une pr-fa-e d'un philosophe.
   → ....

e. Avec le suc-è-, il est sorti en -o-he et en v-r-i-n n-m-ri-ue.
   → ....

f. Il a eu de très bonnes -rit-qu-s dans la presse.
   → ....

g. Il est bien placé pour recevoir un -ri- lit-ér-ir-.
   → ....

h. Cet auteur est à l'A-ad-mi- fr-n-ais-, c'est un i-mo-te-.
   → ....

372. SE TESTER Complétez les phrases avec les mots qui correspondent.

Exemple : Le ... *correcteur* ... a supprimé les fautes.

a. Tu préfères lire un grand c................................. de la littérature ou une n........................... de cette année ?
b. J'ai envoyé mon texte à un é.. qui a accepté de le p................................. .
c. Le livre peut être i.. sur papier ou sortir en v..
   n... .
d. C'est un livre en 8 v... avec une p.............................. de l'auteur.
e. Les c.. dans les journaux sont excellentes,
   on peut s'attendre à un s.. auprès des lecteurs.
f. Mon professeur me conseille ce roman, il dit que c'est un c.................................... d'o..........................
g. Elle a reçu le p................................. de l'A........................ française, c'est une r..............................
   très prestigieuse ....remise par les i............................ .
h. Il s'est très bien vendu, c'est un b...-s..., il va sortir
en format de p... plus économique.

9 • La vie culturelle

B. Les arts

« La peinture » 70

Un(e) **peintre** est un(e) artiste qui peint (verbe **peindre**). Le résultat est une **peinture**/un **tableau**/ une **toile** (le nom du tissu servant de support), avec un certain **format** (des dimensions). Le tableau peut être fait à l'**huile** ou être une **aquarelle** (mélangée avec de l'eau). L'artiste travaille dans un **atelier**, utilise un **pinceau** pour mettre la couleur, qu'il/elle prend dans un **tube** de peinture, la **mélange** sur une **palette**. Il/Elle peut poser sa toile sur un **chevalet** (un support) et mettre un **cadre** autour du tableau quand il est fini. Il/Elle a le choix entre le genre **figuratif** (ressemblant à la réalité) ou **non-figuratif** c'est à dire **abstrait**. Il peut être de l'époque **classique**, **moderne** ou **contemporaine**. Le tableau pourra représenter un **paysage** (la nature), un **portrait** (une personne), une **nature morte** (des objets, par exemple des pommes), un **nu** (sans vêtements).

373. S'EXERCER Reliez les éléments qui correspondent.

a. un tableau •   • 1. un peintre
b. la peinture y est conservée •   • 2. le support en tissu
c. la personne qui peint •   • 3. un cadre
d. le format •   • 4. un tube
e. un atelier •   • 5. pour appliquer les couleurs
f. un pinceau •   • 6. les dimensions
g. une décoration finale •   • 7. une peinture
h. la toile •   • 8. un lieu de travail

374. S'EXERCER Complétez les phrases avec les mots : *toile, mélange, palette, aquarelle, chevalet, figuratif, abstrait, huile, paysage, contemporain, portrait, nu, nature morte.*

Exemple : C'est une peinture à l' ... huile ...

a. Le peintre m.. ses couleurs sur une p.. .
b. Certaines peintures s'utilisent avec de l' huile, d'autres avec de l'eau, c'est l'a.. .
c. Au départ, une t.. blanche est posée sur le c.. .
d. Cet artiste ne reproduit pas exactement la réalité, il n'est pas f.. mais plutôt a.. .
e. Ce tableau est exposé au musée d'art c.. .
f. Le tableau représente la campagne, c'est un p.. .
g. Voici le p.. de la mère de l'artiste.
h. On voit seulement des objets dans une n.. m.. et des personnes sans vêtements dans un n.. .

B. Les arts

375. RÉVISER Barrez le mot qui ne correspond pas.

Exemple : des éléments d'une peinture → le format – le cadre – ~~le tube~~

a. d'autres mots pour « une peinture » → un cadre – une toile – un tableau
b. des outils de l'artiste → un pinceau – une palette – un nu
c. des types de peinture → un chevalet – une aquarelle – une peinture à l'huile
d. des genres → abstrait – un cadre – figuratif
e. des sujets → une nature morte – un nu – un pinceau
f. des périodes de l'art → moderne – un cadre – contemporain
g. des actions de l'artiste → peindre – mélanger – un atelier

376. RÉVISER Écrivez le mot qui correspond à l'explication.

Exemple : Ce sont les dimensions → le ... *format* ...

a. On utilise aussi ce mot pour une peinture → un ....
b. On l'utilise pour mettre la peinture sur la toile → un ....
c. C'est un type de peinture qu'on mélange avec de l'eau → l' ....
d. Le contraire d'abstrait → ....
e. Il représente un visage → un ....
f. On y voit seulement des objets → une ....
g. On le met autour du tableau quand il est fini → un ....
h. L'artiste y travaille → un ....

377. SE TESTER Complétez les phrases avec les mots qui correspondent.

Exemple : J'ai fini mon ... *tube* ... de bleu.

a. Ce p.................................. espagnol a p.................................. beaucoup de n.................................. de femmes.
b. Il collectionne uniquement l'art c.. , pas l'ancien.
c. L'artiste met sa t.................................. blanche sur le c.................................., mélange les couleurs sur sa p.. et les applique avec son p.................................. .
d. La peinture à l'h.................................. et l'a.................................. sont des techniques très différentes.
e. J'aime bien le f.................................., les dimensions, de cette peinture, mais pas le c.................................. autour.
f. Il a été inspiré par les montagnes de sa région qu'il montre dans des p.................................. .
g. Ça ne représente rien, c'est un t.................................. a.................................., mais moi je préfère le f.. .
h. C'est un p.................................. de l'artiste au travail dans son a.................................. .

9 • La vie culturelle

« D'autres formes d'art »

Un **dessin** est réalisé avec un **crayon**, comme un **croquis** (un dessin rapide pour préparer un autre travail), une **caricature** (en exagérant les traits), une **gravure** (on grave en creusant un support dur, puis on passe de l'**encre** et on pose un papier). Un **sculpteur**/une **sculptrice** fera une **sculpture**, comme une statue, il/elle **sculptera** en utilisant du **marbre**, du **bronze**... Un(e) **photographe** fait une **photo(graphie)** avec un **appareil photo**, réalise un **cliché**, qui peut être un **négatif** ou un cliché **numérique**. Il/Elle contrôle le **cadrage** (les limites de la photo) et fait les **réglages** de distance pour avoir un cliché **net** (le contraire : **flou**). Si l'artiste a du **talent**, on pourra lui proposer d'exposer ses œuvres dans une **galerie** pour les vendre, et même une **exposition** (familièrement : une expo) **temporaire** ou **permanente** dans un **musée**.

378. S'EXERCER Reliez les éléments qui correspondent.

a. un cliché • • 1. dessiner • • a. du marbre
b. un photographe • • 2. une statue • • b. vendre
c. un dessin • • 3. de l'encre • • c. un crayon
d. la gravure • • 4. négatif • • d. du papier
e. une exposition • • 5. une photographie • • e. numérique
f. un sculpteur • • 6. exposer • • f. temporaire
g. une galerie • • 7. permanente • • g. un appareil photo

379. S'EXERCER Complétez les phrases avec les mots : *caricature, croquis, cadrage, net, flou, talent, bronze, ~~galerie~~.*

Exemple : Son travail va être exposé dans une ... *galerie* ...

a. Avant de faire son tableau, le peintre peut faire un rapide .... au crayon.

b. Dans les dessins de presse, les personnalités sont parfois représentées sous une forme amusante, une ....

c. C'est un grand artiste, plein de ....

d. Elle a réalisé plusieurs statues en ....

e. Pour un bon cliché, le photographe choisit son ....

f. Si les réglages de l'appareil photo ne sont pas bons, le cliché peut être ....

g. Pour l'article, nous avons besoin d'un cliché bien ....

B. Les arts

380. RÉVISER Écrivez le verbe qui correspond.

Exemple : faire les réglages → régler

a. un dessin → ....
b. une sculpture → ....
c. une gravure → ....
d. une photographie → ....
e. une exposition → ....

> Dans **sculpter** et les mots de la même famille, le -p n'est pas prononcé.

> Un **muséum** montre des expositions à caractère scientifique.

381. RÉVISER Écrivez les mots complets.

Exemple : Vous préférez un -é-at-f ou du n-mé-i-ue ? → *négatif … numérique*

a. À l'é-po, j'ai vu une magnifique s-ul-t-re en b-on-e.
   → ....

b. Cette g-a-ure est réalisée à l'-n-re noire.
   → ....

c. Toute la journée, il -e-sine des cr-q-is ou des ca-ic-tur--.
   → ....

d. Le -l-ch- n'est pas tout à fait n-t, il est un peu f-o-.
   → ....

e. Sur cet ap-arei-, les r-gla-es sont automatiques.
   → ....

f. Ce p-oto-ra-he a beaucoup de ta-en-, il est e-pos- dans de nombreuses -a-eries.
   → ....

g. Quels conseils me donnez-vous pour améliorer le -adra-e de mes -hoto-raph-es ?
   → ....

382. SE TESTER Complétez les phrases avec les mots qui correspondent.

Exemple : Il a un vrai … *talent* … pour le dessin.

a. Elle m'a fait un rapide c... pour m'expliquer son projet.
b. J'ai un livre sur les c... du XIXᵉ siècle, elles étaient très amusantes.
c. Le s... a réalisé sa s...
   d'un empereur romain en m... .
d. Il nous a appris la technique de la g... avec de l'e... et du papier.
e. Elle p... des animaux avec un c... original.
f. Nous allons refaire le c... car il est trop f..., pas assez n........................... .
g. Je n'ai pas l'habitude de faire les r... sur ce genre d'... photos.
h. Au m..., j'ai le choix entre une e...
   t... ou p... .

9 • La vie culturelle

C. Le cinéma

« Aller au cinéma » 72

Pour voir un **film** sur un grand **écran**, il faut aller dans une **salle** de cinéma. À l'extérieur, on peut voir l'**affiche** (une jolie image pour présenter le film qui **passe**). On choisit l'heure de la **séance** et la **version originale** (v.o.) avec les **sous-titres** en français, ou la **version française** (v.f.) **doublée** (avec des voix en français), en **noir et blanc**, en **couleurs** ou en **3D**. Avant leur film, les **spectateurs** voient des **publicités** et des **bandes annonces** (des publicités pour d'autres films) et au début et à la fin du film, le **générique** avec le **titre**, le nom des personnes qui ont participé au film). Il existe différents genres, comme un **dessin animé** (avec des dessins en mouvement), un film **policier**, d'**action**, **historique**, une **comédie**, une **comédie musicale** (avec beaucoup de musique), un film **fantastique**, de **science-fiction**, d'**horreur**, un **documentaire** (dans ce cas, ce n'est pas une fiction car il montre la vie réelle).

383. s'exercer **Reliez les éléments qui correspondent.**

- a. l'heure
- b. un grand
- c. une salle
- d. la version
- e. en noir
- f. la bande
- g. l'affiche
- h. un dessin

- 1. de cinéma
- 2. originale
- 3. de la séance
- 4. écran
- 5. animé
- 6. du film
- 7. et blanc
- 8. annonce

384. s'exercer **Barrez le mot qui ne correspond pas.**

Exemple : un film montrant un monde imaginaire → la science-fiction – ~~un documentaire~~ – un film d'horreur

- a. sur l'écran avant le film → les affiches – les publicités – les bandes-annonces
- b. des choix pour la langue → vo – vf – 3D
- c. des genres → un film d'action – policier – le générique
- d. des fictions → une comédie – un documentaire – doublé
- e. dans le générique → le titre – les spectateurs – les personnes qui ont participé au film
- f. on y présente le film → l'affiche – la bande annonce – les sous-titres

C. Le cinéma

385. RÉVISER Cochez la bonne réponse.

Exemple : Le contraire de « en couleurs » est en 3D. ☐ vrai ☒ faux
a. Les films passent en général dans un théâtre. ☐ vrai ☐ faux
b. Les sous-titres sont la traduction des dialogues sur l'écran. ☐ vrai ☐ faux
c. Dans une version doublée, on entend la voix des acteurs du film. ☐ vrai ☐ faux
d. Le générique passe sur l'écran seulement à la fin du film. ☐ vrai ☐ faux
e. v.o. veut dire : version française ☐ vrai ☐ faux
f. Dans un dessin animé, on voit des dessins fixes. ☐ vrai ☐ faux
g. Dans une comédie musicale, on entend beaucoup de musique. ☐ vrai ☐ faux
h. Un documentaire ne montre pas une fiction. ☐ vrai ☐ faux

386. RÉVISER Les lettres des mots en italique sont mélangées. Écrivez les mots correctement.

Exemple : Tu te rappelles le *t e i r t* du film qu'on a vu ? → titre
a. L' *c f h i e a f* du film montre un couple devant la mer. → ....
b. On est allés à la séance de 20 h en version *n a r o e g i l i* sous-titrée. → ....
c. Après les *s c b l i t i é u p* et les *a o s n n b - e s n a d n c e*, on a vu le *e u i q é n r é g* de notre film.
   → ....
d. Il y avait déjà beaucoup de *e t r u e p a t c s s* dans la salle, on a dû s'asseoir près de l' *a c n é r*.
   → ....
e. Moi, je préfère voir des film d' *r r h u r e o*, ma copine par contre adore les *é e m s d c i o* musicales.
   → ....
f. J'ai envie d'aller voir ce film, c'est un *t m d e n c i e u r a o*. → ....
g. À la télé, les films étrangers *n s a p e s t* en général en version *o l é b e d u*.
   → ....
h. En famille, on aime bien voir des films d' *t n a o c i* ou des *e s s d i n s s m a é n i*.
   → ....

387. SE TESTER Complétez les phrases avec les mots qui correspondent.

Exemple : On a vu un ... *documentaire* ... très intéressant sur la peinture moderne.
a. La prochaine s.. est à 18 h, c'est un film de s..-f.. qui se passe sur une autre planète.
b. Vous préférez voir des film en v.. f.. ou en v.. o.. avec des s..-t.. ?
c. Les s.. s'installent dans la salle et on passe des p.. et des b.. a.. .
d. Le g.. apparaît sur l'é.. au début (avec le t.. du film) et à la fin.
e. Quelquefois, je choisis un film parce que j'ai vu l'a.. dans la rue.
f. Avec les enfants, on va plutôt voir des d.. a.. ou des films d'a.. .
g. Nous, on préfère les films qui font peur, les films d'h.. ou f.. .
h. Moi, j'adore la musique, alors je vais souvent voir des c.. m.. .

9 • La vie culturelle

« Tourner un film »

Le **réalisateur**/la **réalisatrice** est responsable du film. Le **scénario** décrit l'histoire, avec des indications techniques et des **dialogues** (la partie parlée). Avec une **caméra**, en général **numérique**, on **tourne** une succession de **plans** (une série d'images filmées en une fois), parfois des **gros plans** (très près de l'acteur). Il faut faire le **montage** (mettre les images en continuité). Les **personnages** sont interprétés par des **acteurs**/**actrices**, qui jouent des **rôles**. C'est un **court métrage** (quelques minutes) ou un **long métrage**. Certains films ont des **effets spéciaux** (des images de synthèse intégrées au reste) ou des scènes faites par des **cascadeurs** (des personnes remplaçant les acteurs dans des scènes dangereuses). La **bande originale** (les musiques du film) est parfois en vente. Si le **public** aime le film, il y aura un bon « **bouche à oreille** » (ce que les spectateurs disent du film). Il sera peut-être **nommé** à la **cérémonie** des César à Paris ou au **festival** de Cannes pour recevoir des **récompenses** de la profession.

388. S'EXERCER Reliez les éléments qui correspondent.

a. On y lit l'histoire du film. • • 1. la caméra
b. C'est la personne qui dirige. • • 2. l'acteur/l'actrice
c. On l'utilise pour tourner les images. • • 3. le scénario
d. Une série d'images • • 4. les dialogues
e. Choisir les images et les mettre à la suite. • • 5. le réalisateur/la réalisatrice
f. La personne qui joue un rôle • • 6. la bande originale
g. Les paroles des personnages • • 7. un plan
h. C'est la musique du film. • • 8. le montage

> Ne pas confondre « **une caméra** » pour le cinéma et « **un appareil photo** » pour la photo.

389. S'EXERCER Complétez les phrases avec les mots : cascadeur, ~~métrage~~, gros plan, nommé, récompense, bouche à oreille, effets spéciaux, festival, public, cérémonie.

Exemple : Elle a déjà tourné un court … métrage …

a. J'ai été marqué par une scène où on voit un .... des yeux du personnage principal.
b. La scène était trop dangereuse pour l'acteur, il a été remplacé par un ....
c. Dans ce film de science-fiction, on utilise des ....
d. Le .... a adoré le film et le .... était excellent.
e. Le réalisateur est .... pour les César.
f. Tu as regardé la .... des Oscars cette année ?
g. Le film est en compétition au prochain ....
h. Cette actrice mérite d'avoir une ....

C. Le cinéma

390. RÉVISER Barrez le mot qui ne correspond pas.

Exemple : des actions pour faire un film → tourner – ~~nommer~~ – jouer

a. des personnes sur le tournage → une actrice – une caméra – un réalisateur
b. des éléments écrits du film → le scénario – les dialogues – une récompense
c. des éléments techniques → le montage – les effets spéciaux – le bouche à oreille
d. des compétitions → un long métrage – un festival – une cérémonie
e. c'est joué par un acteur → la bande originale – un personnage – un rôle
f. des types de films → un long métrage – un plan – un court métrage

391. RÉVISER Écrivez le mot qui correspond.

Exemple : le contraire d'un court métrage → un long métrage

a. faire un film → ....
b. l'appareil utilisé pour faire les images → ....
c. le féminin d'acteur → ....
d. la personne qui dirige tout → ....
e. l'histoire, les dialogues et des indications → ....
f. le travail technique pour mettre les images à la suite → ....
g. des images prises très près des acteurs → ....
h. une compétition où on présente des films → ....

392. SE TESTER Complétez les phrases avec les mots qui correspondent.

Exemple : J'ai adoré la musique de ce film, est-ce qu'on peut trouver la ... *bande* ... originale ?

a. Je choisis souvent un film pour le r.. ou la r.., ou si j'aime les a.. ou les a.. qui jouent dedans.
b. Le s.. de ce long m.. raconte la vie d'un peintre.
c. Le film plaît beaucoup au p.., il y a un très bon b.. à o.., en particulier parce que le rôle principal, qui est très dangereux, n'est pas remplacé par un c.. .
d. L'histoire est sympa mais il y a trop de d.. entre les personnages, et je ne suis pas fan des e.. spéciaux.
e. Le film va être présenté dans un f.. international, je ne doute pas qu'il va recevoir des r.. .
f. Le m.. est une opération technique sans laquelle on ne peut pas montrer un film.
g. Il a t.. son film avec une c.. n.. .
h. Catherine joue très bien, elle devrait être n.. pour la c.. des Césars.

9 • La vie culturelle

D. Les spectacles vivants

 « Sur scène » 74

Une **pièce** de théâtre écrite par un **dramaturge** (l'auteur) contient des **actes** (grandes parties) avec à l'intérieur, des **scènes**. Dans la salle, pour la **première** comme pour les autres **représentations**, sur la scène (devant les spectateurs), le **rideau** se lève sur le **décor** (représentant en général un lieu), un(e) **comédien(ne)** joue un **rôle**, **interprète** un **personnage** en suivant la **mise en scène** (les mouvements, les intentions) décidée par le **metteur en scène**. À la fin, le public **applaudit**.
Pour la musique, on peut jouer un **morceau** d'un **compositeur** (comme Mozart) avec un **instrument** comme un **piano**, un **violon**, une **flûte**, un **orgue**, une **guitare**, une **batterie**, une **trompette**. Les **notes** (do-ré-mi-fa-sol-la-si-do) sont écrites sur une **partition**, qu'on peut lire si on connaît le **solfège**.
Dans un **orchestre**, un **chef dirige** les **musiciens/musiciennes** pour un **concert** avec parfois des **solistes** (jouant seul). On peut aussi aller écouter les **chansons** d'un **chanteur**/une **chanteuse**, **connu(e)** ou pas. Les **paroles** (le texte) ont un **couplet**, un **refrain** (qui est répété) et une **mélodie** (la musique). Le **son** est souvent **fort**, avec des **éclairages** (lumières) spéciaux. C'est important d'être **bien placé**.
L'**opéra** combine le théâtre et la musique, c'est l'art **lyrique** car on chante. Chaque **air** est interprété par un **ténor**, une **basse**, ou une **soprano**.
Pour la **danse**, on voit un **ballet** avec une **chorégraphie** établie par un(e) **chorégraphe**, qui peut être **moderne** ou **classique**, les **danseurs/danseuses** classiques portent un **tutu** et sont sur les **pointes**.

393. S'EXERCER **Reliez les éléments qui correspondent.**

a. un chef • • 1. les pointes • • a. le solfège
b. une pièce • • 2. des solistes • • b. une chanson
c. des notes •———• 3. une partition •———• c. un orchestre
d. un tutu • • 4. une batterie • • d. l'opéra
e. un ténor • • 5. une mélodie • • e. le théâtre
f. un violon • • 6. une soprano • • f. des instruments
g. un refrain • • 7. un dramaturge • • g. la danse classique

> La **scène** a 2 sens, une partie d'un acte ou le lieu où les acteurs se mettent pour jouer.

394. S'EXERCER **Cochez la bonne réponse.**

Exemple : Pour jouer, les comédiens se mettent sur ☒ la scène ☐ le rideau.
a. Une pièce de théâtre est écrite par ☐ un metteur en scène ☐ un dramaturge.
b. Le texte est divisé en scènes et en ☐ acteurs ☐ actes.
c. Chaque fois que les comédiens jouent une pièce, c'est ☐ une première ☐ une représentation.
d. Les mots qu'on entend dans une chanson, c'est ☐ la mélodie ☐ les paroles.
e. Les notes de musique sont écrites sur ☐ une partition ☐ le solfège.

D. Les spectacles vivants

f. Les musiciens d'un orchestre sont dirigés par ☐ un chef ☐ un chorégraphe.
g. Un ténor est ☐ un chanteur d'opéra ☐ un danseur.
h. Un tutu est typique d'une danseuse ☐ moderne ☐ classique.

395. S'EXERCER Barrez le mot qui ne correspond pas.

Exemple : dans un spectacle → le son – ~~les pointes~~ – les lumières

a. des parties d'une salle de théâtre → le metteur en scène – le rideau – la scène
b. des instruments de musique → une flûte – un décor – une batterie
c. dans un orchestre → un soliste – un chef – un ballet
d. dans une chanson → un tutu – un refrain – une mélodie
e. pour la musique → un morceau – une chorégraphie – un compositeur

396. RÉVISER Écrivez les mots complets.

Exemple : C'est un co-po-it-ur du XIXᵉ siècle. → *compositeur*

a. C'est une nouvelle pi-ce en 3 a-tes avec 4 pe-so-na-es.
→ ....

b. Le r-de-u se lève, on voit sur la s-è-e, un d-co- très simple, et les -om-di-ns arrivent et jouent. C'est une -i-e en s-è-e m-d-rn-. → ....
....

c. Au con-er-, les m-si-iens attendent le signal du c-e- d'o-c-es-re.
→ ....

d. Je -ou- de la g-ita-e mais je n'ai pas appris le s-lf-ge, je ne sais pas lire les -o-es sur une pa-t-ti – n.
→ ....

e. C'est un c-ant-ur très populaire, le public connaît les re-r-ins, on l' a-pl-u-it beaucoup.
→ ....

f. À l'op-r-, pour l'art l-ri-ue, des a-rs sont interprétés par des t-n-rs, des -a-ses ou des s-pran-s.
→ ....

g. Le bal-e- était une c-or-gra-hi- clas-i-ue, les dan-eu-es étaient toutes en -u-u et faisaient des p-int-s.
→ ....

h. Au dernier c-ncert où je suis allé, j'étais mal placé, le s-n était trop fo-t, mais j'ai apprécié les é-la -ra-es.
→ ....

397. RÉVISER Remettez les mots de ces phrases dans l'ordre.

Exemple : – un – par – était – chef – dirigé – bien – connu.– concert – Ce → Ce concert était dirigé par un chef bien connu

a. – un – Les – grand – représentations – de – succès. – pièce – cette – ont
→ ....

b. – scène – donne – Le – indications – des – en – aux – metteur – comédiens.
→ ....

9 • La vie culturelle

c. – de – théâtre, – n – très – ce – a – 'y – Dans – et – décors – simples. – pas – il – des – rideau

→ ....

d. – un – morceau – vais – Je – d' – jouer – italien. – vous – compositeur – un

→ ....

e. – faut – le – veux – bien – il – tu – apprendre – solfège. – Si – jouer – piano, – du

→ ....

f. – refrains. – les – Dans – et – la – salle, – connaissait – paroles – public – le – les – chantait

→ ....

g. – ballet – fait – de – classique ? – ce – chorégraphie – a – Qui – la

→ ....

h. – ce – ténors – art – temple – dans – l' – de – plus – grands – ont – chanté – lyrique. – Les

→ ....

398. SE TESTER Complétez les phrases avec les mots qui correspondent.

Exemple : Vous connaissez des ... *dramaturges* ... français ?

a. On était invités à la p... d'une pièce avec une m.................................
en s.. très originale.

b. La r... a commencé. Le r... s'est levé et on a vu
le d.. qui représentait un palais.

c. Ce dialogue est dans la 4ᵉ s... du 2ᵉ a...
d'une p... de théâtre écrite par un d... contemporain.

d. Nous sommes allés à un c... de musique d'un c... du XIXᵉ siècle.
Dans l'o... il y avait de nombreux instruments, comme un p... ,
des v... des f... .

e. Ce c... a une belle voix, il fait de jolies m...
et les p... sont intéressantes.

f. Nous avons une cousine qui est passionnée de b... classique,
elle a un t... et fait des p... .

g. Dans cette école, on nous donne des cours de s... pour apprendre
à lire les n... de musique sur une p... .

h. À la fin de l'o... , où on a entendu des voix superbes de t... ,
de b... ou de s... , les spectateurs ont longtemps a... .

Bilan

1. J'ai lu le dernier b... de cet a..., il s'a........................... d'une histoire imaginée, donc une f... .
2. Toute l'o................................... en vers de ce p................................... vient d'être é................................... dans un seul v................... .
3. Elle écrit des r..............................., parfois des b........................... de personnalités historiques, mais pas encore son a... .
4. Dans son a........................... de b........................... d..........................., il fait les b........................... et les d..........................., quel talent !
5. Pour faire son t..........................., le p........................... pose la t........................... encore blanche sur son c..........................., mélange les couleurs sur sa p........................... et commence à appliquer les couleurs avec son p........................... .
6. Ce p........................... d'une jeune fille n'est pas réalisé à la peinture à l'huile, mais c'est une a........................... .
7. Cet artiste a souvent peint des fruits sur une table, dans la pièce où il travaille, son a........................... c'est une n........................... m..........................., mais aussi des p........................... représentant la campagne.
8. Ce sont des d........................... au crayon avec quelques c........................... se moquant des personnalités de l'époque.
9. Elle a réalisé de nombreuses sc........................... en b........................... ou en m........................... .
10. Cette galerie organise souvent des e........................... de p........................... encore vivants.
11. Ce c........................... a été réalisé avec un a........................... p........................... numérique.
12. Pour l'art c..........................., en général les artistes préfèrent ne pas mettre de c........................... autour de leur peinture.
13. Je continue à aller voir des f........................... dans des s........................... de cinéma sur grand é........................... .
14. Au début de la s..........................., on passe des p........................... pour des produits, puis on voit des b........................... a........................... pour les nouveautés.
15. Tu veux voir la version o........................... avec les s...........................-t........................... ou la version d...........................?
16. On est allé voir un d........................... a........................... japonais.

Bilan

17. À la télé, j'ai vu un d... passionnant sur la recherche scientifique.
18. Ce long métrage a été t... par une r...
qui a aussi écrit le s... et les d... .
19. Il y a un nouveau f................................. de s................................. f.................................
avec beaucoup d'e................................. s................................. .
20. Cet a... de cinéma commence à être âgé, pour les scènes
dangereuses il doit être remplacé par un c... .
21. À la fin, il y a un gros p... sur le visage
du p... principal.
22. Cette a... a été n................................. pour
plusieurs f... de cinéma pour son interprétation.
23. Au théâtre, on joue en ce moment une p................................. d'un d.................................
du XVIIe siècle avec une m................................. en s................................. moderne.
24. Sur la s................................., les c................................. jouent leur r.................................
devant le public qui a... s'il apprécie le spectacle.
25. Le week-end dernier, on est allé à un c... de musique classique.
C'est un c... espagnol d'aujourd'hui.
26. À l'école, on nous apprend les bases du s... pour lire
les n................................. de musique sur une p................................. .
27. Nous avons passé une très bonne soirée, la c... avait une très belle
voix, un m................................. l'a accompagnée à la g................................., le public
a c................................. les r................................. avec elle.
28. Quand le c................................. a donné le signal, l'o................................. a commencé à jouer,
d'abord les v................................. puis les f................................. et enfin le p................................. .
29. Pendant que le t................................. commençait un air, une d................................. classique
est arrivée avec un t................................. et des p................................. .
30. À l'opéra, il n'y a pas que l'art l................................., on peut aussi voir des b.................................
classiques ou modernes conçus par des c... prestigieux.

Mon score : .... /100

10 • Les médias, l'actualité et l'opinion

A. La presse, la télévision

« La presse écrite » 75

Un **journal** (familièrement : un **canard**), sort chaque jour pour un **quotidien**, **national** ou **régional**. Son **tirage** est le nombre d'**exemplaires** parus. Un **article** présente l'**info** (rmation), une bonne ou une mauvaise **nouvelle**. Un(e) **journaliste** ou **reporter**, un(e) **correspondant**(**e**), un(e) **envoyé**(**e**) **spécial**(**e**) couvrent un **événement** pour nous **informer**. On **interviewe** des personnalités, on nous **raconte** les **faits** ou on propose une **analyse** sous la responsabilité d'un **rédacteur en chef**, qui peut **rédiger** un **éditorial** (un texte avec une opinion). Chaque **rubrique** (une partie du journal) concerne par exemple l'**international**, la **société**, des **critiques** pour la vie culturelle, les **résultats sportifs**, un **fait divers** (un événement local), les **petites annonces**, un **horoscope**, le **courrier des lecteurs**... Les pages peuvent avoir une **illustration**, un **dessin humoristique**. Un **magazine**/une **revue**, **hebdomadaire** (chaque semaine), **mensuel** (chaque mois), peut traiter l'**actualité** générale ou **se spécialiser** dans un sujet. Un **abonné** paye pour recevoir la presse chez lui. Dans la **presse d'opinion**, la **ligne éditoriale** est parfois **impertinente**, **satirique** et peut provoquer un **débat** ou une **polémique**, ou au contraire être plus **neutre**, plus **objective**.

399. S'EXERCER Reliez les éléments qui correspondent.

a. Je suis abonné • • 1. ne sont pas très bonnes.
b. On a vu ça • • 2. sur l'art ?
c. Les infos en ce moment • • 3. pour recevoir un journal chez moi.
d. Vous me conseillez quel magazine • • 4. leurs articles.
e. J'ai lu la nouvelle • • 5. son éditorial sur la crise.
f. La dame a envoyé une lettre • • 6. dans le canard !
g. Les journaliste signent • • 7. dans la rubrique « international ».
h. Le rédacteur en chef a rédigé • • 8. au courrier des lecteurs.

> Une **interview** se déroule seulement avec un(e) journaliste, sinon on parle d'entretien.

400. S'EXERCER Barrez le mot qui ne correspond pas.

Exemple : Une rubrique en interaction avec les lecteurs → le courrier – les petites annonces – l'horoscope

a. Ils travaillent dans un journal. → un(e) journaliste - un(e) abonné (e)- un(e) envoyé(e) spécial(e)
b. Des rubriques → les fait-divers – l'international – le tirage
c. Des nouvelles → un canard – un événement – l'actualité
d. Des fréquences de parution → hebdomadaire – mensuel – un correspondant
e. Ce qui s'est passé. → un événement – un article – un fait
f. Des discussions avec des oppositions → un débat – une polémique – un éditorial
g. Des éléments visuels en plus du texte → une interview – un dessin humoristique – une illustration
h. Pour qualifier un journal d'opinion → neutre – satirique – impertinent

> « **Canard** » est utilisé dans le titre d'un journal satirique français, le *Canard Enchaîné*.

10 • Les médias, l'actualité et l'opinion

401. S'EXERCER Cochez la bonne réponse.

Exemple : « Rédiger » veut dire « écrire ». ☒ vrai ☐ faux

a. Une nouvelle est toujours mauvaise. ☐ vrai ☐ faux
b. Un fait divers concerne un événement important pour toute la société. ☐ vrai ☐ faux
c. Un dessin humoristique est amusant. ☐ vrai ☐ faux
d. L'éditorial est rédigé par un lecteur. ☐ vrai ☐ faux
e. Certains journaux ont une ligne éditoriale satirique. ☐ vrai ☐ faux
f. Le tirage est la quantité de journaux vendus. ☐ vrai ☐ faux
g. Il est possible de lire des informations sportives dans un journal. ☐ vrai ☐ faux
h. Un correspondant est une rubrique. ☐ vrai ☐ faux

402. RÉVISER Les lettres des mots en italique sont mélangées. Écrivez les mots correctement.

Exemple : Le *erporert* raconte les *nmesvténeé* → reporter ... événements.

a. Il travaille comme *érutdacre* en chef dans un *zimnaega dreaiodehabm*.
   → ....
b. Tu lis un *udniqtioe* national ou *aigénorl* ? → ....
c. Cette *niof* était dans la *qbiueurr* société avec une très bonne *iiaolulttsrn*.
   → ....
d. Je lis rarement mon *rehsoopco*, je préfère voir les *seuiictrq* de films.
   → ....
e. Les *neselulvo* de notre *yéovne* spécial sont bonnes ou *auiavsesm* ?
   → ....
f. Le *rujnaeitosl* a fait une *layensa* de la situation qui a provoqué une *uéempqoil*.
   → ....
g. J'achète souvent un *lanjruo* pour voir les *tpitese ncseoann*.
   → ....
h. L'*itdaoriél* de cette *verue* est souvent *qsitierua*, pas du tout *utener*.
   → ....

403. RÉVISER Écrivez le mot qui correspond à l'explication.

Exemple : C'est un texte exprimant une opinion. → un ... *éditorial* ...

a. Il supervise les journalistes. → le ....
b. Une « nouvelle » en 4 lettres. → une ....
c. Un entretien avec un(e) journaliste. → une ....
d. Un événement local, comme un accident. → un ....
e. Une personne qui reçoit la presse à la maison. → un ....
f. Qui sort chaque semaine. → ....
g. Un fait, une chose qui s'est passée. → un ....
h. Le nombre d'exemplaires. → le ....

A. La presse, la télévision

404. RÉVISER Remettez les mots de ces phrases dans l'ordre.

Exemple : – reporter – Il – un – est – soir. – quotidien – grand – du – dans
→ Il est reporter dans un grand quotidien du soir.

a. – mensuelle – revue – à - sur – l' – abonné – Je – architecture. – suis – une
→ Je suis abonné à une revue mensuelle sur l'architecture.

b. – actuelle ? – un – analyse – Pourriez – vous – éditorial – rédiger – votre – avec – situation – la – de
→ Pourriez-vous rédiger un éditorial avec votre analyse de la situation actuelle ?

c. – magazine – accepté – journaliste – de – interview – avec – Elle – un – mode. – une – d' – une – a
→ Elle a accepté une interview avec un journaliste d'une magazine de mode.

d. – correspondant – Voici – journal – du – Londres. – par – rédigé – un – à – article – le
→ Voici un article rédigé par le correspondant du journal à Londres.

e. – rubrique – cette – dans – info – a – lu – faits – On – divers. – des – la
→ On a lu cette info dans la rubrique des faits divers.

f. – d' – Ce – longue – journal – une – impertinence. – a – tradition
→ Ce journal a une longue tradition d'impertinence.

g. – articles. – comprendre – Les – à – les – les – et – aident – dessins – illustrations – vous
→ Les illustrations et les dessins vous aident à comprendre les articles.

h. – éditoriale – de – hebdomadaire – Cet – neutre. – il – pas – ligne – a – n'
→ Cet hebdomadaire n'a pas de ligne éditoriale neutre.

405. SE TESTER Complétez les phrases avec les mots qui correspondent.

Exemple : Vous êtes ... *abonné* ... à un journal ?

a. C'est un m........................ professionnel h........................ ou me........................ ?

b. On a trouvé notre maison dans la r........................ des p........................ a........................ d'un q........................ régional.

c. J'ai lu cette i........................ avec la chanteuse dans une r........................ à gros t........................ .

d. Il y avait dans le j........................ d'hier un bon a........................ d'un j........................ spécialisé dans la politique.

e. Je ne suis pas toujours d'accord avec l'é........................ du r........................ en c........................ .

f. Chaque jour, l'e........................ spécial raconte les f........................ , les é........................ nouveaux et propose son an........................ sur l'ac........................ internationale.

g. Dans ce journal s........................ , il y a souvent des d........................ h........................ pour rire un peu mais qui provoquent parfois des p........................ .

h. Nous lisons de préférence la presse d'o........................ , et nous choisissons un journal avec une ligne é........................ qui nous convient.

10 • Les médias, l'actualité et l'opinion

« Radio, télé et Internet » 76

Une **station** de **radio diffuse** sur une **fréquence** (en hertz), elle est **publique** ou **privée** [**commerciale**, financée par la **pub(licité)**]. On peut l'écouter **en direct** ou **en podcast** (à trouver sur son site). L'**audience** est le nombre d'**auditeurs/auditrices** (les personnes qui écoutent). Une **chaîne de télé**(vision) propose des **émissions** aux **téléspectateurs/téléspectatrices**. Au **programme**, par exemple un **journal télé**, une **revue de presse**, un **reportage**, un **documentaire**, un **clip musical**, un **événement sportif**, un **téléfilm**, un **film de cinéma**, un **feuilleton**/une **série** avec plusieurs **épisodes**, un **jeu**, présenté par un **animateur**/une **animatrice**, un **débat**, de la **téléréalité**. On reçoit les **images** par **câble** ou avec une **antenne**, une **parabole** (pour le satellite), ou la **télé numérique** par Internet. Il faut une **télécommande** pour **allumer** (≠ éteindre) son **téléviseur**, et **zapper** (changer de chaîne). On peut accéder à un **site d'information en ligne** sur **abonnement** ou **gratuit**, des **réseaux sociaux**, une **web télé**, une **plate-forme** de vidéos, suivre un(e) **youtubeur/euse**, un(e) **influenceur/se** avec des **abonné(e)s**. Si on **poste** un commentaire, il est vérifié par un **modérateur** qui peut **censurer** un **propos haineux**, des **rumeurs** ou des **infox** (de fausses infos pour manipuler).

406. S'EXERCER Reliez les 3 éléments qui correspondent.

a. On aime bien regarder • • 1. une parabole • • a. sur une chaîne privée.
b. J'ai entendu parler de ça • • 2. pub • • b. de télé.
c. Cette revue • • 3. le dernier épisode • • c. de radio.
d. J'ai raté • • 4. de presse du matin • • d. de ma série préférée.
e. Il y a plus de • • 5. parce qu'un youtubeur • • e. à ce podcast.
f. On a installé • • 6. en ligne • • f. a mis en ligne une vidéo.
g. Je suis allé dans ce café • • 7. sur une station • • g. a une forte audience.
h. Je me suis abonné • • 8. cette chaîne • • h. pour les télés par satellite.

407. S'EXERCER Cochez la bonne réponse.

Exemple : Un youtubeur est   ☒ quelqu'un qui partage des vidéos   ☐ un type de téléviseur.

a. Quelqu'un qui écoute la radio est   ☐ un animateur   ☐ un auditeur.
b. Pour savoir combien de personnes suivent une émission, on calcule   ☐ le public   ☐ l'audience.
c. Une personne regardant la télé est   ☐ un téléviseur   ☐ un téléspectateur.
d. Un feuilleton est diffusé en plusieurs   ☐ épisodes   ☐ séries.
e. Si on ne peut pas écouter une émission de radio en direct, on peut l'avoir   ☐ en privé   ☐ en podcast.
f. « Zapper » veut dire   ☐ allumer   ☐ changer de chaîne.
g. Un téléfilm est un film   ☐ fait pour la télé   ☐ de cinéma qui passe à la télé.
h. Une personne dont l'opinion a beaucoup d'impact sur Internet est   ☐ un modérateur   ☐ un influenceur.

A. La presse, la télévision

408. S'EXERCER Barrez le mot qui ne correspond pas.

Exemple : des types de radios ou télés → privées – ~~pub~~ – publiques

a. un média audio-visuel → la radio – un satellite – la télé
b. pour capter les chaînes → une antenne – une parabole – un podcast
c. des émissions qui ne sont pas des fictions → un reportage – un film – un débat
d. des fictions → un téléfilm – un événement sportif – une série
e. des actions avec une télécommande → censurer – éteindre – zapper
f. pour partager des vidéos en ligne → une plate-forme – une émission – une webtélé
g. des actions sur un réseau social → allumer – poster – modérer
h. un danger sur Internet → une revue de presse – une infox – une rumeur

409. S'EXERCER Reliez les éléments qui correspondent.

a. un journal • • 1. d'émission
b. un épisode • • 2. social
c. un présentateur • • 3. télé
d. un réseau • • 4. musical
e. un clip • • 5. d'une série
f. un télé • • 6. par Internet
g. un site d'information • • 7. film
h. la télé numérique • • 8. en ligne

410. RÉVISER Écrivez les mots complets.

Exemple : un pr-se-tat-ur de -él-r-al-té → un *présentateur* de *téléréalité*

a. les a-dit-urs d'une -mi-sio- → ....
b. les -ro-ra-mes en dire-t ou en -od-a-t → ....
c. la f-é-uen-e d'une s-at-on de r-di- → ....
d. -ap-er d'une -h-în- de t-l-vi-io- à l'autre → ....
e. l'a-di-n-e d'un -ou-nal t-l-, d'un re-orta-e ou d'un fe-il-eto-
   → ....
f. Cette in-lu-n-euse sur les r-se-ux so-iau- a des milliers d'a-on-és.
   → ....
g. Le -o-éra-eur ce-s-re une i-f-x. → ....
h. Recevoir par le -âb-e, une an-enn- ou une p-rab-le → ....

411. RÉVISER Écrivez le mot qui correspond à l'explication.

Exemple : Une télé que l'on reçoit par Internet. → ... *numérique* ...

a. Un type d'antenne → une ....
b. Une vidéo qui accompagne de la musique. → un ....
c. Elle finance l'audiovisuel privé. → la ....

10 • Les médias, l'actualité et l'opinion

d. Elle permet de zapper. → la ....

e. Le contraire d'éteindre → ....

f. Chaque partie d'une série → un ....

g. Une fausse info → une ....

h. Des propos méchants → ....

412. RÉVISER Écrivez le mot féminin qui correspond.

Exemple : privé → privée.

a. un auditeur → ....

b. un téléspectateur → ....

c. un animateur → ....

d. un youtubeur → ....

e. un influenceur → ....

f. public → ....

413. RÉVISER Remettez les mots de ces phrases dans l'ordre.

Exemple : – dénoncé – propos – influenceuse – des – haineux. – Cette – a

→ Cette influenceuse a dénoncé des propos haineux.

a. – peux – je – quelle – trouver – fréquence – Sur – radio ? – cette

→ ....

b. – podcast. – il – utiliser – raté – Si – le – a – auditeur – direct, – peut – un – une – émission

→ ....

c. – car – parabole – besoin – télé – n' – On – a – a – une – on – numérique. – d' – la – pas

→ ....

d. – téléviseur – j' – le – Avec – zappe. – allume – la – je – télécommande, – et

→ ....

e. – le – du – feuilleton. – chaîne – diffuser – la – épisode – Demain, – va – dernier

→ ....

f. – youtubeur – qui – débat – images – les – rumeurs. – alimentent – des – poste – Ce

→ ....

g. – les – Les – réseaux – infox – sociaux. – répandent – sur – rapidement – se

→ ....

414. SE TESTER Complétez les phrases avec les mots qui correspondent.

Exemple : C'est une ... *station*... de radio ... *publique*... qui n'a pas de ... *pub* ... entre les ... *émissions* ...

a. Je regarde souvent cette c........................ de télé spécialisée dans les infos, avec des j........................ télé, des d........................ entre experts, des r........................ de presse.

b. À la maison, on n'a pas de p........................ pour le satellite parce qu'on la télé n........................ par Internet.

A. La presse, la télévision

c. Pour la p... qui sera diffusée, les marques ont besoin de savoir quelle est l'a............................ en nombre de t.. ou d'a.. pour l'audiovisuel.

d. Si je ne peux pas écouter un é.. de mon f.. préféré, je vais sur le site Internet et j'utilise le p.. .

e. La t.. permet d'a.. ou é.. la télé et de z..

f. C'est une i.. spécialisée dans la mode, des millions d'a.. la suivent.

h. Sur un r..................... social, un m..................... a pour travail de c..................... les propos h....................., les fausses informations comme les r..................... et les i..................... qui cherchent à nous manipuler.

B. Les événements

 « L'actualité quotidienne »

Un **événement** est **arrivé**, a **eu lieu**. Qu'est-ce qui s'est **passé** ? C'est un **incident** (pas très grave) ou un **accident**.
Ça peut aussi être un **exploit** sportif : une **course** (à pied, à vélo), un **tour cycliste** avec une **étape** chaque jour, une **arrivée** dans une ville, parfois l'**ascension** d'un col de montagne par un(e) **champion**(ne).
Ça peut aussi être un événement social : une **grève** (on arrête le travail pour protester), une **manif (estation)** où on marche dans les rues avec des **slogans**, une **émeute**, des **violences**, avec des gens qui **bloquent** les rues, font un **coup d'État**. Ou un drame causé involontairement par l'homme : une voiture **renverse** un piéton, un **déraillement** de train (verbe : dérailler), un avion qui **s'écrase**, avec des **rescapés** (des personnes qui sont vivantes).
Ou bien encore une **découverte** scientifique : un **chercheur** a **reçu** le prix Nobel.

415. S'EXERCER Reliez les éléments qui correspondent.

a. Il y a eu un déraillement • • 1. incident.
b. Je voudrais savoir • • 2. accident.
c. Nous avons eu un petit • • 3. s'est écrasé.
d. Un avion • • 4. un coup d'État.
e. C'était un grave • • 5. un nouvel exploit.
f. Une voiture l'a • • 6. ce qui s'est passé.
g. Ce champion a réalisé • • 7. de train.
h. Les rebelles ont fait • • 8. renversé.

416. S'EXERCER Soulignez le mot qui correspond.

Exemple : C'est *un chercheur* – <u>*un champion*</u> pour l'ascension en vélo dans les montagnes.

a. Ils ont eu un grave *accident – incident*.
b. Un événement a eu *passé – lieu*.

10 • Les médias, l'actualité et l'opinion

c. Pour protester contre le gouvernement, on a organisé des *manifestations – grèves* dans les rues.

d. On annonce que le train a *renversé – déraillé*.

e. Ce pays pourrait avoir un coup *d'émeute – d'État*.

f. Le tour cycliste a déjà fait *une étape – une découverte* dans notre ville.

g. Je vais participer à *une course – un col* à pied

417. S'EXERCER Complétez les phrases avec les mots : *manif, ~~ascension~~, rescapé, événement, découverte, accident, chercheur, exploit, étape, championne, renversé, blocages, déraillé, émeutes, slogans.*

Exemple : C'est un spécialiste de … *l'ascension* … des cols en vélo.

a. Ce monsieur a eu un grave .... de voiture mais heureusement il en est ....

b. L' .... du tour de France cycliste est un .... pour les villes où il s'arrête.

c. Le prix Nobel est attribué à un .... pour sa .... d'un virus.

d. Elle est .... de natation et elle réalise régulièrement un ....

e. C'était une période trouble avec des .... dans les rues et des .... dans certains quartiers.

f. On est allés à la .... et il y avait plein de .... pour le climat.

g. Le train a .... et a .... des gens qui étaient sur le quai.

418. RÉVISER Écrivez ce qui manque à ces mots pour être bien écrits.

Exemple : il a recu → … *reçu* …

a. un evenement → ....
b. une arrivé → ....
c. une champion → ....
d. un cou d'etat → ....
e. une decouvert → ....
f. un deraillment → ....
g. l'asension → ....

419. RÉVISER Écrivez le mot qui correspond à l'explication.

Exemple : Elle fait des exploits. → une *championne*

a. un arrêt du travail pour protester → une ....
b. quelque chose qui arrive → un ....
c. Il est resté en vie après un accident. → un ....
d. un grave accident de train → un ....
e. faire tomber avec sa voiture → ....
f. une ville où un tour cycliste s'arrête pour la nuit → une ....
g. si un avion tombe au sol → il ....
h. Il fait de la recherche. → un ....

B. Les événements

420. RÉVISER Cochez la bonne réponse.

Exemple : Le Nobel est un prix. ☒ vrai ☐ faux

a. Une course est une compétition. ☐ vrai ☐ faux
b. Un tour cycliste se fait à pied. ☐ vrai ☐ faux
c. Une étape est une arrivée. ☐ vrai ☐ faux
d. Un rescapé est mort. ☐ vrai ☐ faux
e. Un incident est moins grave qu'un accident. ☐ vrai ☐ faux
f. Une ascension est une descente. ☐ vrai ☐ faux
g. Une grève et une manifestation, c'est la même chose. ☐ vrai ☐ faux
h. Un déraillement est quand un avion tombe au sol. ☐ vrai ☐ faux

421. SE TESTER Complétez les phrases avec les mots qui correspondent.

Exemple : Il a encore réalisé un … *exploit* … pendant cette … *course* … à pied.

a. C'est plus qu'un i..................................., il a eu un grave a................................... avec une voiture qui l'a r................................... pendant qu'il marchait.

b. Un é................................... inhabituel a eu l..................................., c'est difficile de comprendre ce qui est a................................... . Racontez-nous tout ce qui s'est p................................... .

c. Quand un avion s'é................................... au sol, il y a généralement moins de r................................... qu'en cas de d................................... de train.

d. Avant le c................................... d'É..................................., on a constaté des é................................... dans les rues avec des v................................... près des lieux de pouvoir.

e. Des m................................... ont été organisées avec des s................................... contre la réforme. On peut aussi s'attendre à des g..................................., en particulier dans les transports.

f. Aujourd'hui, l'é................................... du tour a été gagnée par un c................................... de l'a................................... des montagnes à vélo.

g. Ce grand c................................... a r................................... le prix Nobel pour ses d................................... scientifiques.

10 • Les médias, l'actualité et l'opinion

 « Un crime »

C'est un **drame** causé volontairement : un **attentat** terroriste, l'**explosion** d'une bombe, un **crime**/un **meurtre** (tuer une personne), en la **poignardant** (avec un couteau), en l'**étranglant** (avec les mains sur le cou), avec une **arme** comme un **fusil**, un **revolver**, une **carabine**, avec laquelle on **tire** sur quelqu'un, qui est touché par une **balle**. La police, en **uniforme** ou la police **judiciaire**, comme un **commissaire**, recherche le **tueur**, fait une **enquête**, identifie un **suspect** (quelqu'un qui peut être le **coupable**) pour l'**interroger**, vérifier son **alibi** (savoir où il était au moment du crime), et s'il n'**avoue** pas (dit la **vérité**), il faudra trouver une **preuve** (un élément qui montre avec certitude qu'il est coupable) ou un **témoignage** (une personne qui fait une déclaration), ce qui permet de l'accuser.
La police l'**arrête** et le met en **prison**, dans une **cellule** (une pièce fermée à clé). À son **procès** devant les **juges**, un(e) **avocat**(e) le défend face à un(e) **procureur**(e) (représentant le Ministère de la Justice qui fait respecter la **loi**), il sera condamné à une **peine** de prison avec ou sans **sursis** (il ira réellement ou pas en prison). Il pourra faire **appel** (un nouveau procès).

422. S'EXERCER Reliez les éléments qui correspondent.

a. une enquête • • 1. avec un couteau
b. tirer • • 2. judiciaire
c. la police • • 3. de bombe
d. un attentat • • 4. de police
e. une explosion • • 5. avec un fusil
f. les juges • • 6. de prison
g. poignarder • • 7. terroriste
h. une cellule • • 8. au procès

423. S'EXERCER Barrez le mot qui ne correspond pas.

Exemple : des drames → un attentat – ~~un sursis~~ – un meurtre

a. des armes avec une balle → un revolver – un fusil – un couteau
b. une façon de tuer → étrangler – arrêter – poignarder
c. des personnes qui enquêtent → un meurtrier – la police judiciaire – un commissaire
d. des éléments d'une enquête → un sursis – un alibi – une preuve
e. des actions pendant l'enquête → témoigner – interroger – condamner
f. des personnes qui rendent la justice → un commissaire – un avocat – un procureur
g. des actions de justice → avoir un procès – poignarder – faire appel

424. S'EXERCER Cochez la bonne réponse.

Exemple : Pour poignarder, on tire avec une arme. ☐ vrai ☒ faux

a. Un fusil, un revolver ou une carabine sont des armes avec des balles. ☐ vrai ☐ faux
b. La police est toujours en uniforme. ☐ vrai ☐ faux

B. Les événements

c. Un commissaire est un policier qui fait une enquête. ☐ vrai ☐ faux
d. Le suspect est la personne qui a peut-être fait le crime. ☐ vrai ☐ faux
e. Une preuve peut être un objet. ☐ vrai ☐ faux
f. Un procureur défend un accusé. ☐ vrai ☐ faux
g. On peut être condamné à de la prison sans être obligé d'y aller. ☐ vrai ☐ faux
h. Un appel est après un premier procès. ☐ vrai ☐ faux

425. RÉVISER Écrivez « = » si c'est le même sens ou « ≠ » pour un sens différent.

Exemple : un procureur – un avocat → ... ≠ ...

a. un crime – un meurtre → ....
b. une explosion – une balle → ....
c. avouer – témoigner → ....
d. une preuve – un alibi → ....
e. un suspect – un coupable → ....
f. un juge – un procureur → ....
g. tirer – tuer → ....
h. interroger – poser des questions → ....

426. RÉVISER Écrivez le mot qui correspond.

Exemple : Il défend l'accusé. → un ... avocat ...

a. Pour la police, il est peut-être un criminel. → un ....
b. Il montre qu'on était ailleurs à l'heure du crime. → un ....
c. Une déclaration pendant une enquête → un ....
d. Dire la vérité. → ....
e. Une pièce avec des prisonniers → une ....
f. Un élément certain pour condamner → une ....
g. Une peine de prison sans y aller → avec ....
h. Un nouveau procès → un ....

427. SE TESTER Complétez les phrases avec les mots qui correpondent.

Exemple : L'arme utilisée était une ... carabine ...

a. L'e.................. d'une bombe était accidentelle, pas un a.................. terroriste.
b. La police j.................. a commencé une e..................
   pour le m.................. d'une femme retrouvée morte chez elle.
c. On a p.................. la victime avec un couteau.
d. Le corps a été retrouvé avec des traces au cou, on l'a é.................. .
e. Le c.................. de police va interroger le principal s.................., un homme qui a déjà
   commis plusieurs c.................. et qui n'a aucun a.................. (on ne sait pas où il était).
f. Devant la police, elle a fini par a.................. la vérité.
g. À son p.................. , les j.................. ont condamné l'accusé à une p.................. de 5 ans
   de p.................. sans s.................., il sera donc conduit directement en c.................. .
h. Son a.................. conseille à son client de faire a.................. .

10 • Les médias, l'actualité et l'opinion

C. Les opinions

« Exprimer son opinion »

À mon **avis**/**d'après moi**/**selon moi**/je **trouve** que/je **pense** que/je **crois** qu'il faut diminuer la pollution. C'est mon **point de vue**. Je suis **pour**/**contre**/**d'accord** ou **pas d'accord** avec cet **argument**. Ça me **paraît** (verbe : *paraître*) /je **trouve** ça **évident** qu'on doit le faire. Je **me rends compte**/ **réalise** que c'est urgent. Je **me demande** pourquoi ce n'est pas déjà fait.
Il a essayé de nous **convaincre** de changer d'habitudes. C'est un bon **raisonnement**, sans aucune **contradiction**. Nous allons **réfléchir**, nous avons besoin de **réflexion**. Je **doute**/je ne suis pas **sûr**/ **certain** qu'on puisse (*subjonctif*) réussir. Voyons les **avantages** et les **inconvénients**. Vous avez tort ≠ **raison**. Ça m'est **égal**, ça me laisse **indifférent**.
Des **réactions**/des façons de **réagir** avec des **compliments** : Bravo ! Félicitations ! J'**admire** que tu le fasses (*subjonctif*), **excellent**, **fantastique**, **formidable**, **juste**. Ou des **reproches**, des **critiques** : c'est **étonnant**, **surprenant**, **incroyable**, **bizarre**, **étrange**, **absurde**, **injuste**, **choquant**, **inadmissible**, **insupportable**, **inacceptable**, **scandaleux**, **ridicule**, c'est **n'importe quoi** !

428. S'EXERCER **Reliez les éléments de sens contraire.**

a. avoir raison   •   • 1. ne pas être d'accord
b. être pour   •   • 2. être sûr
c. être d'accord •   • 3. les inconvénients
d. douter   •   • 4. avoir tort
e. juste   •   • 5. être contre
f. les avantages •   • 6. inacceptable
g. excellent   •   • 7. des reproches
h. des compliments •   • 8. injuste

429. S'EXERCER **Écrivez « + » si vous trouvez le sens positif et « - » pour un sens négatif.**

Exemple : C'est fantastique ! → ... + ...

a. Je vous admire !   → ....
b. C'est n'importe quoi !   → ....
c. C'est scandaleux !   → ....
d. Formidable !   → ....
e. Mes félicitations !   → ....
f. C'est injuste !   → ....
g. Il était insupportable !   → ....
h. C'est choquant !   → ....

430. S'EXERCER **Écrivez le mot qui convient.**

Exemple : Ce n'est pas sérieux, c'est ... *ridicule* ...

a. C'est quelque chose qu'on ne peut pas accepter, c'est ....
b. On ne peut pas supporter ça, c'est ....
c. Ça me choque, c'est ....
d. On ne peut pas le croire, c'est ....
e. Cette chose nous étonne, c'est ....
f. Quelle surprise ! C'est ....

C. Les opinions

g. Ça va provoquer un scandale, c'est ....

h. Il y a une certaine justice, c'est ....

431. S'EXERCER Reliez les éléments qui ont le même sens.

a. je pense que • • 1. c'est étrange
b. c'est mon avis • • 2. c'est certain
c. je me rends compte que • • 3. selon moi
d. d'après moi • • 4. c'est mon opinion
e. il est indifférent • • 5. ça me paraît
f. c'est sûr • • 6. je trouve que
g. je trouve ça • • 7. je réalise que
h. c'est bizarre • • 8. ça lui est égal

432. RÉVISER Complétez les phrases avec les mots : *avis, raison, d'accord, absurde, se demande, paraît, convaincre, argument, compte.*

Exemple : Cette décision est injustifiée, elle est ... *absurde* ... !

a. Tu as .... d'accepter ce nouveau travail.

b. Je suis tout à fait .... avec cet article.

c. J'ai lu votre e-mail et je suis de votre ....

d. On a vu un documentaire et on .... si tout ça est vrai.

e. Avec cette émission, je me rends .... qu'il existe des solutions.

f. Pendant son discours, l'homme politique a essayé de nous ....

g. Quel est l' .... principal de la vidéo ?

h. Cette thèse nous .... discutable.

433. RÉVISER Écrivez le verbe qui correspond au nom.

Exemple : une critique → ... *critiquer* ...

a. une réflexion → ....
b. un raisonnement → ....
c. un doute → ....
d. une réaction → ....
e. une pensée → ....
f. une conviction → ....

434. RÉVISER Cochez la bonne réponse.

Exemple : Votre argumentation n'est pas logique, je vois ☒ une contradiction ☐ une félicitation.

a. À ☐ mon avis ☐ mon opinion, c'est vrai.
b. Je suis ☐ en accord ☐ d'accord avec vous.
c. C'est dangereux ☐ selon toi ☐ contre toi.

10 • Les médias, l'actualité et l'opinion

d. Il a changé de point ☐ de vue ☐ d'opinion.
e. On avait du mal à le croire, c'était ☐ incroyable ☐ insupportable.
f. Il n'avait aucune opinion, ça lui était ☐ n'importe quoi ☐ égal.
g. Il s'est rendu ☐ réaction ☐ compte de son erreur.
h. Le professeur était très content, il m'a fait ☐ des compliments ☐ des critiques.

435. SE TESTER Complétez les phrases avec les mots qui correspondent.

Exemple : Il avait un regard étrange, et même … *bizarre* …

a. Chacun a pu donner son opinion, son a........................., son p......................... de vue, dire ce qu'il p......................... de cette affaire.
b. S......................... moi, il n'a pas raison, il a t......................... .
c. Il me p......................... clair qu'il y a des avantages mais aussi des i......................... .
d. Vous vous êtes rendu c......................... de quelque chose ? Non, nous n'avons pas r......................... .
e. Je vais essayer de le c......................... de nous écouter, et de ré......................... à notre proposition.
f. Ses r........................., nous ont surpris, c'était très é......................... .
g. Il a reçu des f......................... pour ses excellentes capacités de ra......................... sur un sujet complexe.
h. Il avait l'air indifférent, comme si tout lui était é........................., alors que pour nous c'était impossible à admettre, donc i......................... .

Bilan

1. La j................................. a rédigé un a................................. très complet sur cet é................................. dans le canard local.
2. J'ai lu la n................................. dans un q................................. qui n'est pas national mais r................................. .
3. Je suis a................................. à un m................................. sur l'art que je reçois chaque semaine car c'est un h................................. .
4. Vous savez quelle est la f................................. de cette s................................. de radio ?
5. Sur cette c................................. de télé, il y a des é................................. intéressantes, des films et des t................................. des d................................. sur des sujets variés, des jeux de t................................. .
6. Ce n'est pas une télé p................................. mais p................................., il y a donc beaucoup de p................................. .
7. Tu reçois les im................................. de télé par une a................................. sur le toit, une p................................. pour le satellite ou c'est la télé n................................. par Internet ?
8. Prends la t................................. et a................................. la télé, z................................. sur la 2 !
9. Ma copine adore aller sur les r................................. sociaux, elle suit une i................................. qui est spécialisée dans les voyages.
10. Il y a beaucoup de fausses infos, des r................................., sur Internet, alors je préfère un site d'i................................. en l................................. très sérieux.
11. À la maison, on ne manque jamais les vidéos de ce y................................. !
12. Heureusement, ce n'était pas un grave a................................. de voiture mais un petit i................................. .
13. Pouvez-vous nous dire ce qui s'est p................................. exactement, et à quel endroit ça a eu l................................. ?
14. Dans les rues, on a vu des m................................. de personnes qui protestaient contre le gouvernement, avec des s................................. très forts.
15. On a décidé d'arrêter le travail, c'est une g................................. illimitée, parce qu'on n'est pas d'accord.
16. L'avion s'est é................................. quelques minutes après le décollage.
17. On annonce un d................................. de train, mais il n'y aucun mort, tout le monde est r................................. .

Bilan

18. Un grand prix scientifique a été attribué à ce c..
pour ses d.. en chimie.

19. Mon copain a été r........................... par une voiture pendant qu'il marchait dans la rue.

20. Cette ville connaît un nouveau drame t..
avec l'.. d'une bombe devant une magasin.

21. Un individu, armé d'un couteau, a essayé de p........................... des personnes dans la rue,
et avec son f........................... il a t........................... sur d'autres gens.

22. Un c........................... de police j...........................
fait une e........................... sur le crime.

23. Après le m........................... de 2 personnes, le principal s........................... est interrogé.

24. Il n'a pas d'a........................... pour l'heure où s'est passé le crime, mais il n'y pas
non plus de p........................... pour montrer avec certitude qu'il est coupable.

25. Au tribunal, à son p..........................., les j........................... l'ont
c........................... à 7 ans de p........................... sans s........................... .

26. À mon a..., il faut
r........................... encore un peu avant de donner notre réponse.

27. S........................... notre professeur, elle a fait un très bon exposé,
c'était e..........................., toute la classe lui fait des c........................... .

28. Ça me p........................... important d'essayer de comprendre sa logique,
son r..........................., même si nous ne sommes pas d'a........................... avec elle.

29. Nous ne savons pas s'il a t........................... ou raison,
mais c'était une surprise, on a trouvé ça é........................... .

30. On ne peut pas admettre des choses comme ça, c'est i........................... .

Mon score : .... /73

11 • La nature

A. Les paysages

 « Une variété de paysages »

Ma maison est sur une **colline** (une très petite montagne) et à l'**horizon** (la ligne au loin), je vois une **chaîne** de **montagnes**, avec des **rochers** (de grosses pierres), un **sommet**/un **pic** (le point le plus haut).
En hiver, la **neige** tombe, elle est constituée de **flocons**. À haute altitude, elle peut former un **glacier** (de la glace permanente), et aux pôles, la **banquise**. En bas des montagnes, on est dans une **plaine**, et quand le **sol** devient plat, c'est une **vallée**, avec des **prairies**, non cultivées, juste avec de l'**herbe**. Dans un **marais**, le sol est **humide**. Une concentration d'**arbres** est un **bois**, ou, plus grand, une **forêt**. Quand tout a disparu, qu'il ne reste plus que des **dunes** de **sable**, on est dans le **désert**, avec parfois une **oasis** (un petit endroit avec de l'eau et des plantes).

436. S'EXERCER Reliez les éléments qui correspondent.

a. une colline
b. une chaîne
c. une vallée
d. une dune
e. l'horizon
f. une oasis
g. un flocon
h. un marais

1. de sable
2. au pied des montagnes
3. dans le désert
4. de montagnes
5. très loin
6. une petite montagne
7. humide
8. de neige

437. S'EXERCER Barrez le mot qui ne correspond pas.

Exemple : un sol humide – un marais – le désert

a. une forêt – la banquise – un bois
b. un sommet – un pic – un marais
c. un rocher – un flocon – la neige
d. une plaine – une montagne – une vallée
e. des dunes – une oasis – un glacier
f. des rochers – des flocons – des pierres
g. une colline – un glacier – la banquise
h. une prairie – de l'herbe – un marais

11 • La nature

438. S'EXERCER Écrivez le mot qui correspond à l'explication.

Exemple : En bas des montagnes → la plaine

a. Un très grand glacier → la ....
b. Un autre mot pour un sommet → un ....
c. Un grand bois → une ....
d. Une dune de sable → le ....
e. La ligne au fond du paysage → l'...
f. Des terres où l'eau reste → un ....
g. Un cristal de neige → un ....
h. Un jardin dans le désert → une ....

439. RÉVISER Écrivez les mots complets.

Exemple : la b-nq-i-e → la *banquise*

a. une c-a-ne de m-nta-nes avec un -la-ie- → ....
b. un r-che- au so-m-t d'une col-i-e → ....
c. la l-g-e d'-ori-on au loin dans le pa-sa-e → ....
d. un f-o-on de ne-g- → ....
e. un m-r-is dans la pla-n- → ....
f. des pr-iri-s dans la val-é- → ....
g. des d-nes de sa-le et une -as-s dans le dé-er- → ....
h. des a-b-es dans des -ois et des f-r-ts → ....

440. SE TESTER Complétez les phrases avec les mots qui correspondent.

Exemple : Je n'ai jamais marché sur un ... *glacier* ...

a. L'hôtel était sur une c.. avec une belle vue sur le p.. autour de nous et la mer à l'h.. .
b. J'aime sortir de la ville pour voir des a.. dans les b.. et les f.. .
c. Quand on est arrivés au s.. de la m.., on marchait sur des pierres et des r.. .
d. Notre village est dans une v.. magnifique, avec de longues pl.. .
e. On a des pr.. où les vaches mangent de l'herbe.
f. Le sol ici est toujours humide, c'est un m.. .
g. Le guide nous a amenés dans les du.. de s.. et au loin on a vu une o.. dans le d.. .
h. Dehors, la n.. tombait et l'air était rempli de f.. .

A. Les paysages

 « L'eau et les planètes »

L'eau qui sort du sol dans une **source** peut s'accumuler dans un **étang**, ou plus grand, un **lac**. Elle peut tomber dans le vide sous forme de **chute**. Elle finit par rejoindre la **mer**. Les mers ouvertes ont des **marées**, des mouvements 2 fois par jour des eaux vers le haut ou le bas.
Sur la **côte**, on peut voir quelquefois des **falaises** (un bord avec un angle droit). Et dans les pays chauds, il existe parfois dans l'eau une **barrière** de corail.
Sous la terre, on peut pénétrer dans une **grotte**, avec des **stalactites** (des accumulations de calcaire laissées par l'eau).
La nuit, la **lune**, le satellite de la Terre, peut entrer dans le paysage. Elle est parfois **pleine**, ou juste un **croissant**, au milieu des **étoiles** qui **brillent**, des galaxies de **planètes**, avec parfois une **étoile filante** (une étoile qui semble faire un trait de lumière).

441. s'exercer Reliez les éléments qui correspondent.

a. une galaxie   1. d'eau
b. les marées   2. de planètes
c. un croissant   3. sur la côte
d. une chute   4. dans une mer ouverte
e. des falaises   5. filante
f. des stalactites   6. de lune
g. une étoile   7. de corail
h. la barrière   8. dans une grotte

442. s'exercer Complétez les phrases avec les mots : *pleine, brille, lac, étang, source, falaises, marée, étoiles.*

Exemple : Sur la côte, on a vu de grandes … *falaises*… blanches.

a. C'est de l'eau de .... qui est juste mise en bouteille.
b. Le soir, quand la lune était ...., on voyait assez pour se promener.
c. Nous nous sommes baignés dans un petit ....
d. Ils ont fait du bateau sur un grand ....
e. Le soir, on regardait le ciel, avec toutes les ...., c'était superbe !
f. Aujourd'hui, le soleil .... sur la région.
g. On va attendre la .... qui monte pour se baigner.

443. réviser Les lettres des mots en italique sont mélangées. Écrivez les mots correctement.

Exemple : Il y avait une barrière de *o c l r i a*. → corail

a. Dans cette île, on a vu beaucoup de *c s o e s u r* d'eau et des *s h t e u c*. → ....
....

11 • La nature

b. Quand la lune était *e n e p i l*, on se promenait dehors et on voyait les *i s é l t o e t f n a l e i s* dans le ciel.
→ ....

c. En arrivant sur la *e ô c t*, on a vu les *a s i s e l a f* de calcaire.
→ ....

d. On a visité une *g e r o t t* avec beaucoup de *c t s i s e a t t a l*.
→ ....

e. Vous pouvez pêcher dans cet *é a t g n* ou dans ce *a c l*. → ....

f. Quand le soleil *l i e b l r*, on a envie d'aller à la *rme*. → ....

g. Il faut savoir si la *m e a é r* est haute ou basse. → ....

444. RÉVISER Remettez les mots de ces phrases dans l'ordre.

Exemple : – nuit- fort. – brillaient – Cette – très – étoiles – -là, – les
→ Cette nuit-là, les étoiles brillaient très fort.

a. – c'–était – pas – croissant. – était – pleine, – un – lune – n' – juste – La
→ ....

b. – dans – On – étoiles – le – filantes – voyait – des – ciel.
→ ....

c. – des – avait – avec – énormes. – une – stalactites – y – Il – grotte
→ ....

d. – haut – voir – falaise, – de – de – pourrez – Du – vous – barrière – la – corail. – la
→ ....

e. – eau – Des – dans – tombaient – étang. – d'– chutes – un
→ ....

f. – basse. – On – au – de – s'–est – marée – la – était – bord – quand – promenés – mer – la
→ ....

445. SE TESTER Complétez les phrases avec les mots qui correspondent.

Exemple : On allait souvent à la plage sur la … *côte* …

a. Dans la *m*.., il y avait une *b*.. de *c*.. .
b. On s'est baignés dans des *é*.. et des *l*..,
parfois avec des *c*.. d'eau.
c. On a rempli notre bouteille à la *s*.. d'eau.
d. Si vous descendez dans cette *g*.., vous verrez des *s*.. impressionnantes.
e. Tu sais si la *m*.. est haute ou basse à cette heure-ci ?
f. Ce soir, il y a un *c*.. de *l*..
qui *b*.. dans le ciel.
g. Cette *p*.. appartient à quelle galaxie ?
h. Regarde, il y a une *é*.. *f*.. !

B. Les animaux

« Dans la nature ou à la maison » 82

Un animal peut être **sauvage** (dans la nature) ou **domestique** (avec l'homme), un **mâle** ou une **femelle**, et il appartient à une **espèce** (une catégorie), et une **race**, parfois **menacée** (en danger) et **protégée**.

Les animaux de **compagnie** sont souvent un **chien**/une **chienne**, avec un **chiot** (le bébé), c'est un animal très **fidèle**, il porte un **collier** et une **laisse**, peut avoir une **niche** (sa petite maison dehors), il aboie (verbe : **aboyer**, pour se faire entendre). Le **chat**/la **chatte** a un **chaton**, **miaule** (son cri), et **ronronne** quand on le caresse. Ils ont tous les deux une **queue**, des **poils** sur le corps, des **griffes** (des ongles) sur leurs 4 **pattes** (jambes). On peut aussi avoir un **lapin**/une **lapine**, une **tortue** qui a une carapace. Dans une **écurie**, on peut garder un **cheval**/une **jument** et le **poulain**, leur petit. Dans une forêt : un **écureuil**, un **cerf**, un **sanglier** (une sorte de cochon sauvage), un **hérisson** (couvert de pics). Dans les régions froides : un **ours**, dans les régions chaudes : un **singe**, un **chimpanzé**, un **gorille**, dans un désert : un **chameau** (avec 2 bosses), un **dromadaire** (une bosse).

un **sanglier**   un **hérisson**   un **chimpanzé**   un **dromadaire**

446. S'EXERCER **Reliez les éléments qui correspondent.**

a. une espèce • • 1. sur le corps
b. des poils • • 2. domestique
c. le chien • • 3. de tortue
d. un animal sauvage ou • • 4. miaule
e. le chat • • 5. protégée
f. une bosse de • • 6. à l'écurie
g. une carapace • • 7. aboie
h. un cheval • • 8. dromadaire

447. S'EXERCER **Écrivez le mot qui correspond à l'explication.**

Exemple : le bébé du chien → le chiot

a. la femelle du chien → ....
b. un chat femelle → ....
c. un bébé chat → ....
d. un cheval au féminin → ....
e. le bébé du cheval → ....
f. Quand un chien utilise sa voix → ....
g. Quand un chat fait entendre sa voix → ....
h. Pour un chat, exprimer du plaisir par un bruit → ....

11 • La nature

448. S'EXERCER Barrez le mot qui ne correspond pas.

Exemple : un animal de compagnie → une tortue – un chien – ~~un gorille~~

a. pour un chien → un collier – une laisse – une écurie
b. pour un chat → miauler – aboyer – ronronner
c. une sorte de cheval → un cerf – une jument – un poulain
d. dans la forêt → une tortue – un sanglier – un écureuil
e. des petits → un chiot – un chaton – une griffe
f. avec des poils → un chat – un hérisson – un chien
g. dans le désert → un dromadaire – un chameau – un ours
h. des femelles → une lapine – une jument – un cheval

449. RÉVISER Cochez la bonne réponse.

Exemple : On trouve les chimpanzés dans les régions ☐ froides ☒ chaudes.

a. Un animal sauvage ☐ est ☐ n'est pas domestique.
b. Un chat a des griffes au bout de ☐ sa queue ☐ ses pattes.
c. Un dromadaire a ☐ une bosse ☐ deux bosses.
d. La lapine est la femelle ☐ du cheval ☐ du lapin.
e. C'est un porc sauvage ☐ le hérisson ☐ le sanglier.
f. Un collier est normalement porté par un animal ☐ sauvage ☐ de compagnie.
g. Un écureuil vit en général ☐ dans la forêt ☐ dans le désert.
h. Le poulain est le bébé ☐ du cheval ☐ de l'ours.

450. RÉVISER Écrivez les mots complets.

Exemple : Le chien est dans sa n-c-e. → *niche*

a. Notre -hien-e a eu 5 -c-i-ts. → ....
b. Voilà notre j-m-nt avec son p-ula-n. → ....
c. Sur cette route près de la forêt, on voit souvent des c-r-s, des san-lie-s ou des -éris-ons.
→ ....
d. Tu entends la -hat-e qui -on-on-e ? → ....
e. Devant nous, il y avait un groupe de -o-ill-s. → ....
f. Le c-ie- est content, il remue la -ueu-, il sait qu'on va lui mettre la l-is-e pour sortir. → ....
g. On a fait une balade dans les dunes, je ne sais plus si c'était un c-ame-u ou un -ro-a-aire.
→ ....
h. Cette ra-e de to-t-es est p-oté-ée. → ....

B. Les animaux

451. SE TESTER Complétez les phrases avec les mots qui correspondent.

Exemple : Cette espèce de ... *gorille*... est ... *protégée* ...

a. On est allés chercher le chien dans sa n..., on a accroché une l... à son c... et on est partis en balade.

b. Notre chatte a eu 6 c..., ils ont tous les p.............................. d'une couleur différente.

c. Pour se faire entendre, un chien a.. et un chat m.. ou r.. quand on le caresse.

d. On s'est promenés dans la forêt, on a vu des é .... dans les arbres, un grand c.............................. , des s..............................., qui ressemblent à des cochons, et des h.............................. pleins de pics.

e. Beaucoup d'animaux ont 4 p .... pour avancer et une q.............................. .

f. Si vous allez dans l'écurie, vous verrez notre c..., la j... et leur beau p.. .

g. C'est un m.. ou une f.. ?

h. Dans le désert, on a vu un d.. avec sa b.. .

« Sur terre ou dans l'eau » 83

Dans la nature des pays chauds, on trouve des **fauves** (de grandes bêtes), des **félins**, comme un **lion**/une **lionne**, un **tigre**. On peut aussi voir un **éléphant** avec une **trompe** et des **défenses**, une **girafe** avec un très long cou, un **zèbre** (avec des rayures en noir et blanc), une **gazelle** avec des **cornes**. Les plus grands tuent des animaux pour les manger, c'est la **chasse** (verbe : chasser). On peut aussi rencontrer un **serpent** et être **mordu** par lui, c'est dangereux s'il a du **venin**.
En mer, un **dauphin**, un **requin**, une **baleine** (très grosse).
Dans l'eau douce, par exemple un lac : un **brochet**, une **truite**. Les poissons ont souvent sur la peau des **écailles**.
Dans des zones humides, on peut voir une **grenouille**, un **crapaud**.

une **truite**

un **lion**   un **éléphant**   un **zèbre**   un **serpent**   une **baleine**   un **crapaud**

452. S'EXERCER Cochez la bonne réponse.

Exemple :	☐ Un lion	☒ Un zèbre	a des rayures sur la peau.
a.	☐ Le tigre	☐ La grenouille	est un félin.
b. Une gazelle porte	☐ une trompe	☐ des cornes.	
c. Une baleine est un	☐ petit	☐ gros	animal.
d. Une girafe a	☐ un long cou	☐ de longues cornes.	
e.	☐ Les poissons	☐ Les fauves	ont des écailles.

11 • La nature

f. Certains ☐ serpents ☐ dauphins ont du venin.
g. Les éléphants ont ☐ des cornes ☐ des défenses.
h. ☐ Un crapaud ☐ Un requin vit dans la mer.

453. S'EXERCER Reliez les éléments qui correspondent.

- **a.** un dauphin •   • **1.** pour manger
- **b.** une trompe •   • **2.** de gazelle
- **c.** un brochet •   • **3.** dans la mer
- **d.** une écaille •   • **4.** de poisson
- **e.** une corne   •   • **5.** d'éléphant
- **f.** chasser   •   • **6.** de zèbre
- **g.** du venin   •   • **7.** dans l'eau douce
- **h.** des rayures •   • **8.** de serpent

454. RÉVISER Les lettres des mots en italique sont mélangées. Écrivez les mots correctement.

Exemple : Les fauves *t s a e s n h c* pour manger. → chassent

a. des *n f e s s é d e* et une *o r p t m e* d'éléphant → ....
b. le *i e r g t* et le *o l i n* sont des *s é f l n i* → ....
c. des rayures de *r z b e è* et un cou de *e a i r f g* → ....
d. des *s l l c a i é e* sur un poisson comme un *b o c e r h t* ou une *r t u e i t* → ....
e. un *a n h u d p i*, un *i u q r n e* ou une *a i n e l e b* dans la mer → ....
f. des *r c e n o s* de *l g a e l e z* → ....
g. une *u n l i l e r o g e* ou un *c u a r d a p* ? → ....
h. du venin de *t n e s p e r* → ....

455. SE TESTER Complétez les phrases avec les mots qui correspondent.

Exemple : Le poisson à des ... *écailles* ... sur le corps.

a. Pendant le safari, vous verrez des *fé*........................ , comme des *l*........................ mâles ou des *l*........................ femelles mais pas de *t*........................ ici.
b. Les grands *a*........................ *c*........................ les bêtes plus petites pour les manger.
c. La *g*........................ se défend avec ses *c*........................ .
d. Un *é*........................ se reconnaît à ses deux *d*........................ et sa *t*........................ .
e. Pendant notre balade en bateau, nous avons vu plusieurs *d*........................, une *b*........................ très loin et même un *r*........................ .
f. Dans la rivière, on pêche quelque fois un *b*........................ ou une *t*........................ .
g. C'est une *g*........................ ou un *c*........................ ?
h. Le *s*........................ vient de le mordre mais il n'y a pas de *v*........................

B. Les animaux

« À la campagne »

un **cochon**   un **poussin**   une **poule**   une **vache**   un **mouton**   une **chèvre**   un **canard**

On trouvera une **poule** qui pond (verbe **pondre**) des œufs, un **coq** (le mâle), un **poussin** (le petit), ou un **canard**, une **oie** (blanche). Pour le lait et la viande, une **vache**, un **bœuf**, un **taureau** (le mâle), un **veau** (le petit), ils sont dans un **troupeau** (un groupe) et vivent dans une **étable**. Aussi un **cochon** (pour la viande de porc), un **mouton** (pour la laine), une **brebis** (la femelle), un **agneau** (le petit).
Un oiseau peut être un **pigeon**, un **moineau**, un **corbeau**, un **cygne**, un **aigle**, une **mouette** au bord de la mer. Il a un **bec** (à la place de la bouche), des **plumes** (sur le corps), deux **ailes** pour voler, il vit dans un **nid**.
Un **insecte**, c'est par exemple une **fourmi** (dans une société très organisée), une **abeille** dans une **ruche** pour le miel, une **guêpe**, un **moustique** qui nous **pique**, un joli **papillon** aux couleurs diverses, une **mouche**, une **araignée** qui tisse une **toile**, une **coccinelle** (rouge avec des points noirs), un **criquet**, une **sauterelle**.

    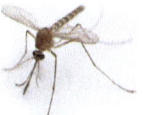  

une **fourmi**   une **ruche**   un **papillon**   une **araignée**   un **moustique**   une **coccinelle**   une **sauterelle**

456. S'EXERCER Reliez les 3 éléments qui correspondent.

a. Une abeille   1. habitent   a. dans un nid.
b. La poule   2. de vaches est   b. dans une ruche.
c. Le troupeau   3. pond   c. une toile.
d. Un aigle   4. fait du miel   d. et des ailes.
e. L'araignée   5. est un insecte   e. un œuf.
f. Les oiseaux   6. a un bec   f. avec des couleurs variées.
g. Un papillon   7. fabrique   g. dans l'étable.

457. S'EXERCER Barrez le mot qui ne correspond pas.

Exemple : On mange leur viande.   → un canard – ~~un corbeau~~ – un cochon

a. une famille d'animaux   → le coq – l'oie – le poussin
b. un endroit où habitent les animaux → une étable – un nid – une mouche
c. une famille d'animaux   → le cygne – le mouton – la brebis
d. les parties d'un oiseau   → la laine – le bec – les plumes
e. une famille d'animaux   → le taureau – la vache – le mouton

11 • La nature

f.	des insectes	→ un criquet – une fourmi – un aigle
g.	des insectes très colorés	→ un papillon – un moustique – une coccinelle
h.	des oiseaux	→ un cygne – un corbeau – une sauterelle

458. RÉVISER Écrivez le mot qui correspond à l'explication.

Exemple : Elle permet à l'oiseau de voler. → une ... *aile* ...

a. C'est le mâle de la poule. → un ....
b. La femelle du mouton est → une ....
c. Cet insecte fait une toile. → une ....
d. Elle est rouge avec des pois. → une ....
e. Les oiseaux y habitent. → un ....
f. Un groupe d'animaux de la ferme → un ....
g. Elle fait du miel. → une ....
h. Attention à sa piqûre ! → un ....

459. RÉVISER Écrivez les mots complets.

Exemple : Sur le lac, j'ai vu passer quelques c-g-es. → *cygnes*

a. Dans notre ferme, on a un tro-pe-u de -a-hes avec quelques v-a-x, ils sont tous dans leur é-a-le.
 → ....

b. Ils ont des mo-to-s, des b-ebi- pour le fromage, et des a-n-aux pour la viande.
 → ....

c. La -u-he était remplie d'-be-l-es qui faisaient leur miel. → ....

d. Dans ma chambre, j'ai vu une grosse a-a-g-é- qui tissait sa t-il-.
 → ....

e. L'-i-le est un oiseau qui peut vo-er très haut parce qu'il a de grandes ai-es.
 → ....

f. Quand la poule -o-d un œuf, parfois un pou-si- apparaît. → ....

g. Si les cri-ue-s sont nombreux, ils peuvent être dangereux pour les cultures. → ....

h. De ma fenêtre, j'ai vu passer des pi-eo-s, un c-r-eau, plusieurs m-in-aux, et comme on est près de la mer, des -ouet-es. → ....

460. SE TESTER Complétez les phrases avec les mots qui correspondent.

Exemple : Le ... *taureau* ... est un bœuf mâle.

a. Nous avons un c...................., quelques p....................
 qui p.................... des œufs et plein de petits p.................... .

b. La ferme avait un grand t.................... de m....................
 pour la laine, avec des b.................... et chaque année des petits a.................... .

c. À l'é...................., il y a les v.................... pour le lait, quelques
 b.................... pour la viande et des jeunes v....................

B. Les animaux

d. Dans cette région, on trouve beaucoup de c... pour la viande de porc, mais pas beaucoup de c... ni d'o.. .

e. Dans cet arbre, des o... on fait leur n..., ils ont de jolies p... orange sur le corps et un b... noir.

f. Dans le jardin, on voit toutes sortes d'insectes, des f... au sol, des a... qui sont sorties de leur r..., des c... rouges, des g... ou des m... qui risquent de nous piquer, des p... aux jolies couleurs.

g. Une a... a fait une grande t... au plafond.

h. Tu connais la différence entre un c... et une s... ?

C. Les plantes

« Des fleurs et des arbres » 85

Les **plantes** poussent (grandissent), les **fleurs** s'ouvrent puis **se fanent**, certaines ont des **épines** qui piquent. Il existe aussi des **mauvaises herbes** qu'il faut éliminer. Les **arbres** ont des **racines** et leurs **troncs** sont recouverts d'**écorce**. Au printemps, sur les **branches**, les **bourgeons** poussent pour devenir des **feuilles**, des fleurs ou des **fruits**.

une **marguerite** — des **pétales**, une **tige**

une **rose** — un **coquelicot** — une **pâquerette** — un **tournesol** — une **tulipe**

un **arbre** — des **branches**, des **feuilles**, un **tronc**

461. S'EXERCER Reliez les éléments qui correspondent.

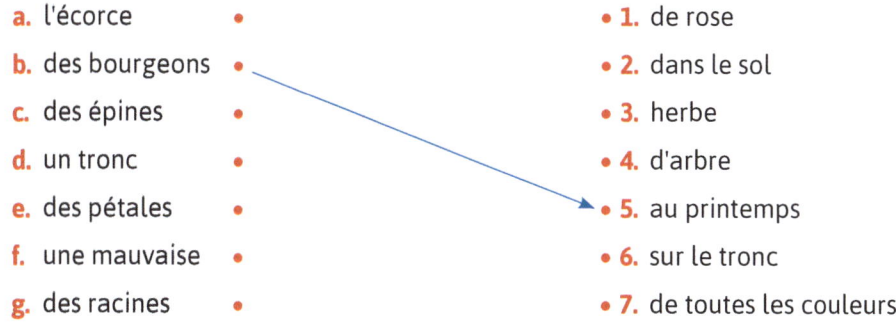

a. l'écorce • • 1. de rose
b. des bourgeons • • 2. dans le sol
c. des épines • • 3. herbe
d. un tronc • • 4. d'arbre
e. des pétales • • 5. au printemps
f. une mauvaise • • 6. sur le tronc
g. des racines • • 7. de toutes les couleurs

11 • La nature

462. S'EXERCER Barrez le mot qui ne correspond pas.

Exemple : sur un arbre → l'écorce – les branches – ~~les tulipes~~

a. des parties d'une fleur → la tige – les branches – les pétales
b. des fleurs → un coquelicot – une tulipe – l'écorce
c. sur une rose → un tournesol – du parfum – des épines
d. des parties d'un arbre → le tronc – une pâquerette – les racines
e. sur une branche → les bourgeons – les feuilles – les racines
f. des actions pour les fleurs → pousser – faner – éliminer

463. RÉVISER Complétez les phrases avec les mots : *bourgeons, ~~feuilles~~, fleurir, pétales, marguerite, épines, racines, faner, écorce.*

Exemple : Cette plante a des … *feuilles* … vertes.

a. La .... a des .... blancs.
b. Cet arbre va .... en mai.
c. Les .... vont devenir des fruits.
d. Je me suis piqué avec les .... de cette rose.
e. On a acheté ce bouquet de fleurs hier, il va vite ....
f. Ce médicament est fait avec de l'.. d'arbre.
g. Un arbre a des .... dans la terre.

464. RÉVISER Les lettres des mots en italique sont mélangées. Écrivez les mots correctement.

Exemple : La *g i e t* de cette fleur est très fragile. → tige

a. Dans la campagne, on a vu des *e r e t u r m i s g a*, des *e s e p q u e â t r t*, des *t e u r l n o s s o* et des *c t u q e s o l o c i*. → ....
....
b. Les *p e t u s i l* ont des *t p s l e é a* de couleurs très variées. → ....
....
c. La rose avait un *a u m r p f* merveilleux et aucune *e i n é p*. → ....
....
d. Avec cette chaleur, les fleurs *n n a f t e* vite mais les *a m u i s a e v s* herbes *s u n t s p o e* bien.
→ ....
e. Du *c r o n t* de l'arbre partaient deux *r b e a s c n h* énormes avec des *f l s e u e l i* vertes.
→ ....
f. Les plantes se nourrissent par leurs *a n r c s e i* dans le sol. → ....
g. Cet objet est fabriqué avec de l'*c o r é c e* d'arbre. → ....

D. Les plantes

465. SE TESTER Complétez les phrases avec les mots qui correspondent.

Exemple : Cette fleur a-t-elle un ... *parfum* ... agréable ?

a. Ils lui ont apporté un bouquet de *r* .... sans é...
   et aussi quelques *t* ....

b. Dans le jardin, on a cueilli des *p* ...., des *m*...
   mais pas de *c* .... car ils étaient *f*... .

c. Ces plantes *p*... très bien.

d. Il faut enlever les *m* .... *h*... .

e. Ces fleurs ont une *t*... verte et des *p*... jaunes.

f. On s'est approchés du *t*... de l'arbre pour toucher son é... .

g. C'était le printemps, les *br* .... des arbres étaient pleines
   de *bo* .... qui deviendraient des fruits.

h. L'enfant a cueilli quelques *f* .... d'arbre pour sa collection.

D. Les manifestations de la nature

 « Écologie et environnement »

L'**écologie** nous aide à comprendre notre **environnement** et à le **protéger**. Il peut arriver un **drame**/une **catastrophe** causée (e) par la nature : la **sécheresse** (un manque de pluie), une **mousson** (des pluies violentes), une **inondation** (de l'eau partout), une **coulée** de boue, une **tempête** (des vents très forts), ou plus fort encore une **tornade** et un **cyclone**. Ça peut être aussi une **avalanche** (la neige s'effondre), un **tremblement** de terre (le sol bouge), un glacier qui **fond** (verbe : fondre), un **raz de marée** (une énorme vague qui détruit la côte).
Un **volcan** est une sorte de montagne avec un **cratère** d'où peut sortir de la **lave** (de la terre devenue liquide) pendant une **éruption**. Un **geyser** est un jet d'eau bouillante sortant de la terre. Après le mauvais temps, on voit parfois un **arc-en-ciel** (la lumière se décompose en 7 couleurs), c'est le signe d'un retour au calme.

466. S'EXERCER Complétez les phrases avec les mots : *tornade, arc-en-ciel, coulée de boue, cyclone, raz-de-marée, protéger, lave, écologie, fondre.*

Exemple : La pluie s'est arrêtée et on a vu un ... *arc-en-ciel* ...

a. La glace des banquises est en train de ....

b. Il est urgent de prendre des mesures pour .... notre environnement.

c. La .... du volcan a recouvert la ville antique.

d. La maison a été détruite en quelques minutes par les vents violents d'une ....

11 • La nature

e. Le sol était très humide aux pieds des collines, un village a disparu sous une ....
f. La population a été prévenue de l'arrivée d'un violent .... dans la région.
g. La côte a été recouverte par un ....
h. L'... nous aide à comprendre la nature.

467. S'EXERCER Reliez les deux parties de la phrase.

a. Il n'a pas plu depuis longtemps, c'est • • 1. une tempête.
b. Les skieurs ont été emportés par • • 2. un tremblement de terre.
c. De l'eau très chaude sortait du sol, c'était • → • 6. un geyser.
d. Le niveau de l'eau du fleuve est monté et a provoqué • • 3. la sécheresse.
e. Notre maison a été détruite par les vents violents d' • • 4. une avalanche.
f. Le sol a bougé pendant plusieurs secondes, c'était • • 5. une éruption.
g. Après la pluie, on a vu un bel • • 7. arc-en-ciel.
h. Le volcan pourrait bientôt avoir • • 8. une inondation.

468. RÉVISER Écrivez les mots complets.

Exemple : un ra-de mar-e au bord de la mer → *raz de marée*

a. Du vent dans une *t-mp-te*, une *-ornad-* ou un *c-clo-e* → ....
b. De fortes pluies dans une *mo-s-on* → ....
c. Tout bouge dans un *tre-ble-en-* de terre. → ....
d. Pas assez de pluie pendant une *s-c-eres-e* → ....
e. La *-av-* sort du *cr-tè- e* d'un *vol-a-*. → ....
f. Dans les montagnes, la neige provoque une *a-al-n-he* et la glace *f-n-*. → ....
g. Les couleurs de l'*-r-* en *ci-l* → ....
h. Une *i-on-a-ion* ou une *-oulé-* de boue → ....

469. RÉVISER Écrivez le mot qui correspond à l'explication.

Exemple : Quand le sol bouge → *un tremblement de terre*

a. Quand on manque de pluie → la ....
b. Une vague énorme qui crée une catastrophe. → un ....
c. Ce que fait la glace quand elle disparaît. → Elle ....
d. Il a un cratère. → un ....
e. Quand il y a trop d'eau partout → une ....
f. Les 7 couleurs dans le ciel → un ....
g. La science de l'environnement → l'...

D. Les manifestations de la nature

470. SE TESTER Complétez les phrases avec les mots qui correspondent.

Exemple : La nature peut provoquer des ... *drames* ...

a. Dans cette région, on a quelquefois du vent, une fois une *te*.. mais jamais de *to*.. ou de *c*.. .

b. L'avion est passé au-dessus d'un *v*.., on a bien vu le *c*.., heureusement il n'était pas en *é*.., donc sans *l*.. .

c. Il est passionné d'*é*.., il dit qu'il faut *p*.. notre *e*.. pour éviter les *c*.. naturelles.

d. Dans ce pays, il pleut rarement, c'est la *s*.., mais ici il y a trop de pluie, on a parfois des *i*.. et des *c*.. de boue.

e. On nous a montré le glacier qui *f*.. de plusieurs mètres chaque année.

f. Le ski hors-piste est interdit car il y a un risque d'*a*.. .

g. L'eau du *g*.. était chaude et fumante.

h. On a de la chance, la pluie s'est arrêtée et on a vu un magnifique *a*.. .

Bilan

1. Il faut marcher 3 heures pour arriver au s... de la montagne et on a une vue magnifique sur toute la v... autour.
2. Notre maison est sur une c..............................., on voit le p............................... tout autour avec une c............................... de montagnes à l'h............................... .
3. Un bois est plus petit qu'une f... .
4. La neige tombait à gros f... et les skieurs se sont arrêtés à cause du risque d'a............................... .
5. Aujourd'hui, on va se promener dans le d..., marcher dans les d............................... de sable et on s'arrêtera dans une o............................... .
6. Leur ferme est dans une pl... bien verte avec des pr... où les animaux mangent de l'herbe.
7. Ici, le sol est toujours humide, c'est un m... .
8. Un étang est plus petit qu'un l... .
9. À la sortie du village, il y a une s... d'eau.
10. L'eau du fleuve tombe dans des c... spectaculaires.
11. À m............................... basse, on peut se promener au pied des f............................... blanches qui sont nombreuses sur cette c............................... .
12. On est protégés des requins par la b... de corail.
13. Vous pouvez visiter cette g... où on trouve d'énormes s... de calcaire.
14. Pendant les vacances à la campagne, on aimait regarder le ciel la nuit, admirer le c............................... de lune et toutes les é............................... qui b............................... dans le ciel.
15. Tiens, je viens de voir une é............................... f............................... !
16. J'aimerais bien avoir un animal de c..., mais j'hésite entre un m............................... ou une f............................... et je ne connais rien aux r............................... et aux e............................... .
17. Nous avons un c............................... et une j............................... qui vient d'avoir un p............................... .
18. Les animaux ont généralement 4 p............................... pour marcher, avec des g............................... à la place des ongles, des p............................... sur le corps et une q............................... .
19. Si quelqu'un passe près de la maison, mon c............................... a............................... .
20. Quand il veut quelque chose, mon c............................... m............................... et il r............................... quand il est content.

Bilan

21. Ne touche pas ce h..., ça pique !
22. Le c......................... et le d......................... ont une réserve de graisse dans leur b......................... .
23. Ici, on ne peut pas tuer ces animaux, la c......................... est interdite, pour protéger par exemple les é......................... et leurs d......................... en ivoire, mais aussi tous les f......................... .
24. Pendant notre safari-photo, on a pu voir beaucoup d'animaux s......................... comme des g......................... avec de jolies c......................... sur la tête, des z......................... avec des rayures, des g......................... au long cou, mais pas de l........................., ils sont plus rares.
25. Notre p......................... p......................... un œuf chaque matin. On a aussi une r......................... remplie d'a......................... pour le miel.
26. En ce moment, le jardin est plein de fleurs, des p........................., des m......................... des r......................... (attention aux é.........................), des t......................... .
27. C'est un arbre magnifique, avec un t......................... tout droit, des b......................... solides avec des f......................... bien vertes et des r......................... solides dans le sol.
28. L'é......................... nous aide à comprendre l'e......................... et les c......................... naturelles, les raisons des s......................... dans les pays où il ne pleut pas assez, les i......................... là où il pleut trop, les r......................... qui détruisent les régions près de la mer, les glaciers qui f......................... les t......................... de terre, les vents violents dans les te........................., les to......................... ou les cy......................... .
29. Ce v......................... n'a pas eu d'é......................... depuis longtemps, mais il y a encore de la l......................... dans le c......................... .
30. Le calme est revenu, nous avons vu un immense a......................... apparaître dans le ciel.

Mon score : ……. /89

12 • Les études

A. Avant le bac : les écoles, les activités

« Les lieux, les personnes et le matériel » 87

Un enfant va d'abord dans une **école maternelle**, puis dans une école primaire/**élémentaire**, c'est un(e) **élève**, il/elle a un **instituteur**/une **institutrice** pour les **cours** et un **directeur**/une **directrice** à la tête de l'école. Ensuite, il/elle va dans un **collège**, il/elle devient un **collégien**/ une **collégienne**, avec un(e) **professeur(e)**, un(e) **principal(e)** qui dirige, assisté de **surveillant(e)s** pour la **discipline**. Finalement, il/elle passe au **lycée**, c'est un **lycéen**/ une **lycéenne** avec un(e) **proviseur(e)** à la tête. Ces établissements sont **publics** ou **privés**.
Dans la salle de classe, on écrit au **tableau**. Il y a un **gymnase** pour le **sport**, une **cour** (de récréation) pour les pauses, ou une **salle de permanence** si on n'a pas de cours.
Un **CDI** (Centre de Documentation et d'Information) est une **bibliothèque** avec diverses ressources. On peut manger à la **cantine**, c'est la demi-pension. Dans un **pensionnat**, on dort sur place.
L'élève met ses affaires dans son **cartable**. Il/Elle va écrire sur un **cahier**, une **feuille** de papier qu'il/elle met dans un **classeur** ou un **dossier**. Pour écrire, il/elle utilise un **stylo** ou un **feutre**. Il/Elle a une **trousse** avec un **taille-crayon**, des **ciseaux** pour couper, une **gomme** pour effacer, une **calculette**…

471. S'EXERCER Reliez les éléments qui correspondent..

a. un directeur •   • 1. de lycée
b. un principal •   • 2. fait les cours à la maternelle ou primaire
c. un proviseur •   • 3. à la tête d'une école maternelle ou primaire
d. un instituteur •   • 4. pour les élèves en demi-pension
e. un surveillant •   • 5. privée
f. une école publique ou •   • 6. de collège
g. une cantine •   • 7. pour écrire dans la classe
h. un tableau   •   • 8. pour la discipline

> Des mots masculins se terminent par un -e, comme **lycée**, **musée**, en raison de leur origine latine : lyceum, museum.

472. S'EXERCER Complétez les phrases avec les mots : *gomme, ~~CDI~~, feutre, cahier, cantine, ciseaux, cartable, permanence, classeur, trousse, effacer, surveillant, tableau, feuilles, cour, gymnase, gomme.*

Exemple : Pour préparer votre exposé, vous pourrez aller au … *CDI* …

a. Le prof a besoin d'un ………………………………………… pour écrire au ………………………………………… .
b. Je n'ai pas de ………………………………………… pour couper ce papier.
c. Un cours est annulé, il faut aller en salle de ………………………………………… où il y a toujours un ………………………………………… .

A. Avant le bac : les écoles, les activités

d. Je me suis trompé, je prends ma .... dans ma .... pour .... le mot.

e. Il y a de grands arbres dans la .... de récréation.

f. Tu préfères écrire dans un .... ou un .... avec des .... de papier ?

g. À 11 h, on va au .... pour le sport.

h. À midi, je ne déjeune pas à la .... j'apporte un sandwich dans mon ....

473. RÉVISER Écrivez le mot qui correspond à l'explication.

Exemple : On y met des crayons, des stylos → une ... trousse ...

a. l'école avant le primaire → la ....
b. une professeure avant le collège → une ....
c. l'école après le collège → le ....
d. Les élèves y restent pendant les pauses. → la ....
e. Il aide pour la discipline. → un ....
f. du papier pour écrire dessus → une ....
g. pour avoir un crayon qui écrit bien → un ....
h. Elle sert à effacer. → une ....

474. RÉVISER Écrivez les mots complets.

Exemple : une salle de p-r-a-e-c-e → permanence

a. un l-cé- → ....
b. une col-é-ien-e → ....
c. une pro-e-seu- - → ....
d. la d-mi-p-n-ion → ....
e. un pro-is-ur → ....
f. une -rous-e → ....
g. un ca-ie- → ....
h. une -alc-let- - → ....

475. SE TESTER Complétez les phrases avec les mots qui correspondent.

Exemple : Vous avez un CDI ou une ... bibliothèque ... ?

a. Sa femme est i.. avec les petits dans une é.. m.. .

b. Un p.. dirige un c.. et pour un l.. c'est un p.. .

c. Les é.. entrent dans la c.. et le p.. écrit une phrase au t.. .

197

12 • Les études

d. Vous sortez votre c... de votre c... et vous prenez un s... rouge dans votre t... .

e. J'ai mal fait le dessin, mais j'ai utilisé un f........................., je ne peux pas effacer avec une g......................... .

f. Avec tes c... tu peux couper la f... de papier.

g. Quand les élèves n'ont pas de cours, ils vont dans la s... de p... où un s... fait respecter la discipline.

h. Le c... de sport a lieu au g... ou quelquefois dans la c... de r... .

 « Les activités »

À la **rentrée**, pour une nouvelle année scolaire, composée de trois **trimestres** (= 3 mois), les élèves ont un **emploi du temps**, avec leurs **matières** (maths, géo...). Ils/Elles passent des **tests**. Ils/Elles doivent **réviser** (revoir leurs leçons), ne pas être **absents** (≠ présents). Ils/Elles ont des **devoirs** (du travail à la maison), **corrigés** en classe. Si on fait une **faute**, on **se trompe**, on a une moins bonne **note**. Dans le **règlement**, des **comportements** sont interdits, comme **bavarder** en classe (parler, ne pas **se taire**), et on peut recevoir une **punition**, être puni. Un(e) élève de plus de 15 ans peut faire un **apprentissage**, c'est une **formation** pour une profession dans une école et chez un employeur. En France, on passe le **bac** à la fin du lycée en **Terminale**, avec des **épreuves** écrites et orales (avec un(e) **examinateur/trice**) pour une **filière** générale ou professionnelle. On **valide** aussi les notes obtenues en **contrôle continu** pendant l'année en tenant compte du **livret scolaire** (les observations des profs). Pour obtenir son **diplôme**, il faut une **moyenne** supérieure à 10/20 (10 sur 20). Si on réussit bien, on peut aussi avoir une **mention**. Un(e) **candidat(e)** qui **échoue** (ne **réussit** pas) devra **redoubler** (refaire une Terminale).

476. S'EXERCER Reliez les deux parties de la phrase.

a. J'ai réussi le bac •   • **1.** pour demain.
b. Je passe un test et •   • **2.** je devrai redoubler.
c. Le prof m'a puni •   • **3.** j'ai échoué à mon test d'anglais.
d. Je suis content, •   • **4.** j'espère que j'aurai une bonne note.
e. Si je n'ai pas le bac, •   • **5.** parce que je bavardais.
f. J'ai fait une faute, •   • **6.** avec mention.
g. Je n'ai pas la moyenne, •   • **7.** je me suis trompé.
h. J'ai des devoirs à faire •   • **8.** j'ai réussi mon test.

> En France, la 1re année du collège s'appelle « **la 6e** », c'est la 6e année avant la fin, la Terminale.

477. S'EXERCER Complétez les phrases avec les mots : *filière, redoubler, ~~matière~~, mention, réviser, apprentissage, corrigé, réussi, moyenne, comportement, contrôle.*

Exemple : Quelle est ta ... *matière* ... préférée ? Le français !

a. Il fait une .... générale ou professionnelle ?
b. Je dois .... pour le test de demain.

A. Avant le bac : les écoles, les activités

c. Le prof nous a rendu notre devoir ....
d. Cet élève a de bons résultats mais des problèmes de .... en classe.
e. Si j'ai une mauvaise note, ma .... pour le .... continu va baisser.
f. Ma copine a .... le bac avec la ....

 très bien, mais moi, je dois ....
g. Vous avez pensé à faire un .... ?

478. RÉVISER Cochez la bonne réponse.

Exemple : le travail à faire à la maison, c'est   ☐ Le livret scolaire   ☒ Les devoirs

a. Un trimestre est une période de   ☐ 3 mois   ☐ 6 mois.
b. Pour l'école, la rentrée c'est   ☐ un test   ☐ le début de l'année.
c. Le français est   ☐ un emploi du temps   ☐ une matière.
d. Ce qu'il est interdit de faire est indiqué dans   ☐ le règlement   ☐ le contrôle continu.
e. Le contraire de « réussir » un examen est   ☐ passer   ☐ échouer.
f. L'apprentissage est une filière pour   ☐ préparer le bac   ☐ apprendre un travail.
g. Si on redouble,   ☐ on multiplie les notes du test par 2   ☐ on refait une année d'école.

479. RÉVISER Écrivez « = » si les mots ont le même sens ou « ≠ » pour un sens différent.

Exemple : passable – assez bien → ... ≠ ...

a. le bac – un bachelier → ....
b. corriger – réviser → ....
c. se tromper – faire une faute → ....
d. un apprentissage – une formation professionnelle → ....
e. une épreuve – un examinateur → ....
f. bavarder – se taire → ....
g. passer un examen – réussir un examen → ....
h. redoubler une année - refaire une année → ....

> Ne pas confondre **passer un examen** (faire) et **réussir un examen** (avoir un bon résultat).

480. RÉVISER Écrivez le mot qui correspond à l'explication.

Exemple : Elle a le bac, c'est → une ... bachelière ...

a. Ne pas être présent → être ....
b. Quand on se trompe, c'est → une ....
c. Ça arrive quand on ne respecte pas le règlement → être ....
d. Ne pas échouer → ....
e. L'addition de toutes les notes divisée par le nombre de notes → une ....
f. Un contrôle des connaissances en classe → un ....
g. Ne pas bavarder → se ....
h. Une indication sur la note obtenue au bac → la ....

12 • Les études

481. SE TESTER Complétez les phrases avec les mots qui correspondent.

Exemple : Pour l'oral de l'examen, les candidats passent devant un ... *examinateur* ...

a. À la r.., on nous donne notre e..
   du t.. pour toutes les m.. .

b. J'ai bien r.. avant ce t.., j'espère que j'aurai
   une bonne n.. parce que ma m.. générale n'est pas très haute.

c. Guillaume a décidé de faire un a.., il aura
   une f.. à l'école et chez un professionnel.

d. Cet élève a été p.. car il b.. en classe.

e. Les élèves p.. les é.. du bac mais on tient aussi compte
   du c.. continu et du l.. scolaire.

f. Tu as r.. le bac avec une m.. félicitations !

g. Vous n'avez pas une note suffisante aux épreuves, vous avez é..,
   il faut r.. votre classe de T.. .

h. C'est une erreur, je me suis t.., j'ai fait une f.. .

B. Après le bac : les formations, les diplômes

« Quelle école pour quelles études ? » 89

Pour une **formation** technique dans l'**enseignement supérieur**, un(e) **étudiant**(e) peut préparer un **B.T.S.** (Brevet de Technicien Supérieur) en 2 ans. On peut aussi faire des **études**/**étudier** dans une **université** ou une **fac**(ulté) (spécialisée dans une **matière**) comme le **droit** (la loi), la **médecine**, les **langues**... Le **cursus** (le cycle) permet d'obtenir : une **licence** (bac + 3), un **master** (+ 2 ans), puis un **doctorat** (le **LMD**). En France, si on réussit un **concours**, un examen avec peu de places, souvent préparé en classe **prépa**(ratoire), on entre dans une **grande école**, comme **Polytechnique** (familièrement appelée l'**X**) pour les sciences, l'**ENS** ou **Sciences Po**, plutôt littéraires, l'**École des chartes** pour l'Histoire, **HEC** pour les carrières commerciales, les **Beaux-Arts**, l'**École du Louvre** pour l'histoire de l'art, ou la plus prestigieuse, l'**ENA** (École nationale d'administration) pour des postes de hauts fonctionnaires.
Le **conservatoire** national est spécialisé dans la musique, la danse ou l'**art dramatique** (le théâtre).

482. S'EXERCER Barrez le mot qui ne correspond pas.

Exemple : dans le LMD → Doctorat – ~~Louvre~~ – Master

a. des matières étudiées → le droit – le BTS – les langues
b. des diplômes universitaires → le master – l'X – la licence
c. des grandes écoles → Sciences Po – l'ENA – une faculté

> « Académique » ne se réfère pas à l'université mais à une institution, comme l'Académie française.

B. Après le bac : les formations, les diplômes

d. des matières étudiées dans un conservatoire → la musique – la science – le théâtre
e. des écoles spécialisées dans l'art → les Beaux-Arts – HEC – l'École du Louvre
f. des sélections à l'entrée → une prépa – un concours – un examen
g. des abréviations de l'enseignement supérieur → une prépa – le bac – une fac

483. S'EXERCER Reliez les éléments qui correspondent.

a. Polytechnique • • 1. en 3 ans
b. une grande • • 2. Arts
c. le BTS • • 3. une université
d. les Beaux- • • 4. de musique
e. une faculté plus spécialisée qu' • • 5. école
f. l'École nationale • • 6. une formation technique
g. une licence • • 7. l'X
h. un conservatoire • • 8. d'administration

> Sauf pour Médecine et les grandes écoles, il n'y a pas d'examen d'entrée pour les universités.

484. S'EXERCER Complétez les phrases avec les mots : *HEC, ~~Louvre~~, droit, conservatoire, master, ENA, doctorat, Sciences Po, cursus, Chartes, études, polytechnique.*

Exemple : C'est un spécialiste de l'histoire de l'art, il est prof à l'école du ... *Louvre*...

a. J'ai un copain qui fait un .... de .... international dans une grande école, à ....
b. Notre fille est entrée à l'École .... pour des .... scientifiques.
c. Ce .... me paraît intéressant mais je ne suis pas sûr d'aller jusqu'au ....
d. Cet élève est passionné d'histoire, il veut faire l'École des ....
e. L'........................ est la grande école la plus difficile.
f. Notre directeur du marketing est diplômé d'........................ .
g. Un jeune qui adore la danse doit essayer d'entrer au ....

485. RÉVISER Les lettres des mots en italique sont mélangées. Écrivez les mots correctement.

Exemple : réussir le *r u c s o n c o* d'entrée à l'ENS → *concours*

a. Trouver le bon *s u r s c u* de l'*e t e e e m i n s n n g* supérieur
   → ....
b. Préparer un *e r e B t v* de *c n e i e h c i n T* Supérieur
   → ....
c. Étudier une *a m t è i e r* dans une *e r s é i u i t v n*
   → ....
d. Aller dans une *r a n g e d* école ou une *u c a l f t é*
   → ....
e. Une classe *a p p r é* pour l'École nationale d'*i s n t o r t a i i n m d a*
   → ....

12 • Les études

f. Les cours du soir d'*i t i s o h r e* de l'art à l'*c É e o l* du Louvre

→ ....

g. Faire une *c c l e n i e*, un *m a e r t s* et un *t c o d a t r o*

→ ....

h. Suivre des cours d'art *t i d e r a q m a u* au *o n t s i e e v a c r o r*

→ .... !

486. RÉVISER Écrivez le mot qui correspond.

Exemple : ce que les étudiants apprennent → une ... *matière* ...

a. Un diplôme de niveau bac +3 → une ....
b. Plus généraliste qu'une fac → une ....
c. Le nom familier pour une grande école scientifique → l' ....
d. Le niveau de l'enseignement après le bac → il est ....
e. Un cycle d'études → un ....
f. Un examen avec des places limitées → un ....
g. On y apprend la musique, la danse, le théâtre → un ....
h. Un diplôme de technicien → un ....

487. SE TESTER Complétez les phrases avec les mots qui correspondent.

Exemple : Quelle est votre ... *formation* ... dans ce domaine ?

a. Après le bac, un élève de l'e.................................. s..................................

devient un é.................................. .

b. Il est en 4ᵉ année de son m.................................. de droit, il ne va pas

dans une u.................................. ni une f..................................

mais dans une g.................................. école.

c. Pour ce travail, il faut un B.................................. de T.................................. S.................................. .

d. J'aimerais bien aller au c.................................. pour apprendre l'art d.................................. .

e. Après une classe p.................................., il a réussi le c.................................. d'entrée

à l'École nationale d'a.................................. et maintenant il est au gouvernement.

f. Le directeur a fait l'X, c'est à dire l'École P.................................. .

g. Notre école propose un c.................................. complet jusqu'au d.................................. .

h. Pour faire une carrière commerciale, tu peux faire H.................................. .

B. Après le bac : les formations, les diplômes

 « Les cours »

Les étudiants acceptés par un établissement doivent faire leur **inscription**/**s'inscrire** (faire noter leur nom) au **secrétariat** (bureau administratif).
Ils pourront **assister** aux cours **magistraux** dans un **amphi(théâtre)**, une grande salle, ou faire des **TD** (Travaux dirigés) ou **TP** (travaux pratiques) en **groupe** pour un travail en **équipe**, comme dans un **labo**(ratoire) pour les sciences.
S'ils sont absents, ce sera avec l'enseignement **à distance** en ligne. Il faudra **prendre des notes** (écrire les mots clés avec des **abréviations**). Pour développer leur **capacité** à **communiquer**, ils feront un **exposé** oral (une présentation structurée) avec une **recherche** en **empruntant** des livres à la bibliothèque. Une **dissertation** est un écrit sur un **sujet** précis, avec une **bibliographie** (une liste de sources), à rendre avant une **date limite**. Pour le **contrôle des connaissances** un examen peut être **partiel** (pendant le **semestre**, 6 mois) ou **final**, avec un **coefficient** (plus de points pour les matières principales).

488. S'EXERCER Reliez les éléments qui correspondent.

a. un exposé • • 1. un livre
b. un cours magistral • • 2. en petit groupe
c. s'inscrire • • 3. oral
d. les cours à distance • • 4. dans un amphithéâtre
e. une dissertation • • 5. au secrétariat
f. un TD • • 6. final
g. un examen • • 7. en ligne
h. emprunter • • 8. écrite

489. S'EXERCER Cochez la bonne réponse.

Exemple : Les cours à distance sont ☒ des cours en-ligne ☐ une dissertation
a. Assister à un cours veut dire « aller au cours » ☐ comme prof ☐ comme étudiant.
b. Pendant les cours, les étudiants doivent ☐ s'inscrire ☐ prendre des notes.
c. Un secrétariat est ☐ un bureau administratif ☐ une bibliothèque.
d. Un semestre comprend ☐ 6 mois ☐ 3 mois.
e. Un exposé se fait ☐ par écrit ☐ oralement.
f. Les cours en petit groupes permettent un travail ☐ en équipe ☐ en amphi.
g. Un examen qui n'est pas final est ☐ limite ☐ partiel.
h. Pour un examen, un coefficient transforme ☐ la note ☐ la date.

490. RÉVISER Complétez les phrases avec les mots : *recherches, final, bibliographie, amphi, labo, exposé, contrôle, abréviations, notes, limite, sujet, semestre, dissertation, partiel, emprunter, groupe.*

Exemple : J'ai oublié de mettre la … *bibliographie* … dans mon devoir !
a. Ce cours n'est pas en ...., c'est un TP en petit ....

12 • Les études

b. Pour la chimie, on va au ....

c. Si le prof parle trop vite, c'est difficile de prendre des ...., même avec des ....

d. Il faut faire une .... de 3 pages sur ce .... et la date .... est vendredi prochain.

e. Pour le .... des connaissances, nous allons avoir un .... puis un examen ....

f. Le premier .... s'est bien passé pour moi.

g. Aujourd'hui, je fais un .... en cours de philo, j'ai un peu peur.

h. Vous pouvez consulter ces livres pour vos .... mais c'est impossible de les ....

491. RÉVISER Écrivez les mots complets.

Exemple : Les cours en TD permettent un travail d'-qui-e. → *équipe*

a. Je ne peux pas aller à ce cours ma-i-tra-, mais j'utilise l'enseignement à -ist-n-e.
→ ....

b. Ce n'est pas un examen -i-a-, c'est un p-r-iel. → ....

c. Cette matière a un gros c-ef-i-i-nt. → ....

d. Il m'a prêté ses n-t-s de cours mais je ne comprends rien à ses a-r-via-ions !
→ ....

e. J'ai e-pr-n-é plusieurs livres pour mes r-c-erch-s. → ....

f. Si vous n'êtes pas in-cri-, vous ne pouvez pas as-is-er aux cours.
→ ....

g. Tu dois faire un e-pos- sur quel su-e- ? → ....

h. La dis-erta-ion est à rendre avant le 15, c'est la date -imit- !
→ ....

492. RÉVISER Écrivez le nom correspondant au verbe.

Exemple : communiquer → *la communication*

a. noter → une .... **d.** présenter → une ....
b. s'inscrire → une .... **e.** chercher → une ....
c. contrôler → un ....

493. SE TESTER Complétez les phrases avec les mots qui correspondent.

Exemple : Il faut améliorer votre ... *capacité* ... à communiquer.

a. Avant le début des cours, chaque étudiant doit s'i... au secrétariat de la fac.

b. Ce matin, je dois a... à un cours m... dans l'a... .

c. Quand le prof parle, je prends des n..., pour gagner du temps j'utilise des a... .

B. Après le bac : les formations, les diplômes

d. Nous avons le choix entre 3 s......................... pour la d.........................
et la date l......................... est dans 15 jours.

e. Pour le c......................... des connaissances, on aura un p.........................
et ensuite un examen f......................... à la fin du s.........................
avec un fort c......................... pour la matière principale.

f. Vous avez aussi des TD en petit g......................... pour travailler en é......................... .

g. J'ai fait des r......................... à la bibliothèque pour préparer
mon travail oral, un......................... .

h. Certains cours sont disponibles en ligne pour l'e......................... à d......................... .

 « La vie étudiante »

S'il/si elle a de mauvais résultats, l'étudiant(e) risque de se **décourager**, de ne pas **supporter** le volume de travail (ne pas y résister), la **pression**, la forte **compétition** dans certaines écoles, et de vouloir **abandonner** (s'arrêter). Mais s'il/si elle est **motivé(e)**, s'il/elle **bûche** (familièrement, travaille), si c'est un **bosseur**/une **bosseuse** (un travailleur, une travailleuse), s'il/si elle sait **gérer** (utiliser efficacement) son temps, **s'organiser** (structurer ses activités avec méthode), garder une bonne capacité de **concentration**, il/elle va faire des **progrès** et bien **évoluer**.
Sur un **campus**, il y a des équipements pour faciliter la vie des étudiant(e)s, comme une **cafétéria** (pour boire un verre ou prendre un sandwich), un **restaurant universitaire**, une **résidence universitaire** avec des chambres. Les familles à petits revenus peuvent obtenir une **bourse** pour financer les études.
Il faut généralement faire au moins un **stage**, être un(e) **stagiaire**, une période pour mettre les connaissances en pratique, souvent en entreprise, et à la fin écrire un **rapport** de stage.

494. S'EXERCER Reliez les éléments qui correspondent.

a. une résidence — 1. à la cafétéria
b. avoir une capacité — 2. universitaire
c. boire un jus d'orange — 3. avec une bourse
d. faire un stage — 4. des progrès
e. faire — 5. son temps
f. écrire — 6. en entreprise
g. payer les études — 7. de concentration
h. gérer — 8. un rapport de stage

495. S'EXERCER Complétez les phrases avec les mots : *gérer, s'organisent, universitaire, progrès, supporter, concentration, se découragent, campus, résidence, ~~cafétéria~~, bourse, abandonner.*

Exemple : On peut se retrouver à la … cafétéria … pour boire quelque chose.

a. Le midi, je déjeune au restaurant .... avec mes copains.

b. Les étudiants qui ne .... pas bien au début de l'année risquent de ne pas
.... tout le travail à faire.

12 • Les études

   c. À la fin de la première année, beaucoup d'étudiants ....
   s'ils ont de mauvaises notes et veulent ....
   d. J'ai appris à mieux .... mon temps.
   e. Tu dois faire des .... sur ta capacité de .... !
   f. Elle a trouvé une chambre dans une .... universitaire
   mais c'est très loin du ....
   g. On n'est pas très riches, heureusement qu'on a une ....

496. S'EXERCER Cochez la bonne réponse.

Exemple : Il a arrêté de venir au cours,   ☐ il a évolué.
                                            ☒ il a abandonné.

a. C'est une bosseuse, elle aime   ☐ diriger les autres.
                                              ☐ travailler dur.

b. C'est un étudiant qui bûche, il   ☐ travaille beaucoup.
                                              ☐ ne travaille pas beaucoup.

c. Il ne supporte pas tout ce travail,   ☐ il n'aime pas.
                                              ☐ il n'a pas assez de forces pour tout faire.

d. Il y a beaucoup de compétition, tout le monde   ☐ veut être meilleur que les autres.
                                                       ☐ aider les autres.

e. Elle n'a pas réussi à finir l'année, il y avait trop de   ☐ pression.
                                                                ☐ concentration.

f. Un stage est un enseignement   ☐ théorique.
                                              ☐ pratique.

g. Le rapport de stage se fait   ☐ au début du stage.
                                              ☐ à la fin du stage.

497. S'EXERCER Complétez les phrases avec les mots qui correspondent.

Exemple : Cet étudiant a eu une bonne évolution, il a bien ... évolué ...

   a. Il se concentre bien, il a une bonne ....
   b. Vous avez une bonne motivation, vous êtes ....
   c. Elle a une bonne organisation, une bonne manière de s' ....
   d. Il y a un risque de découragement, il pourrait se ....
   e. Il bosse, c'est un ....
   f. Il ne faut pas d'abandon, ne pas ....
   g. Les étudiants y résident, c'est une ....
   h. Elle fait un stage, c'est une ....

B. Après le bac : les formations, les diplômes

498. RÉVISER Remettez les mots de ces phrases dans l'ordre.

Exemple : – la – à – discutera – cafétéria. – On – en → *On en discutera à la cafétéria.*

a. – organiser. – pas – bien – je – m'– Au – savais – début, – ne
→ ....

b. – pour – J'– gérer – être – mon – ai – appris – à – efficace. – plus – temps
→ ....

c. – réussir – examens. – vos – devez – année – l'– bûcher – Vous – toute – pour
→ ....

d. – la – fac. – sur – Le – campus – de – est – le – universitaire – restaurant
→ ....

e. – grandes – compétition – forte. – les – très – la – est – étudiants – écoles, – Dans – les – entre
→ ....

f. – pour – 2e – être – bosseur – année – Il – faut – en – ici. – passer – un
→ ....

g. – mon – Je – stage – un – journal. – dans – pratique – faire – voudrais
→ ....

499. SE TESTER Complétez les phrases avec les mots qui correspondent.

Exemple : Il travaille beaucoup, c'est un gros ... *bosseur* ...

a. Pendant l'année universitaire, il y a des étudiants qui ne s...
   pas la p.. qu'ils sentent sur eux.

b. Elle pensait qu'elle était mauvaise, mais on lui a montré comment s'o..,
   mieux g.. son temps et maintenant elle fait plein de p.. .

c. Il faut être m.. pour ne pas a.. avant la fin de l'année.

d. On a plein de cours toute la journée, on doit avoir une bonne capacité de c..
   pour continuer à b.. .

e. Il n'y a pas de chambres sur notre c.. mais on
   m'a proposé d'habiter dans la r.. universitaire.

f. À midi, je préfère manger un truc à la c.. .

g. Il y a des b.. pour aider à payer les études.

h. J'ai fini mon s.. pratique en entreprise,
   maintenant je dois écrire le r.. .

Bilan

1. Les jeunes enfants vont d'abord à l'école m .... puis à l'école p ....
2. Après l'école élémentaire, on passe au c .... et ensuite au l .... pour passer le b .... quand on est en classe T ....
3. Le midi, je mange à la c .... avec mes copains de classe.
4. Sortez vos affaires de votre c ...., prenez votre c .... ou une f .... de papier pour écrire la nouvelle leçon.
5. Pendant les pauses, les élèves peuvent se reposer dans la c ....
6. Vous pourrez e .... ces livres à la b .... de l'école.
7. Après les grandes vacances d'été, c'est la r .... scolaire.
8. J'espère qu'on n'a pas de t .... en maths aujourd'hui parce que je n'ai pas eu le temps de r .... avant.
9. Il est interdit de b .... en classe avec les autres élèves, vous pouvez être p .... !
10. Mon cousin après 15 ans a préféré faire un a .... pour devenir cuisinier.
11. Pour le premier t ...., j'ai une m .... supérieure à 14/20 dans toutes les m .... sauf les maths.
12. Un bachelier avec une m .... a plus de chances d'entrer dans une g .... école.
13. Si vous voulez être avocat, il faut é .... le d .... à la f ....
14. J'ai l'intention de faire un L .... M .... D .... en langues dans cette u ....
15. À 10 h, on a un cours m .... dans le grand a ....
16. On a aussi des TD en petit g .... pour travailler en é ....
17. Je ne peux pas a .... à tous les cours, heureusement qu'il y a l'enseignement à d .... sur Internet.
18. Il faut s'habituer à utiliser des a .... pour aller plus vite quand on p .... des notes en classe.
19. Voici le s .... pour votre d .... qui doit faire 4 pages, elle est à rendre avant le 15, c'est la date l ....
20. J'ai une copine qui veut être comédienne, elle vient d'entrer au c .... national d'art d ....
21. L'i .... aux cours se fait au s .... en début d'année.

Bilan

22. La c .... entre les élèves est forte ici, mais vous ne devez pas vous d .... !
23. Certains élèves ne s .... pas tout ce travail et préfèrent a .... leurs études avant la fin du semestre.
24. Si tu apprends à mieux t'o .... dans ton travail, à g .... ton temps pour être plus efficace, tu pourras faire des p ....
25. Elle a fait un s .... pratique de deux mois, maintenant elle est en train d'écrire son r ....
26. On va avoir des examens p .... et un examen f ...., avec un plus gros c .... pour l'Histoire de l'Art.
27. Vous aurez un e .... à faire pour évaluer votre c .... à communiquer oralement.
28. C'est difficile mais c'est un gros travailleur, un b ...., il va b .... pour réussir.
29. On a un restaurant u .... sur notre c ....
30. Sans une b ...., des familles ne pourraient pas payer des études à leurs enfants.

Mon score : .... /65

13 • La vie citoyenne

A. L'organisation des pouvoirs

 « L'exécutif »

Le/La **président(e)** de la République en France est **élu(e)** (verbe : élire) par le peuple, il/elle est le/la **chef(fe) de l'État** et décide de la politique pour le pays. Il/Elle **nomme** (choisit) un **Premier ministre** et des ministres pour former un **gouvernement**. Le/La président(e) et le gouvernement exercent le **pouvoir exécutif**.
Le/la ministre des **Affaires étrangères** s'occupe des relations avec l'étranger, la diplomatie. À l'**Intérieur**, c'est la sécurité, la police, et à la **Défense**, c'est l'armée. Au **ministère** de l'**Économie**, on traite les questions de budget, de **fisc** (d'impôts). Les **secrétaires d'État** sont responsables de sujets plus limités. Chaque mercredi, un **Conseil des ministres** a lieu au palais présidentiel. Les ministres ont des **cabinets** (une équipe qui les assiste) avec des **fonctionnaires** (qui ont un emploi public à vie). Dans chaque **région** ou **département**, à la **préfecture**, un (e) **préfet/préfète** nommé(e) par l'État représente l'exécutif. D'autres pays comme la Belgique ou le Maroc, ont une **monarchie** avec un **roi** ou une **reine** à leur tête. Au Québec, province du Canada, il y a un lieutenant-gouverneur.

Ministère de l'Économie et des finances à Paris.

500. S'EXERCER Reliez les éléments qui correspondent.

a. Le président de la République • • 1. des ministères.
b. Le Premier ministre • • 2. est élu.
c. Les ministres travaillent dans • • 3. une équipe pour assister un ministre.
d. Le ministre des Affaires étrangères • • 4. un sujet plus limité qu'un ministre.
e. Un fonctionnaire a • • 5. est nommé.
f. Un secrétaire d'État s'occupe d' • • 6. dans les bureaux du président.
g. Un cabinet est • • 7. est en charge de la diplomatie.
h. Le Conseil des ministres a lieu • • 8. un emploi public.

L'**État**, avec majuscule, pour le pays, et l'**état**, mot général pour « la situation ».

501. S'EXERCER Complétez les phrases avec les mots : *cabinet, exécutif, fisc, sécurité, diplomatie, élu, Conseil, nommé, Intérieur, monarchie, Affaires, reine.*

Exemple : L'administration du … fisc … concerne les impôts.

a. Le président de la République, qui est ………………, et les ministres exercent le pouvoir ……………… .
b. Le Premier ministre est ……………………………………………………………………………… par le président.
c. Chaque ministre a un ………………………………………………………………………… qui travaille avec lui.
d. Le gouvernement se réunit chaque semaine dans un ……………………………………………… des ministres.
e. Le ministre de l'……………………… est responsable entre autres de la ……………………… .
f. Le ministère des ……………………… étrangères dirige la ……………………… .
g. La ……………………………………………………………………… a lu le discours du Premier ministre.
h. La France n'est plus une ……………………………………………………………………………… .

A. L'organisation des pouvoirs

502. S'EXERCER Barrez le mot qui ne correspond pas.

Exemple : sous la responsabilité de ministres → la Défense – ~~la monarchie~~ – l'Économie

a. des personnes → un ministère – un secrétaire d'État – un ministre
b. des lieux → une préfecture – un préfet – un ministère
c. Concerne le ministre de l'Économie. → la diplomatie – le budget – les impôts
d. Concerne le ministère de l'Intérieur. → la diplomatie – la sécurité – la police
e. Ils sont nommés. → le Premier ministre – le président – les préfets
f. des divisions administratives → une région – un département – le Conseil des ministres
g. dans une monarchie → un roi – un président de la République – une reine

503. RÉVISER Les lettres des mots en italique sont mélangées. Écrivez les mots correctement.

Exemple : Il a été nommé *c e e r é r a t s i* d'État. → secrétaire

a. Le *e t r n m i s i* des *f i s A r e a f* étrangères dirige la *l e d o i m t i a p*.
  → ....
b. L'armée est sous la responsabilité du *i n è e i s m t r* de la *é n e f D s e*.
  → ....
c. La France est divisée en *n s r i o g é* et *a e r m e t s t n p é d*.
  → ....
d. Les *s r t é f e p* ont leurs bureaux dans les *r u t e é s c e r p f*.
  → ....
e. Dans une *h r m i c e a n o*, on a un roi ou une *e r i n e*.
  → ....
f. Le *i v r o p u o e t f i é x u c*, c'est le président de la République et le *n e g o e u e t v m n r*.
  → ....
g. Le *f c h e* de l'État nomme un *r i e P r e m i s t n m i r e*.
  → ....
h. Un *t i c a f r n n n i e o o* travaille pour l'État.
  → ....

> Ne pas confondre un **ministre**, la personne, et un **ministère**, l'endroit où il travaille.

504. RÉVISER Cochez la bonne réponse.

Exemple : Le fisc est l'administration des impôts.   ☒ vrai   ☐ faux

a. Le Premier ministre est élu par les Français.   ☐ vrai   ☐ faux
b. Un secrétaire d'État s'occupe des Affaires étrangères.   ☐ vrai   ☐ faux
c. Le ministre de l'Économie est responsable des questions d'argent.   ☐ vrai   ☐ faux
d. Le Conseil des ministres se réunit dans les bureaux du Premier ministre.   ☐ vrai   ☐ faux
e. Un préfet travaille dans un ministère.   ☐ vrai   ☐ faux
f. Un fonctionnaire est employé pour toute sa vie.   ☐ vrai   ☐ faux
g. Il y a des préfets de région et aussi de département.   ☐ vrai   ☐ faux
h. La France est maintenant une monarchie.   ☐ vrai   ☐ faux

13 • La vie citoyenne

505. SE TESTER Complétez les phrases avec les mots qui correspondent.

Exemple : Comment est organisé le pouvoir ... *exécutif* ... dans votre pays ?

a. C'est une réunion des c .... d'É .... à la tête des pays de la zone euro.

b. Le P .... m .... a annoncé des mesures contre la crise pendant le C ....

c. Le m .... des A .... é .... va faire un discours sur la d .... française qu'il a préparé avec son c ....

d. Le g .... est aussi composé de s .... d'É ....

e. Mon copain a trouvé un poste de f ...., c'est un emploi public, dans le même d .... que moi.

f. Il faut une lettre venant de la p .... signée par le p .... de la r ....

g. Ce pays n'est pas une république, il y a une r ...., c'est une m ....

h. Il s'occupe de l'Économie, donc du b .... et du f ....

 « Le pouvoir des élus »

À l'**Assemblée nationale**, les **député(e)s** sont élu(e)s et votent les **lois**. Avec le **Sénat**, les **sénateurs**/les **sénatrices**, c'est le pouvoir **législatif** qui **contrôle** l'exécutif.
Dans chaque région, on élit un **conseil régional**, et dans chaque département, un **conseil départemental**. Dans une **commune** (un village ou une ville), on élit un **conseil municipal**, avec à sa tête un(e) **maire**. Ses membres travaillent à la **mairie**, ou à l'**Hôtel de ville** dans les grandes **municipalités** (l'ensemble des élus ou le village/la ville qu'ils administrent).
Ces assemblées votent par exemple des **subventions** (de l'argent public) pour financer les activités qui les concernent.
Il y a aussi des élections pour les **député(e)s européen(ne)s/eurodéputé(e)s** pour le **Parlement européen** à Strasbourg et à Bruxelles.

Le Parlement européen à Strasbourg

506. S'EXERCER Reliez les deux parties de la phrase.

a. Un sénateur exerce • → • 1. l'exécutif.
b. Un député est élu • • 2. au Sénat.
c. Le pouvoir législatif contrôle • • 3. un(e) maire.
d. Les habitants d'une commune élisent • • 4. une commune.
e. Le conseil municipal gère • • 5. à l'Assemblée nationale.
f. Un Hôtel de ville est une grande • • 6. mairie.
g. Une subvention est • • 7. européen.
h. Il y a des députés au Parlement • • 8. de l'argent de l'État.

A. L'organisation des pouvoirs

507. S'EXERCER Cochez la bonne réponse.

Exemple : Le conseil départemental s'occupe des questions ☒ du département ☐ de la région.

a. Les député(e)s sont	☐ au Sénat	☐ à l'Assemblée nationale.
b. Une commune est	☐ toujours petite	☐ grande ou petite.
c. La mairie est	☐ une personne	☐ un endroit.
d. Un Hôtel de ville est pour une ville	☐ plus petite	☐ plus grande.
e. La municipalité, c'est	☐ seulement les élus d'une commune	☐ les élus et le territoire de la commune.
f. Il y a un conseil dans les régions	☐ oui	☐ non
g. Les subventions sont	☐ des impôts à payer	☐ des financements de l'État.
h. Le Parlement européen	☐ est élu	☐ n'est pas élu.

508. RÉVISER Écrivez les mots complets.

Exemple : Le pouvoir exécutif est contrôlé par le pouvoir l-gi-lati- → *législatif*

a. Un co-se-l peut être m-ni-ipa-, -ép-rt-me-t-l ou -é-iona-.

→ ....

b. Le/La -air- est élu à la tête d'une c-m-un-.

→ ....

c. Les -é-u-és votent les -o-s à l'-s-emblé- n-ti-na-e.

→ ....

d. Les -é-at-urs et les -é-atri-es sont au -é-at.

→ ....

e. Les grandes villes peuvent avoir un H-t-l de -il-e à la place d'une -air-e.

→ ....

f. Les m-ni-ipalit-s utilisent des s-b-entio-s venant de l'État.

→ ....

g. Il y a aussi un P-rl-ment e-rop-en.

→ ....

509. RÉVISER Écrivez le mot qui correspond à l'explication.

Exemple : un village ou une ville est → une ... *commune* ...

a. la personne à la tête d'une ville → le ou la ....
b. les élus d'une ville et la ville elle-même → la ....
c. une grande mairie → un ....
d. de l'argent public → une ....
e. l'assemblée au niveau d'un département → le ....
f. un(e) membre du Sénat → un .... / une ....
g. elle est votée par le Parlement → une ....
h. un représentant du peuple au Parlement européen → un .... / un ....

13 • La vie citoyenne

510. SE TESTER Complétez les phrases avec les mots qui correspondent.

Exemple : Il y a une assemblée pour la région, elle est … *régionale* …

a. Au niveau national, le S... et l'A... nationale,
   avec des s... et des d..., constituent le Parlement.

b. Le p... l... a pour fonction de v...
   les l... et il peut c... l'exécutif.

c. Le m... est l'élu responsable d'une m... .

d. Les élus d'une ville se trouvent dans une m... ou
   un H... de ville pour les plus grandes villes.

e. L'État finance la vie publique avec des s... .

f. Dans les c..., on élit un c... m... .

g. L'assemblée au niveau du département est d... .

h. Les d... e... sont élus au Parlement de Strasbourg et Bruxelles.

B. La démocratie en action

 « Les élections »

Dans une **démocratie**, les citoyens peuvent **élire** une personne à un **mandat** (une fonction) au **suffrage universel** (tous les adultes ont le **droit** de **voter**).

Les candidats font des **discours**, annoncent leur **programme**, participent à des **débats** (discussions).

Un **sondage** évalue leur **popularité**.

Une **affaire** (un scandale dans les médias), créant une **polémique** peut les déstabiliser.

Un pays sans démocratie est une **dictature**.

511. S'EXERCER Reliez les éléments qui correspondent.

a. une élection présidentielle • • 1. politique
b. une élection législative • • 2. pour élire les maires
c. une élection municipale • • 3. pour le président de la République
d. un parti • • 4. universel
e. une affaire • • 5. pour les députés au parlement
f. le suffrage • • 6. popularité
g. participer à • • 7. dans les médias
h. un sondage de • • 8. un débat

Ne pas confondre **un parti** (politique) et **une partie**, (des éléments d'un ensemble).

B. La démocratie en action

512. S'EXERCER Cochez la bonne réponse.

Exemple : Un parti conservateur est plutôt ☒ à droite ☐ à gauche.

a. Le suffrage universel est pour
les habitants en âge de voter ☐ du monde entier ☐ de toute la France.
b. Un mandat est ☐ une personne élue ☐ un travail pour une personne élue.
c. Les candidats qui n'ont pas gagné
une élection sont dans ☐ l'opposition ☐ la dictature.
d. Un candidat sans étiquette est ☐ sans parti ☐ sans programme.
e. Pour écouter les candidats discuter,
on organise ☐ des débats ☐ des polémiques.
f. Pour une personnalité politique, une affaire
dans les médias est généralement ☐ une bonne chose ☐ une mauvaise chose.
g. Un parti qui n'est pas à gauche est donc à ☐ droit ☐ droite.
h. La popularité des personnalités politiques
peut être calculée par un ☐ sondage d'opinion ☐ référendum.

513. S'EXERCER Soulignez la bonne réponse.

Exemple : une tendance politique → extrémiste – un mandat

a. entre la gauche et la droite → extrême – au centre
b. une élection → un sondage – municipale
c. le plus grand nombre de votes → la majorité – un référendum
d. être aimé par le pays → la popularité – une affaire
e. un texte formel → un discours – un sondage
f. un régime politique → une polémique – une dictature
g. les propositions d'un candidat → une opposition – un programme
h. il porte le nom d'un candidat → l'étiquette – le bulletin

> Ne pas confondre **le droit** (l'autorisation de vote) et **la droite** (le contraire de la gauche).

514. RÉVISER Écrivez le mot qui correspond à l'explication.

Exemple : un vote pour répondre à une question → un ... référendum ...

a. Il donne aux gens la possibilité de faire une chose. → un d............
b. Une personne qui vote → un é............
c. Pour une élection où on peut tous voter → le s............ u............
d. La fonction d'un élu → un m............
e. Le contraire de la droite → la g............
f. Le plus grand nombre de votes → la m............
g. Il porte le nom d'un candidat. → un b............
h. Pour un parti qui n'est pas au gouvernement → l'o............

13 • La vie citoyenne

515. RÉVISER Écrivez les mots complets.

Exemple : un -onda-e → un *sondage*

a. la -émo-ra-i- → ....
b. le suf-ra-e u-iv-rs-l → ....
c. un m-nda-. → ....
d. un -isc-ur- → ....
e. un p-ogra-m- → ....
f. la d-oit- → ....
g. la -a-orit- → ....

516. RÉVISER Remettez les mots de ces phrases dans l'ordre.

Exemple : – a – municipal. – un – mandat – Elle – au – conseil – → Elle a un mandat au conseil municipal.

a. – village – de – notre – étiquette. – est – sans – maire – Le
→ ....

b. – l' – élections – les – élire – législatives – nationale. – Les – députés – d' – Assemblée – permettent – à
→ ....

c. – politique – opinion. – un – en – d' – d' – popularité – connaît – On – sondage – la – faisant – un – homme
→ ....

d. – à – parti – à – centre. – droite, – au – ni – Ce – gauche, – politique – mais – n' – est – ni
→ ....

e. – pour – son – fait – a – candidat – présenter – un – intéressant – discours – Le – programme.
→ ....

f. – affaire. – par – Ce – aux – une – été – élections – a – candidat – déstabilisé – municipales
→ ....

517. SE TESTER Complétez les phrases avec les mots qui correspondent.

Exemple : Les étrangers ont le … *droit* … de voter ?

a. Dans un pays avec une d.................., il y a de nombreuses é.................. .
b. Le chef de l'État est é.................. au s.................. u.................. .
c. On élit les représentants à l'A.................. nationale, ils ont un mandat de 5 ans.
d. On trouve des p.................. politiques de d..................,
   de g.................., du c.................. .
e. Les é.................. sont les personnes qui vont choisir
   le b.................. avec le nom de leur candidat préféré.
f. Le candidat qui a la m.................. des v.................. exprimés est élu.
g. La p.................. des personnalités politiques
   peut être calculée par un s.................. d'opinion.
h. On a déjà voté pour répondre à une question par un r.................. .

C. Les sujets de société

 « Les sujets de société liés à l'économie »

Les excès du **capitalisme**, avec le rôle important donné à l'argent et à la **consommation** (le fait de consommer) peuvent provoquer des **inégalités sociales** entre les **riches** et les **pauvres**, de la **précarité** (une situation instable), le **chômage** (être sans travail). Un **SDF** (sans domicile fixe) est un(e) **sans-abri** (sans toit) et peut connaître la **famine** (le manque de nourriture).
L'État verse des **aides sociales** (de l'argent payé par **solidarité**). Pour les financer, il devra décider l'**augmentation** (≠ la diminution) des impôts, **lutter contre** la **corruption** (payer quelqu'un pour un avantage) ou faire le choix d'un **développement durable** (plus continu, évitant les effets négatifs).
À cause des difficultés économiques, un(e) **migrant(e)** quitte son pays, c'est l'**émigration** (le fait de partir), ou l'**immigration** (le fait d'arriver). Un(e) **réfugié(e)** part pour des raisons politiques ou un **conflit** (une guerre). Un **demandeur d'asile** cherche une protection. Les étrangers en **situation illégale** peuvent être mis dehors, c'est une **expulsion**.

518. S'EXERCER Reliez les éléments qui correspondent.

a. un développement • • 1. sociales
b. sans domicile • • 2. une diminution
c. riche ou au contraire • • 3. durable
d. une augmentation ou au contraire • • 4. fixe
e. au chômage • • 5. pauvre
f. les aides • • 6. d'asile
g. la famine quand on est • • 7. sans travail
h. un demandeur • • 8. sans nourriture

> « **Immigrant** » pour une personne en train de migrer n'est pas courant, il est souvent remplacé par « **migrant** ».

519. S'EXERCER Complétez les phrases avec les mots : *chômage, abri, lutte, l'émigration, ~~expulsion~~, l'immigration, l'augmentation, diminution, asile.*

Exemple : L'homme était en situation irrégulière, il a subi une … *expulsion* … hors des frontières.

a. Il pense à ……………………………… pour avoir une vie meilleure dans un autre pays.
b. Cette journaliste est persécutée dans son pays, elle demande l'……………………………… politique.
c. Que peut-on faire pour cette personne qui vit dans la rue, c'est un sans-……………………………… ?
d. Le gouvernement a promis la ……………………………… des impôts.
e. L'……………………………… vers la France a beaucoup de pays d'origine.
f. Cette organisation ……………………………… contre la pauvreté.
g. Nous constatons ……………………………… des réfugiés venant de ce pays, il y en a plus.
h. Il n'a pas encore trouvé un emploi, il est au ……………………………… .

13 • La vie citoyenne

520. S'EXERCER Écrivez le mot qui correspond.

Exemple : les aides sociales la rendent possible → la ... *solidarité* ...

a. Le contraire d'une égalité → une ....
b. Acheter et utiliser → ....
c. Le contraire de l'émigration → l'..
d. Il peut être durable. → le ....
e. De l'argent pour acheter un avantage → la ....
f. Pas assez à manger → la ....
g. Il part car sa vie chez lui est en danger. → un ....
h. N'est pas légal → ....

521. RÉVISER Écrivez « = » pour les mots qui ont le même sens ou « ≠ » pour le sens contraire.

Exemple : la corruption – un paiement illégal → ... = ...

a. un SDF – un sans-abri → ....
b. acheter pour utiliser – consommer → ....
c. la précarité – le capitalisme → ....
d. l'émigration – l'immigration → ....
e. un conflit – une guerre → ....
f. durable – stable → ....
g. riche – pauvre → ....
h. une augmentation – une diminution → ....

522. RÉVISER Les lettres des mots en italique sont mélangées. Écrivez les mots correctement.

Exemple : Après un *i l t c f o n*, il a traversé la frontière et est maintenant un *g f u i é r é*. → conflit, réfugié

a. Ce sont les mauvais effets du *c t m p a i s i l e a*. → ....
b. Les médecins demandent une *e a u t g m a n n i t o* de la *n o m o m a i n o s t c* de fruits et une *i d n o m n i i t u* du tabac.
   → ....
c. On constate des *i a t é s l n é i g l o e s a s c i s* dans ce pays.
   → ....
d. Dans certaines régions, il y a de la *m e a n f i*. → ....
e. Le nouveau gouvernement *e t l t u* contre le *e ô g a c h m*.
   → ....
f. Il y a encore de la *n c r p o t i o u r* chez les employés. → ....
g. Beaucoup de gens *s r e u v p a* essayent l'*i g o n é t r m i a m* et se retrouvent en *t o i i s t n a u l l g é a l i e*.
   → ....
h. Ce *d e u e a d n m r* d'*e l a i s* n'a pas eu de réponse et l'État a demandé son *u i p n e x o s l*.
   → ....

C. Les sujets de société

523. SE TESTER Complétez les phrases avec les mots qui correspondent.

Exemple : En cas de crise, l'État aide les gens en difficulté par ... *solidarité* ...

a. Les priorités du gouvernement sont de l.. contre le c..
   des jeunes qui ne trouvent pas d'emploi et les i.. sociales.
b. Il faut savoir combien de s..-a.. sont dans les rues
   et quelles a.. sociales ils peuvent recevoir.
c. L'a.. des impôts a provoqué une d..
   de la c.. des familles.
d. Un c.. armé dure depuis des années dans ce pays,
   des milliers de r.. vont de l'autre côté de la frontière.
e. Ils manquaient d'argent, ils étaient p.. et risquaient de ne pas trouver à manger,
   de connaître la f.., c'est pourquoi ces gens ont préféré l'é..
   vers un pays plus riche qui n'est pas toujours prêt à accepter cette i.. .
f. Le c.. et la recherche immédiate du profit sont le contraire d'un
   d.. d.. qui est plus stable, plus continu.
g. Beaucoup de m.. ayant quitté leur pays pour trouver
   un travail se retrouvent en situation i ....
h. Elle a fait une demande d'a.. mais elle a reçu une réponse négative
   et maintenant elle attend son e.. vers son pays d'origine.

 « Les relations entre les personnes »

> Les mouvements **féministes** demandent le **respect** de l'**égalité** hommes-femmes. Il peut y avoir
> des cas de **discrimination** contre certaines personnes (parfois même contre des **mineur(e)s**
> (≠ **majeur(e)s** qui ont plus de 18 ans), des **agressions** (des attaques). Il arrive que la violence soit
> due à l'**alcoolisme** (l'excès d'alcool).
> La **diversité** de la société, la **variété** des origines, les différences de **cultures**, provoquent parfois
> des réactions négatives comme l'**antisémitisme** (contre les juifs), le **racisme** (contre les gens d'une
> autre couleur), envers des **minorités**, comme les **homosexuel(le)s** (≠ **hétérosexuel(le)s**).
> Une **bande** (un groupe) de **délinquants** peut organiser un **trafic** (un commerce illégal) de **drogue**.
> Les **délits** et les **crimes** sont jugés dans un **tribunal**, le bâtiment où il y aura un **procès**, devant un
> **juge** qui va émettre un **jugement** (une décision légale).

524. S'EXERCER Complétez les phrases avec les mots qui correspondent.

Exemple : Tous les habitants ont la même origine ? Non, il y a une ... *variété* ....

a. Vous avez une égalité homme-femme ? Non, une ....
b. Elle est majeure ? Non, elle est ....
c. Cela représente la majorité de la société ? Non, c'est une ....
d. Il est hétérosexuel ? Non, il est ....
e. C'est un garçon sans problèmes ? Non, c'est un ....

13 • La vie citoyenne

525. S'EXERCER Reliez les éléments qui correspondent.

a. l'égalité entre • • 1. féministe
b. un mouvement • • 2. les hommes et les femmes
c. être majeur • • 3. contre les autres couleurs de peau
d. l'antisémitisme • ⟶ • 4. contre les juifs
e. le racisme • • 5. ou mineur

> Le **trafic** désigne aussi la circulation sur la route.

526. S'EXERCER Complétez les phrases avec les mots : *alcoolisme, procès, ~~diversité~~, féministe, culture, voyou, trafic, juge, jugement, tribunal, agression.*

Exemple : C'est un quartier avec une grande ... *diversité* ... d'origines.

a. Un ou une .... défend les droits des femmes.
b. Elle a été victime d'une .... pendant qu'elle marchait dans la rue.
c. Cette personne boit trop de vin, il y a un problème d'.. .
d. Voyager à l'étranger permet de découvrir une autre ....
e. Ces délinquants vivent du .... de drogue.
f. Vous allez recevoir une lettre pour aller au .... pour rencontrer un ....
g. Je ne lui parle pas, c'est un ....
h. Le .... a eu lieu, on attend le ....

527. RÉVISER Cochez la bonne réponse.

Exemple : Une bande, c'est ☐ une personne ☒ plusieurs personnes.

a. Les féministes luttent pour ☐ la discrimination ☐ l'égalité entre les hommes et les femmes.
b. La diversité sociale, c'est quand on a ☐ la même culture ☐ différentes cultures.
c. Quelqu'un qui a moins de 18 ans est ☐ mineur ☐ majeur.
d. L'antisémitisme est contre les personnes ☐ juives ☐ de couleur.
e. L'homosexualité est ☐ majoritaire ☐ minoritaire.
f. L'alcoolisme est un problème ☐ de boisson ☐ de drogue.
g. Un jugement est ☐ une personne ☐ une décision.

528. RÉVISER Écrivez le nom qui correspond à l'adjectif.

Exemple : culturel → la ... *culture* ...

a. divers → la ....
b. varié → la ....
c. violent → la ....
d. égal → l'..
e. raciste → le ....

529. RÉVISER Écrivez les mots complets.

Exemple : Elle est encore m-n-u-e → *mineure*

a. J'ai une copine qui fait partie d'un mo-vement f-mi-ist-
→ ....

C. Les sujets de société

b. Cette entreprise a-t-elle re-pe-té l'é-alit- de traitement entre les hommes et les femmes ?

→ ....

c. Son mari avait un problème d'a-co – lism- et de -iol-n-e.

→ ....

d. C'est un quartier avec une grande di-ersit-, une grande -ari-té de c-ltur-s.

→ ....

e. Vous avez déjà remarqué du ra-ism- ou de l'a-t-s-m-tism- ?

→ ....

f. Il est toujours avec sa b-n-d- de q-é-n-s-i-d-u-t-n-l- a à faire des t-a-ics de d-og-e.

→ ....

g. Nous sommes allés au tr-bu-al pour le pro-è- d'un -omose-u-l ag-es-é dans la rue.

→ ....

530. RÉVISER Écrivez le nom qui correspond au verbe.

Exemple : traiter → *un ... traitement ...*

a. respecter → le .... **d.** juger → un ....

b. agresser → une .... **e.** aider → une ....

c. discriminer → une .... **f.** réagir → une ....

531. SE TESTER Complétez les phrases avec les mots qui correspondent.

Exemple : Elle a été victime d'une ... *agression* ... dans son quartier.

a. Un mouvement f.. a montré qu'il n'y a pas toujours

le r.. de l'é.. entres les hommes et les femmes.

b. On voudrait changer de quartier, il y a trop d'a..

et de v.. .

c. Elle avait moins de 18 ans, donc elle était m..

quand elle a été agressée par un d.. .

d. Certains partis politiques encouragent l'a.. contre les juifs

et le r.. contre les gens qui ont une couleur de peau différente.

e. Dans cette ville, il y a une grande d.. d'origines,

donc une v.. des cultures.

f. Il fait partie d'une minorité sexuelle, il est h..,

pas h.. .

g. Les juges du t.. ont rendu leur j..

après un p.. de deux jours.

221

13 • La vie citoyenne

« L'environnement »

La **pollution** de l'air est due à des gaz comme le **CO2** des voitures. La mer est **polluée** par le **plastique** ou le pétrole (avec parfois une catastrophe, une **marée noire**). On constate un **changement climatique**. Les spécialistes de l'**écologie** recommandent de **protéger** (la **protection**) l'**environnement**, de diminuer les **déchets** (ce qui est jeté), pour l'électricité de remplacer les **centrales atomiques/nucléaires** et leurs déchets **radioactifs** par des **énergies renouvelables** (illimitées), comme le **solaire** pour le soleil, les **éoliennes** pour le vent.
Les solutions peuvent venir des **militants** dans un **projet participatif** (collectif), en signant une **pétition** (une demande) en ligne pour **faire pression** sur le pouvoir.
Une **organisation internationale**, connue par son **sigle** (ses initiales) peut aussi agir, comme l'ONU (l'Organisation des Nations unies), une **ONG** (organisation non gouvernementale), ou des **fondations** privées.

532. S'EXERCER Reliez les éléments qui correspondent.

a. un projet • • 1. non gouvernementale
b. un sigle • • 2. radioactifs
c. une centrale • • 3. les initiales
d. des déchets • • 4. une pétition
e. une organisation • • 5. noire
f. une marée • • 6. participatif
g. l'Organisation • • 7. atomique
h. signer • • 8. des Nations unies

> « **Écologiste** » pour une politique en faveur de l'environnement, et « **écologique** » pour ce qui est lié à l'environnement.

533. S'EXERCER Cochez la bonne réponse.

Exemple : Le changement climatique est ☒ une modification de la météo ☐ une forme d'énergie

a. Le plastique ☐ pollue ☐ protège la mer.
b. Une marée noire est une ☐ mauvaise chose ☐ bonne chose pour la mer.
c. L'ONU est un organisme ☐ national ☐ international.
d. Un projet participatif est ☐ individuel ☐ collectif.
e. Un sigle est fait de plusieurs ☐ mots ☐ lettres.
f. Une centrale nucléaire produit ☐ du pétrole ☐ de l'électricité.
g. Le CO2 est ☐ un gaz ☐ un liquide.
h. Le solaire est une source d'énergie ☐ renouvelable ☐ limitée.

C. Les sujets de société

534. S'EXERCER Complétez les phrases avec les mots : *environnement, protection, radioactifs, changement, éolienne, plastique, renouvelable, déchets, participatif, pollution, CO2, solaire, pression, fondation, militants, pétition, atomique.*

Exemple : Le ... CO2 ... est un gaz polluant.

a. L'énergie .... vient du soleil et est ...., donc sans limites.
b. Une .... produit de l'énergie fournie par le vent.
c. Une centrale .... produit de l'électricité et laisse des .... qui sont .... pendant de nombreuses années.
d. Dans beaucoup d'endroits, on peut observer un .... climatique.
e. Que va-t-il arriver si on n'accélère pas la .... de l'........................ ?
f. Des .... d'une association contre la .... de l'air dans les villes ont fait signer une .... sur Internet
g. Ce projet .... semble intéressant pour augmenter la .... sur le pouvoir local.
h. Une .... a fait une étude sur la présence de morceaux de .... dans l'eau de mer.

535. RÉVISER Écrivez le nom qui correspond au verbe.

Exemple : organiser → une ... organisation ...

a. polluer → la ....
b. changer → un ....
c. protéger → la ....
d. demander → une ....
e. fonder → une ....

536. RÉVISER Écrivez le mot qui correspond à l'explication.

Exemple : quelqu'un qui agit pour une action citoyenne → un ... militant ...

a. Il doit être protégé → l'........................
b. Le temps qu'il fait est différent. → le ....
c. Un gaz qui pollue → le ....
d. On peut la signer en ligne. → une ....
e. Elle fait de l'électricité avec du vent. → une ....
f. Cette énergie ne s'arrête jamais, elle est. → ....
g. Une pollution de pétrole catastrophique dans la mer → une ....
h. Les initiales d'une organisation → un ....

537. RÉVISER Remettez les mots de ces phrases dans l'ordre.

Exemple : – déchets. – Il – nos – faut – réduire – de – la – quantité → Il faut réduire la quantité de nos déchets.

a. – solaire – énergies – renouvelables. – éolien – Le – l' – des – et – sont
→ ....

b. – eu – a – plusieurs – noires. – côte – Cette – déjà – marées
→ ....

13 • La vie citoyenne

c. – un – atomique – Les – ont – militants – créé – participatif. – centrale – projet – la – contre
→ ....

d. – finance – production – pétrole. – d' – un – plastique – Cette – sans – fondation – la
→ ....

e. – non – agit – dans – organisation – la – contre – Cette – gouvernementale – mer. – la – pollution
→ ....

538. SE TESTER Complétez les phrases avec les mots qui correspondent.

Exemple : Je ne voudrais pas voir une autre … *marée noire* … dans notre région.

a. Pour p.. notre e..,
il faut moins de p.. de l'air ou de l'eau.

b. Il est m.. actif dans une o..
n.. g.. .

c. L'électricité peut être produite par une c.. a/n..
mais il reste des d.. qui sont r.. pour longtemps.

d. Il existe des sources d'énergie sans limites, r..,
comme le s.. pour le soleil ou une é.. pour le vent.

e. Le changement c.. se voit dans certains pays.

f. Je suis dans un projet p.., nous cherchons des alternatives
pour des sacs sans utiliser de p.. dérivé du p.. .

g. Une o.. internationale propose de signer
une p.. en ligne pour faire p.. sur l'État.

h. C'est le s.. d'une grande f.. privée
qui développe des projets en faveur de l'é.. sur toute la planète.

Bilan

1. Le p........................ de la République est à la tête du p........................ e........................, il est le c........................ de l'État pour un m........................ de 5 ans.
2. Le Premier m........................ est à la tête du g........................ .
3. Les d........................ sont é........................ au s........................ u........................ à l'A........................ nationale aux é........................ l........................ .
4. La politique extérieure du pays se fait au M........................ des A........................ étrangères.
5. Les s........................ se réunissent au Sénat, ils exercent le p........................ l........................ qui vote les lois.
6. Dans chaque ville ou village, un conseil m........................ se réunit à la m........................ avec à sa tête le ou la m........................ .
7. La France est divisée en r........................ et en d........................, avec à leur tête un p........................ nommé par l'État.
8. Les f........................ ont des emplois publics.
9. Certains pays ont une m........................ avec un r........................ ou une r........................ portant la couronne.
10. La vie publique est financée par des s........................ .
11. Un pays avec une d........................ organise des é........................ sinon c'est une d........................ .
12. Chaque m........................ ou s........................ d'État est entouré d'un c........................ qui travaille avec lui.
13. Un c........................ à une élection peut être sans é........................ .
14. On organise des s........................ pour savoir si les personnalités politiques ont une bonne p........................ ou pas.
15. Un État doit trouver des solutions par exemple aider les gens au c........................ (les gens sans emploi), p........................ (sans argent), qui souffrent de la f........................ (le manque de nourriture), ceux qui choisissent l'i........................ en quittant leur pays.
16. Certains pays font le choix d'un d........................ (une augmentation des activités) d........................ (pour une longue période).
17. Il a échappé à un c........................ armé dans son pays, il est r........................ ici, et demandeur d'a........................ mais l'administration a demandé l'e........................ vers son pays.
18. Un SDF est un s........................- a........................ .
19. Ce m........................ f........................ défend les droits des femmes.

Bilan

20. Cette association a fait une enquête pour savoir si l'é... entre les hommes et les femmes est r... ou s'il y a des d... (traitements différents).

21. Elle a moins de 18 ans, elle est m... .

22. Dans notre quartier, on voit une grande v... de cultures, une d... d'origines, qui ne plaît pas toujours aux r... (les gens qui n'aiment pas les autres couleurs de peau).

23. Le j... du t... est clair.

24. Attention à ce garçon, c'est un v..., il est toujours avec sa b... de copains qui font du t... de drogue !

25. Les d... et les c... sont j... .

26. Cette o... Internationale lutte contre la p... de l'air, l'utilisation du p... pour faire du p... dans les sacs par exemple.

27. Dans notre village, des m... très actifs ont créé un projet p... (collectif) pour utiliser d'autres formes d'énergie, comme une é... pour le vent ou le s..., qui sont des sources r... (infinies).

28. Une c... a... / n... fait de l'électricité, il reste des d... qui sont r... .

29. Cet expert en é... (protection de la nature) travaille dans une o... n... g...

30. Il est mportanr de protéger l'e... pour lutter contre le .... climatique.

Mon score : .... /89

14 • La vie professionnelle

A. Les secteurs d'activité

« Autour de la production » 98

Dans l'**industrie**, un **ouvrier**/une **ouvrière**, a une **qualification** (une spécialisation), **fabrique** des **produits** dans une **usine**, ou un **atelier** (plus petit). On produit aussi de l'**énergie**, des **automobiles**, des **trains** ou des **avions**. Pour les **télécommunications**, il faut de l'**électronique** ou de l'**informatique** (pour les ordinateurs). Le **BTP** (Bâtiment Travaux Publics) fait de la **construction**, comme des **immeubles** ou des **ponts**, sur un **chantier** (un site de travail), en utilisant du **béton**. Les grandes **marques** de **luxe** proposent des objets de grande valeur. Le secteur du **textile** est pour le tissu, les vêtements, un **laboratoire** de **chimie**, l'industrie **pharmaceutique** pour les médicaments.

Pour l'**agriculture**, dans une **ferme**, un **cultivateur**/une **cultivatrice** sur son **tracteur** travaille dans ses **champs** ou fait de l'**élevage** d'animaux. Ses produits sont transformés par l'**agroalimentaire** et vendus par la **grande distribution** (des **chaînes** de super/hypermarchés).

539. S'EXERCER Reliez les éléments qui correspondent.

a. le BTP • • 1. dans les champs
b. l'informatique • • 2. pour les supermarchés
c. un atelier • • 3. pour les ordinateurs
d. la grande distribution • • 4. dans une usine
e. l'agriculture • • 5. pour la construction
f. l'industrie pharmaceutique • • 6. pour le tissu
g. le textile • • 7. d'animaux
h. l'élevage • • 8. pour les médicaments

540. S'EXERCER Cochez la bonne réponse.

Exemple : Un laboratoire de chimie fabrique ☐ du béton ☒ des médicaments.

a. « Ouvrière » s'utilise pour ☐ un homme ☐ une femme.
b. L'informatique est la science des ☐ BTP ☐ ordinateurs.
c. Un atelier est une partie ☐ d'une usine ☐ d'une chaîne.
d. Un chantier est un endroit où ☐ on construit ☐ on élève des animaux.
e. Un objet de luxe est de qualité ☐ ordinaire ☐ supérieure.
f. L'agroalimentaire fabrique des produits ☐ que l'on mange ☐ des médicaments.
g. L'agriculture est ☐ une personne ☐ une activité.
h. Il permet à l'agriculteur de travailler : ☐ le tracteur ☐ le béton.

14 • La vie professionnelle

541. S'EXERCER Barrez le mot qui ne correspond pas.

Exemple : avec de la chimie → un laboratoire – le secteur pharmaceutique – ~~une chaîne~~

a. des personnes → un ouvrier – un cultivateur – une qualification
b. faire → fabriquer – passer – produire
c. dans l'industrie → une usine – un ouvrier – une ferme
d. dans le secteur des transports → les avions – les automobiles – les télécommunications
e. un secteur technique → l'agriculture – l'électronique – l'informatique
f. construits par le BTP → des immeubles – du textile – des ponts
g. pour vendre → la grande distribution – un supermarché – un champ
h. des endroits où on travaille → un champ – une marque – un hypermarché

542. RÉVISER Écrivez le mot qui correspond à l'explication.

Exemple : des composants techniques → l'... *électronique*...

a. un site de travail dans une usine → un ....
b. l'industrie pour les médicaments → ....
c. la spécialité du BTP → la ....
d. des produits très chers → le ....
e. la science des ordinateurs → l' ....
f. un ensemble de super ou hypermarchés → une ....
g. une femme qui travaille à la ferme → une ....
h. le secteur du tissu → le ....

543. RÉVISER Les lettres des mots en italique sont mélangées. Écrivez les mots correctement.

Exemple : une *r a m q u e* de luxe → marque

a. une *h c e n a î* d'*r e s r h c y a h p m é* → ....
b. un *e i o u r v r* avec une *u o l a i q i i t a n c f* → ....
c. un composant *i u é r e l t n c e o q* pour l' *e n a u t i o m i r q f*
   → ....
d. un *n r i t e a h c* de *i t s n r u t o n c o c* → ....
e. un *a o i a t l r b e r o* de *i m i e h c* → ....
f. un *r i t a l u u v e c t* sur son *r a e t u t c r* → ....
g. l' *l e a v é g e* d'animaux → ....
h. les produits de la *m e f e r* pour l'industrie *i a e n a i a r r e l t g o m*
   → ....

544. SE TESTER Complétez les phrases avec les mots qui correspondent.

Exemple : Le tissu est fabriqué par l'industrie ... *textile* ...

a. On cherche un o............ avec une q............
   pour travailler dans une u............ .

A. Les secteurs d'activité

b. La c... de cet immeuble a été faite par notre entreprise de
   B... T... P... .

c. Dans cet a..., on assemble des composants é...
   pour des ordinateurs et plus généralement l'i... .

d. Nous avons un l... de c... capable
   de fabriquer des m... pour l'industrie p... .

e. Cette société est spécialisée dans la grande d... avec plusieurs
   c... d' h... .

f. Mes copains ont décidé de faire de l'a..., ils ont une f... à
   la campagne avec des c... de céréales et un é... de moutons.
   Ils sont des c... et passent beaucoup de temps sur leur t... .

g. C'est une grande m... de l... qui fait des vêtements.

h. Ces fruits sont transformés par le secteur a... .

 « Le monde des services »

On est dans le **privé** ou le **public** (une administration ou une entreprise publique), dans une **compagnie d'assurance**, ou une **banque**, avec un **réseau** d'**agences**. Les **services** aux **entreprises** proposent du **conseil**, des **études**, de la **communication** avec de la **publicité**. Les **médias** concernent la **presse**, l'**édition** qui doit **imprimer** sur du papier. La **logistique** organise des transports entre un **entrepôt** (un grand bâtiment) avec des **caristes** déplaçant des marchandises vers des **camions** (de gros véhicules).
Un **agent immobilier** vend des constructions. On peut travailler dans une **compagnie aérienne** pour les vols, ou dans le secteur des **loisirs**, du **tourisme**, de l'**hôtellerie** et de la **restauration**.

 Pour une profession **indépendante**, on est dans une étude de **notaire** (les affaires légales entre personnes), un **cabinet** d'**architecte**, d'**avocat** (les questions de justice), ou de **médecin**.
Un **artisan** travaille **à son compte**, dans un domaine **technique** ou dans le **commerce** (un magasin). Pour les **services à la personne**, on **aide** les personnes âgées **à domicile**, on **garde** des enfants, on fait le **ménage**.

545. S'EXERCER Reliez les éléments qui correspondent.

a. un cabinet • • 1. des livres
b. une compagnie • • 2. de notaire
c. une entreprise privée ou • • 3. à la personne
d. un entrepôt • • 4. d'assurance
e. les services • • 5. publique
f. imprimer • • 6. d'architecte
g. la garde • • 7. de marchandises
h. une étude • • 8. d'enfants

> Une **compagnie** s'utilise dans certains secteurs (assurance, aérien) sinon on dit une **entreprise**.

229

14 • La vie professionnelle

546. S'EXERCER Complétez les phrases avec les mots : *aide, ménage, camions, domicile, réseau, commerce, publicité, conseil, communication, artisans, caristes, immobilier, entrepôt, logistique, services.*

Exemple : Tu connais un bon agent … *immobilier* … ?

a. Notre banque a un .... d'agences dans tout le pays.

b. Plus tard, je voudrais me spécialiser dans les .... aux entreprises, et faire du ....

c. Notre .... de matériel électronique recherche toujours des .... avec une bonne expérience.

d. Ce ministère veut améliorer sa .... avec une nouvelle campagne de ....

e. Notre service de .... gère le transport de marchandises dans des ....

f. Avec l'âge, beaucoup de gens ont besoin d'une .... à ....

g. Ses parents sont ...., ils ont un ...., une boulangerie.

h. On cherche quelqu'un pour faire le .... dans les bureaux.

547. S'EXERCER Complétez les phrases avec les mots qui correspondent.

Exemple : Il faut … *imprimer* … la presse sur du papier.

a. Un restaurant, c'est le secteur de la ....

b. L'activité dans les hôtels est l' ....

c. Un emploi peut être public ou ....

d. Être notaire, c'est une profession ....

e. Vendre dans un magasin, c'est du ....

f. On peut voir un médecin dans son ....

g. Il travaille à son compte, c'est un ....

h. On y fait voler des avions, c'est une compagnie ....

548. RÉVISER Écrivez les mots complets.

Exemple : Notre fille fait du -on-ei- aux entreprises. → *conseil*

a. Cette b-n-ue a aussi un r-se-u d'a-en-es à l'étranger.
→ ....

b. Le -ar-st- met les marchandises dans le -a-io-.
→ ....

c. C'est une entreprise de com-u-icatio- p-bliqu-, pas -riv-e.
→ ....

d. N-tair-, c'est une pro-es-ion i-dép-nd-nt-.
→ ....

e. Le service de la lo-isti-ue gère plusieurs e-t-ep-ts.
→ ....

A. Les secteurs d'activité

f. Je vais ouvrir un magasin, faire du com-er-e, être à mon c-m-te.

→ ....

g. Ce site propose des a-d-s à -omi-i-e, de la -ard- d'enfants et du -éna-e.

→ ....

h. Notre -m-r-meri- travaille pour la pr-s-e et aussi l' é-i-ion de livres.

→ ....

549. RÉVISER Remettez les mots de ces phrases dans l'ordre.

Exemple : – dans – aimerais – le – travailler – Tu – tourisme ? → Tu aimerais travailler dans le tourisme ?

a. – une – publique. – entreprise – compagnie – est – Cette – aérienne

→ ....

b. – agents – un – agences. – immobiliers – Ces – d' – développé. – ont – réseau

→ ....

c. – du – communication. – en – aux – entreprises – conseil – comprennent – Nos – services

→ ....

d. – garder – Tu – les – quelqu'un – de – ménage ? – pour – et – un – enfants – peu – connais

→ ....

e. – marchandises. – Les – camions – l' – caristes – et – s'arrêtent – les – devant – entrepôt – les – apportent

→ ....

f. – de – il – indépendante, – a – profession – étude – a – une – une – Il – ouvert – notaire.

→ ....

g. – a – un – restauration – à – domicile. – développé. – On – de – service

→ ....

550. SE TESTER Complétez les phrases avec les mots qui correspondent.

Exemple : Il aime les emplois ... *techniques* ..., il pourrait devenir électricien.

a. Nous proposons des s .... aux entreprises publiques ou p .... en donnant des c .... ou en réalisant des é .... de marché.

b. Nous avons trouvé notre appartement dans ce r .... d'a .... immobiliers.

c. Notre entreprise de médias comprend de la p .... avec les journaux, l' é .... de livres et nous pouvons i .... sur papier.

d. Le service de la l .... s'occupe du transport de marchandises entre les e .... où des c .... les déplacent vers les c .... qui vont sur la route.

e. Le tourisme comprend des activités variées, comme les vols, pour une c .... a .... les chambres pour l'h .... ou la préparation de repas dans la .... r ....

f. Avec ces diplômes, vous pourrez faire une profession i .... et ouvrir par exemple une é .... de n .... ou un c .... d'a .... pour les questions de justice.

231

14 • La vie professionnelle

g. Un a... qui tient un c...
comme une épicerie, est à son c..., il est son propre patron.

h. On peut a... les personnes âgées chez elles, à d..................................,
pour faire leur m.. ou les familles pour g................................... leurs enfants.

B. Les aspects économiques

 « L'entreprise »

De grandes **entreprises** sont **cotées** à la **bourse**, où on trouve des **actions** (une partie du capital). Un **actionnaire** espère des **dividendes** (des revenus). Un **investissement** (verbe : investir) est fait pour obtenir des **bénéfices**, du **profit**, de la **rentabilité** (on gagne plus qu'on ne paye). Pour cela, le **chiffre d'affaires** (le total des ventes) doit être supérieur aux **frais**, aux **charges** (les dépenses) pour la **main d'œuvre** (les gens qui travaillent), et l'achat de **matières premières**. Avec de bons **résultats**, montrés par le **bilan** et des **graphiques** (dessins), c'est la **croissance** (verbe : croître), la possibilité d'**exportations**, (verbe : exporter ≠ **importer**/ **importations**). Au contraire, avec des **pertes**, de la **dette** (un manque d'argent), c'est la **crise** qui peut mener à la **faillite** (la disparition). L'entreprise est en **concurrence** (compétition) avec d'autres. Pour **augmenter** sa **productivité** et **diminuer** ses **coûts**, elle peut **automatiser** avec des **robots**, ou **délocaliser** dans un autre pays, c'est la **mondialisation** (des activités au niveau de la planète).

551. S'EXERCER Reliez les éléments qui correspondent.

a. les importations ou au contraire • • 1. d'affaires
b. le CAC 40 • • 2. les exportations
c. une action • • 3. est une partie du capital
d. le chiffre • • 4. est un indice de la bourse
e. des dividendes • • 5. à l'étranger
f. délocaliser • • 6. premières
g. les matières • • 7. est la fin de l'entreprise
h. la faillite • • 8. pour les actionnaires

> L'**indice** de la bourse de Paris est le **CAC 40**.

552. S'EXERCER Cochez la bonne réponse.

| Exemple : La croissance signifie | ☒ plus | ☐ moins | de résultats. |

a. Le chiffre d'affaires montre l'argent que l'entreprise   ☐ a reçu   ☐ a payé.
b. Les charges sont de l'argent qui   ☐ entre dans   ☐ sort de   l'entreprise.
c. Un actionnaire est quelqu'un qui   ☐ a acheté des actions ☐ fait le bilan de l'activité.
d. Quand une entreprise est cotée en bourse,   ☐ on peut acheter des actions ☐ elle est rentable.
e. La dette est   ☐ un bénéfice   ☐ de l'argent que l'on doit payer.

B. Les aspects économiques

f. La main d'œuvre est   ☐ une charge   ☐ un profit   pour l'entreprise.

g. La productivité est la capacité   ☐ à produire   ☐ à acheter   des matières premières.

h. Les résultats de l'entreprise sont montrés par   ☐ la crise   ☐ le bilan.

553. S'EXERCER Écrivez le mot qui correspond à l'explication.

Exemple : une situation de graves difficultés → une ... *crise* ...

a. l'endroit pour acheter des actions → la ....

b. le CAC 40 en est un → un ....

c. l'action de croître → la ....

d. le contraire d'importation → une ....

e. un dessin avec des chiffres → un ....

f. l'action de perdre → une ....

g. utilisé pour l'automatisation → un ....

h. de l'argent placé dans une entreprise → un ....

554. RÉVISER Complétez les phrases avec les mots : concurrence, robots, investir, d'affaires, main d'œuvre, rentabilité, coût, résultats, crises, dettes, bilan, croître, dividendes, exportations, ~~mondialisation~~, délocalisation, faillite, actionnaire, charges.

Exemple : Le marché planétaire est un effet de la ... *mondialisation* ...

a. Un .... est prêt à .... de l'argent s'il touche des ....

b. Le .... de la .... est moins important si on automatise avec des ....

c. La .... entre les pays provoque la .... des industries.

d. Le chiffre .... moins les ...., c'est le profit.

e. Nous n'avons pas de .... avec cette activité, elle provoque des .... alors nous allons l'arrêter.

f. Cette entreprise a connu des .... mais jamais de ....

g. Si vous voulez ...., vous devez augmenter les ....

h. Le .... pour cette année est très bon, avec des .... supérieurs à l'an dernier.

555. RÉVISER Écrivez le verbe qui correspond au nom.

Exemple : une cotation → *coter*

a. un investissement → ....

b. une augmentation → ....

c. une diminution → ....

d. la croissance → ....

> Le nom **travailleur/euse** n'est pas courant, il est plutôt utilisé dans le discours politique.

233

14 • La vie professionnelle

e. une importation → ....
f. une exportation → ....
g. une perte → ....

556. SE TESTER Complétez les phrases avec les mots qui correspondent.

Exemple : Faut-il ... *délocaliser* ... la production dans un autre pays ?

a. C'est une grosse entreprise c... en b...
dont vous pouvez acheter des a... .

b. Nous avons besoin d'un i... de capital pour l'achat de plusieurs
r... pour plus d'automatisation.

c. Vous pouvez voir sur les g... (dessins) du b...
annuel que nos r... sont meilleurs que l'année dernière.

d. Notre politique de réduction des ch... de la m...
d'... (les personnes qui travaillent) a permis d'augmenter les p...
(les bénéfices) et nous allons pouvoir distribuer des d... à nos a... .

e. Il faut moins d'i... (achats à l'étranger)
et plus d'e... (ventes à d'autres pays).

f. Les r... de cette activité sont très mauvais, nous ne gagnons pas d'argent mais
avons des p... qui vont augmenter notre d...
(l'argent dû) et il faut l'arrêter, sinon, c'est la f... (la fin) !

g. Ils ne sont pas les seuls, ils sont en c... avec d'autres entreprises
dans plusieurs pays, c'est un effet de la m... .

h. C'est bien, notre c... d' a...
n'arrête pas de c... (grandir).

C. Le cycle du travail

 « Trouver un travail »

Pour répondre à une **offre** d'**emploi**, un(e) **candidat**(e) à un **poste**, peut **postuler**, **poser sa candidature** en envoyant un CV (Curriculum Vitae) avec une **lettre de motivation**. Pendant un **entretien d'embauche**, on doit **se présenter**, parler de son **expérience**, des **références** (des emplois avant). Si le **profil** (les caractéristiques) correspond au **métier** (la profession), avec la bonne **qualification** (les connaissances), on pourra l'**embaucher** (le/la choisir). Le/la nouvel(le) employé(e) signera un contrat pour travailler à temps **complet** ou **partiel**. Il/Elle a des **horaires** de travail, avec parfois de la **flexibilité** (des changements d'horaires), et peut-être des **heures sup**(plémentaires). **Le bulletin de salaire/la fiche de paye** indique le **salaire** avec parfois une **prime**, les **cotisations sociales** ou encore le **prélèvement de l'impôt à la source**.

C. Le cycle du travail

557. S'EXERCER Reliez les éléments qui correspondent.

a. un entretien • • 1. sociales
b. un candidat • • 2. d'emploi
c. les cotisations • • 3. d'embauche
d. une offre • • 4. à un emploi
e. une fiche • • 5. ou partiel
f. le salaire • • 6. sup
g. des heures • • 7. de paie
h. à temps complet • • 8. minimum

> Le mot **candidat** est le même que pour un jeu.

> On entend dire « **candidater** » mais ce n'est pas considéré comme du « bon français ».

558. S'EXERCER Barrez le mot qui ne correspond pas.

Exemple : du travail → un poste – un métier – ~~une prime~~

a. Demander un poste → être candidat – postuler – embaucher
b. À propos d'un candidat → le profil – la qualification – un bulletin
c. Le temps de travail → un prélèvement – complet – partiel
d. Ça concerne les heures de travail. → la flexibilité – les horaires – l'expérience
e. C'est payé avec le salaire. → des cotisations – un profil – des impôts
f. De l'argent → la paie – un profil – une prime

> Le salaire **brut** est avant les cotisations et impôts, le **net** est ce qui reste après.

559. S'EXERCER Complétez les phrases avec les mots : brut, expérience, motivation, ~~sup~~, embaucher, présenter, métier, qualification, profil, poste, candidature, cotisations, flexibilité.

Exemple : J'ai fait quelques heures ... sup ...

a. J'ai posé ma .... à un nouveau .... dans mon service.
b. Je dois mettre quoi dans la lettre de .... ?
c. Nous ne pouvons pas vous ...., vous n'avez pas la .... nécessaire.
d. Je vous propose de vous ....
e. Il a un .... très intéressant pour ce travail.
f. Avez-vous déjà de l'................................ dans le .... de professeur ?
g. Accepteriez-vous de la .... dans les horaires de travail ?
h. Ce sera le salaire .... avec les .... sociales en moins.

560. RÉVISER Écrivez le mot qui correspond à l'explication.

Exemple : le nombre d'heures de travail → la ... durée ...

a. Poser sa candidature → ....
b. Une profession → un ....
c. Un résumé de la carrière → un ....
d. Une conversation professionnelle → un ....
e. Les caractéristiques d'un candidat à un poste → le ....
f. Engager une nouvelle personne → ....

14 • La vie professionnelle

g. De l'argent en plus → une ....

h. De l'argent pour le système social → une ....

561. RÉVISER Écrivez les mots complets.

Exemple : Voici votre -ic-e de -ai- → *fiche de paie*

a. J'ai posé ma c-n-id-tur- pour un -os-e dans le marketing.

→ ....

b. Il faut une lettre de m-t-va-ion et vous -ré-ent-r pendant un e-tre-i-n.

→ ....

c. On m'a posé des questions sur mon e-pé-i-n-e et mes r-f-ren-es -, pour mieux connaître mon pr-fi-.

→ ....

d. Le m-tie- d'ingénieur demande une forte -ua-ifi-a-io-.

→ ....

e. Nous avons e-ba-c-é deux nouveaux -m-lo-és à temps co-pl-t.

→ ....

f. Des heures -up sont possibles si vous acceptez une fle-ib-l-té dans les -o-air-s.

→ ....

g. Vous serez payé au salaire -i-imu- plus une p-im-.

→ ....

h. Au salaire r-t, il faut enlever les c-ti-ati-ns so-ial-s et le p-élè-em-nt de l'i-pt à la source.

→ ....

562. SE TESTER Complétez les phrases avec les mots qui correspondent.

Exemple : Il faut un peu de ... *flexibilité* ... dans les heures de travail.

a. J'ai vu une o.. d'emploi pour un p.. intéressant mais je ne suis pas sûr d'avoir la q.. pour ce m.. .

b. Les c.. devront envoyer une lettre de m.. et ils pourront être sélectionnés à un e.. d'e.. avec un représentant de l'entreprise.

c. Ce monsieur a déjà une bonne e.. du travail et plusieurs r.. d'entreprises dans ce secteur.

d. Votre p.. (vos caractéristiques) nous intéresse, nous vous proposons un c ....

e. Les h.. de travail sont classiques, et je serai payé plus que le s .... m.. .

f. C'est un travail à temps p.., pas à temps c.. .

g. On gagne un peu plus avec les heures s.. et les p.. .

h. Le salaire n.. est ce qui reste quand on a enlevé les c.. s .... et le p.. de l'i.. .

C. Le cycle du travail

« La vie au travail » 102

Les qualités attendues : être **dynamique**, **bien organisé**(e), avoir du **savoir-faire** (les connaissances pratiques), être **compétent**(e) (capable), avoir de l'**autonomie**, être **consciencieux/consciencieuse** (pas négligent), **efficace** (avec des bons résultats), **motivé**(e), **ponctuel**(le) (à l'heure), **disponible**, savoir **gérer** une équipe ou **résoudre** des conflits.
Des aspects négatifs : c'est parfois **stressant** (avec du stress), **répétitif**, les **conditions** de travail sont **dures**, **pénibles**, avec des heures **de nuit**. On peut se reposer en prenant un **congé** (des vacances). Si on est malade, on a un **arrêt maladie**.
Mais aussi du positif : c'est **enrichissant**, on **s'épanouit** (on développe harmonieusement), avec une possibilité de **promotion** (une évolution), de **se former** (apprendre).
En cas de problèmes, l'**employeur** peut **licencier**, c'est un **licenciement**, on est **renvoyé**, mis **à la porte**. On peut **démissionner** (partir), et en fin de **carrière**, prendre sa **retraite**, on sera un(e) **retraité**(e) avec une **pension**.

563. S'EXERCER Reliez les deux parties de la phrase.

a. Il arrive toujours à l'heure,   1. une promotion.
b. Si ça se passe bien, j'aurai   2. il faut être consciencieux.
c. Nous avons des conditions de travail   3. il est ponctuel.
d. C'est un travail très précis,   4. en congé.
e. Je ne serai pas là, je serai   5. elle est dynamique.
f. Cet employé a de bons résultats,   6. des conflits.
g. Elle a de l'énergie,   7. parfois un peu dures.
h. Vous devrez résoudre   8. il est efficace.

> Ne pas confondre « **licencié** » = diplômé de l'université et renvoyé de son travail.

564. S'EXERCER Soulignez le mot qui a le même sens.

Exemple : continuer d'apprendre → se former – gérer

a. être consciencieux   → négligent – faire les choses bien
b. compétent   → qualifié – stressant
c. il est à l'heure   → ponctuel – disponible
d. pénible   → enrichissant – dur
e. licencier   → mettre à la porte – démissionner
f. du repos   → des congés – du travail de nuit
g. la vie de travail   → la formation – la carrière
h. arrêter le travail après un certain âge → la pension – la retraite

565. S'EXERCER Complétez les phrases avec les mots qui correspondent.

Exemple : Tu fais le nécessaire dans une équipe, tu dois la … *gérer* …

a. Il faut avoir une bonne organisation, être bien ....
b. Il sait ce qu'il faut faire, il a du .... - ....
c. Je fais toujours la même chose, c'est ....

14 • La vie professionnelle

d. Ce travail m'apporte beaucoup de choses, il est ....

e. Je n'étais pas en forme, j'ai dû prendre un .... maladie

f. Il a fini sa ...., il a pris sa retraite.

g. On a du stress, c'est ....

h. Il a pris sa retraite, il est ....

566. RÉVISER Écrivez le nom qui correspond au verbe.

Exemple : l'organisation → ... organiser ...

a. la gestion → ....

b. une formation → ....

c. une démission → ....

d. un licenciement → ....

e. un renvoi → ....

567. RÉVISER Complétez les phrases avec les mots : démissionner, porte, nuit, retraite, stressant, pension, congé, ~~motivé~~, consciencieux, résoudre, disponible.

Exemple : Je suis très ... motivé ... pour occuper ce poste.

a. Il fait attention à ce qu'il fait, il est ....

b. Êtes-vous .... le week-end ?

c. Vous devrez parfois .... des problèmes.

d. Il y a du travail de jour et aussi de ....

e. Le travail était fatigant nerveusement, c'était ....

f. Il a préféré .... avant qu'on décide de le mettre à la ....

g. J'ai besoin de me reposer, je vais prendre un ....

h. Maintenant, elle est à la .... et elle touche sa ....

568. RÉVISER Les lettres des mots en italique sont mélangées. Écrivez les mots correctement.

Exemple : Son chef dit qu'il n'est pas bien *g r é a o s n i* → organisé

a. Pour ce travail, il faut être *u x e n o i e s i c c n c* et *o t u o e n m a*.

→ ....

b. Il a du mal à être *u p l o t e n c* le matin et à *r é r e g* son équipe.

→ ....

c. Je trouve que les *n n o c i d i t o s* de travail sont assez *p s i l b n é e*.

→ ....

d. C'est *n e s r t s a t s*, il y a des *i n o s c l f t* entre les gens, et pas de possibilité de *o p i m o t n r o*.

→ ....

e. Mon copain a trouvé un poste *n h s t n i c r e i a s*, je sens qu'il va s'*p é a n r u i o*.

→ ....

f. Après un *n e t l e m i e c i n c*, j'ai décidé de me *e r r m o f* pour être plus *t n o é m e p c t*.

→ ....

C. Le cycle du travail

g. Tu vas *i o n d m e r n i s é s* et chercher un autre *e y o l r e u p m* ?
→ ....

h. Avec une *e r c r i a è r* complète, vous pouvez prendre votre *i t r e r a e t* et vous aurez une *i n n o e s p*.
→ ....

569. SE TESTER Complétez les phrases avec les mots qui correspondent.

Exemple : Elle a toutes les capacités pour ce travail, elle est … *compétente* …

a. Si vous avez de l'énergie, vous êtes d.., et bien
o.. vous avez des chances pour ce poste.

b. Il a du s................................-f.............................. mais il n'est pas p..
(à l'heure), ne sait pas bien g... une équipe et déteste r..................................
les c.. entre des employés.

c. On trouve que les c.. de travail sont p..,
c'est r.............................. (pas varié), il y a parfois du s.................................. (fatigue nerveuse),
il faut être d.............................. le week-end et faire des heures de n.............................. (pas de jour).

d. J'ai accepté ce poste car il est plus e.. (il m'apporte plus), j'ai des possibilités
de p.............................. vers des fonctions plus élevées et de me f.............................. à de nouvelles techniques.

e. Mon e.. (patron) n'est pas content de moi, il veut me l..............................,
me mettre à la p.. me r.. .

f. La semaine prochaine, je suis en c.................................. (vacances) et toi, en a.................................. maladie.

g. Si tu d.. (pars) de ce poste et n'en trouves pas un autre,
tu pourrais rester longtemps à P.. E../ .

h. Mes parents ont fait toute leur c.. dans cette entreprise, et maintenant
ils sont r.. et ont leur p.. pour vivre.

14 • La vie professionnelle

D. Qui fait quoi dans une entreprise ?

« Autour de la direction » 103

Une entreprise, créée par un(e) **entrepreneur(e)**, peut être une SA (**Société** Anonyme), ou un **groupe** contrôlant des **filiales**, avec des **divisions** (des activités), un **siège** (le bureau principal), parfois une **multinationale**. Un **conseil d'administration** prend des décisions exécutées par des **dirigeant(e)s**, avec un(e) **PDG** (président(e) directeur/-trice général(e), le **patron**/la patronne), parfois un(e) vice-président(e), un(e) **directeur/-trice** avec un(e) **adjoint(e)**. Dans la **hiérarchie**, ce sont les **cadres**. Leurs **collaborateurs/-trices**, répondent aux mails et traitent des dossiers, ils/elles peuvent **imprimer** sur une **imprimante**, changer la **cartouche d'encre**, **photocopier** ou **scanner** des **documents**, les **numériser**, organiser une **réunion** avec un **ordre du jour**, noter les rendez-vous dans un **agenda**, **aménager** l'**espace de travail** dans les **bureaux**.
Ils/Elles ont besoin de **fournitures** (le petit matériel), comme une **agrafeuse**, des **trombones**, des **classeurs**, des **dossiers**, un **tableau** avec des feuilles, une **corbeille** pour **jeter** des papiers.

570. S'EXERCER Reliez les éléments qui correspondent.

a. Un groupe • • 1. d'administration
b. Un conseil • • 2. le patron
c. Une Société • • 3. avec des filiales
d. Le PDG • • 4. d'une réunion
e. Les cadres sont • • 5. Anonyme
f. L'ordre du jour • • 6. la corbeille
g. Une cartouche • • 7. les dirigeants
h. Jeter à • • 8. d'encre

> Même s'il est masculin, **groupe** finit par un -e.

571. S'EXERCER Barrez le mot qui ne correspond pas.

Exemple : pour aider les dirigeants → un adjoint – une collaboratrice – ~~un patron~~

a. un type d'entreprise → un groupe – un conseil d'administration – une SA
b. un statut dans la hiérarchie → une filiale – un directeur – un cadre
c. pour les dossiers → photocopier – un siège – imprimer
d. pour une réunion → organiser – jeter – un ordre du jour
e. des tâches pour des documents → scanner – aménager – numériser
f. des fournitures → un adjoint – des trombones – une agrafeuse
g. un bureau → une pièce pour travailler – une imprimante – une table pour travailler
h. pour ranger des papiers → un dossier – une corbeille – un classeur

> Le **bureau** est une pièce pour travailler mais aussi une table où on s'installe.

D. Qui fait quoi dans une entreprise ?

572. S'EXERCER Écrivez le mot qui correspond à l'explication.

Exemple : Il travaille pour un dirigeant. → un … *collaborateur* …

a. Il a créé une entreprise. → un ....
b. Une société contrôlée par une autre. → une ....
c. Les niveaux de responsabilité. → la ....
d. Les points qui sont vus pendant une réunion. → l' ....
e. On l'utilise pour imprimer. → une ....
f. Elle contient de l'encre. → une ....
g. Des petits objets pour travailler. → des ....
h. Faire une photocopie. → ....

573. RÉVISER Écrivez le mot féminin qui correspond.

Exemple : un patron → une … *patronne* …

a. un président → une ....
b. un directeur → une ....
c. un dirigeant → une ....
d. un adjoint → une ....
e. un collaborateur → une ....

574. RÉVISER Complétez les phrases avec les mots : *jeter, multinationale, adjointe, tâche, corbeille, trombone, dossier, siège, agenda, conseil, ordre, ~~tableau~~, agrafeuse.*

Exemple : Il faut un … *tableau* … avec des feuilles pour la salle de formation.

a. C'est une .... présente dans le monde entier.
b. Pour ce poste de direction, vous aurez une .... pour vous aider.
c. Elle est au .... d'administration.
d. Le .... de notre groupe est sur la côte.
e. Ce document n'est plus valable, vous pouvez le .... dans la ....
f. Votre .... consistera à répondre au courrier, à mettre à jour mon .... et vous devrez établir l' .... du jour des réunions.
g. Pour la prochaine réunion, on a besoin de ce .... bleu.
h. Pour attacher les feuilles, l' .... ne marche pas mais j'ai un ....

575. RÉVISER Écrivez les mots complets.

Exemple : Il faut changer la ca-touc-e d'-n-re → *cartouche d'encre*

a. C'est une décision du co-se-l d'-d-ini-tra-ion.
   → ....
b. Tu as un p-tro- ou une p-tro- -e ?
   → ....
c. Il est l'ad-o-nt d'un directeur dans la d-vi-ion mode d'un gr-up- de luxe.
   → ....

14 • La vie professionnelle

d. Elle est très haut dans la -i-rar-h-e, elle a des col-a-orat-urs dans le monde entier.

→ ....

e. Il a oublié de noter ce rendez-vous dans son a-end-.

→ ....

f. On va écrire l'o-d-e du -o-r de la réunion sur le -able-u à fe-il-es.

→ ....

g. On a retrouvé le dos-i-r dans la c-rb-il-e !

→ ....

h. Pour les questions de -o-rn-tu-es, envoyez un m-i-l.

→ ....

576. SE TESTER Complétez les phases avec les mots qui correspondent.

Exemple : On va essayer d'... *aménager* ... l'espace un peu mieux.

a. Le c.. d'a.. du g..
a nommé un nouveau P.. - D..- G..
à la tête de la d.. énergie.

b. Dans le haut de la h.. d'une entreprise, on trouve
les c.. qui sont les d..(les gens qui dirigent).

c. Il m'a présenté les personnes qui travaillent pour lui, ses c..,
et son a.. .

d. Le premier jour, il m'a expliqué ce que je devais faire, comme t..,
des m.. et les i.. avec une i.. .

e. Vous avez besoin de f.., comme des stylos, des d..
ou des c.. pour mettre les documents, une a..
ou des t..pour les attacher ?

f. Cette réunion n'est pas inscrite sur mon a.., et je ne connais pas
l'o.. du j.. .

g. Je ne peux pas p.. (faire une photocopie) ce document, la c..
d' e.. est vide, je dois le s.. pour le n.. (rendre numérique).

h. La c.. est pleine,
on ne peut pas j.. tous ces papiers.

D. Qui fait quoi dans une entreprise ?

« Les principaux services dans l'entreprise » 104

Le **commercial** s'occupe des **achats**, des **ventes**, des **études de marché**, du **marketing**, de la **promotion**, il/elle **prospecte**, **conçoit** ou **lance** un produit, **négocie** des prix, maintient **la relation** avec les **clients** et les **fournisseurs**, fait respecter les **délais** (le temps d'attente), prépare un **salon**... À la **comptabilité**, le/la **comptable** fait des **factures**, des **paiements**, reçoit des **règlements**, prépare la paye, vérifie les **notes de frais**, remplit les **livres de comptes**... Le/la **DRH** (la personne, le directeur/-trice ou le service, la Direction des Ressources Humaines) gère le **personnel**, **recrute** (fait le **recrutement**) de nouveaux salariés, propose des **formations**, du **télétravail**... Le service **juridique** est spécialisé dans le **droit**, prépare les **contrats**, écrit un **rapport** sur un sujet légal... Les grandes entreprises ont un **comité d'entreprise** (**C.E**) pour la **cantine**, des **activités** sportives ou culturelles, des voyages. Un **représentant** d'un **syndicat**, avec un(e) **délégué**(**e**) **du personnel**, est là pour le respect des règles. Une **grève** est un arrêt de travail pour protester. Dans les entreprises **internationales**, des **expatrié**(e)s sont en **mission** à l'étranger.

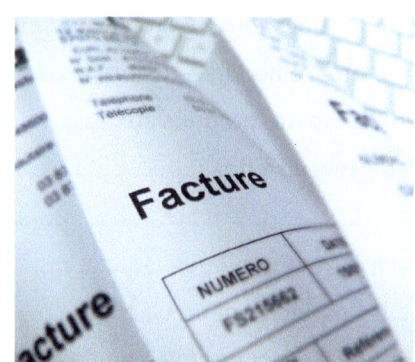

577. s'exercer **Reliez les 3 éléments qui correspondent.**

a. recruter	1. des études de marché	a. le comité d'entreprise
b. les contrats	2. les notes de frais	b. la DRH
c. la cantine	3. gérer le personnel	c. le respect des règles
d. les paiements	4. les questions légales	d. le service commercial
e. un représentant syndical	5. des activités sportives	e. le service juridique
f. la promotion	6. des missions	f. une entreprise internationale
g. des expatriés	7. un délégué du personnel	g. la comptabilité

578. s'exercer **Écrivez « = » pour le même sens ou « ≠ » pour un sens différent.**

Exemple : un client – un fournisseur → ≠

a. le droit – un sujet légal → ....
b. un paiement – un règlement → ....
c. un achat – une vente → ....
d. le personnel – les ressources humaines → ....
e. la promotion – la formation → ....
f. le directeur – la direction → ....
g. un délai – un retard → ....
h. recruter – chercher un nouveau salarié → ....

> Un **délai** est une attente prévue, par exemple pour la fabrication, mais un retard n'est pas prévu.

14 • La vie professionnelle

579. S'EXERCER Complétez les phrases avec les mots : *télétravail, recruter, clients, ~~formations~~, syndicat, négocier, fournisseurs, compta, notes, promotion, expats, juridique, rapport.*

Exemple : Le CE organise des … *formations* … pour le personnel.

a. La DRH est en train de …………………………………………………………………………… plusieurs salariés et de mettre en place du …………………………………………………………………………………………… .

b. Le service commercial prépare une campagne de …………………………………………… pour nos nouveaux produits.

c. Pour les questions de droit, voyez avec notre service …………………………………………………………………………………… .

d. Pour être remboursé, tu dois laisser tes ……………………………………… de frais à la ……………………………………………… .

e. On achète des produits aux …………………………………………………………………… on les transforme et les revend à nos …… .

f. Le ………………………………………………………………… a décidé de faire la grève à cause des conditions de travail.

g. On a envoyé quelques ……………………………………………………………………………………… au siège du groupe et ils nous écriront un ……………………………………………………………………………………………… sur leur mission.

h. Les prix ne sont pas fixes, on peut les ………………………………………………………………………………… .

580. RÉVISER Écrivez le nom qui correspond au verbe.

Exemple : une protestation → protester

a. recruter → un ……………………………………………………………
b. gérer → la ……………………………………………………………
c. payer → un ……………………………………………………………
d. régler → un ……………………………………………………………
e. promouvoir → une ……………………………………………………………
f. respecter → le ……………………………………………………………
g. acheter → un ……………………………………………………………
h. vendre → une ……………………………………………………………

581. RÉVISER Les lettres des mots en italique sont mélangées. Écrivez les mots correctement.

Exemple : les livres de *e p c t o m* → compte

a. Une *n t i o o r o p m l m e i e r o a c m c* pour le marketing → ……………………………………………………………
b. Un *s r i r u n e o s u f* de pièces détachées → ……………………………………………………………
c. Un *é r n e t l g m e* par chèque → ……………………………………………………………
d. Écrire un *r p o p a t r* → ……………………………………………………………
e. Le service *u i e j d i u q r* → ……………………………………………………………
f. Rembourser une *t n o e* de *s r i f a* → ……………………………………………………………
g. Un *a c i t y n d s* organise la *r g e è v* → ……………………………………………………………
h. Un *é é é g l d u* du *l r o n e e p s n* → ……………………………………………………………

D. Qui fait quoi dans une entreprise ?

582. RÉVISER Écrivez le mot qui correspond à l'explication.

Exemple : Il représente les salariés dans les relations avec la direction. → un … *délégué* …

a. Le travail à distance → le ....
b. La compta l'émet pour se faire payer. → une ....
c. Un temps d'attente → un ....
d. Le contraire d'un achat → une ....
e. Les salariés → le ....
f. Il est en mission à l'étranger. → un ....
g. Une organisation pour les droits des salariés → un ....
h. Un arrêt de travail pour protester → une ....

> En entreprise, il faut aller vite, alors pour « comptabilité » on dit juste « **compta** ».
>
> Pour expatrié, on peut dire « **expat** » en prononçant le -t.

583. SE TESTER Complétez les phrases avec les mots qui correspondent.

Exemple : On doit faire une … *étude*… de marché et écrire un … *rapport* … sur la question.

a. Après le r.. de nouveaux salariés par la DRH, les c.. de travail sont préparés par le service j.. .

b. Les d.. de fabrication demandés par les f.. sont beaucoup trop longs.

c. Le marketing est assuré par des campagnes de p.. de nos nouveautés.

d. Quand vous avez fini de remplir vos n................................ de f................................, vous les remettez à Nadine, la c................................, qui va préparer le r................................ directement sur votre fiche de p................................ .

e. Nous avons un C.. d'Entreprise très actif qui nous permet de manger à la c................................, de faire des a................................ sportives moins chères car il n................................ les prix, d'assister à des f................................ pour apprendre de nouvelles techniques, utiles par exemple pour le travail à distance, le t................................ .

f. Le d.. du p.. maintient le lien entre les employés et la direction.

g. Le s................................ a décidé de continuer la g................................ pour protester contre la réforme.

h. Je vais partir pendant un an comme e.. en m.. dans une grande entreprise.

Bilan

1. Il a trouvé un poste d'o............................ dans une u............................ qui f............................ (fait) des voitures.
2. Pendant la c............................ d'un bâtiment, le c............................ (le site de travail) est réservé au p............................ (aux gens qui y travaillent).
3. Les parents de ma copine sont a............................ à la campagne, ils ont une f............................ au milieu des c............................, ils passent la journée sur leur t............................ et ils font l'é............................ de vaches.
4. Cette c............................ de supermarchés appartient à un g............................ (un ensemble d'entreprises) spécialisé dans la grande d............................ .
5. C'est une entreprise gérée par l'État, elle est donc p............................, pas p............................ .
6. Les immeubles sont vendus par nos a............................ i............................ qui sont dans un vaste r............................ d'a............................ .
7. Cette société de l............................ s'occupe du transport des marchandises entre un e............................ (un grand bâtiment) où des c............................ vont les déplacer, et les c............................ qui partent sur la route.
8. Je voudrais travailler dans le secteur des vacances, du t............, comme par exemple dans une c............................ a............................, pour les vols en avion, le secteur de l'h............................ pour les chambres ou de la r............................ pour les repas.
9. C'est un couple de travailleurs i............................, elle est dans un c............................ d'architectes et son mari dans une é............................ de notaires.
10. Nous recherchons une personne avec une bonne q............................ pour g............................ des enfants et aussi pour notre service d'a............................ aux personnes âgées à leur d............................ (chez elles), pour faire le m............................ (nettoyer).
11. Quelqu'un qui est dans le c............................, comme un pâtissier, est un a............................ qui travaille à son c............................ .
12. Cette entreprise est c............................ à la b............................ de Paris.
13. Nous avons fait des b............................ (profits) cette année et pouvons verser des d............................ à nos a............................ .
14. Pour a............................ (faire grandir) notre c............................ d'affaires, il faut développer les e............................ vers les pays étrangers.
15. Nous sommes en c............................ (compétition) avec des entreprises qui ont des c............................ (prix) de main d'o............................ plus bas, c'est un effet de la m............................ (des échanges planétaires).

Bilan

16. Le b........................ de l'activité du semestre, avec ses g........................ (dessins), montre que notre activité a une c........................ (un développement) de 6%.

17. Les r........................ de l'année dernière sont très mauvais, la d........................ (le manque d'argent) est supérieure, personne ne veut i........................ du capital chez nous, si ça continue, nous allons droit à la f........................ !

18. Il y a une o........................ d'emploi pour un poste d'a........................ (aide) du PDG. Je vais envoyer mon CV et une lettre de m........................ à la Direction des R........................ H........................ .

19. Nous cherchons une personne d........................ (avec de l'énergie) et bien o........................ pour notre service commercial, en charge des opérations de p........................ de nos produits.

20. Mon salaire n'est pas très haut, surtout quand on enlève les c........................ sociales et le p........................ de l'impôt, mais j'ai des p........................ de fin d'année et la possibilité de faire des heures s........................ .

21. Ce travail me plaît, il n'est pas r........................ (ce n'est pas toujours pareil), ni s........................ (fatigant nerveusement), j'ai la possibilité de m'é........................ (bien me développer) et 5 semaines de c........................ (vacances). Je n'ai aucune intention de d........................ (quitter mon poste) !

22. Nous venons d'e........................ (engager) cette personne car son p........................ (ses caractéristiques) correspondait exactement à ce que nous cherchions.

23. Ce monsieur ne travaille plus ici, nous avons dû le l........................ (mettre à la porte).

24. Martine est à la c........................, elle s'occupe des f........................ (qui sont envoyées quand on fait un a........................ ou une v........................), des n........................ de frais. Mais l'année prochaine, elle sera à la r........................ (assez âgée pour arrêter de travailler).

25. Désolé, mais ce point n'est pas à l'o........................ du jour de la r........................ !

26. Les c........................ (dirigeants) ont des co........................ . Ils écrivent des m........................ et traitent des d........................

27. J'ai besoin d'une a........................ ou d'un t........................ pour relier ces feuilles de papier.

28. Nous mangeons à la c........................ qui est gérée par le C........................ d'Entreprise.

29. Le s........................ a décidé de faire la g........................ pour protester contre les bas salaires.

30. Il va partir à l'étranger pour une m........................ de 6 mois, il sera un e........................ .

Mon score : .... /99

15 • L'argent

A. Les moyens de paiement

« Comment payer ? »

On peut **régler** (payer) un **montant**/une **somme** d'argent **en espèces/ en liquide** (fam) avec des **billets** de banque ou des **pièces de monnaie**. Un caissier demande de **faire l'appoint** (donner la somme exacte) s'il ne peut pas **rendre** la monnaie (la différence).
On utilise une **carte bancaire** ou de **crédit** pour **retirer** de l'argent à un **DAB** (distributeur automatique de billets), pour un **règlement comptant** (en une fois) ou **à crédit** (plusieurs fois avec frais). Il faut **taper** un **code secret** sur un terminal ou payer **sans contact** parce que la carte a **une puce**, un petit élément électronique. On obtient un **reçu**. La banque peut mettre un **plafond** (une limite) des **paiements**. Sur Internet, on indique **la date de validité** et pour un **paiement sécurisé**, on reçoit un code par SMS. Dans un **carnet de chèques**/un **chéquier**, il faut **remplir** un **chèque**, écrire l'**ordre** (le destinataire), ne pas oublier de le **signer**, parfois présenter une **pièce d'identité**. On peut aussi payer avec un **virement** de banque à banque ou un **prélèvement automatique**.

584. S'EXERCER Reliez les éléments qui correspondent.

a. régler • • 1. automatique
b. la date • • 2. bancaire
c. sans • • 3. un montant
d. une carte • • 4. contact
e. taper • • 5. électronique
f. un carnet • • 6. de validité
g. une puce • • 7. un code secret
h. un prélèvement • • 8. de chèques

> En France, la **Carte Bleue** est une marque très courante de carte bancaire.

> Dans les magasins, on paye de plus en plus par carte bancaire, surtout avec le « paiement sans contact » plus rapide.

585. S'EXERCER Soulignez la bonne réponse.

Exemple : un paiement sans contact se fait sans → <u>toucher le terminal</u> – reçu.

a. Payer en liquide, c'est payer → en espèces – par virement.
b. Un billet est en → métal – papier.
c. Une pièce est en → métal – papier.
d. Faire l'appoint veut dire → rendre la monnaie – payer exactement la somme.
e. On retire de l'argent à → un terminal – un DAB.
f. Si on paye en une fois, c'est un paiement → à crédit – comptant.
g. On peut stoker des informations dans la carte parce qu'elle a → un chéquier – une puce.
h. Une limite de paiements pour une carte, c'est son → prélèvement – plafond.

A. Les moyens de paiement

586. S'EXERCER Écrivez le mot qui correspond à l'explication.

Exemple : il est secret → un ... *code* ...

a. Un autre mot pour « paiement » → un ....
b. C'est un montant → une ....
c. Pas besoin de toucher le terminal, c'est → ....
d. Un petit élément électronique sur la carte → une ....
e. Un autre verbe pour « prendre » de l'argent à un DAB → ....
f. Une limite de paiement → un ....
g. Un carnet de chèques → un ....
h. On paye de banque à banque avec → un ....

587. RÉVISER Cochez la bonne réponse, et si c'est faux, écrivez la réponse qui convient.

Exemple : Un paiement à crédit est généralement gratuit. ☐ vrai ☒ faux : ... avec des frais ...

a. Sur un chèque, l'ordre est le montant. ☐ vrai ☐ faux : ....
b. Un paiement en liquide est un paiement comptant. ☐ vrai ☐ faux : ....
c. Un DAB est une personne. ☐ vrai ☐ faux : ....
d. Pour un paiement sécurisé sur Internet, la banque envoie une carte d'identité. ☐ vrai ☐ faux : ....
e. Dans un paiement sans contact, on ne tape pas le code. ☐ vrai ☐ faux : ....
f. Il y a parfois un plafond pour les règlements par carte. ☐ vrai ☐ faux : ....
g. La date de validité est la date limite pour utiliser une carte. ☐ vrai ☐ faux : ....
h. La puce est sur le terminal de paiement par carte. ☐ vrai ☐ faux : ....

588. RÉVISER Complétez les phrases avec les mots : *monnaie, billet, somme, pièces, bancaire, retirer, reçu, envoi, pièce, sécurisé, prélèvement, appoint, virement, liquide.*

Exemple : Tu as quoi comme carte ... *bancaire* ... ?

a. Il y a un DAB dans la rue, je vais .... un peu de ....
b. J'achète des fruits, ça fait 6, 40 €. Je donne un .... de 10 € mais le marchand n'a plus de .... et il me demande de faire l'.., alors je cherche des .... pour payer le montant exact.
c. Attendez ! Je vous donne votre ....
d. Pour une grosse ...., nous payons par chèque mais il faut une .... d'identité.
e. Mon salaire est payé par .... directement sur mon compte.
f. Vous pouvez demander à la banque de faire un .... automatique pour payer l'électricité.
g. Ce site de commerce en ligne propose un paiement .... avec un .... de SMS.

15 • L'argent

589. RÉVISER Écrivez les mots complets.

Exemple : un pla-on- pour une cart-ban-air- → plafond, carte bancaire

a. faire l'ap-o-nt → ....
b. rendre la mon-ai- → ....
c. écrire le -ont-nt sur un c-è-u- → ....
d. un pai-men- com-t-nt ou à -rédi- → ....
e. t-p-r le c-d- s-cre- → ....
f. en li-uid-, c'est avec des -sp-c-s → ....
g. un re-u du ré-le-en- → ....
h. ré-le- une som-e par -ir-men- → ....

> On peut écrire « **paiement** » ou « **payement** ».

> Ne pas confondre **l'argent**, en général, et **la monnaie** utilisée dans un pays (comme l'euro).

590. SE TESTER Complétez les phrases avec les mots qui correspondent.

Exemple : On paye de façon ... *sécurisée* ... sur ce site de commerce en ligne.

a. Nous acceptons les p .... en e .... ou par c .... de crédit.
b. Voilà un d............................... automatique, je vais r............................... du l............................... .
c. À la caisse, j'ai dû faire l'a............................... car on ne pouvait pas me rendre la m............................... .
d. Quand on voyage, il faut s'habituer aux p............................... et aux b............................... d'un autre pays.
e. C'est une grosse s..............................., je choisis de ne pas payer c............................... (en une fois).
f. Pour le r............................... par ch..............................., notre machine peut remplir le m............................... et l'o..............................., vous devez juste s............................... et je mettrai le numéro de votre p............................... d'i............................... .
g. Les cartes bancaires ont une p............................... électronique. On peut t............................... le c............................... secret ou faire un s............................... c..............................., là on n'a pas besoin de toucher.
h. Sur le site de la banque, nous pouvons payer par v............................... mais on ne peut pas faire de p............................... automatique.

B. La banque

« Les opérations courantes » 106

Pour utiliser les services d'une banque, il faut **ouvrir** un **compte courant**. Les références, comme le **numéro** du compte et l'adresse de la banque, sont sur le **RIB** (Relevé d'Identité Bancaire). On peut faire un **versement** (mettre de l'argent) en allant dans une **agence**, au **guichet** (le comptoir). Pour **déposer** un chèque, on remplit un **bordereau**. Le **relevé de compte**, envoyé par courrier ou disponible sur Internet, montre le **débit** (les sorties), le **crédit** (les entrées), et le **solde** (la différence). Ainsi, on peut **faire ses comptes**. Si on n'a pas tout **dépensé**, s'il reste une somme **disponible**, on peut **épargner** en ouvrant un **compte**/un **livret** d'épargne, où l'argent est bloqué mais il rapporte des **intérêts**. Un **conseiller financier** pourra vous proposer de faire un **placement** (investir). Au contraire, si le solde est négatif, alors on a un **découvert**, on est **dans le rouge** (fam.). La banque fait payer des **frais**.

B. La banque

591. S'EXERCER Reliez les éléments qui correspondent.

a. un compte — 3. un compte
b. un Relevé
c. un relevé
d. le guichet dans
e. ouvrir
f. déposer
g. un conseiller
h. être

1. une agence
2. financier
3. un compte
4. courant
5. de compte
6. d'Identité Bancaire
7. à découvert
8. un chèque

> Ne pas confondre « **une solde** », une réduction de prix, et « **le solde** », l'argent disponible.

592. S'EXERCER Barrez le mot qui ne correspond pas.

Exemple : dans une agence → un conseiller – ~~un livret~~ – un guichet

a. sur le relevé de compte → le solde – le débit – le bordereau
b. des types de compte → un conseiller – courant – d'épargne
c. sur le RIB → le numéro de compte – l'adresse du client – l'adresse de la banque
d. concerne les chèques → déposer – un bordereau – un livret
e. quand on dépense plus que l'argent qu'on a → être dans le rouge – des intérêts – un découvert
f. de l'argent qui sort → des frais – dépenser – un livret
g. de l'argent qui entre → des intérêts – un placement – un crédit
h. de l'argent qui reste à la banque → disponible – un débit – de l'épargne

593. S'EXERCER Complétez les phrases avec les mots : *découvert, dépensé, livret, RIB, déposer, intérêts, ~~numéro~~, courant, placement, conseiller, relevé, versement.*

Exemple : Écrivez ici votre ... *numéro* ... de compte.

a. C'est plus facile de faire mes comptes avec le .... que la banque m'envoie.
b. Votre compte .... est dans quelle agence ? Vous pourrez nous envoyer un .... ?
c. Nous mettons un peu chaque mois sur notre .... d'épargne et on touche 2% d'.......................... .
d. Après l'ouverture du compte, vous devez faire un premier ....
e. Tu sais comment .... un chèque à la banque ?
f. On a trop ...., on a un ...., on est dans le rouge !
g. J'ai rendez-vous avec mon .... financier.
h. Vous croyez que c'est un bon .... ?

594. RÉVISER Écrivez le mot qui correspond à l'explication.

Exemple : On les paye en cas de problème → des ... *frais* ...

a. Un compte qui n'est pas pour l'épargne est → ....
b. Un compte d'épargne → un ....
c. La différence entre le débit et le crédit → le ....

15 • L'argent

d. On le remplit pour déposer un chèque. → un ....

e. De l'argent qui reste est → ....

f. Être dans le rouge → à ....

g. Un document avec la référence d'un compte → un R.............. d'I.............. B..............

h. Une forme d'investissement → un ....

595. RÉVISER Les lettres des mots en italiques sont mélangées. Écrivez les mots correctement.

Exemple : Tu as *é n d é s p e* combien ? → dépensé

a. un compte *r o u n a c t* ou un *e l i v t r* d'épargne → ....

b. sur le *e e l é r v* de compte, les colonnes des *t é i b s d*, des *t d c i s é r*, et le *o d l e s*
→ ....

c. faire un *s m e n v t e r e* au *u g c h i e t* de son agence → ....

d. voici le *u e o d a r r e b* pour *e é o p s d r* des chèques → ....

e. payer des *r s a i f* ou toucher des *t i n t r ê é s* → ....

f. le *e i l o r l c e s n* financier nous présente un *m p c e e a l t n* intéressant → ....
....

g. *a r e f i* ses comptes pour ne pas avoir de *t e o r u d c v é* → ....

h. cette *m o e s m* n'est pas encore *e i n l s i d b p o* → ....

596. SE TESTER Complétez les phases avec les mots qui correspondent.

Exemple : Écrivez le ... *numéro* ... du chèque.

a. Pour l'instant, je préfère o.............................. seulement un c..............................
c.............................. et plus tard peut-être prendre un l..............................
d'é.............................. .

b. Pour le v.............................. d'espèces, allez au g..............................
de votre a.............................. habituelle.

c. Quand on d.............................. un chèque, il faut garder un exemplaire
du b.............................. .

d. Merci de joindre un R.............................. d'I.............................. B.............................. .

e. Ma banque n'envoie plus de r.............................. de c..............................
mais je peux voir sur le site internet avec le d..............................,
le c.............................. et le s.............................., l'argent qui me reste.

f. Cette somme n'est pas encore d.............................., il faut attendre 3 jours.

g. Si tu d.............................. trop, tu vas être dans le r..............................,
avoir un d.............................. et tu devras payer des f.............................. .

h. Le c.............................. financier me propose de faire un p..............................
qui me rapporte des i.............................. tous les ans.

B. La banque

« Les opérations spéciales »

En cas de carte bancaire **perdue** ou **volée**, il faut **faire opposition** (bloquer la carte) en appelant un numéro spécial joignable 24h/24. Pour un gros achat, comme une maison, vous pouvez demander un **crédit** à la banque, lui **emprunter**, faire un **emprunt**. La banque peut vous **prêter**, vous faire un **prêt**, qu'il faudra **rembourser** avec un **taux d'intérêt**, des **mensualités** (un paiement chaque mois). Si vous **devez** de l'argent (vous avez une dette), vous serez peut-être obligé **d'économiser**/**faire des économies** (limiter vos dépenses).
Si vous allez à l'étranger et avez besoin de **devises** (de l'argent étranger), certaines banques ou un **bureau de change** pourront vous **changer** de l'argent, en utilisant un **taux de change** (la différence de valeur entre les deux monnaies).
Pour maintenir des objets de valeur en sécurité, des banques proposent de louer un **coffre-fort** (une boîte très renforcée).

597. S'EXERCER **Reliez les deux parties de la phrase.**

a. J'ai perdu ma
b. Vous devez tout de suite faire
c. Ce numéro de téléphone
d. On a besoin d'un crédit
e. La banque va nous
f. Quel est le taux
g. Tu me dois encore
h. Ces documents sont

1. opposition.
2. pour acheter un appartement.
3. carte bancaire.
4. d'intérêt ?
5. prêter l'argent nécessaire.
6. est toujours joignable.
7. dans le coffre-fort.
8. 20 € !

> Ne pas confondre « **le change** », pour des devises, et « **le changement** », l'action de changer en général.

598. S'EXERCER **Cochez la bonne réponse.**

Exemple : J'ai trop dépensé ce mois-ci, je dois faire ☐ de l'économie ☒ des économies.

a. Pour acheter une maison, nous devons ☐ prêter ☐ emprunter à la banque.
b. La banque accepte de nous ☐ prêter ☐ emprunter de l'argent.
c. Pour financer cet achat, on va faire ☐ un prêt ☐ un emprunt à la banque.
d. Pour la voiture, la banque va nous faire ☐ un prêt ☐ un emprunt.
e. Pour notre crédit, on a un taux ☐ d'intérêt ☐ de change de 3%.
f. Les mensualités sont payées ☐ chaque année ☐ chaque mois.
g. On m'a volé ma carte, je dois ☐ faire opposition ☐ aller au bureau de change.
h. Pour le café, je vous ☐ dois combien ☐ économise combien ?

15 • L'argent

599. RÉVISER Écrivez le verbe qui correspond au nom.

Exemple : un achat → ... *acheter* ...

a. un emprunt → ....
b. un prêt → ....
c. un vol → ....
d. un remboursement → ....
e. un change → ....
f. une dette → ....

> « Faire des économies » au pluriel = dépenser moins, mais on dit « étudier l'économie » au singulier.

600. RÉVISER Remettez les mots de ces phrases dans l'ordre.

Exemple : – votre – -vous – -fort ? – accéder – à – Souhaitez – coffre
→ Souhaitez-vous accéder à votre coffre-fort ?

a. – sur – un – crédit – immobilier – Nous – 20 – ans. – avons
→ ....

b. – rembourser. – pour – Avec – un – crédit, – nouveau – difficultés – des – aurez – vous
→ ....

c. – on – économise – à – Si – nos – de – pas, – payer – n' – aura – mensualités. – on – mal
→ ....

d. – la – emprunt ? – à – combien – devez – pour – Vous – votre – banque
→ ....

e. – d' – un – avec – un – La – nous – proposé – a – de – banque – intérêt – prêt – taux – 5%. – a
→ ....

f. – change. – avons – nous – devises, – besoin – de – un – de – Si – bureau – avez – vous
→ ....

601. SE TESTER Complétez les phrases avec les mots qui correspondent.

Exemple : Il ne nous reste pas beaucoup d'argent, il faut ... *économiser* ...

a. Tu peux me p .... 10 € ?
b. Pour payer cette somme, on a besoin d'un e .... à la banque.
c. La banque a accepté de me faire un p .... pour acheter une moto avec un t .... d'i .... pas trop haut.
d. On sort moins, on fait des é .... parce qu'on r ....
tous les mois les m .... de notre c .... immobilier.
e. Ce service est gratuit, vous ne nous d .... rien !
f. Je vais partir à l'étranger, j'ai besoin de d .... Vous savez où je peux trouver un bureau
de c .... et quel est le t .... aujourd'hui pour la livre sterling ?
g. Si votre carte bancaire est v .... ou p ....,
appelez immédiatement ce numéro pour faire o ....
h. Je vais mettre ce bijou dans mon c ....-f ....

Bilan

1. Comment souhaitez-vous r .... (payer) ?
2. C'est un gros m ...., une grosse s .... à payer !
3. Tu préfères payer par carte ou en e .... , en l .... ?
4. La caissière n'a plus de monnaie, on va faire l'a ....
5. Ce distributeur de boissons peut r .... la monnaie.
6. On cherche un D .... A .... de B ....
7. Vous tapez votre c .... s .... sur le clavier.
8. Il faut mettre la date de v .... de votre carte.
9. J'ai pris mon ch .... pour faire un ch .... mais j'ai oublié ma pièce d'i ....
10. Votre salaire est payé par v .... sur votre c .... c .... à la banque.
11. Il faut nous envoyer un R .... d'I .... B ....
12. Vous devriez faire un ve .... d'argent.
13. À cette heure-ci, le g .... de l'a .... bancaire est fermé.
14. Voici un b .... pour d .... des chèques.
15. Je peux voir mon r .... de c .... sur Internet.
16. Le d ...., c'est les dépenses, le c .... les entrées, et la différence, c'est le s ....
17. Désolé, cet argent ne sera pas d .... avant 48 h.
18. Cette année, tu vas toucher combien d'i .... ?
19. Je dépense moins, avec mes é .... j'ai ouvert un l .... d'é ....
20. Quel est le nom de votre c .... financier ?
21. C'est un bon p .... en bourse.
22. C'est le numéro pour faire o .... si votre carte est volée.
23. Pour payer la maison, on a dû e .... de l'argent à la banque, faire un e ....
24. Nous achèterons ce véhicule si la banque nous p .... la somme, nous fait un p ....

Bilan

25. Je paye des m .... tous les mois pour r .... le crédit.

26. Vous d .... encore la moitié du capital.

27. On utilise quelle d .... dans ce pays ?

28. Vous pouvez acheter des euros dans le b ....
de c .... de l'hôtel.

29. Quel est le t .... de c .... entre le dollar et l'euro ?

Mon score : .... /52

16 • Parler le français familier

Quand on parle avec des amis, des membres de sa famille, dans des situations de tous les jours, on utilise souvent des mots familiers. Il est important de savoir les utiliser dans des phrases et les prononcer.

A. Les personnes autour de soi

** mots très familiers

 « C'est qui ? »

Un mec**, un gars, un type**, un keum (verlan) = un homme
Une nana**, une meuf (verlan) = une femme
Un(e) gosse/môme/ un(e) gamin(e) = un(e) enfant

Un(e) frangin(e)** = un frère/une sœur
Un(e) pote = un copain/une copine
Mon beauf = mon beau-frère (le frère du mari ou de la femme)

Le **verlan** est l'inversion des syllabes, c'est "à l'envers".
Un **beauf** est aussi une personne banale, un peu vulgaire.

602. S'EXERCER Complétez les phrases avec les mots : *meuf, frangine, ~~nana~~, beauf, gosse, mec, verlan, gamine, frangin, pote.*

Exemple : C'est une belle ... *nana* ... !

a. Tu as vu* le nouveau .... de ma sœur ?
b. On dirait qu'il a une nouvelle .... !
c. Tu sais que Franck et Marie ont eu un .... ?
d. Je suis fils unique, je n'ai pas de .... ni de ....
e. Je vous présente Cédric, un très bon ....
f. Voici Gérald, mon .... , le mari de ma sœur.
g. Ils ont un gamin ou une .... ?
h. Quand il parle, il met les syllabes à l'envers, c'est du ....

*En langage oral, on entendra plutôt « t'as vu... »

603. S'EXERCER Complétez les phrases avec les mots qui correspondent.

Exemple : C'est mon ... *frangin* ...

a. C'est qui ce t .... ?
b. Il nous a présenté sa n ....
c. Ils sont mariés et ils ont 3 m ....
d. Elle est brune et sa f .... est blonde.
e. Je me suis fait des nouveaux p .... pendant les vacances.
f. Elle est venue à la fête avec son k ....
g. Il a mauvais goût pour s'habiller ? C'est un b .... !

16 • Parler le français familier

604. RÉVISER Reliez les deux parties de chaque mot.

a. NA •   1. SSE
b. GO •   2. AUF
c. GA •   3. NA
d. BE •   4. GINE
e. TY •   5. MIN
f. FRAN •   6. TE
g. PO •   7. PE

605. RÉVISER Écrivez les mots qui correspondent.

Exemple : un enfant → un *gamin*, un *gosse*, un *môme*

a. une femme → une m.., une n..................................
b. un homme → un t............................., un m............................., un k............................
c. une sœur → une f..
d. le frère de ma femme → mon b...

> « Le corps »
>
> Les tifs** = les cheveux (masc.)   Costaud, balaise, baraqué = fort
> Le pif** = le nez (et le flair, l'intuition)   Être à poil = nu (sans vêtements)
> Le bide** = le ventre   Être miro = être myope (ne pas voir net)
> Bien foutu(e) = bien fait, avec un bon physique   La gueule** = la bouche, le visage
> Moche = laid, pas beau   Ta gueule ! (très fort) = Tais-toi !
>
> **La gueule** n'est pas familier si c'est la bouche d'un animal.
> **Une baraque** = mot familier pour « maison », donc « baraqué » = grand et fort comme une maison.

606. S'EXERCER Reliez les deux parties de la phrase.

a. Il est musclé, il est •   1. bide.
b. Je dois me faire couper les •   2. gueule.
c. Après manger, il avait mal au •   3. tifs.
d. Je ne vois pas bien, je suis •   4. pif.
e. C'est dommage, il a un gros •   5. costaud.
f. Il est mignon, il a une belle •   6. miro

607. S'EXERCER Complétez les phrases avec les mots : *balaise, bien foutu, poil, gueule, moche, tifs*.

Exemple : Elle a les ... *tifs* ... de quelle couleur ?

a. Ce chien n'est pas beau, il est franchement .... !
b. Il a un corps bien proportionné, il est vraiment .... !
c. Ce paquet pèse très lourd, il faut quelqu'un de .... pour le porter.
d. Tu fermes ta ...., maintenant, c'est mon tour de parler !
e. À minuit, on est tous allés se baigner sans maillot, on était à ....

A. Les personnes autour de soi

608. RÉVISER Soulignez le mot qui correspond.

Exemple : avoir un beau corps → être bien foutu – être miro

a. un cheveu → un tif – un pif
b. musclé → moche – baraqué
c. pas beau → moche – miro
d. fort → à poil – balaise
e. la bouche → le bide – la gueule

609. RÉVISER Écrivez les mots qui correspondent.

Exemple : La digestion se passe dans → le ... *bide* ...

a. Grand et fort → ...., ..., ...
b. On met des lunettes si on est → ....
c. Laid → ....
d. Sans vêtements → à ....
e. Au milieu du visage → le ....

« La santé »

Avoir la pêche**, la frite, la patate = être en forme   Avoir la crève** = être enrhumé, grippé
Ça boume** = ça va   Le toubib = le médecin
Être patraque = pas en forme   L'hosto** = l'hôpital
Être pompé, claqué = fatigué

Claquer = mourir, donc comprendre claqué comme = mort de fatigue.

610. S'EXERCER Reliez les éléments qui correspondent.

a. Je suis* en bonne santé.   1. Je suis crevé.
b. Je ne suis pas* en forme.   2. Ça boume.
c. Je suis* vraiment fatigué.   3. J'ai la pêche.
d. J'ai attrapé un rhume.   4. Voici un toubib.
e. Il y a un docteur ?   5. Je suis patraque.
f. Ça va.   6. J'ai la crève.

* En langage oral, on entendra plutôt « J'suis ... "ou" J'suis pas ... »

611. S'EXERCER Écrivez les mots complets.

Exemple : Après les vacances, j'ai la p-ch- !   → *pêche*

a. En ce moment, je suis c-a-u- é, p-mp- !   → .... → ....
b. Moi, au contraire, j'ai la -a-at-, la f-it- !   → .... → ....
c. On a dû le conduire à l'-ost-.   → ....
d. Tu as vu un t-u-i- ?   → ....

16 • Parler le français familier

e. En hiver, j'ai souvent la -r-v-. → ....

f. Mon fils n'ira pas à l'école, il est p-tra-ue. → ....

612. RÉVISER Les lettres des mots en italiques sont mélangées. Écrivez les mots correctement.

Exemple : Notre grand-mère a encore la *t i r e f* ! → frite

a. Je vais me reposer, je suis *q é l c a u* ! → ....

b. Tu as pris froid, tu as la *r e v c è*. → ....

c. On va faire venir le *i u b b t o*. → ....

d. Alors, ça *m b e o u* aujourd'hui ? → ....

e. Cette maladie me rend *u t p q a a e r*. → ....

613. RÉVISER Écrivez les mots qui correspondent.

Exemple : ça va → ça boume

a. fatigué → ...., ...

b. un docteur → un ....

c. en pleine forme → avoir la .... la ....

d. un rhume → la ....

e. pas en bonne santé → être ....

f. l'hôpital → l' ....

614. SE TESTER Écoutez, écrivez le mot familier entendu et son sens. 108

Exemple : « Je te trouve moche avec ce chapeau. » → moche → laid

a. .... → ....

b. .... → ....

c. .... → ....

d. .... → ....

e. .... → ....

f. .... → ....

g. .... → ....

h. .... → ....

B. Les activités quotidiennes

** mots très familiers

 « Dans la vie ordinaire »

Faire un truc, un machin = une chose, faire quelque chose
Se casser, se barrer** = partir
Se pointer, rappliquer = arriver
Se grouiller**, se magner** = se dépêcher
Cavaler = courir
Avoir un rencard = un rendez-vous
Poireauter = attendre
Avoir du bol = avoir de la chance

Filer = donner
Paumer = perdre
Faire gaffe = faire attention
Balancer, bazarder = jeter, se débarrasser
Être à la bourre = être en retard
Mater** = regarder
Se gourer, se planter = se tromper
Taffer/Avoir du taff = travailler

« **Rencard** » peut aussi s'écrire « rencart », « rancart » ou « rancard ».
« **Filer** » a 2 sens : partir vite (comme un fil) ou donner.

615. s'exercer **Reliez les deux parties de la phrase.**

a. C'était notre premier
b. Il est tard, on doit
c. Avec ces voitures, on risque d'arriver à la
d. J'ai un truc urgent
e. Je suis tombé de vélo, je n'ai pas de
f. On n'a que 5 minutes,
g. Elle est arrivée en retard, j'ai dû
h. Elle est contente, elle a

1. poireauter.
2. à faire.
3. rencard.
4. grouille-toi !
5. du taf
6. bol.
7. se casser.
8. bourre.

616. s'exercer **Complétez avec les mots :** *mater, paumé, gouré, gaffe, bazarder, filer, pointé, poireauter, cavaler.*

Exemple : Il m'a fait … *poireauter* … pendant une heure !

a. Il s'est ………………………………………………………………………………… avec une heure de retard.
b. Le samedi, on doit ………………………………………………………… toute la journée pour faire les courses.
c. Tu peux me ………………………………………………………………………………… ton numéro de portable ?
d. Zut, j'ai ………………………………………………………………………………………………… mes clés de voiture !
e. On va ………………………………………………… ces vieux pulls pour faire de la place dans les placards.
f. Arrête de me …… comme ça !
g. Fais ………………………………………………………………………………………………… quand tu fais le code !
h. Je me suis ………………………………………………………………………… de sortie à la station de métro.

16 • Parler le français familier

617. RÉVISER Remettez les mots des phrases dans l'ordre.

Exemple : – mer. – la – une – à – On – barre – du – se – semaine – on – bol, – a
→ On a du bol, on se barre une semaine à la mer.

a. – rencards. – ses – bourre – pointe – à – la – se – Il – toujours – à

→ ....

b. – bus – qui – -toi – va – le – le – magne – pour – là, – suivant. – est – Mate – on – sinon – poireauter

→ ....

c. – la – faire, – journée. – J' – plein – je – cavaler – toute – de – à – ai – trucs – vais

→ ....

d. – garder – peut – on – poubelle. – à – ces – ne – tous – machins, – balance – les – pas – On – la

→ ....

e. – pourrais – t' – as – Tu – le – gaffe ! – filé, – que – avais – faire – tu – paumé – je – chapeau

→ ....

f. – suis – me – de – j' – rue – quartier. – gouré – le – dans – du – étais – et – paumé – Je – coup

→ ....

618. RÉVISER Écrivez les mots qui correspondent.

Exemple : arriver → *se pointer*

a. un rendez-vous → un ....
b. courir → ....
c. en retard → à la ....
d. se dépêcher → se .... → se ....
e. partir → se .... → se ....
f. perdre → ....
g. donner → ....
h. se tromper → se .... → se ....
i. attendre → ....
j. travailler → ....

« L'argent »

Le fric**, le pognon**, les balles = l'argent   Être fauché = sans argent
Un biffeton** = un billet de banque   Être radin = pas généreux
Claquer = dépenser

Une faux est un outil pour couper par exemple le blé. Après, il ne reste plus rien d'où l'expression « **être fauché** ».

« Le temps, les distances »

Une plombe** = une heure   Une pige**, un balai** (40 balais déjà !) = une année   Une borne = un kilomètre

B. Les activités quotidiennes

619. S'EXERCER Reliez les deux parties de chaque mot.

a. PO •   • 1. LES
b. FR •   • 2. IC
c. BAL •   • 3. GNON

620. S'EXERCER Écrivez les mots familiers qui correspondent aux mots en italique.

Exemple : On a combien d'*argent* ? → fric

a. Il me reste un *billet* de 10 €. → ....
b. Vous avez *dépensé* combien ? → ....
c. Il n'a *plus* d'argent. → ....
d. Ce mec n'est *pas généreux*. → ....
e. On a fêté ses 30 *ans*. → .... → ....
f. La plage est à 2 *kilomètres*. → ....
g. J'ai attendu une *heure*. → ....

621. RÉVISER Écrivez les mots complets.

Exemple : une – o – ne   → borne

a. le – r – c, le – o – non   → .... → ....
b. f – uc – é   → ....
c. un b – f – eto –   → ....
d. – a – uer   → ....
e. – ad – n   → ....
f. une plo – b –   → ....
g. une pi – e, un – ala –   .... → ....

622. RÉVISER Écrivez « = » si les mots ont le même sens ou « ≠ » pour un sens différent.

Exemple : le pognon – le fric → =

a. des balles – des bornes   → ....
b. des balais – des piges   → ....
c. une borne – une plombe   → ....
d. un biffeton – radin   → ....

623. SE TESTER Écoutez, écrivez le mot familier entendu et son sens. 109

Exemple : « Tu fais un *truc* ce soir ? » : truc → quelque chose

a. .... → ....   f. .... → ....
b. .... → ....   g. .... → ....
c. .... → ....   h. .... → ....
d. .... → ....   i. .... → ....
e. .... → ....

16 • Parler le français familier

« La maison »

Une baraque = une maison
Une piaule** = une chambre

Un plumard, un pieu = le lit
Roupiller = dormir

« Les vêtements »

Une fringue** = un vêtement
Un costard** = un costume

Des godasses** = des chaussures
Se saper** = s'habiller

624. S'EXERCER Reliez les deux parties de la phrase.

a. Ces pompes vont bien avec mon • • 1. baraque.
b. Aujourd'hui, tu es bien • • 2. plumard !
c. Tu portes rarement une cravate avec tes • • 3. costard.
d. Pour la famille, il fallait une grande • • 4. sapé !
e. Notre fils est dans sa • • 5. fringues.
f. Il est tard, les enfants vous allez au • • 6. roupiller !
g. Avec ce bruit, impossible de • • 7. piaule.

625. S'EXERCER Cochez la bonne réponse.

Exemple : Avec ce pantalon, je vais mettre ☒ une fringue ☐ une baraque blanche.

a. Ils ont ☐ un plumard ☐ une baraque avec un beau jardin.
b. Aux pieds, j'avais une nouvelle paire de ☐ godasses ☐ fringues.
c. Tu te mets dans quel ☐ pieu ☐ costard pour dormir ?
d. Tu aimes les ☐ godasses ☐ baraques en cuir ?
e. J'ai un nouveau ☐ costard ☐ pieu pour aller au travail.
f. Ma ☐ piaule ☐ fringue est au bout du couloir.

626. RÉVISER Écrivez le mot qui correspond.

Exemple : un costume → un *costard*

a. des chaussures → ....
b. s'habiller → ....
c. une maison → ....
d. une chambre → ....
e. un lit → .... → ....
f. dormir → ....

B. Les activités quotidiennes

 « Manger, boire »

Bouffer, la bouffe** = manger, la nourriture
Un cuistot** = un cuisinier
Un bistro(t), un troquet = un café
Un apéro = un apéritif
Un caoua** = un café
Boire/prendre un pot = boire un verre
Une patate = une pomme de terre
La bidoche** = la viande
Avoir un creux/avoir la dalle** = avoir faim

Un casse-dalle** = un casse-croûte, un sandwich
Faire un gueuleton = manger beaucoup
La flotte = l'eau
Picoler** = boire (de l'alcool)
Le pinard = le vin
Être pompette, rond**, paf**, beurré** = ivre, soûl/saoul
Un(e) alcoolo = un(e) alcoolique, quelqu'un qui boit trop d'alcool

Ne pas confondre « **patate** » ici, pomme de terre, et patate douce, un autre légume.
Avoir la dalle = avoir faim, donc le « **casse-dalle** » est là pour arrêter la faim.
La **flotte** s'utilise aussi pour la pluie, pleuvoir = flotter.
« **Ça me saoule** » a aussi le sens de : « ça m'agace ».

627. S'EXERCER Reliez les deux parties de la phrase.

a. On passe à table, j'ai la   • 1. apéro.
b. C'est un rôti avec des   • 2. caoua.
c. J'ai bu trop de vin, je suis   • 3. pinard.
d. Avant de manger, on va boire un   • 4. bouffer.
e. Je ne mets pas de lait dans le   • 5. pompette.
f. Ma copine ne mange pas de   • 6. dalle.
g. On va préparer à   • 7. patates.
h. Passe-moi la bouteille de   • 8. bidoche.

628. S'EXERCER Barrez le mot qui ne correspond pas.

Exemple : Qui a trop bu   → beurré – rond – ~~bouffé~~

a. À manger   → de la bidoche – un casse-dalle – un caoua
b. Pour boire l'apéro → un troquet – un cuistot – un bistrot
c. À boire   → un caoua – du pinard – un bistrot
d. Des boissons   → du pinard – de la bidoche – de la flotte
e. Ivre   → paf – pompette – un gueuleton
f. La faim   → de la bidoche – un creux – la dalle
g. Des personnes   → un alcoolo – un troquet – un cuistot

> « Ça me saoule » a aussi le sens de : « ça m'agace ».

629. S'EXERCER Complétez les phrases avec les mots : *picolé, apéro, ~~pot~~, beurré, creux, cuistot, troquet, saoule, flotte, pinard, bouffe.*

Exemple : Les cours sont finis, on pourrait boire un … *pot* … tous ensemble.

a. J'ai un petit ...., il faut que je .... un truc.
b. Ce resto a un nouveau .... qui est excellent.
c. Tu crois que ce .... ira bien avec le plat ?

16 • Parler le français familier

d. Avec cette chaleur, il faut boire beaucoup de ....

e. On s'arrête dans un petit .... et on prend l'................................ .

f. Il a .... hier soir, il était complément .... !

g. Tu ne réponds jamais à mes messages, ça me .... !

630. RÉVISER Écrivez les mots qui correspondent.

Exemple : Un grand repas → un ... *gueuleton* ...

a. Qui a trop bu d'alcool → po.., be..................................,

pa... r... .

b. Le vin, l'eau → le ...., la ....

c. Un pro de la cuisine → un ....

d. Les choses à manger → la ....

e. La faim → un c ...., la d..

f. Boire trop d'alcool → ....

g. Un sandwich → un .... - ....

h. La viande → la ....

631. SE TESTER Écoutez, écrivez le mot familier entendu et son sens. 110

Exemple : « On a déjà mangé un casse-dalle. » : casse-dalle → sandwich

a. .... → ....

b. .... → ....

c. .... → ....

d. .... → ....

e. .... → ....

f. .... → ....

g. .... → ....

h. .... → ....

« L'école et le travail »

Le bahut** = le collège ou le lycée
Fastoche = facile
Pomper** = tricher en copiant sur un autre élève
Le chouchou = l'élève préféré du professeur
Bosser**, bûcher = travailler dur
Un bosseur**, une bosseuse**, un bûcheur,
une bûcheuse = un(e) élève qui travaille beaucoup
Le boucan = le bruit
Le boulot** = le travail
Une boîte = une entreprise
Virer = licencier, mettre à la porte, renvoyer

B. Les activités quotidiennes

632. S'EXERCER Reliez les deux parties de la phrase.

a. Il va réussir son examen, c'est   1. dans quel domaine ?
b. La prof d'anglais m'aime bien,   2. tu iras dans quel bahut ?
c. Après l'école primaire,   3. du boulot.
d. Au bureau, on évite de faire   4. je suis son chouchou.
e. J'ai fini le test,   5. sa propre boîte de services.
f. Mon copain cherche   6. il était fastoche.
g. Tes parents bossent   7. du boucan.
h. Il a créé   8. un bûcheur.

633. S'EXERCER Complétez les phrases avec les mots : *boîte, bosse, ~~boucan~~, viré, pompé.*

Exemple : Arrêtez ce … *boucan* …, on ne s'entend plus !

a. Marcel .... toujours là.
b. Si je vois que vous avez .... sur un autre, vous aurez zéro.
c. Il ne travaillait pas bien, on l'a ....
d. Je suis dans une .... de com'.

634. RÉVISER Écrivez le mot qui correspond.

Exemple : une entreprise   → une … *boîte* …

a. un lycée ou un collège   → un ....
b. travailler   → ....
c. travailler dur   → ....
d. l'élève préféré   → le ....
e. (un travail) facile   → un (travail) ....
f. le bruit   → le ....
h. licencier   → ....

« Les loisirs »

Une balade, se balader = une promenade, se promener
Une clope, cloper** = une cigarette, fumer
Un bouquin, bouquiner = un livre, lire
Un canard = un journal
Une bagnole = une voiture

Un tacot = un taxi
Foncer = aller vite
Le cinoche** = le cinéma
Un flic** = un policier

16 • Parler le français familier

« Les sensations »

Cailler** = avoir froid
Avoir la trouille** = avoir peur
Flipper = être angoissé, inquiet
Chialer** = pleurer
C'est dingue ! = c'est fou !

Se marrer, c'est marrant** = rire, c'est drôle
Kiffer = aimer
J'en ai marre, ras le bol = j'en ai assez
Je m'en fous** = cela m'est égal

635. S'EXERCER Barrez le mot qui ne correspond pas

Exemple : un objet à lire → un bouquin – un canard – ~~une clope~~

a. à conduire → un tacot – un cinoche – une bagnole
b. un loisir → kiffer – un cinoche – une balade
c. des sensations désagréables → cailler – avoir la trouille – se marrer
d. pour rire → marrant – flipper – se marrer
e. pour la cigarette → une clope – une baffe – cloper

636. S'EXERCER Complétez les phrases avec les mots : *fonce, ~~chialer~~, flics, fous, dingue, trouille, marre, clope, kiffe.*

Exemple : Le bébé n'arrête pas de … *chialer* … !

a. Il y a un problème, on appelle les ....
b. La .... est interdite dans les classes.
c. La voiture .... sur l'autoroute.
d. Il s'intéresse à moi mais moi je m'en .... de lui.
e. Je .... un film d'horreur qui me donne la ....
f. Ce mec est bizarre, c'est .... !
g. On marche depuis une heure, j'en ai .... !

637. RÉVISER Écrivez le mot qui correspond.

Exemple : C'est fou → … *dingue* …

a. un livre, lire → .... → ....
b. une promenade → ....
c. fumer → ....
d. une voiture → ....
e. avoir froid → ....
f. avoir peur → ....
g. pleurer → ....
h. rire → se ....
i. un policier → ....

B. Les activités quotidiennes

638. RÉVISER Les lettres des mots en italiques sont mélangées. Écrivez les mots correctement.

Exemple : On a bien rigolé au *c e n i c h o*. → cinoche

a. Je *f k e f i* la plage avec un bon *i u u q b n o* ! → ...., ...
b. Comme tu veux, je m'en *s o u f*. → ....
c. Tu as acheté un paquet de *e l s o p c* ? → ....
d. On a fait une *d a b e l a*. → ....
e. Dehors, ça *l i e a c l*, j'ai la *l i l r u o t e* d'attraper froid. → ...., ...
f. Il y avait une *g e n o b l a* de *s i f l c* devant la maison. → ...., ...
g. J'en ai *a r m r e* que tu *l c a e i h s* tout le temps ! → ...., ...

639. SE TESTER Écoutez, écrivez le mot familier entendu et son sens. 🔊 111

Exemple : « L'année prochaine, notre fils va aller au bahut. » → bahut : collège *ou* lycée

a. .... → ....
b. .... → ....
c. .... → ....
d. .... → ....
e. .... → ....
f. .... → ....
g. .... → ....
h. .... → ....

# Bilan

1. La famille est constituée d'un k........................., d'une m......................... et de 3 m......................... .
2. Elle est belle, elle n'est pas m........................., elle a un corps bien fait, bien f......................... .
3. Il fait de la musculation, il est c......................... .
4. Arrête de parler, ferme ta g......................... !
5. C'est un travail fatigant, à la fin de la journée je suis cl......................... .
6. Il est tard, je m'en vais, je me c......................... .
7. Le train part dans 5 minutes, il faut se g......................... !
8. Elle m'a donné un r........................., dans un bistrot, mais elle est arrivée 20 minutes à la b......................... et j'ai dû p......................... .
9. Tu n'as pas fait le bon numéro de téléphone, tu t'es g......................... .
10. On a dépensé le f......................... qu'on avait, maintenant on n'a plus rien, on est f......................... .
11. La semaine prochaine, c'est l'anniversaire de Joël, il fête ses 30 p......................... .
12. Il y a encore 45 b......................... pour arriver à la mer. C'est long, j'en ai m......................... !
13. Tu as pris la clé de la p......................... ?
14. Ils se sont installés dans une belle maison, une b......................... avec un jardin.
15. En général, tu as bon goût pour tes s........................., mais là je n'aime pas tes g......................... .
16. À cet âge-là, ils b........................., beaucoup, ils ont toujours la d......................... .
17. Vous voulez boire du p......................... ou de la f......................... ?
18. Ils vont à des soirées et ils boivent de l'alcool, ils p........................., et après ils sont complètement be......................... .
19. Prends exemple sur leur fils, au bahut c'est un bû........................., il travaille beaucoup !
20. La nuit dernière, il y a eu du b........................., dans la rue, et j'ai eu du mal à r......................... .
21. J'ai trouvé un b........................., dans un restaurant, je b......................... comme chef !
22. – Tu as une c......................... ? – Désolé, je ne fume pas.
23. J'ai acheté quelques b......................... dans la librairie près de chez moi.
24. Je sais conduire mais je n'ai pas de b......................... .

Bilan

25. C'est quel numéro pour appeler les f.. ?

26. Si je ne mets pas un pull, je c.. .

27. Tu me fiches la t.. avec ces histoires.

28. Elle est encore triste, elle n'arrête pas de c.. .

29. C'est d.., il me k.. !

30. On est allés voir un spectacle comique, on s'est bien m.. .

Mon score : .... /44

17 • Les mots de la francophonie

A. En Europe

« En Belgique »

Académique = universitaire
Un cache-poussière = une blouse pour ne pas se salir
La comprenure = la faculté de comprendre,
Avoir la comprenure difficile/être dur de la comprenure
Doubler = redoubler une année scolaire
Faire la file = faire la queue
Une garde-robe = une armoire
Jober = pour un étudiant, faire un petit boulot
Une lessiveuse = un lave-linge
Des moumouches = des moutons de poussière
Poigner = prendre dans la main

Un quatre-bras = un carrefour
Une robe de nuit = pour une femme, une chemise de nuit pour dormir
Un sorteur, une sorteuse = une personne aimant faire la fête
Une station = une gare de trains
Un torchon = une serpillière (pour laver le sol)

Septante = 70 (soixante-dix)
et **nonante** = 90 (quatre-vingt-dix)

640. S'EXERCER Cochez la bonne réponse.

Exemple : Poigner, c'est ☒ prendre dans la main ☐ donner un coup de poing.

a. Un cache-poussière est ☐ une blouse ☐ un torchon.
b. Pour les vêtements, la garde-robe est ☐ un meuble ☐ des vêtements.
c. À l'école, refaire une année, c'est ☐ doubler ☐ redoubler.
d. Il y avait du monde à la boucherie, j'ai dû faire ☐ la queue ☐ la file.
e. Un quatre-bras est ☐ une personne très forte ☐ un croisement de routes.
f. Sa copine adore aller en boîte, c'est ☐ une sorteuse ☐ une videuse.
g. La comprenure est ☐ une confiture ☐ la compréhension.
h. Pour laver par terre, prends ☐ la serpillière ☐ le torchon.

641. S'EXERCER Complétez les phrases avec les mots : *jobé, moumouches, lessiveuse, robe de nuit, souper, station, cache-poussière, académiques*.

Exemple : Elle fait des études ... *académiques* ....

a. J'ai un .... pour ne pas salir mes vêtements quand j'enlève les ....
b. J'ai .... 2 mois dans une entreprise quand j'étais à la fac.
c. On va prendre le train à la ....
d. Mets ton linge sale dans la ....
e. J'ai faim, on va .... ?
f. Je vais me coucher, je mets ma ....

A. En Europe

642. RÉVISER Écrivez les mots complets.

Exemple : Faire un petit boulot. = -o-er - → *jober*

a. L'année universitaire = a-a-émi-ue → ....
b. Prendre dans la main. = -oi-ner → ....
c. Faire la queue. = faire la-il- → ....
d. Une serpillière = un -orc-o- → ....
e. Une armoire = une -ar-e-r-b- → ....
f. Un fêtard = un -or-eu- → ....
g. Une machine à laver le linge = une le-si-eu-e → ....
h. Un carrefour = un -ua-re - -ra- → ....

643. SE TESTER Complétez les phrases avec les mots qui correspondent.

Exemple : C'est le début de l'année ... *académique* ...

a. Je vais j .... (faire un petit boulot) cet été.
b. On n'a pas de l .... (lave-linge), on fait la lessive à la main.
c. Au prochain q .... (croisement), tournez à droite.
d. C'est sale par terre, il faut laver avec un t .... (une serpillière).
e. J'ai faim, allons s .... (dîner).
f. On se retrouve à la s .... (gare) ?

« En Suisse »

Un(e) barjaque = bavard(e)
Un bec = un baiser
Bobet = bête
Une bouteille = un biberon (pour bébé)
Une camisole = un sous-vêtement, un maillot
Une case postale = une boîte aux lettres à la poste
Un chambreur = une personne louant une chambre chez un particulier
Un cornet = un sac en plastique
Un dix-heures = une collation mangée à 10 h
Une écurie = un bâtiment de la ferme pour les animaux
Encoubler = déranger
Un feune = un sèche-cheveux
Un fourneau = un poêle (pour chauffer une pièce)
Un galetas = un grenier
Gentiment = lentement
Un gymnase = un lycée

Une lavette = un gant de toilette
Des herbettes = des herbes aromatiques (pour la cuisine)
Une panosse = une serpillière (pour laver le sol)
Peser = appuyer sur (un bouton)
Un saoulon /soûlon = un alcoolo
Service ! = De rien !
Les services = les ustensiles sur une table
Un signofile = un clignotant
Le syndic = le maire
Du thé = une infusion, une tisane (de plantes)
Une thune = une pièce de 5 Francs Suisses
Venir = devenir (ex : Il vient gros !)

Septante = 70 (soixante-dix),
octante = 80 (quatre-vingts)
et **nonante** = 90 (quatre-vingt-dix)

17 • Les mots de la francophonie

644. S'EXERCER Reliez les 3 éléments qui correspondent.

a. Notre fils va tous les jours au • • 1. panosse. • • a. le lycée
b. Je vous ai préparé une serviette et une • • 2. lavette. • • b. un gant de toilette
c. On va s'occuper des vaches • → • 3. à l'écurie. • → • c. l'étable
d. J'ai lavé le sol avec une • • 4. gymnase. • • d. un baiser
e. On va tourner, il faut mettre le • • 5. signofile. • • e. le clignotant
f. Avant de partir, fais-moi un petit • • 6. bec. • • f. une serpillière

645. S'EXERCER Barrez le mot qui ne correspond pas.

Exemple : Devenir → ~~encoubler~~ – venir

a. Pour faire boire un bébé → une bouteille – un bec
b. Le maire → le chambreur – le syndic
c. Une infusion de plantes → des herbettes – du thé
d. Une pièce de 5 Francs Suisses → une thune – un barjaque
e. Sous le toit → un galetas – un fourneau
f. Un sous-vêtement → une lavette – une camisole

646. S'EXERCER Les lettres des mots en italiques sont mélangées. Écrivez les mots correctement.

Exemple : Vous devez *e r p s e* sur une touche du clavier. → peser

a. Elle parle tout le temps, elle est *a r e u b a q j*. → ....
b. Il n'arrête pas de boire, c'est un *l u a o o n s*. → ....
c. On met les vieux objets au *t g a e l a s*. → ....
d. Le voisin du dessus fait souvent du bruit, ça m' *e b l e o n c u*. → ....
e. Au dernier moment, vous pouvez ajouter des *b r e t e h s e t*. → ....
f. Quand elle conduit, elle ne met jamais son *f o s g i l e n i*. → ....

647. RÉVISER Écrivez les mots qui correspondent.

Exemple : Une personne qui loue une chambre. → un chambreur

a. Un lycée → un ....
b. Un chauffage dans une pièce → un ....
c. Lentement → ....
d. Un sous-vêtement → une ....
e. Un gant de toilette → une ....
f. Un grenier → un ....

648. SE TESTER Complétez les phrases avec les mots qui correspondent.

Exemple : On va manger, tu peux mettre les ... *services* ... sur la table ?

a. En plus de la cheminée, on a un bon f.................................... pour chauffer les chambres.
b. Notre immeuble n'est plus calme depuis que ce locataire nous e.................................... avec son bruit.
c. C'est sale par terre, je vais passer un coup de p.................................... .

A. En Europe

d. Nos enfants nous font un b... sur la joue avant de partir à l'école.

e. Après le g..., votre fils a l'intention de faire quel travail ?

f. Je t'ai mis une serviette et une l... pour ta toilette.

B. En Amérique

 « Au Québec »

Un babillard = un panneau pour afficher des messages
Le bac(calauréat) = bac + 3 (en France, la licence)
Un bas = une chaussette
Une brochetterie = un restaurant pour les brochettes, les grillades
Un caribou = un renne
Un cartable = un classeur
Une champlure = un robinet
Chialer = manifester son mécontentement, râler
Magasiner = aller faire ses achats
Le Vendredi fou = en novembre, une journée avec des réductions importantes chez les commerçants

Le millage = le kilométrage (la mesure d'une distance en milles)
Un résident = un interne en médecine
Un paramédic = un professionnel des soins médicaux d'urgence

À partir du XVIIe siècle, des Français se sont installés au Québec (en Nouvelle-France) et leur langue a évolué d'une façon différente de la France.
Pour des raisons de protection et de défense de la langue française, les Québécois(e)s évitent l'utilisation de mots anglais, comme *e-mail* qui devient *courriel* (courrier électronique), parfois repris en France.

649. S'EXERCER Reliez les 3 éléments qui correspondent.

a. Avant de mettre mes chaussures, je mets • → • 1. des bas. • • a. un classeur
b. Si vous voulez de l'eau, il faut tourner • • 2. cette boutique. • • b. le kilométrage
c. J'écris des notes que je range dans • • 3. un cartable. • • c. les chaussettes
d. Entre ces 2 villes, quel est • • 4. le millage ? • • d. le robinet
e. Pour magasiner, j'aime bien • • 5. la champlure. • • e. faire des achats

650. S'EXERCER Soulignez le mot qui correspond.

Exemple : Une journée avec des prix spéciaux → un Lundi fou – <u>un Vendredi fou</u>

a. un classeur → un cartable – une champlure
b. un commerce → une brochetterie – un babillard
c. un professionnel des soins d'urgence → un millage – un paramedic
d. se plaindre → magasiner – chialer

651. RÉVISER Les lettres des mots en italiques sont mélangées. Écrivez les mots correctement et écrivez leur sens.

Exemple : On va a g m s i r n a e au centre commercial. → magasiner → faire des achats

a. Il y a un message sur le a d l b i r b a l.

→ .... → ....

17 • Les mots de la francophonie

b. Pour la fac, j'ai un *c r l t a b a e* pour chaque matière.

→ .... → ....

c. Je ne peux pas prendre une douche, la *e c l p e h m u r a* est bloquée.

→ .... → ....

d. Tu n'es jamais content, tu *l s a e h i c* pour tout !

→ .... → ....

e. Il a eu une attaque cardiaque, heureusement un *d a c i m a p r e* était là très vite.

→ .... → ....

652. SE TESTER Complétez les phrases avec les mots qui correspondent.

Exemple : C'est l'heure d'aller à l'école, mets tes ... *bas* ... !

a. Il faut changer le joint de la c .... , il n'y a plus d'eau chaude.

b. On a plus rien dans le frigo, on va manger une grillade à la b .... ?

c. Tu vas passer ton b .... à la fac cette année ?

d. Je n'ai pas vu de c .... dans la montagne cet hiver.

e. Prends ton c .... pour ranger tes affaires de classe !

C. En Afrique

« Au Maghreb »

Un billeteur = un employé qui vend des billets dans le bus
Un cheb = un jeune chanteur de raï
La chefferie = le fait d'être chef de village
Une corne de gazelle = une pâtisserie en forme de corne de gazelle
Une fantasia = une manifestation traditionnelle avec des chevaux qui galopent et des cavaliers qui crient et donnent des coups de fusils
Une ferraille = une vieille voiture
Un festoyard = quelqu'un qui fait la fête
Frère = tout homme à qui on est lié

Le louage = une voiture de transport public entre les villes (5 à 7 personnes)
Un louagiste = un chauffeur de voiture pour le transport public entre les villes (plutôt touristique)
Une marieuse = une femme qui organise la cérémonie de mariage
Un publiphone = une cabine téléphonique publique
Un roumi = un chrétien
Un salon = des meubles de style européen
Un taxieur = un chauffeur de taxi

653. S'EXERCER Reliez les deux parties de la phrase.

a. Je voudrais écouter le dernier disque de • • **1.** un festoyard.

b. Notre fils sort tous les soirs, c'est • • **2.** une marieuse.

c Elle n'a pas de voiture, elle va appeler • • **3.** ce cheb.

d. Le mariage s'est très bien passé, on avait • • **4.** un taxieur.

e. Cette voiture est trop vieille, c'est une • • **5.** ferraille.

f. Son mari n'est pas musulman, c'est • • **6.** un roumi.

C. En Afrique

654. S'EXERCER Complétez les phrases avec les mots : *publiphone, frère, billeteur, chefferie, louage, un salon*.

Exemple : On va acheter un … *salon* … pour notre nouvelle maison.

a. Tu peux acheter ton ticket dans le bus, il y a un ....
b. C'est loin où on va, il faut prendre un ....
c. Si tu as besoin de faire un appel, il y a un .... au bout de la rue.
d. Comment ça va, ... ?
e. Son grand-père avait une .... de village.

655. RÉVISER Écrivez les mots complets.

Exemple : Ma pâtisserie préférée est la c-r-e. de gazelle → *corne*

a. Pour le raï, tu peux me recommander quel -he- ? → ....
b. Il adore sortir, c'est un vrai fe-to-ar-. → ....
c. Je dois aller à l'ambassade, j'ai besoin d'un t-x-e-r. → ....
d. Si vous n'avez pas de ticket de bus, vous pouvez en acheter un au -il-et-u-. → ....
e. Cette voiture ne peut plus rouler, c'est une -er-il-e. → ....

656. SE TESTER Complétez les phrases avec les mots qui correspondent.

Exemple : Son grand-père a longtemps occupé la … *chefferie* … de son village.

a. J'aime bien le raï mais je ne connais pas ce c ....
b. C'était un très beau mariage, la m .... s'est occupée de tout.
c. Mon copain adore s'amuser avec ses amis, c'est un f ....
d. Avant la fin de mon séjour, j'aimerais voir une f .... avec des chevaux, des coups de fusil.
e. Pour téléphoner, il n'y a plus beaucoup de p ....
f. Elle déménage, elle va commander un nouveau s ....

« Et aussi »

Un ambianceur = un homme adorant les fêtes
Un apollo = une conjonctivite (donnant les yeux rouges)
Un cafouillage = une tricherie, une méthode déloyale
Chicotter = frapper quelqu'un avec une chicotte, un bâton
Un(e) démokoussé(e) = une personne de petite taille (mot pour se moquer)
Une diacre = une jolie jeune femme, ou petite amie
Grever = se mettre en grève, cesser le travail
Katizer = trouver son chemin dans une foule, ou prendre un raccourci
Une Nana Benz = une femme d'affaires qui a réussi dans le commerce des pagnes
La sape/un sapeur = un homme qui aime s'habiller avec recherche
Un taxiphone/publinet = sorte de café Internet où l'on paie pour se connecter et où les jeunes se retrouvent pour jouer en ligne.
Un zémidjan = un conducteur de taxi-moto

> Il existe une grande variété de mots pour le *minibus*, souvent basés sur la langue locale.

17 • Les mots de la francophonie

657. S'EXERCER Reliez les deux parties de la phrase.

a. Il adore aller à des fêtes, c'est un
b. Mon cousin porte des beaux costumes, c'est un
c. Pour aller plus vite, on peut
d. Elle a obtenu son diplôme alors qu'elle ne sait rien, il y a eu
e. Il sort avec une

1. diacre.
2. katizer.
3. ambianceur.
4. cafouillage.
5. sapeur.

658. S'EXERCER Cochez la bonne réponse.

Exemple : Pour prendre une moto-taxi, on appelle ☐ une Nana Benz ☒ un zémidjan.

a. Leur fille n'a pas grandi complètement, c'est une ☐ diacre ☐ démokoussée.
b. Si la direction ne nous accorde pas de meilleurs salaires, on va ☐ gréver ☐ katizer.
c. Il y avait beaucoup de monde au marché, mais j'ai pu ☐ chicotter ☐ katizer.
d. Je sors faire la fête ce soir avec un copain, c'est un ☐ ambianceur ☐ zémidjan.
e. Cette jeune femme a beaucoup de succès avec les hommes, c'est une ☐ Nana Benz ☐ diacre.

659. RÉVISER Complétez les phrases avec les mots : ~~Nana Benz~~, apollo, katizer, cafouillage, taxiphone, sapeur.

Exemple : Sa mère a réussi dans le commerce, c'est une … Nana Benz …

a. Je n'aurais pas réussi mon examen si je n'avais pas fait un ....
b. Tu as les yeux tout rouges, tu fais un ....
c. Il y a trop de monde sur la route, on va .... par là.
d. Je te retrouve dans 5 minutes au ....
e. Il adore s'acheter des vêtements, c'est un ....

660. SE TESTER Complétez les phrases avec les mots qui correspondent.

Exemple : À l'époque, j'adorais m'amuser le soir, j'étais un … ambianceur …

a. Il aime s'habiller avec recherche, c'est un s... .
b. Ce monsieur fait le taxi avec sa moto, c'est un z... .
c. Il est petit, ses amis disent de lui que c'est un d... .
d. Pendant que je marchais, la nuit, quelqu'un s'est approché, je l'ai c... et il a disparu.
e. Les ouvriers ne sont pas d'accord avec la direction, ils ont décidé de g... .
f. Cette danseuse est très jolie, c'est une d... .

Bilan

1. Mets un c .... pour ne pas te salir.
2. J'ai trouvé cette robe dans la g ....
3. Vous avez une l .... ou je dois aller à la laverie ?
4. Tu dois faire la f .... pour acheter des frites.
5. Elle a raté son examen, elle doit d ....
6. Pour laver par terre, en Belgique on utilise un t ....
   et en Suisse c'est une p ....
7. La pièce principale de la maison est chauffée par un f .... à bois.
8. En voiture, quand tu tournes, n'oublie pas de mettre ton s ....
9. C'est bientôt la rentrée et le retour au g ....
10. Le s .... de notre village a décidé de construire une nouvelle école.
11. Quand j'aurai le résultat, je laisserai un message sur le b ....
12. À la fac, les étudiants n'utilisent pas de cahiers mais des feuilles dans des c ....
    ....
13. Il y a toujours quelque chose qui ne lui plaît pas, elle n'arrête pas de c ....
    ....
14. On a plus rien à manger, il faut aller m ....
15. Nous cherchons un p .... pour soigner notre enfant.
16. Michel est toujours invité, il met une bonne atmosphère, c'est un a ....
17. Ce garçon, quand il sort, ne porte que des vêtements très recherchés, c'est un s ....
    ....
18. Si tu rates le bus, tu peux appeler un t ....
19. Sa mère est devenue riche en vendant des pagnes, c'est une N .... B ....
20. Pour éviter les bouchons sur la route, on peut prendre un taxi-moto, un z ....
21. La copine de Jules est très jolie, c'est une d ....
22. J'ai mon diplôme, mais j'ai dû tricher, faire un c ....
23. Ce garçon adore sortir le soir, c'est un f ....

Mon score : .... /25

Crédits photographiques

De gauche à droite et de haut en bas

P. 7 : Damir/Adobe Stock ; Alessandro Grandini/Adobe Stock ; ALDECAstudio/Adobe Stock- P. 9 : Tania/Adobe Stock ; synto/Adobe Stock ; Viacheslav Iakobchuk/Adobe Stock -P. 11 : Chaoss/Adobe Stock – P. 18 : Deagreez/Adobe Stock – P. 19 : Khorzhevska/Adobe Stock – P. 21 : elnariz/Adobe Stock – P. 24 : Deagreez/Adobe Stock – P. 27 : deniskomarov/Adobe Stock – P. 31 : olly/Adobe Stock – P. 36 : Aliaksandr Barouski/Adobe Stock - P. 38 : Adrien Roussel/Adobe Stock – P. 42 : Prostock-studio/Adobe Stock – P. 46 : photographyfirm/Adobe Stock – P. 47 : fariolux/Adobe Stock – P. 48 : Inga Nielsen/Adobe Stock – P. 50 : ALF photo/Adobe Stock ; Kondor83/Adobe Stock – P.52 : womue/Adobe Stock – P. 59 : MurielleB/Adobe Stock – P. 60 : Wayhome Studio/Adobe Stock – P. 63 : GVS/Adobe Stock – P. 65 : Drobot Dean/Adobe Stock – P. 69 : ra2 studio/Adobe Stock – P. 71 : Lifeking/Adobe Stock ; vectortatu/Adobe Stock – P. 75 : Wayhome Studio/Adobe Stock – P. 77 : Robert Wilson/Adobe Stock – P. 78 : okrasiuk/Adobe Stock – P. 82 : Richard Villalon/Adobe Stock – P. 83 : trotzolga/Adobe Stock – P. 85 : Africa Studio/Adobe Stock – P. 88 : REDPIXEL/Adobe Stock – P. 90 : tania_1588/Adobe Stock ; stockphoto-graf/Adobe Stock – P. 92 : neiezhmakov/Adobe Stock – P. 93 : ronstik/Adobe Stock – P. 95 : Ljupco Smokovski/Adobe Stock – P. 100 : Zarya Maxim/Adobe Stock – P. 102 : Studio Laure/Adobe Stock – P. 104 : pundapanda/Adobe Stock – P. 106 : rupbilder/Adobe Stock – P. 108 : Yanukit/Adobe Stock – P. 111 : Stephaniemurton/Adobe Stock – P. 113 : freshidea/Adobe Stock – P. 115 : hanahal/Adobe Stock – P. 117 : Bernard GIRARDIN/Adobe Stock – P. 119 : minicel73/Adobe Stock – P. 121 : Masyanya/Adobe Stock – P. 123 : Aleksej/Adobe Stock – P. 128 : ASDF/Adobe Stock ; natka80/Adobe Stock ; Maria Mitrofanova/Adobe Stock ; ASDF/Adobe Stock – P. 130 : Zdenka Darula/Adobe Stock ; Alexey/Adobe Stock ; Dzha/Adobe Stock ; New Africa/Adobe Stock – P. 132 : Sibiryanka/Adobe Stock ; Artem Shadrin/Adobe Stock ; Dpin/Adobe Stock – P. 135 : sergign/Adobe Stock ; nadianb/Adobe Stock ; BillionPhotos.com/Adobe Stock ; Studio KIVI/Adobe Stock – P. 137 : Buffaloboy/Adobe Stock ; Unclesam/Adobe Stock – P. 139 : Jérôme Rommé/Adobe Stock ; krafla/Adobe Stock – P. 144 : BillionPhotos.com/Adobe Stock – P. 146 : designer_things/Adobe Stock – P. 148 : Jérôme Rommé/Adobe Stock – P. 150 : golubovy/Adobe Stock – P. 152 : gorynvd/Adobe Stock – P. 154 : serhiibobyk/Adobe Stock – P. 156 : Samuel MAISSONNIER/Adobe Stock – P. 158 : display intermaya/Adobe Stock – P. 163 : michaeljung/Adobe Stock – P. 166 : SasinParaksa/Adobe Stock – P. 169 : snaptitude/Adobe Stock – P. 171 : charnsitr/Adobe Stock – P. 179 : Brad Pict/Adobe Stock – P. 181 : kesipun/Adobe Stock – P. 183 : Eric Isselée/Adobe Stock ; kisscsanad/Adobe Stock ; anankkml /Adobe Stock – P. 185 : anankkml/Adobe Stock ; Taalvi/Adobe Stock ; Ermolaev Alexandr/Adobe Stock ; triduza/Adobe Stock ; Alekss/Adobe Stock ; Vitalii Hulai/Adobe Stock – P. 187 : Ardea-studio/Adobe Stock ; Anatolii/Adobe Stock ; gertrudda/Adobe Stock ; suns07/butterfly/Adobe Stock ; panor156/Adobe Stock ; Umard/Adobe Stock ; Alexstar/Adobe Stock ; evegenesis/Adobe Stock – P. 189 : Marty Kropp/Adobe Stock ; Ksena32/Adobe Stock ; vetre/Adobe Stock ; Claude Calcagno/Adobe Stock ; Xavier/Adobe Stock ; alisikka/Adobe Stock ; NJ/Adobe Stock – P. 191 : Ingo Bartussek/Adobe Stock – P. 196 : Syda Productions/Adobe Stock – P. 198 : pict rider/Adobe Stock – P. 200 : Pictures news/Adobe Stock – P. 203 : Camille/Adobe Stock – P. 210 : LP2Studio/Adobe Stock – P. 212 : ifeelstock/Adobe Stock – P. 214 : Onidji/Adobe Stock – P. 222 : Richard Carey/Adobe Stock – P. 229 : Bruno Bleu/Adobe Stock – P. 240 : Pixelot/Adobe Stock – P. 243 : Michael Nivelet/Adobe Stock – P. 248 : Goodpics/Adobe Stock – P. 253 : Maksym Yemelyanov/Adobe Stock.

Achevé d'imprimer par ISIPRINT en juin 2025
N° de projet : 10309978
N° d'impression : 202506.0213
contact@cle-inter.com
Imprimé en France

PRATIQUE VOCABULAIRE

Corrigés et transcriptions

B1

Corrigés

Chapitre 1

1. a.2 b.5 c.8 d.1 e.7 f.4 g.3 h.6
2. a. nez b. sourcils ; yeux c. cils, paupières d. front e. menton
3. a. sur les yeux b. les paupières c. le bas d. le haut e. les joues
4. a. joue b. oreilles c. paupières d. sourcils e. bouton, menton f. front
5. a.2 b.2 c. les paupières d. les yeux e. le front f. le nez
6. a.5 b.3 c.1 d.2 e.6 f.4
7. a. dents b. dans la bouche c. lèvres d. dents blanches e. bouche
8. a. la langue b. les lèvres c. les dents
9. a. oreilles b. yeux c. paupières d. cheveux e. joue f. front g. menton
10. a.5 b.4 c.1 d.3 e.8 f.7 g.2
11. a. le teint b. taches c. bridés d. foncé e. bouton f. métisse
12. a. teint b. regard c. sourire d. porte e. mat f. métisse
13. a. Il vient du sud, il a le teint mat. b. Sa mère a la peau très claire. c. Il a rencontré une jeune femme métisse. d. Cet étudiant a des boutons. f. Ma grand-mère a les yeux bridés. g. Cet enfant a un beau regard. h. Ta nièce a un très joli sourire sur cette photo.
14. a. regard b. sourire d. taches de rousseur e. teint f. bridés g. rides h. bouton
15. a.3 b.2 c.1 d.7 e.5 f.6 g.4
16. a. courts b. mi-longs c. chauve d. frisés e. bouclés
17. a. barbe b. moustache c. taille d. se raser
18. a. N b. T c. C d. C e. N f. C
19. a. moustache b. barbe c. blonds d. roux e. frisé f. chauve g. courts h. châtain
20. a. brun b. blonde c. barbe d. chauve e. frisés
21. a.2 b.3 c.4 d.6 e.7 f.1 g.5
22. a. coiffure b. coiffeur c. shampoing d. gras e. pellicules
23. a. coiffeur b. shampoing c. normaux d. pellicules e. rendez-vous
24. a. coiffeur b. rendez-vous c. laver d. shampoing e. coiffeuse f. secs g. pellicules
25. a.1 b.3 c.5 d.6 e.7 f.2 g.4
26. a. un chignon b. une raie c. queue de cheval d. nattes e. frange f. une coiffure
27. a. permanente b. brushing c. teinture d. bien coiffé(e) e. ça me va mal f. pourboire
28. a. brushing b. permanente c. coiffé d. teinture e. pourboire f. chignon g. peigner
29. a. Je suis mal coiffé, je vais aller chez le coiffeur. b. On vous coiffe avec ou sans raie ? c. Aujourd'hui, elle a une queue de cheval. d. Vous voulez une permanente ou juste un brushing ? e. Cette nouvelle coiffure te va très bien ! f. Je suis très content du résultat, voici un pourboire pour vous.
30. a. permanente b. teinture c. chignon d. nattes e. queue de cheval f. coupe g. frange h. raie i. pourboire
31. a.4 b.3 c.7 d.2 e.1 f.6 g.5
32. a. maquillage b. un fond de teint c. fard d. mascara e. vernis f. une épilation
33. a. fond, teint b. maquillage c. fard d. mascara e. rouge f. épilation
34. a. maquiller b. fond c. fard d. mascara e. vernis f. épilation

Bilan 1

1. nez 2. dents 3. bouche
4. paupières 5. oreilles 6. langue
7. métis 8. mat 9. rides 10. porte
11. bouton 12. bridés 13. regard
14. sourire 15. brun 16. châtain
17. tailler 18. roux 19. teints
20. raides 21. pellicules
22. couper 23. nattes
24. permanente 25. pourboire
26. maquillage 27. fard
28. mascara 29. vernis
30. épilation

35. a.6 b.1 c.4 d.3 e.2 f.7 g.5
36. a. taille b. Je fais c. poids d. rond e. moyen f. pèse g. gros
37. a. taille b. mesure c. rond d. obèse e. régime f. poids g. maigrir
38. a. mesurer b. taille c. régime d. maigrir e. grossir
39. a. taille b. poids c. petit d. moyen e. mince f. obèse g. maigre h. maigrir i. régime
40. a.3 b.4 c.2 d.7 e.1 f.6 g.5
41. a. laideur b. belle c. laid d. mignon e. j'aime bien la regarder f. souple g. elle plaît à tout le monde
42. a. charme b. plaît c. séduisant d. poilu e. souple f. raide g. grave h. aigüe
43. a. laid/moche b. souple c. laideur d. grave
44. a. Je vais faire du sport pour être plus musclé. b. Je trouve que son copain est moche. c. Quand j'étais jeune, j'étais plus souple. d. Son copain a beaucoup de charme. e. Tu as les jambes très poilues ! f. Elle chante avec une belle voix aigüe.
45. a. beau b. joli c. mignon d. laid e. moche f. plaît g. séduisant h. charme i. grave j. aigüe
46. a.3 b.2 c.6 d.1 e.4 f.7 g.5
47. a. élégant b. il a de la classe c. chic d. original e. banal f. un tatouage g. soigné
48. a. look b. tatouage c. classe d. négligé e. bien habillé f. banal
49. a. look b. classique c. classe d. banal e. élégant f. tatouage g. mal habillé(e) h. soigné(e), négligé(e)

Bilan 2

1. taille 2. grand 3. poids 4. pesez
5. mince 6. maigre 7. moyenne
8. maigrir 9. régime 10. beau
11. joli 12. mignon 13. raide
14. souple 15. moche 16. plaît
17. charme 18. musclé 19. poilus
20. aigüe 21. look 22. classique
23. élégant 24. originale
25. banal 26. tatouage 27. soigné
28. négligé 29. bien habillée
30. chic

Corrigés

Chapitre 2

50. a. D **b.** Q **c.** Q **d.** Q **e.** D **f.** D **g.** D **h.** Q
51. a.4 **b.**7 **c.**3 **d.**1 **e.**2 **f.**5 **g.**6
52. a. il donne l'impression **b.** il s'intéresse à qui est différent **c.** il n'accepte pas les idées nouvelles **d.** il n'est pas intéressant **e.** elle n'est pas gaie **f.** il n'est pas intéressant
53. a. triste **b.** ennuyeuse **c.** étroit **d.** amusant **e.** défaut **f.** nerveuse
54. a. qualités **b.** défauts **c.** air **d.** amusant **e.** sérieux **f.** nerveux **g.** esprit ouvert **h.** esprit étroit **i.** gai **j.** triste **k.** ennuyeux
55. a2g ; b3b ; c4d ; d1f ; e7a ; f5c ; g6e.
56. a. prudent **b.** égoïste **c.** généreux **d.** imprudent **e.** débrouillard **f.** courageuse **g.** paresseux **h.** modeste
57. a. prudent **b.** paresseuse **c.** prétentieux, modestes **d.** radin **e.** maligne **f.** égoïste **g.** lâche
58. a. désorganisé **b.** malin **c.** radin **d.** imprudent **e.** égoïste **f.** paresseux **g.** indulgent
59. a. courageux **b.** lâches **c.** paresseux **d.** désorganisé **e.** débrouillard **f.** prudent **g.** prétentieux **h.** modeste **i.** radine **j.** égoïste **k.** autoritaire
60. a. 3 **b.** 2 **c.** 5 **d.** 6 **e.** 7 **f.** 4 **g.** 1
61. a. bonne **b.** détendu **c.** l'humour **d.** joyeuse **e.** amusant **f.** inquiets **g.** stressé
62. a. pessimiste **b.** de mauvaise humeur **c.** drôle **d.** joyeux **e.** angoissé
63. a. humeur **b.** humour **c.** inquiets **d.** drôle **e.** joyeuse **f.** angoissée
64. a. amusant **b.** drôle **c.** sens de l'humour **d.** bonne humeur **e.** détendu **f.** optimiste **g.** pessimiste **h.** joyeux **i.** inquiet
65. a.= ; **b.**≠ ; **c.**= ; **d.** =
66. a. franc **b.** discrète **c.** bavard **d.** curieuse **e.** réservé **f.** timide **g.** indiscrète
67. a. bavard **b.** curieux **c.** indiscret **d.** franc **e.** timide **f.** direct
68. a. bavarde **b.** franc **c.** discret **d.** timide **e.** réservée **f.** indiscrète **g.** curiosité
69. a. 5 **b.**1 **c.**2 **d.**3 **e.**4
70. a. gentille **b.** sympathique **c.** attentif **d.** impatient **e.** méchant **f.** distrait **g.** sensible
71. a. gentil **b.** méchant **c.** impatiente **d.** distrait **e.** sympathiques **f.** désagréable **g.** indifférent
72. a. L'enfant est impatient de voir ses cadeaux. **b.** Merci, c'est très gentil à vous ! **c.** Ton nouvel ami est vraiment sympathique. **d.** Je trouve que sa femme est antipathique. **e.** Ce film n'est pas pour les personnes sensibles. **f.** Nous avons une vieille tante qui est très désagréable.
73. a. agréables **b.** sympa(thique) **c.** méchant **d.** attentive **e.** sensible **f.** gentil **g.** désagréable **h.** distrait **i.** indifférent **j.** antipathique **k.** impatients
74. a.3 **b.**4 **c.**7 **d.**1 **e.**2 **f.**5 **g.**6
75. a. brutal **b.** douce **c.** amical **d.** accueillant **e.** énervant **f.** colère **g.** disponible
76. a. vrai **b.** faux **c.** faux **d.** vrai **e.** faux **f.** vrai
77. a. amical, amicale **b.** brutal, brutale **c.** accueillant, accueillante **d.** doux, douce **e.** souriant, souriante **f.** tendre
78. a. disponible **b.** douce **c.** brutal **d.** tendres **e.** amicale **f.** accueillant **g.** colère **h.** énervant
79. a.3 **b.**5 **c.**4 **d.**1 **e.**2
80. a. avoir du tact **b.** ont une bonne éducation **c.** habile **d.** polie **e.** insulte **f.** un menteur **g.** il est honnête **h.** agressé **i.** des histoires
81. a. B **b.** B **c.** M **d.** E **e.** B **f.** M **g.** M **h.** B **i.** M
82. a. Nos amis sont un couple très bien élevé. **b.** Pour ce travail, il est nécessaire d'avoir du tact. **c.** Elle a reçu une bonne éducation dans les meilleures universités. **d.** Ton copain a déjà été agressif avec toi ? **e.** Cet enfant est souvent impoli avec ses camarades. **f.** Les deux conducteurs se sont insultés pendant 10 minutes. **g.** Pour moi, la qualité principale chez quelqu'un, c'est l'honnêteté. **h.** Je ne pourrais pas vivre avec quelqu'un qui me raconte des histoires.
82. a. Nos amis sont un couple très bien élevé. **b.** Pour ce travail, il est nécessaire d'avoir du tact. **c.** Elle a reçu une bonne éducation dans les meilleures universités. **d.** Ton copain a déjà été agressif avec toi ? **e.** Cet enfant est souvent impoli avec ses camarades. **f.** Les deux conducteurs se sont insultés pendant 10 minutes. **g.** Pour moi, la qualité principale chez quelqu'un, c'est l'honnêteté. **h.** Je ne pourrais pas vivre avec quelqu'un qui me raconte des histoires.
83. a. bien élevé **b.** mauvaise éducation **c.** poli **d.** tact **e.** insulter **f.** agressif **g.** honnête **h.** menteur, habile **i.** histoires, trompés

Bilan
1. agréable **2.** drôle **3.** défauts
4. ennuyeux **5.** paresseux
6. lâches **7.** égoïste
8. débrouillard **9.** radins
10. joyeux **11.** humeur
12. humour **13.** inquiets
14. pessimiste **15.** franc
16. bavard **17.** timide **18.** curieux
19. doux **20.** accueillant
21. colère **22.** polis **23.** éducation
24. agressifs **25.** honnête
26. mentent **27.** tact **28.** énervant
29. étroit **30.** distrait

Chapitre 3

84. a.2 **b.**6 **c.**5 **d.**4 **e.**7 **f.**1 **g.**3
85. a. échangé : 5 ; **b.** tombés : 4 ;
c. coup : 2 ; **d.** voient : 6 ;
e. baisers : 3
86. a. être attiré tout de suite par quelqu'un **b.** échanger des baisers **c.** être ensemble
d. être un couple **e.** une relation amoureuse forte **f.** dire à l'autre personne qu'on l'aime
87. a. connaître **b.** célibataire
c. rencontre **d.** tomber
e. déclarer **f.** se voir **g.** passion
88. a. célibataire **b.** embrasser
c. amants **d.** amoureux
e. rencontré **f.** échanger
g. déclarer
89. a. rencontrés **b.** coup, foudre **c.** célibataire **d.** tombé amoureux **e.** déclaré **f.** échanger
g. baisers **h.** amants **i.** voir
90. a.2 **b.** 4 **c.**1 **d.**6 **e.**3 **f.**7 **g.**5
91. a. un couple **b.** ne sont pas mariées **c.** un faire-part avec les détails de la cérémonie
d. à la mairie **e.** civil **f.** signent des documents officiels
g. de noces
92. a.3 **b.**2 **c.**5 **d.**8 **e.**1 **f.**7 **g.**4 **h.**6
93. a. faire-part **b.** civil
c. religieux **d.** noces **e.** libre
f. témoin
94. a. faux **b.** vrai **c.** faux **d.** vrai
e. vrai **f.** faux
95. a. un marié, une mariée
b. religieux, religieuse
c. aîné, aînée **d.** un parrain, une marraine **e.** un demi-frère, une demi-sœur **f.** un beau-père, une belle-mère
96. a. maternité **b.** berceau **c.** sa belle-mère **d.** une séparation
e. marié **f.** une adoption
97. a. marier **b.** faire-part **c.** civil
d. religieux **e.** témoins **f.** noces
g. union libre **h.** naissance, maternité **i.** adopter **j.** aîné

Bilan 1

1. rencontre **2.** connaître **3.** coup, foudre **4.** célibataire **5.** tombé amoureux **6.** baisers **7.** voir
8. amants **9.** passion
10. échanger **11.** déclaré
12. union libre
13. Pacs **14.** civil **15.** religieuse
16. témoins **17.** faire-part
18. voyage, noces **19.** naissance
20. aîné **21.** maternité
22. berceau **23.** adopter
24. baptême **25.** marraine
26. parrain **27.** séparés
28. divorcé **29.** demi-frère
30. belle-mère

98. a.4 **b.**3 **c.**2 **d.**1 **e.**7 **f.**5 **g.**6
99. a. disponible **b.** prévu **c.** dîner
d. pot **e.** s'amuser **f.** hésite **g.** dit
100. a. On pourrait fêter l'anniversaire de notre bac.
b. Ça te dit de prendre un pot avec nous ? **c.** Si on prenait un pot ensemble pour la fin de l'année ? **d.** Ça me plairait de revoir mes copains de l'université. **e.** C'est dommage, je ne suis pas disponible ce soir-là. **f.** La fête tombe la première semaine de décembre. **g.** On va dîner ensemble et bien s'amuser.
101. a. fêter **b.** disponible
c. plairait **d.** tombe **e.** bouffer
f. s'amuser
102. a. fêter **b.** plairait **c.** amuser
d. pot **e.** bouffer **f.** disponibles
g. confirmer, hésite **h.** tombe, prévu, voir
103. a.3 **b.**8 **c.**6 **d.**7 **e.**2 **f.**1 **g.**5 **h.**4
104. a. retrouver **b.** prendre
c. comptoir **d.** terrasse
e. consommation **f.** mousse
g. cocktail **h.** soirée
105. a. le type de raisin
b. l'année de production
c. le nom du village
d. un apéritif **e.** essayer
106. a2a : un bar ; **b**4b : la bière ; **c**1c : du vin ; **d**5d : du Kir ; **e**3e : de l'eau
107. a. privatiser, salle
b. ambiance, bar **c.** terrasse, comptoir **d.** minérale, robinet
e. carafe, jus **f.** cépage, vin
g. excellent, millésime
h. prenez, apéritif **i.** passons, soirée
108. a. ambiance **b.** privatiser
c. retrouve **d.** terrasse, salle
e. comptoir **f.** mousse **g.** apéritif
h. cépage **i.** appellation
j. millésime
109. a.5 **b.**4 **c.**1 **d.**2 **e.**3
110. a. crue **b.** composée **c.** du saucisson **d.** du pâté **e.** cuite
f. accompagnent la charcuterie
111. a. niçoise **b.** rillettes
c. cornichons **d.** saucisse
e. purée **f.** saucissons **g.** jambon
h. brasserie
112. a. niçoise **b.** tartare
c. charcuterie **d.** pâté
e. saucisson **f.** rillettes
g. jambon **h.** cornichons
113. a.3 **b.**1 **c.**4 **d.**6 **e.**2 **f.**5 **g.**7
114. a. vrai **b.** faux **c.** vrai **d.** vrai
e. faux **f.** faux **g.** vrai
115. a. menu **b.** manque **c.** entrée
d. quiche **e.** foie gras **f.** crudités
g. carte
116. a. jour : C ; **b.** commander : C ; **c.** quiche : C ; **d.** foie-gras : S ;
e. carte : C ; **f.** manque : C ;
g. apporte : S
117. a. menu, carte **b.** formule
c. carte **d.** jour **e.** commande
f. apporter **g.** manque **h.** crudités
i. quiche **j.** foie-gras
118. a.6 **b.**3 **c.**5 **d.**2 **e.**1 **f.**7 **g.**4
119. a. bleu **b.** bien cuit **c.** la cuisse **d.** un filet **e.** mouton **f.** des petits morceaux de viande sur un pic **g.** poulet **h.** plat
120. a. saignant **b.** gigot
c. agneau **d.** magret **e.** brochette
f. escalope **g.** côtelettes
121. a. cuisse **b.** saignant, à point, bien cuit **c.** magret **d.** agneau
e. côtelettes **f.** gigot **g.** coq, vin
h. brochettes
122. a.4 **b.**5 **c.**2 **d.**1 **e.**3 **f.**7 **g.**6
123. a. vrai **b.** faux **c.** faux **d.** vrai
e. vrai **f.** faux **g.** vrai
124. a. saumon **b.** filets
c. sardines **d.** thon **e.** plateau
f. langoustines
125. a.3 **b.**1 **c.**7 **d.**2 **e.**4 **f.**5 **g.**6
126. a. du quinoa **b.** il ne mange pas **c.** des lentilles **d.** les petits pois **e.** le riz
127. a. cabillaud : P ; **b.** sardines : P ; **c.** huîtres : F ; **d.** thon : P ;
e. bigorneaux : F ; **f.** crevettes : F ;
g. saumon : P ; **h.** oursins : F

128. a. quinoa **b.** lentilles
c. pois chiches **d.** légumes secs
e. pâtes **f.** semoule **g.** céréales
h. champignons
129. a. saumon, thon **b.** bar
c. bouillabaisse **d.** huîtres
e. crevettes **f.** bigorneaux
g. crabe, oursins, langoustine
h. coquille **i.** quinoa, chiches, semoule, champignons
130. a.3 **b.**4 **c.**2 **d.**1 **e.**6 **f.**7 **g.**5
131. a. brebis **b.** fort **c.** cuite
d. chauffé **e.** n'est pas **f.** gardé en cave
132. a.3 **b.**4 **c.**1 **d.**2 **e.**6 **f.**7 **g.**5
133. a. religieuse **b.** Tatin **c.** île flottante **d.** crêpe Suzette
e. digestif **f.** parfum
134. a3e ; **b**4b ; **c**2d ; **d**5g ; **e**1c ; **f**7a ; **g**6f
135. a. emmental : F ;
b. roquefort : F ; **c.** religieuse : D ;
d. île flottante : D ; **e.** reblochon : F ; **f.** crêpe Suzette : D ; **g.** tarte Tatin : D ; **h.** chèvre frais : F
136. a. Tous nos fromages sont faits au lait cru. **b.** Je prends un morceau de tomme de Savoie.
c. Tu préfères le chèvre frais ou sec ? **d.** Ce cantal affiné a l'air délicieux ! **e.** Mon dessert préféré est la religieuse au chocolat. **f.** J'adore la tarte Tatin avec de la glace à la vanille.
g. Nous avons des œufs à la neige avec du caramel. **h.** En digestif, on va prendre un verre de calvados.
137. a. chèvre **b.** brebis **c.** cru, pasteurisé **d.** affiné **e.** pâte
f. bleu **g.** flottante **h.** parfum
i. crêpes **j.** digestif
138. a.3 **b.**5 **c.**1 **d.**2 **e.**4 **f.**7 **g.**6
139. a. dure **b.** épicé **c.** régale
d. plaît **e.** salé **f.** cuit **g.** goût
h. bouchon
140. a.3 **b.**4 **c.**1 **d.**7 **e.**2 **f.**5 **g.**6
141. a. faux **b.** vrai **c.** vrai **d.** faux
e. faux **f.** faux **g.** faux
142. a. tendre **b.** délicieux
c. régler **d.** addition **e.** bouchon
f. espèces **g.** pourboire
h. partage
143. a. La viande est tendre mais pas assez cuite. **b.** J'aimerais bien savoir avec quoi on a fait ce plat. **c.** Ça ne me plaît pas, c'est trop épicé. **d.** Tout était délicieux, on s'est régalés. **e.** On va changer le vin parce qu'il sent le bouchon. **f.** C'est moi qui paye, je t'invite ! **g.** On peut avoir l'addition s'il vous plaît ? **h.** Vous préférez régler par carte ou en liquide ? **i.** Il faut laisser combien pour le pourboire ?
144. a. ingrédients **b.** tendre
c. dur **d.** régale **e.** plaît **f.** goût
g. épicée **h.** bouchon **i.** addition, partager **j.** monnaie **k.** pourboire
l. chèque, liquide

Bilan 2

1. fêtes **2.** voir **3.** tombe **4.** pot, dîner **5.** ambiance **6.** terrasse
7. pression **8.** robinet **9.** cépage
10. appellation **11.** rillettes
12. cuit **13.** cornichons
14. carte **15.** tartare **16.** tendre
17. manque **18.** saignant
19. gigot **20.** escalope
21. magret **22.** saumon
23. réveillon, plateau, fruits
24. huîtres **25.** coquille
26. féculents **27.** affinés
28. flottante **29.** addition
30. liquide

Chapitre 4

145. a.5 **b.**3 **c.**1 **d.**2 **e.**7 **f.**4 **g.**6
146. a. il est pas mal **b.** j'adore
c. c'est très bon **d.** je l'admire
e. ça m'intéresse **f.** c'est très bien
g. c'est génial **h.** c'est satisfaisant
147. a. intéressant **b.** passionné
c. gourmand **d.** fou **e.** génial
f. satisfaits
148. a. ~~satisfaisants~~ : satisfaits
b. ~~bien~~ : bon **c.** ~~intéressant~~ : s'intéresse **d.** ~~bon~~ : bien
e. ~~plaisant~~ : plaît
149. a. intéressant **b.** pas mal
c. fou **d.** passionné **e.** plaît **f.** bien, bon **g.** super, admire **h.** géniale
i. satisfaisants **j.** gourmand
150. a.3 **b.**4 **c.**1 **d.**2 **e.**6 **f.**7 **g.**5
151. a. marre = ; **b.** haïr ≠ ;
c. étonné = ; **d.** dérange = ;
e. se méfier = ; **f.** déception =

152. a. ça me gêne **b.** étonnés
c. c'est très bon **d.** un doute
e. j'en ai ras le bol **f.** convaincus
g. n'a pas d'opinion
153. a. préfère **b.** déçu
c. attendais **d.** convaincu
e. terrible **f.** doute **g.** dérange
h. marre **i.** supporte
154. a. La fumée de cigarette ne vous dérange pas, j'espère.
b. C'est toujours moi qui paye, j'en ai ras le bol ! **c.** Ses parents en ont marre de répéter la même chose à leur fils. **d.** Mes voisins font toujours du bruit, c'est insupportable ! **e.** Je suis déçu parce qu'elle ne m'appelle plus. **f.** Je ne m'attendais pas à cette demande en mariage. **g.** Je ne vote pas pour ce parti, je hais ses idées. **h.** Cette fille ment tout le temps, je me méfie d'elle.
155. a. j'adore + ; **b.** c'est bien + ;
c. c'est bon + ; **d.** pas terrible - ;
e. j'en ai marre - ; **f.** intéressant + ; **g.** je hais - ; **h.** je suis déçu - ;
i. on en a ras le bol - ; **j.** ça me plaît + ; **k.** insupportable - ;
l. génial +
156. a. déçu **b.** étonnés
c. convaincu **d.** s'attendent
e. gêne **f.** dérange
157. a. bof **b.** marre **c.** ras le bol
d. insupportable **e.** méfier
f. doutes **g.** hait
158. a.2 **b.**3 **c.**4 **d.**6 **e.**5 **f.**7 **g.**1
159. a. ressenti **b.** émue **c.** ravi
d. fiers **e.** soulagé
160. a. ravi **b.** rire **c.** ému **d.** fier
e. heureux **f.** tranquille
g. ressentir **h.** décontracté
i. soulagé
161. a. Nous sommes très contents de notre voyage dans les îles. **b.** C'est une période de ma vie où j'étais vraiment heureux. **c.** Depuis que j'ai rencontré ma copine, c'est le bonheur ! **d.** Vous avez ressenti quoi en entendant la nouvelle ?
e. Je suis toujours ému quand j'écoute cette chanson d'Édith Piaf. **f.** Les enfants étaient excités, on n'a pas réussi à les rendre plus calmes. **g.** J'ai signé

mon contrat de travail, je suis soulagé ! **h**. Tu peux être fier d'avoir gagné cette compétition.
162. a. ressenti **b**. heureux **c**. ravi **d**. bonheur **e**. décontracté **f**. soulagés **g**. fier **h**. calme **i**. rire **j**. ému
163. a.3 **b**.4 **c**.6 **d**.2 **e**.1 **f**.8 **g**.5 **h**.7
164. a. elle pleure **b**. on n'est pas tranquille **c**. découragé **d**. moins fort **e**. dégoûte **f**. choquant **g**. avoir honte **h**. le malheur
165. 1. abominable 2. choquantes 3. honte 4. horribles 5. malheur 6. ressentir 7. peur 8. panique
166. a. soucis **b**. inquiétez **c**. triste **d**. cafard **e**. pleures **f**. malheur
167. a.3 **b**.4 **c**.5 **d**.6 **e**.1 **f**.2
168. a. anxieux **b**. panique **c**. honte **d**. regrette **e**. jaloux
169. a. malheur **b**. triste **c**. inquiète **d**. soucis **e**. panique/paniquez **f**. cafard **g**. peur
170. a. panique **b**. regrette **c**. honte **d**. dégoûte **e**. choquantes **f**. abominable **g**. jalouse

Bilan
1. intéressant 2. adore 3. plaît 4. gourmand 5. génial 6. admirez 7. fou 8. étonnés 9. attendre 10. gêne 11. dérange 12. déçue 13. marre 14. ras le bol 15. déteste, hais 16. supporte 17. bonheur, malheur 18. méfions 19. ravis 20. fier(s) 21. ému 22. heureux 23. soulagé 24. soucis 25. cafard 26. jaloux 27. panique 28. honte 29. regrette 30. abominable, malheur

Chapitre 5

171. a.7 **b**.5 **c**.2 **d**.1 **e**.3 **f**.8 **g**.6 **h**.4
172. a. un os **b**. la pensée **c**. dans les veines et les artères **d**. la circulation du sang **e**. le cou **f**. le cou et la tête **g**. à la respiration
173. a. artères **b**. coude **c**. gorge **d**. bronches **e**. épaules **f**. reins **g**. cou
174. a. cerveau **b**. poignet **c**. poumons **d**. veines **e**. organe **f**. cœur **g**. poitrine
175. a. gorge **b**. épaule **c**. veines, artères **d**. bronches, poumons **e**. coudes **f**. cerveau **g**. poignet
176. a. le poignet **b**. le cerveau **c**. les artères **d**. l'épaule **e**. les reins **f**. la respiration
177. a. coude **b**. crâne, cerveau **c**. cœur, artères, veines **d**. épaule **e**. bronches, poumons, respiration **f**. reins **g**. poignets **h**. gorge
178. a.5 **b**.4 **c**.1 **d**.2 **e**.7 **f**.8 **g**.3 **h**.6
179. a. vrai **b**. faux **c**. vrai **d**. faux **e**. faux **f**. faux **g**. vrai
180. a. côte **b**. estomac **c**. colonne **d**. bassin **e**. mollets **f**. talons **g**. cheville
181. a. ~~anches~~ : hanches ; **b**. ~~basin~~ : bassin **c**. ~~nombri~~ : nombril ; **d**. ~~foi~~ : foie ; **e**. ~~estoma~~ : estomac ; **f**. ~~orteilles~~ : orteils
182. a. l'estomac, le foie, les intestins **b**. le nombril **c**. les vertèbres **d**. la cuisse **e**. le mollet **f**. la cheville **g**. les orteils
183. a. ventre **b**. estomac, foie, intestins **c**. bassin, hanche **d**. mollet **e**. cheville **f**. orteils **g**. talon **h**. côtes, colonne vertébrale
184. a.3 **b**.1 **c**.5 **d**.2 **e**.4 **f**.7 **g**.8 **h**.6
185. a. un bleu **b**. une chute **c**. brûle **d**. fracture **e**. une infection **f**. blessé **g**. la varicelle
186. a. contagieuse **b**. saigne **c**. blessure **d**. fracture **e**. foulé **f**. brûlé **g**. fièvre
187. a. blessé **b**. brûlures **c**. fracture **d**. saigne **e**. varicelle **f**. vacciné **g**. foulé
188. a. La fièvre est toujours aussi forte. **b**. Notre fille a attrapé la varicelle et elle se gratte tout le temps. **c**. La dame s'est blessée à la main et elle a beaucoup saigné. **d**. Si tu mets ta main sur la plaque, tu vas te brûler ! **e**. Malheureusement, vous n'êtes pas vacciné contre ce virus. **f**. Votre grand-père a fait une chute dans l'escalier et il a une fracture du bassin.
189. a. tomber, chute **b**. bleu **c**. blessé, blessures **d**. fracture **e**. foulé **f**. brûlé, brûlure **g**. vacciné **h**. fièvre, oreillons
190. a.5 **b**.4 **c**.1 **d**.7 **e**.8 **f**.2 **g**.3 **h**.6
191. a. une inflammation **b**. aux épaules **c**. sucre **d**. respirer **e**. dans le cerveau **f**. par les relations sexuelles **g**. un malaise
192. a.4 **b**.5 **c**.1 **d**.3 **e**.2 **f**.7 **g**.6
193. a. ~~alergie~~ : allergie ; **b**. ~~apendicite~~ : appendicite ; **c**. ~~astme~~ : asthme ; **d**. ~~diabete~~ : diabète ; **e**. ~~gérir~~ : guérir ; **f**. ~~rumatismes~~ : rhumatismes
194. a. rhumatisme **b**. AVC **c**. tumeur **d**. consultation **e**. traitement **f**. patient **g**. soigné **h**. guéri
195. a. allergie **b**. asthme **c**. rhumatismes **d**. Accident Vasculaire Cérébral **e**. consultation **f**. traitement, guéri **g**. crise cardiaque **h**. médicaments, soigner
196. a.7 **b**.4 **c**.1 **d**.6 **f**.3 **g**.5
197. a. transporter **b**. ambulance **c**. urgences **d**. attente **e**. analyses **f**. infirmier **g**. scanner **h**. radio
198. a. pompiers **b**. secours **c**. attente **d**. urgences **e**. infirmière **f**. examens
199. a. Ce monsieur fait une crise cardiaque, il faut le transporter à l'hôpital. **b**. Les pompiers ont conduit la vieille dame au service des urgences. **c**. Une infirmière est venue me voir et m'a posé des questions. **d**. On a besoin d'un scanner de votre cerveau. **e**. J'appelle une ambulance pour vous ramener chez vous.
200. a. secours **b**. transporter, hôpital **c**. urgences **d**. examens **e**. scanner **f**. ambulance **g**. radio **h**. laboratoire
201. a.2 **b**.7 **c**.4 **d**.3 **e**.1 **f**.5 **g**.6
202. a. subir **b**. bloc **c**. chirurgien **d**. enceinte **e**. grossesse **f**. échographie **g**. anesthésie **h**. rayon
203. a. ~~pédiatri~~ : pédiatrie ; **b**. ~~écographie~~ : échographie ;

c. ~~grosesse~~ : grossesse ;
d. ~~acouchement~~ : accouchement ; e. ~~lazer~~ : laser ;
f. ~~anestésie~~ : anesthésie
204. a. faux **b.** vrai **c.** faux **d.** vrai
e. vrai **f.** vrai
205. a. subir **b.** anesthésie
c. bloc **d.** chirurgien
e. cardiologie **f.** pédiatrie
g. enceinte, accouchement
h. distance

Bilan
1. crâne **2.** cou **3.** poitrine
4. bronches **5.** veines **6.** nombril
7. estomac, foie, intestins
8. mollet, cheville **9.** talon
10. reins **11.** chute **12.** blessé
13. saigne **14.** fracture **15.** brûlé
16. vaccinés **17.** allergies
18. éternue **19.** rhumatismes
20. appendicite **21.** traitement
22. soigne **23.** guéri
24. diagnostic **25.** secours
26. transporté, ambulance
27. examens **28.** pédiatrie
29. subir **30.** anesthésie

Chapitre 6

206. a. ~~une pomme~~ **b.** ~~une noix~~
c. ~~du poivre~~ **d.** ~~du blé~~ **e.** ~~des pois chiches~~ **f.** ~~des lentilles~~
207. a. un chou (vert) **b.** un navet
c. des poivrons **d.** du céleri (en branche)
208. a.2 **b.**4 **c.**6 **d.**1 **e.**7 **f.**3 **g.**5
209. a. faux **b.** vrai **c.** vrai **d.** vrai
e. faux **f.** faux
210. a. ~~Brusselles~~ : Bruxelles ;
b. ~~beteraves~~ : betteraves ;
c. ~~artichaud~~ : artichaut ;
d. ~~célery~~ : céleri ; **e.** ~~surgele~~ : surgelé ; **f.** ~~aricots~~ : haricots ;
g. ~~radi~~ : radis
211. a. chou-fleur **b.** choux
c. poivron **d.** navet **e.** radis
f. betterave **g.** boîte, haricots
h. céleri
212. a.3 **b.**5 **c.**1 **d.**2 **e.**7 **f.**4 **g.**8 **h.**6
213. a. sec **b.** une céréale **c.** une salade **d.** complète **e.** ce qui contient un produit **f.** gaspillage
g. de saison **h.** digérer
214. a. végan **b.** secs **c.** local

d. emballage **e.** vrac **f.** tri
g. gaspillage **h.** bio
215. a. végétalien **b.** flageolets
c. lentilles **d.** emballage
e. intolérant **f.** gaspillage **g.** gras
216. a. non **b.** céréale **c.** un emballage **d.** bio **e.** sec **f.** du gaspillage
217. a. intolérant **b.** endives
c. blé, maïs, riz, céréales
d. emballages **e.** vrac **f.** haricots, lentilles, flageolets, pois chiches, secs **g.** sélectif **h.** gaspillage
218. a4f ; b7c ; c2a ; d1b ; e6g ; f5e ; g3d
219. a. une nectarine **b.** un noyau
c. vert **d.** un agrume **e.** exotique
f. les palmiers **g.** des prunes séchées **h.** frais ou sec
220. a. des abricots, des brugnons, un melon **b.** des prunes, des poires, de la noix de coco **c.** un kiwi, une figue
d. des pommes, une mangue, des mandarines, du raisin, du citron
e. les prunes, les myrtilles
221. a. ananas : un fruit exotique
b. cerise : un fruit rouge
c. raisins : des fruits secs **d.** citron vert : un agrume **e.** myrtille : un fruit rouge **f.** clémentine : un agrume **g.** pruneaux : des fruits secs **h.** papaye : un fruit exotique
222. a. pomme **b.** citron **c.** raisin
d. noix de coco **e.** pépin, **f.** noyau
g. prunes **h.** myrtille
223. a. mangue **b.** kiwi
c. pamplemousse **d.** datte
e. myrtille **f.** figue **g.** mûre
224. a. myrtilles
b. pamplemousse **c.** brugnon, nectarine **d.** prunes, pruneaux
e. ananas, exotique **f.** raisin, pépins **g.** noyau, mangue
h. trognon
225. a.5 **b.**3 **c.**1 **d.**6 **e.**7 **f.**2 **g.**8 **h.**4
226. a. de l'eau **b.** de l'huile
c. une passoire **d.** une poêle
e. un couvercle **f.** une herbe aromatique **g.** une épice
h. d'arachide
227. a. planche **b.** bouillir
c. poêle **d.** râpe **e.** saler **f.** maïs
g. menthe
228. a. louche : U ; **b.** menthe : H ;

c. cocotte : U ; **d.** cannelle : E ;
e. persil : H ; **f.** poêle : U ;
g. passoire : U ; **h.** estragon : H
229. a. D'abord, tu fais revenir les oignons dans de l'huile d'olive. **b.** Quand les haricots sont cuits, on les met dans une passoire. **c.** Prends l'ouvre-boîte, on va ouvrir la boîte de pois chiches. **d.** Il faut saler un peu plus et mettre du persil.
e. J'ajoute une louche de jus et quelques feuilles de coriandre.
230. a. planche **b.** sauter, poêle, frire **c.** bouillir **d.** passoire
e. louche **f.** salé, poivré
g. ciboulette **h.** menthe
231. a.2 **b.**3 **c.**8 **d.**1 **e.**7 **f.**4 **g.**6 **h.**5
232. a. ~~une part~~ **b.** ~~du seigle~~ **c.** ~~du thé~~ **d.** ~~de la bière~~ **e.** ~~de la tisane~~
f. ~~alcoolisée~~
233. a. bougie **b.** bière **c.** glaçage
d. seigle **e.** consignée **f.** thé
234. a. vrai **b.** faux **c.** vrai **d.** vrai
e. vrai **f.** faux **g.** faux **h.** vrai
235. a. plate, gazeuse
b. campagne **c.** croissants, brioche **d.** bougies, anniversaire
e. sachet(s), tisane **f.** vin, cidre
g. alcoolisée, jus, sodas
h. consignée
236. a2b ; b7c ; c4d ; d6e ; e1g ; f5a ; g3f
237. a. tabac, paquets **b.** biberon
c. poussette **d.** engrais **e.** dossier
f. d'occasion **g.** bracelet
h. beauté
238. a. briquet : T ; **b.** biberon : P ;
c. bijoux : B ; **d.** sac à langer : P ;
e. montre en argent : B ;
f. timbres : T ; **g.** collier : B ;
h. jeux de loterie : T
239. a. un biberon **b.** une poussette **c.** un briquet **d.** une bijouterie **e.** d'occasion **f.** la papeterie **g.** un(e) fleuriste
240. a. tabac, briquet **b.** neuf, occasion **c.** dossiers, carnets
d. fleuriste, bouquets, plantes
e. bijou, bague, argent **f.** poudre, biberon **g.** poussette **h.** beauté
241. a.3 **b.**6 **c.**2 **d.**8 **e.**7 **f.**1 **g.**5 **h.**4
242. a. congélateur **b.** des croquettes **c.** aspirateur **d.** une imprimante **e.** un pinceau **f.** un

lave-linge **g.** la tondeuse **h.** les plaques de cuisson
243. a. ~~des plantes~~ **b.** ~~un clavier~~ **c.** ~~un lave-vaisselle~~
d. ~~de la litière~~ **e.** ~~du plâtre~~
f. ~~des croquettes~~
244. a. cartouche, imprimante **b.** croquettes, litière **c.** lave-linge, lave-vaisselle **d.** pinceaux **e.** râteau, tondeuse **f.** prise **g.** écran, portable
245. a. portable **b.** de litière **c.** un four à micro-ondes **d.** un lave-vaisselle **e.** une cartouche **f.** un aspirateur **g.** une tondeuse
246. a. clé, clavier **b.** râteau **c.** tondeuse **e.** cafetière électrique, machine à expresso **f.** litière **g.** vis, clous, pinceau.
247. a. vrai **b.** faux **c.** vrai **d.** faux **e.** faux **f.** vrai **g.** vrai **h.** faux
248. a.5 **b.**4 **c.**6 **d.**1 **e.**7 **f.**3 **g.**2
249. a. ~~un code barre~~ **b.** ~~une étiquette~~ **c.** ~~une éponge~~ **d.** ~~un colis~~ **e.** ~~un chariot~~ **f.** ~~un chariot~~
250. a. un grand magasin **b.** un balai brosse **c.** de l'eau de Javel **d.** un chariot **e.** un code barre **f.** des soldes **g.** un chiffon **h.** un achat
251. a. Ce sac est trop cher, je vais attendre la période des soldes. **b.** Vous avez mis un peu d'eau de Javel dans le seau ? **c.** J'ai passé le balai brosse avec la serpillière dans la cuisine. **d.** On fait nos courses dans les rues commerçantes du quartier. **e.** À la caisse, on peut savoir le prix des articles avec le code barre.
252. a. grand magasin **b.** soldes, promotions **c.** caddie, panier **d.** rayon, hypermarché **e.** code barre, étiquette **f.** seau, balai, serpillière **g.** livré **h.** ligne

Bilan 1
1. choux, choux de Bruxelles
2. céleri, radis, betterave
3. haricots surgelés
4. bocal, chiches **5.** endive
6. végétalienne **7.** gaspillage
8. vrac, emballage(s)
9. brugnon, nectarine, noyau
10. pamplemousse **11.** épluches, morceaux **12.** passoire
13. aromatique, thym **14.** ouvre-boîte **15.** râper **16.** complet, tranché **17.** brioche **18.** parts/portions, bougies **19.** plate, gazeuse **20.** consignée **21.** tisane, sachet **22.** rouler, briquet
23. papeterie, dossiers, classeurs
24. bijouterie, bague, or
25. biberon, poussette **26.** litière, croquettes **27.** aspirateur
28. balai, seau, Javel, serpillière
29. soldes, promotions
30. commandé, achat, ligne, livrer.

253. a.4 **b.**1 **c.**2 **d.**5 **e.**7 **f.**3 **g.**6
254. a. ~~un panneau~~ **b.** ~~une panne~~ **c.** ~~un feu rouge~~ **d.** ~~un permis de conduire~~ **e.** ~~un point~~ **f.** ~~l'entretien~~ **g.** ~~un P.V.~~
255. a. casque **b.** embouteillage **c.** garer, stationnement **d.** cyclable **e.** vitesse **f.** péage **g.** feu **h.** panne
256. a. coffre **b.** panneau, interdit **c.** embouteillage **d.** entretien **e.** plein **f.** trottinette **g.** cyclables **h.** amende, infraction
257. a. faux **b.** vrai **c.** vrai **d.** vrai **e.** faux **f.** vrai **g.** faux **h.** faux
258. a. souterrain **b.** coffre **c.** trottinette, embouteillages **d.** casque, piste **e.** garer, panneau, stationnement **f.** permis, infraction **g.** plein **h.** tomber, panne
259. a.3 **b.**5 **c.**2 **d.**6 **e.**7 **f.**1 **g.**4
260. a. au guichet **b.** de conducteur **c.** des rails **d.** de pointe **e.** debout **f.** la dernière station d'une ligne **g.** le quai **h.** je change de ligne
261. a. arrêt **b.** ticket **c.** s'asseoir **d.** tarif **e.** conducteur **f.** debout
262. a. un conducteur **b.** au guichet **c.** les heures creuses **d.** la rame **e.** on monte **f.** debout **g.** une correspondance **h.** à un arrêt de bus
263. a. quai **b.** direction **c.** correspondance **d.** debout **e.** guichet **f.** monte, station, descend **g.** arrêt **h.** rails
264. a.3 **b.**5 **c.**1 **d.**2 **e.**7 **f.**4 **g.**6
265. a. un meuble **b.** à l'extérieur **c.** à l'intérieur **d.** une partie d'une lampe **e.** autour d'une photo **f.** les livres **g.** se met sur les murs **h.** la même chose
266. a. placard **b.** tiroir **c.** lampadaire **d.** crochet, accrocher **e.** cadre **f.** tapis, coussins **g.** refaire, isolation **h.** déco, tendances
267. a. une commode **b.** un cintre **c.** un coussin **d.** des rideaux **e.** une prise **f.** du papier peint **g.** un crochet **h.** l'isolation phonique
268. a. Vous pouvez mettre toutes vos affaires dans l'armoire de la chambre. **b.** Mes chemises sont le deuxième tiroir de la commode. **c.** On hésite entre refaire la peinture ou mettre du papier peint. **d.** J'ai envie de changer les rideaux et de repeindre les volets. **e.** Il faut encore s'occuper de l'isolation thermique et phonique. **f.** Je vais remplacer le poster au mur par une photo dans un cadre.
269. a. bibliothèque **b.** cintre, penderie **c.** rideaux, volets **d.** armoire, glace **e.** crochet, accrocher, cadre **f.** abat-jour, lampadaire **g.** brancher, prise **h.** thermique, phonique.
270. a.3 **b.**5 **c.**1 **d.**2 **e.**7 **f.**4 **g.**8 **h.**6
271. a. vrai **b.** vrai **c.** vrai **d.** faux **e.** faux **f.** faux **g.** vrai **h.** vrai
272. a. bouché **b.** coupure **c.** interphone **d.** ramoner **e.** plombier, ballon **f.** connexion **g.** fusible, compteur **h.** radiateur
273. a. plombier **b.** gardienne **c.** radiateur **d.** bruyant **e.** interphone **f.** fusible **g.** ramoner **h.** assistance
274. a. fuite **b.** bouché **c.** code, interphone **d.** chauffage **e.** bruyant **f.** gardienne **g.** connexion **h.** assistance
275. a.3 **b.**6 **c.**2 **d.**1 **e.**8 **f.**4 **g.**5 **h.**7
276. a. vrai **b.** faux **c.** vrai **d.** faux **e.** vrai **f.** faux
277. a. des punaises **b.** un vol **c.** une serrure **d.** des souris **e.** une

lance **f.** la caserne **g.** blindé
278. a. blindée, serrure
b. extincteur, éteindre **c.** lance, pompiers **d.** cambriolage, voleurs **e.** bloquée **f.** grenier
g. étanche **h.** urgence
279. a. incendie **b.** grande échelle, éteindre **c.** fumée
d. cambriolage, volé, déclaration, commissariat
e. blindée **f.** souris, punaises
g. tuiles, étanche **h.** urgence

Bilan 2
1. garer **2.** coffre **3.** trottinettes, pistes **4.** casque **5.** roues
6. panneau **7.** feu **8.** guichet, distributeur **9.** ligne
10. correspondance **11.** pointe, debout **12.** arrêt **13.** rails
14. placards **15.** lampadaire
16. volets, rideaux **17.** isolation
18. tiroirs **19.** crochet **20.** fuite
21. fusible, compteur
22. ramoner **23.** gardienne
24. interphone, code
25. pompiers, éteindre, lances
26. cambriolage, voleurs
27. blindée, serrure
28. recommandé, accusé
29. déclaration, commissariat
30. urgence.

Chapitre 7

280. a7e ; b1c ; c3d ; d5g ; e6a ; f2b ; g4f
281. a. une canne **b.** un dé
c. commercial **d.** une promenade
e. de la glaise **f.** une association
g. une canne
282. a. partie **b.** triche
c. collectionne **d** brocante **e.** dés
f. association **g.** balade **h.** tricoté
283. a. distraire **b.** centres
c. collectionne **d.** baladés **e.** jeu vidéo en ligne **f.** dames, échecs
g. brocante **h.** association
284. a. balade **b.** collectionne
c. triche **d.** créatif **e.** association
f. société **g.** canne
285. a. pêche **b.** échecs, partie
c. collectionne, brocantes, puces
d. tour, pion, plateau
e. bénévolat **f.** balades **g.** tricoter

286. a.3 b.7 c.6 d.5 e.1 f.2 g.4
287. a. le foot **b.** une balle
c. le basket **d.** le badminton
e. le football **f.** un panier **g.** le ping-pong **h.** faire un service
288. a. score **b.** arbitre, siffler
c. tournoi **d.** gardien **e.** faute, hors-jeu **f.** service, filet **g.** carton
h. entraîneur
289. a. gardian : gardien **b.** foot-bolleuses : footballeuses
c. balon : ballon **d.** cours : court
e. nulle : nul **f.** jouer : joueur
290. a. vrai **b.** faux **c.** faux **d.** vrai
e. faux **f.** faux **g.** vrai **h.** faux
291. a. rond, ovale **b.** terrain
c. gardien **d.** servi, ligne **e.** volant, filet **f.** arbitre, carton **g.** faute, hors-jeu **h.** entraîneur
292. a2c ; b4a ; c1d ; d3b ; e6g ; f7e ; g5f
293. a. sur un vélo **b.** les trous
c. un kimono **d.** poids **e.** ses mains **f.** une personne **g.** une défaite **h.** du dopage
294. a. victoire **b.** médaille
c. battre **d.** coups **e.** parcours
f. saut **g.** dopage **h.** musculation
295. a. course **b.** Olympiques
c. médaille **d.** gymnastique
e. soulever **f.** kimono **g.** hauteur
h. coups
296. a. J'ai un copain qui est ceinture noire de judo.
b. Martine est championne de saut en longueur. **c.** Notre pays a combien de médailles aux Jeux Olympiques ? **d.** Je m'entraîne tous les jours au club de gym.
e. Prends tes gants de boxe et monte sur le ring.
297. a. course **b.** parcours, trous
c. musculation, entraîne
d. hauteur, longueur, lancer, poids **e.** judo, ceinture
f. médaille, Jeux Olympiques
g. victoire **h.** battre, championne
298. a.3 b.5 c.1 d.2 e.6 f.8 g.4 h.7
299. a. une selle **b.** des palmes
c. un poney **d.** un cerf-volant
e. un manège **f.** l'équitation
g. le nautisme
300. a. vrai **b.** vrai **c.** faux **d.** faux
e. vrai **f.** vrai **g.** vrai **h.** faux
301. a. rênes **b.** randonnée

c. nageuse **d.** yacht **e.** équilibre
f. escalade **g.** masque, palmes
h. barre
302. a. randonnée **b.** balisé
c. une bombe **d.** apnée **e.** mât
f. nage **g.** d'obstacles **h.** barre
303. a. chemin, randonnée
b. naviguer, barre **c.** plongée, masque, palmes, bouteille
d. manège, selle, rênes, bombe
e. nageur, équilibre **f.** alpinisme, escalade **g.** mâts, voiles **h.** étape
304. a. balnéaire **b.** hébergement
c. hôtes **d.** pension **e.** bâton
f. auberge **g.** remontées
h. station
305. a7f ; b3d ; c5g ; d1b ; e4a ; f2c ; g6e
306. a. pension complète
b. parasol **c.** les remontées mécaniques **d.** au casino **e.** sur la neige **f.** chez une personne
g. des coquillages
307. a. pension **b.** hébergement
c. hôtes, location **d.** coquillages
e. sable, galets **f.** bâton
g. remontées **h.** piste
308. a. hébergement **b.** pension
c. piste **d.** remontée mécanique
e. brochure **f.** bain **g.** galets
h. parasol
309. a. hébergement, hôtel, auberge **b.** office, plan, brochures **c.** piste, fond
d. remontées mécaniques
e. balnéaire, casino **f.** baigné, bain **g.** galets, coquillages
310. a. un équipage **b.** un divertissement **c.** un gala
d. le commandant **e.** la tour de contrôle **f.** un quai
311 a.3 b.1 c.5 d.2 e.7 f.4 g.8 h.6
312. a. vrai **b.** faux **c.** faux **d.** vrai
e. vrai **f.** vrai **g.** vrai
313. a. itinéraire **b.** scolaire
c. croisière, paquebot
d. linguistique **e.** excursion, guidée **f.** cabine, pont
g. commandant, navire
314. a. guidées, excursions
b. linguistique **c.** scolaire
d. croisière, pont, cabine
e. débarquement
315. a.4 b.5 c.7 d.3 e.8 f.2 g.1 h.6
316. a. un compartiment

b. une tour c. une ceinture
d. la provenance e. un passager
f. le compartiment g. la piste
h. hors-taxes
317. a. vrai **b.** vrai **c.** faux **d.** vrai
e. faux **f.** vrai **g.** vrai **h.** faux
318. a. embarquement
b. bagages, cabine
c. enregistrement, comptoir, compagnie **d.** vol, provenance, destination **e.** siège, compartiment **f.** équipage, bord **g.** décoller, atterrissage
h. hôtesse, steward, ceinture, tablette.
319. a. vol, terminal, aéroport
b. enregistrement, comptoir, porte **c.** compartiment, cabine
d. piste, décoller, tour
e. atterrir, ceinture, dossier, siège, tablette **f.** hors-taxes, carte, embarquement
g. compagnie, steward, hôtesse, équipage **h.** direct, escale.

Bilan
1. loisirs **2.** bénévolat, association **3.** règles, triche
4. dames, échecs **5.** canne
6. pion, plateau **7.** balade
8. tricoter **9.** rond, ovale
10. gardien **11.** arbitre **12.** balle, filet, service **13.** collection, brocantes, puces **14.** cannes, parcours **15.** Jeux Olympiques, médailles **16.** athlétisme, course, saut, **17.** musculation, coach, soulever **18.** judo, ceinture
19. randonnée, balisés
20. plongée, bouteilles, masque, palmes **21.** selle, manège
22. voile, barre **23.** hôtel, balnéaire **24.** office, plan, brochures **25.** coquillages, sable, galets **26.** parasol, baigner
27. station, piste, fond **28.** forfait, remontées mécaniques
29. enregistrement, embarquement, décollage
30. croisière, paquebot.

Chapitre 8

320. a.4 **b.**5 **c.**1 **d.**2 **e.**6 **f.**8 **g.**3 **h.**7
321 a. une femme **b.** un homme
c. une femme **d.** les deux **e.** une femme **f.** les deux **g.** un homme
h. une femme
322. a. pli **b.** coupe **c.** legging
d. moulant **e.** chino **f.** T-shirt
g. tissu
323. a. jupe, legging, robe : une femme **b.** polo, T-shirt, corsage : le haut **c.** serré, ajusté, droit : la coupe **d.** tailleur, costume, robe : le haut et le bas **e.** ourlet, pli, chino : un pantalon **f.** parka, polo, gilet : le haut **g.** bermuda, jean, short : le bas
324. a. polo, chemise **b.** parka
c. droite, serrée **d.** taille, basse
e. legging, T-shirt **f.** corsage, pantalon **g.** jupe, plis **h.** robe, ourlet
325. a. legging, corsage
b. tailleur, jupe, pantalon
c. bermuda, T-shirt **d.** polo, chemise, gilet **e.** parka **f.** chino, coupe, taille **g.** ourlet **h.** robe, pli, tissu
326. a3a ; **b**4g ; **c**1c ; **d**7b ; **e**2d ; **f**5f ; **g**6e
327. a. une blouse
b. un vêtement très chaud
c. un smoking **d.** un sous-vêtement **e.** une femme **f.** quand il pleut **g.** des chaussettes **h.** slip
328. a. imperméable **b.** blouse
c. peignoir **d.** smoking **e.** lingerie
f. dentelle **g.** survêtement
h. boxer
329. a. un maillot de corps
b. un peignoir **c.** une blouse
d. une doudoune **e.** un boxer
f. un imperméable **g.** un pull
h. une blouse
330. a. laine **b.** manteau
c. doudoune **d.** blouse
e. caleçon **f.** collant **g.** dentelle
h. chaussettes
331. a. manteau, anorak, doudoune **b.** survêtement
c. soutien-gorge, dentelle, collant **d.** chaussettes **e.** blouse
f. peignoir, robe de chambre
g. pyjama, chemise **h.** slip, caleçon, boxer.
332. a. uni **b.** une capuche **c.** des rayures **d.** le velours **e.** en V
f. imprimé **g.** une braguette
h. du cuir
333. a.7 **b.**5 **c.**1 **d.**2 **e.**3 **f.**8 **g.**6 **h.**4
334. a. poche **b.** capuche
c. assorti **d.** braguette **e.** satin
f. desserrer **g.** s'habiller
335. a. col **b.** manches
c. fermeture éclair
d. synthétique **e.** braguette
f. rayures **g.** décontracté **h.** uni
336. a. manches, rond
b. bohème, décontracté
c. poches, capuche **d.** braguette, boutons, fermeture **e.** enlever, cachemire **f.** écossais **g.** velours, flanelle, mélange **h.** éthique
337. a. Il portait une chemisette en soie à manches courtes.
b. Les rayures bleues du pull sont assorties avec le pantalon en flanelle. **c.** Ce blouson est très pratique avec ses deux poches et sa capuche. **d.** Avez-vous ce pull en cachemire avec un col en V ? **e.** Ce gilet se ferme avec des boutons, pas une fermeture éclair. **f.** La capuche me serre, je vais desserrer le Velcro.
g. Elle s'habille toujours avec des vêtements du commerce éthique.
338. a. cachemire, roulé
b. velours, braguette
c. synthétique, soie, laine, cuir, coton, bio **d.** enlève, desserrer
e. pois, assortis **f.** poches, capuche, fermeture éclair
g. commerce éthique **h.** uni, rayures.
339. a. vrai **b.** faux **c.** faux **d.** faux
e. faux **f.** vrai **g.** faux **h** faux
340. a.4 **b.**3 **c.**6 **d.**8 **e.**1 **f.**7 **g.**2 **h.**5
341. a. toile **b.** sac **c.** bottines
d. semelle **e.** bonnet **f.** talons
g. mocassins **h.** lacets
342. a. de la laine **b.** les lacets
c. un chausson **d.** des sabots
e. des tongs **f.** une ceinture
343. a. bottes, caoutchouc
b. bottines, mocassins, cuir
c. sac, foulard **d.** écharpe, laine
e. sandales, tongs **f.** baskets,

casquette **g**. béret, bonnet **h**. nœud, cravate.
344. a. mocassins, bottines, cuir **b**. talons **c**. baskets, toile, ballerines, tongs **d**. foulard **e**. cravate, nœud **f**. chaussons **g**. gants, bonnet **h**. bottes, caoutchouc.
345. a. d'occasion **b**. une cabine **c**. long **d**. la pointure **e**. agréable **f**. étroite **g**. une bombe **h**. du cirage
346. a.4 **b**.3 **c**.1 **d**.7 **e**.2 **f**.8 **g**.5 **h**.6
347. a.≠ ; **b**. = ; **c**.≠ ; **d**.≠ ; **e**.= ; **f**.= ; **g**.≠ ; **h**.≠
348. a. vitrine **b**. neuf **c**. cabine **d**. le cirage **e**. étiquette **f**. retouches **g**. tendance **h**. amincir
349. a.ll ; **b**.le ; **c**.ho ; **d**.g ; **e**.a ; **f**.le ; **g**.g ; **h**.ha
350. a. neufs, d'occasion **b**. modèle, vitrine **c**. essayer, cabine **d**. taille, retouches **e**. doux **f**. usées **g**. silhouette, amincit **h**. cirage.
351. a.4 **b**.8 **c**.3 **d**.2 **e**.6 **f**.1 **g**.7 **h**.5
352. a. un flacon **b**. un dé **c**. la composition **d**. coudre **e**. un styliste **f**. un défilé **g**. une collection
353. a. mesure **b**. fil **c**. fait **d**. note **e**. boisé **f**. prêt-à-porter **g**. synthèse **h**. composition
354. a. coudre, aiguilles **b**. styliste **c**. haute couture **d**. collection **e**. mannequins, défilé **f**. cœur, fond **g**. essentielles **h**. prêt-à-porter **i**. orientale, florale.
355. a. mesure **b**. luxe **c**. mannequin **d**. aiguille **e**. dé **f**. arôme **g**. défilé **h**. flacon
356. a. haute-couture, styliste **b**. fil, aiguille, épingles, dé **c**. collection, défilé, mannequins **d**. prêt-à-porter **e**. composition, huiles essentielles **f**. cœur, fond **g**. arôme, eau, toilette, floral, boisé, oriental **h**. produits, beauté, flacons

Bilan

1. jupe, robe **2**. polo, chemise **3**. imperméable **4**. soie **5**. jean, taille, coupe **6**. tissu, velours **7**. unie, rayures **8**. capuche, parka **9**. blouse **10**. lingerie, dentelle **11**. poche **12**. fermeture éclair, boutons **13**. neuf, occasion **14**. chaussons **15**. mocassins, bottes, caoutchouc **16**. talons **17**. semelles **18**. cirage **19**. essayer **20**. taille **21**. gants, bonnet **22**. étiquette **23**. vitrine **24**. raccourcir, retouches **25**. couture, mesure **26**. fil, aiguille, dé **27**. défilé, mannequins **28**. flacon, eau, toilette **29**. arôme, floral, boisé **30**. composition, huiles, essentielles

Chapitre 9

357. a.5 **b**.7 **c**.4 **d**.1 **e**.2 **f**.8 **g**.6 **h**.3
358. a. un lecteur **b**. des mémoires **c**. un conte **d**. un bouquin **e**. un conte **f**. la couverture **g**. la correspondance
359. a. faux **b**. vrai **c**. vrai **d**. vrai **e**. faux **f**. faux **g**. vrai **h**. vrai
360. a. un romancier, une romancière **b**. autobiographie **c**. récit **d**. un poète, une poétesse **e**. journal **f**. vers **g**. un lecteur, une lectrice **h**. nouvelle
361. a. romans, contes, nouvelles **b**. autobiographie **c**. poème, prose **d**. récit, s'agit **e**. journal, écrivain, correspondance **f**. romans, fiction
362. a. conte **b**. nouvelles, romans **c**. auteur, genre, biographies, récits **d**. bouquin, s'agit **e**. correspondance **f**. mémoires **g**. journal **h**. poème, poétesse, vers.
363. a.3 **b**.6 **c**.2 **d**.1 **e**.7 **f**.8 **g**.5 **h**.4
364. a. personnages **b**. la fin de l'histoire **c**. un mouvement littéraire **d**. du texte **e**. un album **f**. un extrait **g**. des guillemets
365. a. mouvement littéraire **b**. passage **c**. personnages, intrigue **d**. citation, guillemets **e**. extrait **f**. album, bandes dessinées
366. a. L'intrigue de son dernier livre est surprenante. **b**. Les personnages sont attachants et le style original. **c**. Jusqu'au dernier chapitre, je ne m'attendais pas à ce dénouement. **d**. Notre fils a relu plein de fois cet album. **e**. La phrase dans la bulle était entre guillemets. **f**. C'est un dessinateur de bandes dessinées célèbre. **g**. Cet auteur appartient au mouvement surréaliste.
367. a. personnage, chapitre **b**. intrigue, dénouement **c**. style **d**. citation, guillemets **e**. mouvement **f**. album, bandes dessinées **g**. bulles **h**. dessinatrice
368. a.3 **b**.5 **c**.1 **d**.2 **e**.7 **f**.4 **g**.8 **h**.6
369. a. une grande œuvre **b**. un volume **c**. beaucoup de lecteurs **d**. corrige les erreurs **e**. numérique **f**. plus petit **g**. un prix littéraire **h**. un membre de l'Académie
370. a. classique **b**. éditeur **c**. volume **d**. correcteur **e**. imprimer **f**. poche **g**. prix **h**. immortel
371. a. éditeur **b**. œuvres, chef d'œuvre **c**. volumes **d**. préface **e**. succès, poche, version, numérique **f**. critiques **g**. prix littéraire **h**. Académie française, immortel
372. a. classique, nouveauté **b**. éditeur, publier **c**. imprimé, version numérique **d**. volumes, préface **e**. critiques, succès **f**. chef d'œuvre **g**. prix, Académie, récompense, immortels **h**. best-seller, poche
373. a.7 **b**.4 **c**.1 **d**.6 **e**.8 **f**.5 **g**.3 **h**.2
374. a. mélange, palette **b**. aquarelle **c**. toile, chevalet **d**. figuratif, abstrait **e**. contemporain **f**. paysage **g**. portrait **h**. nature morte, nu
375. a. un cadre **b**. un nu **c**. un chevalet **d**. un cadre **e**. un pinceau **f**. un cadre **g**. un atelier
376. a. tableau **b**. pinceau **c**. aquarelle **d**. figuratif **e**. portrait **f**. nature morte **g**. cadre **h**. atelier

377. a. peintre, peint, nus **b.** contemporain **c.** toile, chevalet, palette, pinceau **d.** huile, aquarelle **e.** format, cadre **f.** paysages **g.** tableau abstrait, figuratif **h.** portrait, atelier
378. a4e ; b5g ; c1c ; d3d ; e7f. ; f2a ; g6b
379. a. croquis **b.** caricature **c.** talent **d.** bronze **e.** cadrage **f.** flou **g.** net
380. a. dessiner **b.** sculpter **c.** graver **d.** photographier **e.** exposer
381. a. sculpture, bronze. **b.** gravure, encre. **c.** dessine, croquis, caricatures. **d.** cliché, net, flou. **e.** appareil, réglages **f.** photographe, talent, exposé, galeries. **g.** cadrage, photographies.
382. a. croquis **b.** caricatures **c.** sculpteur, statue, marbre **d.** gravure, encre **e.** photographie, cadrage **f.** cliché, flou, net **g.** réglages, appareil **h.** musée, exposition, temporaire, permanente
383. a.3 **b.**4 **c.**1 **d.**2 **e.**7 **f.**8 **g.**6 **h.**5
384. a. ~~les affiches~~ **b.** ~~3D~~ **c.** ~~le générique~~ **d.** ~~un documentaire~~ **e.** ~~les spectateurs~~ **f.** ~~les sous-titres~~
385. a. faux **b.** vrai **c.** faux **d.** faux **e.** faux **f.** faux **g.** vrai **h.** vrai
386. a. affiche **b.** originale, **c.** publicités, bandes-annonces, générique **d.** spectateurs, écran **e.** horreur, comédies **f.** documentaire **g.** passent, doublée **h.** action, dessins animés
387. a. séance, science-fiction **b.** version française, version originale, sous-titres **c.** spectateurs, publicités, bandes annonces **d.** générique, écran, titre **e.** affiche **f.** dessins animés, action **g.** horreur, fantastiques **h.** comédies musicales
388. a.3 **b.**5 **c.**1 **d.**7 **e.**8 **f.**2 **g.**4 **h.**6
389. a. gros plan **b.** cascadeur **c.** effets spéciaux **d.** public, bouche à oreille **e.** nommé

f. cérémonie **g.** festival **h.** récompense
390. a. ~~une caméra~~ **b.** ~~une récompense~~ **c.** ~~le bouche à oreille~~ **d.** ~~un long métrage~~ **e.** ~~la bande originale~~ **f.** ~~un plan~~
391. a. réaliser **b.** une caméra **c.** une actrice **d.** le réalisateur, la réalisatrice **e.** le scénario **f.** le montage **g.** un gros plan **h.** un festival
392. a. réalisateur, réalisatrice, acteurs, actrices **b.** scénario, métrage **c.** public, bouche à oreille, cascadeur **d.** dialogues, effets **e.** festival, récompenses **f.** montage **g.** tourné, caméra numérique **h.** nommée, cérémonie
393. a2c ; b7e ; c3a ; d1g ; e6d ; f4f ; g5b
394. a. un dramaturge **b.** actes **c.** représentation **d.** les paroles **e.** une partition **f.** un chef **g.** un chanteur d'opéra **h.** classique
395. a. ~~le metteur en scène~~ **b.** ~~un décor~~ **c.** ~~un ballet~~ **d.** ~~un tutu~~ **e.** ~~une chorégraphie~~
396. a. pièce, actes, personnages **b.** rideau, scène, décor, comédiens, mise en scène moderne. **c.** concert, musiciens, chef d'orchestre **d.** joue, guitare, solfège, notes, partition **e.** chanteur, refrains, applaudit **f.** opéra, lyrique, airs, ténors, basses, sopranos **g.** ballet, chorégraphie classique, danseuses, tutu, pointes **h** concert, son, fort, éclairages
397. a. Les représentations de cette pièce ont un grand succès. **b.** Le metteur en scène donne des indications aux comédiens. **c.** Dans ce théâtre, il n'y a pas de rideau et des décors très simples. **d.** Je vais vous jouer un morceau d'un compositeur italien. **e.** Si tu veux bien jouer du piano, il faut apprendre le solfège. **f.** Dans la salle, le public connaissait les paroles et chantait les refrains. **g.** Qui a fait la chorégraphie de ce ballet classique ? **h.** Les plus grands

ténors ont chanté dans ce temple de l'art lyrique.
398. a. première, mise en scène **b.** représentation, rideau, décor **c.** scène, acte, pièce, dramaturge **d.** concert, compositeur, orchestre, piano, violons, flûtes **e.** chanteur, mélodies, paroles **f.** ballet, tutu, pointes **g.** solfège, notes, partition **h.** opéra, ténor, basses, sopranos, applaudi

Bilan
1. bouquin, auteur, s'agit, fiction **2.** œuvre, poète, éditée, volume **3.** romans, biographies, autobiographie **4.** album, bandes dessinées, bulles, dessins **5.** tableau, peintre, toile, chevalet, palette, pinceau **6.** portrait, aquarelle **7.** atelier, nature morte, paysages **8.** dessins, caricatures **9.** sculptures, bronze, marbre **10.** expositions, photographes **11.** cliché, appareil photo **12.** contemporain, cadre **13.** films, salles, écran **14.** séance, publicités, bandes annonces **15.** originale, sous-titres, doublée **16.** dessin animé **17.** documentaire **18.** tourné, réalisatrice, scénario, dialogues **19.** film, science-fiction, effets spéciaux **20.** acteur, cascadeur **21.** plan, personnage **22.** actrice, nommée, festivals **23.** pièce, dramaturge, mise en scène **24.** scène, comédiens, rôle, applaudit **25.** concert, compositeur **26.** solfège, notes, partition **27.** chanteuse, musicien, guitare, chanté, refrains **28.** chef, orchestre, violons, flûtes, piano **29.** ténor, danseuse, tutu, pointes **30.** lyrique, ballets, chorégraphes

Chapitre 10

399. a.3 b.6 c.1 d.2 e.7 f.8 g.4 h.5
400. a. ~~un(e) abonné(e)~~ b. ~~le tirage~~ c. ~~un canard~~ d. ~~un correspondant~~ e. ~~un article~~ f. ~~un éditorial~~ g. ~~une interview~~ h. ~~neutre~~
401. a. faux b. faux c. vrai d. faux e. vrai f. vrai g. vrai h. faux
402. a. rédacteur, magazine hebdomadaire b. national, régional c. info, rubrique, illustration d. horoscope, critiques e. nouvelles, envoyé, mauvaises f. journaliste, analyse, polémique g. journal, petites annonces h. éditorial, revue, satirique, neutre
403. a. rédacteur en chef b. info c. interview d. fait divers e. abonné f. hebdomadaire g. événement h. tirage
404. a. Je suis abonné à une revue mensuelle sur l'architecture. b. Pourriez-vous rédiger un éditorial avec votre analyse de la situation actuelle ? c. Elle a accepté une interview avec une journaliste d'un magazine de mode. d. Voici un article rédigé par le correspondant du journal à Londres. e. On a lu cette info dans la rubrique des faits divers. f. Ce journal a une longue tradition d'impertinence. g. Les dessins et les illustrations vous aident à comprendre les articles. h. Cet hebdomadaire n'a pas de ligne éditoriale, il est neutre.
405. a. magazine, hebdomadaire, mensuel b. rubrique, petites annonces, quotidien c. interview, revue, tirage d. journal, article, journaliste e. éditorial, rédacteur, chef f. envoyé, faits, événements, analyse, actualité g. satirique, dessins humoristiques, polémiques h. opinion, éditoriale
406. a8b ; b7c ; c4g ; d3d ; e2a ; f1h ; g5f ; h6e
407. a. un auditeur b. l'audience c. un téléspectateur d. épisodes e. podcast f. changer de chaîne g. fait pour la télé h. un influenceur
408. a. ~~un satellite~~ b. ~~un podcast~~ c. ~~un film~~ d. ~~un événement sportif~~ e. ~~censurer~~ f. ~~une émission~~ g. ~~allumer~~ h. ~~une revue de presse~~
409. a.3 b.5 c.1 d.2 e.4 f.7 g.8 h.6
410. a. auditeurs, émission b. programmes, direct, podcast c. fréquence, station, radio d. zapper, chaîne, télévision e. audience, journal télé, reportage, feuilleton f. influenceuse, réseaux sociaux, abonnés g. modérateur, censure, infox h. câble, antenne, parabole
411. a. parabole b. clip c. publicité d. télécommande e. allumer f. épisode g. rumeur/infox h. haineux
412. a. une auditrice b. une téléspectatrice c. une animatrice d. une youtubeuse e. une influenceuse f. publique
413. a. Sur quelle fréquence je peux trouver cette radio ? b. Si un auditeur a raté une émission en direct, il peut utiliser le podcast. c. On n'a pas besoin d'une parabole car on a la télé numérique. d. Avec la télécommande, j'allume le téléviseur et je zappe. e. Demain, la chaîne va diffuser le dernier épisode du feuilleton. f. Ce youtubeur poste des images de débat pour alimenter des rumeurs. g. Les infox se répandent rapidement sur les réseaux sociaux.
414. a. chaîne, journaux, débats, revues b. parabole, numérique c. publicité, audience, téléspectateurs, auditeurs d. épisode, feuilleton, podcast e. télécommande, allumer, éteindre, zapper f. influenceuse, abonnés g. réseau, modérateur, censurer, haineux, rumeurs, infox
415. a.7 b.6 c.1 d.3 e.2 f.8 g.5 h.4
416. a. accident b. lieu c. manifestations d. déraillé e. d'État f. une étape g. une course
417. a. accident, rescapé b. étape, événement c. chercheur, découverte d. championne, exploit e. blocages, émeutes f. manif, slogans g. déraillé, renversé
418. a. événement b. arrivée c. championne d. coup d'État e. découverte f. déraillement g. ascension
419. a. grève b. événement c. rescapé d. déraillement e. renverser f. étape g. s'écrase h. chercheur
420. a. vrai b. faux c. vrai d. faux e. vrai f. faux g. faux h. faux
421. a. incident, accident, renversé b. événement, lieu, arrivé, passé c. écrase, rescapés, déraillement d. coup d'État, émeutes, violences e. manifestations, slogans, grèves f. étape, champion, ascension g. chercheur, reçu, découvertes
422. a.4 b.5 c.2 d.7 e.3 f.8 g.1 h.6
423. a. ~~un couteau~~ b. ~~arrêter~~ c. ~~un meurtrier~~ d. ~~un sursis~~ e. ~~condamner~~ f. ~~un commissaire~~ g. ~~poignarder~~
424. a. vrai b. faux c. vrai d. vrai e. vrai f. faux g. vrai h. vrai
425. a.= ; b.≠ ; c.≠ ; d.≠ ; e.≠ ; f.≠ ; g.≠ ; h.=
426. a. suspect b. alibi c. témoignage d. avouer e. cellule f. preuve g. sursis h. appel
427. a. explosion, attentat b. judiciaire, enquête, meurtre c. poignardé d. étranglé e. commissaire, suspect, crimes, alibi f. avouer g. procès, juges, peine, prison, sursis, cellule h. avocat, appel
428. a.4 b.5 c.1 d.2 e.8 f.3 g.6 h.7
429. a.+ ; b.- ; c.- ; d.+ ; e.+ ; f.- ; g.- ; h.-
430. a. inacceptable b. insupportable c. choquant d. incroyable e. étonnant f. surprenant g. scandaleux h. juste

431. a.6 **b.**4 **c.**7 **d.**3 **e.**8 **f.**2 **g.**5 **h.**1
432. a. raison **b.** d'accord
c. avis **d.** se demande **e.** compte
f. convaincre **g.** argument
h. paraît
433. a. réfléchir **b.** raisonner
c. douter **d.** réagir **e.** penser
f. convaincre
434. a. mon avis **b.** d'accord
c. selon toi **d.** de vue
e. incroyable **f.** égal **g.** compte
h. des compliments
435. a. avis, point, pensait
b. selon, tort **c.** paraît, inconvénients **d.** compte, réalisé
e. convaincre, réagir **f.** réactions, étonnant **g.** félicitations, raisonnement
h. égal, inadmissible

Bilan
1. journaliste, article, événement
2. nouvelle, quotidien, régional **3.** abonné, magazine, hebdomadaire **4.** fréquence, station **5.** chaîne, émissions, téléfilms, documentaires, téléréalité **6.** publique, privée, publicité **7.** images, antenne, parabole, numérique
8. télécommande, allume, zappe
9. réseaux, influenceuse
10. rumeurs, information, ligne
11. youtubeur
12. accident, incident
13. passé, lieu
14. manifestations, slogans
15. grève **16.** écrasé
17. déraillement, rescapé
18. chercheur, découvertes
19. renversé **20.** terroriste, explosion **21.** poignarder, fusil, tiré **22.** commissaire, judiciaire, enquête **23.** meurtre, suspect
24. alibi, preuve **25.** procès, juges, condamné, prison, sursis
26. avis, réfléchir **27.** selon, excellent, compliments
28. paraît, raisonnement, accord
29. tort, étonnant
30. inadmissible

Chapitre 11

436. a.6 **b.**4 **c.**2 **d.**1 **e.**5 **f.**3 **g.**8 **h.**7
437. a. ~~la banquise~~ **b.** ~~un marais~~ **c.** un rocher **d.** ~~une montagne~~ **e.** ~~un glacier~~ **f.** ~~des flocons~~ **g.** ~~une colline~~ **h.** ~~un marais~~
438. a. banquise **b.** pic **c.** forêt **d.** désert **e.** horizon **f.** marais **g.** flocon **h.** oasis
439. a. chaîne, montagnes, glacier, **b.** rocher, sommet, colline **c.** ligne, horizon, paysage **d.** flocon, neige **e.** marais, plaine **f.** prairies, vallée **g.** dunes, sable, oasis, désert **h.** arbres, bois, forêts
440. a. colline, paysage, horizon **b.** arbres, bois, forêts **c.** sommet, montagne, rochers **d.** vallée, plaines **e.** prairies **f.** marais **g.** dunes, sable, oasis, désert **h.** neige, flocons
441. a.2 **b.**4 **c.**6 **d.**1 **e.**3 **f.**8 **g.**5 **h.**7
442. a. source **b.** pleine **c.** étang **d.** lac **e.** étoiles **f.** brille **g.** marée
443. a. sources, chutes **b.** pleine, étoiles filantes **c.** côte, falaises **d.** grotte, stalactites **e.** étang, lac **f.** brille, mer **g.** marée
444. a. La lune n'était pas pleine, c'était juste un croissant. **b.** On voyait des étoiles filantes dans le ciel. **c.** Il y avait une grotte avec des stalactites énormes. **d.** Du haut de la falaise, vous pourrez voir la barrière de corail. **e.** Des chutes d'eau tombaient dans un étang. **f.** On s'est promenés au bord de la mer quand la marée était basse.
445. a. mer, barrière, corail **b.** étangs, lacs, chutes **c.** source **d.** grotte, stalactites **e.** marée **f.** croissant, lune, brille **g.** planète **h.** étoile, filante
446. a.5 **b.**1 **c.**7 **d.**2 **e.**4 **f.**8 **g.**3 **h.**6
447. a. la chienne **b.** une chatte **c.** un chaton **d.** une jument **e.** le poulain **f.** aboyer **g.** miauler **h.** ronronner
448. a. une écurie **b.** aboyer **c.** un cerf **d.** une tortue **e.** une griffe **f.** un hérisson **g.** un ours

h. un cheval
449. a. n'est pas **b.** ses pattes **c.** une bosse **d.** du lapin **e.** le sanglier **f.** de compagnie **g.** dans la forêt **h.** du cheval
450. a. chienne, chiots **b.** jument, poulain. **c.** cerfs, sangliers, hérissons. **d.** chatte, ronronne **e.** gorilles. **f.** chien, queue, laisse. **g.** chameau, dromadaire. **h.** race, tortues, protégée.
451. a. niche, laisse, collier **b.** chatons, poils **c.** aboie, miaule, ronronne **d.** écureuils, cerf, sangliers, hérissons **e.** pattes, queue **f.** cheval, jument, poulain **g.** mâle, femelle **h.** dromadaire, bosse.
452. a. Le tigre **b.** des cornes **c.** gros **d.** un long cou **e.** Les poissons **f.** serpents **g.** des défenses **h.** Un requin
453. a.3 **b.**5 **c.**7 **d.**4 **e.**2 **f.**1 **g.**8 **h.**6
454. a. défenses, trompe **b.** tigre, lion, félins **c.** zèbre, girafe **d.** écailles, brochet, truite **e.** dauphin, requin, baleine **f.** cornes, gazelle **g.** grenouille, crapaud **h.** serpent
455. a. félins, lions, lionnes, tigres **b.** animaux, chassent **c.** gazelle, cornes **d.** éléphant, défenses, trompe **e.** dauphins, baleine, requin **f.** brochet, truite **g.** grenouille, crapaud **h.** serpent, venin
456. a4b ; **b**3e ; **c**2g ; **d**6d ; **e**7c ; **f**1a ; **g**5f
457. a. ~~l'oie~~ **b.** ~~une mouche~~ **c.** ~~le cygne~~ **d.** ~~la laine~~ **e.** ~~le mouton~~ **f.** ~~un aigle~~ **g.** ~~un moustique~~ **h.** ~~une sauterelle~~
458. a. coq **b.** brebis **c.** araignée **d.** coccinelle **e.** nid **f.** troupeau **g.** abeille **h.** moustique
459. a. troupeau, vaches, veaux, étable **b.** moutons, brebis, agneaux **c.** ruche, abeilles **d.** araignée, toile **e.** aigle, voler, ailes **f.** pond, poussin **g.** criquets **h.** pigeons, corbeau, moineaux, mouettes
460. a. coq, poules, pondent, poussins **b.** troupeau, moutons, brebis, agneaux **c.** étable,

Corrigés

vaches, bœufs, veaux **d.** cochons, canards, oies **e.** oiseaux, nid, plumes, bec **f.** fourmis, abeilles, ruche, coccinelles, guêpes, moustiques, papillons **g.** araignée, toile **h.** criquet, sauterelle
461. a.6 **b.**5 **c.**1 **d.**4 **e.**7 **f.**3 **g.**2
462. a. ~~les branches~~ **b.** ~~l'écorce~~ **c.** ~~un tournesol~~ **d.** ~~une pâquerette~~ **e.** ~~les racines~~ **f.** ~~éliminer~~
463. a. marguerite, pétales **b.** fleurir **c.** bourgeons **d.** épines **e.** faner **f.** écorce **g.** racines
464. a. marguerites, pâquerettes, tournesols, coquelicots **b.** tulipes, pétales **c.** parfum, épine **d.** fanent, mauvaises, poussent **e.** tronc, branches, feuilles **f.** racines **g.** écorce
465. a. roses, épines, tulipes **b.** pâquerettes, marguerites, coquelicots, fanés **c.** poussent **d.** mauvaises herbes **e.** tige, pétales **f.** tronc, écorce **g.** branches, bourgeons **h.** feuilles
466. a. fondre **b.** protéger **c.** lave **d.** tornade **e.** coulée de boue **f.** cyclone **g.** raz de marée **h.** écologie
467. a.3 **b.**4 **c.**6 **d.**8 **e.**1 **f.**2 **g.**7 **h.**5
468. a. tempête, tornade, cyclone **b.** mousson **c.** tremblement **d.** sécheresse **e.** lave, cratère, volcan **f.** avalanche, fond **g.** arc-en-ciel **h.** inondation, coulée
469. a. sécheresse **b.** raz de marée **c.** fond **d.** volcan **e.** inondation **f.** arc-en-ciel **g.** écologie
470. a. tempête, tornade, cyclone **b.** volcan, cratère, éruption, lave **c.** écologie, protéger, environnement, catastrophes **d.** sécheresse, inondations, coulées **e.** fond **f.** avalanche **g.** geyser **h.** arc-en-ciel

Bilan
1. sommet, vallée **2.** colline, paysage, chaîne, horizon **3.** forêt **4.** flocons, avalanche **5.** désert, dunes, oasis **6.** plaine, prairies **7.** marais **8.** lac **9.** source **10.** chutes **11.** marée, falaises, côte **12.** barrière **13.** grotte, stalactites **14.** clair, étoiles, brillaient **15.** étoile filante **16.** compagnie, mâle, femelle, races, espèces **17.** cheval, jument, poulain **18.** pattes, griffes, poils, queue **19.** chien, aboie **20.** chat, miaule, ronronne **21.** hérisson **22.** chameau, dromadaire, bosse **23.** chasse, éléphants, défenses, fauves **24.** sauvages, gazelles, cornes, zèbres, girafes, lions **25.** poule, pond, ruche, abeilles **26.** pâquerettes, marguerites, roses, épines, tulipes **27.** tronc, branches, feuilles, racines **28.** écologie, environnement, catastrophes, sécheresses, inondations, raz de marée, fondent, tremblements, tempêtes, tornades, cyclones **29.** volcan, éruption, lave, cratère **30.** arc-en-ciel

Chapitre 12

471. a.3 **b.**6 **c.**1 **d.**2 **e.**8 **f.**5 **g.**4 **h.**7
472. a. feutre, tableau **b.** ciseaux **c.** permanence, surveillant **d.** gomme, trousse, effacer **e.** cour **f.** cahier, classeur, feuilles **g.** gymnase **h.** cantine, cartable
473 a. maternelle **b.** institutrice **c.** lycée **d.** cour **e.** surveillant **f.** feuille **g.** taille-crayon **h.** gomme
474 a. lycée **b.** collégienne **c.** professeure **d.** demi-pension **e.** proviseur **f.** trousse **g.** cahier **h.** calculette
475. a. institutrice, école maternelle **b.** principal, collège, lycée, proviseur **c.** élèves, classe, professeur, tableau **d.** cahier, cartable, stylo, trousse **e.** feutre, gomme **f.** ciseaux, feuille **g.** salle, permanence, surveillant **h.** cours, gymnase, cour, récréation
476. a.6 **b.**4 **c.**5 **d.**8 **e.**2 **f.**7 **g.**3 **h.**1

477. a. filière **b.** réviser **c.** corrigé **d.** comportement **e.** moyenne, contrôle **f.** réussi, mention, redoubler **g.** apprentissage
478. a. 3 mois **b.** le début de l'année **c.** une matière **d.** le règlement **e.** échouer **f.** apprendre un travail **g.** on refait une année d'école
479. a.≠ ; **b.**≠ ; **c.**= ; **d.**= ; **e.**≠ ; **f.**≠ ; **g.**≠ ; **h.**=
480. a. absent **b.** erreur **c.** puni **d.** réussir **e.** moyenne **f.** test **g.** se taire **h.** mention
481. a. rentrée, emploi, temps, matières **b.** révisé, test, note, moyenne **c.** apprentissage, formation **d.** puni, bavardait **e.** passent, épreuves, contrôle, livret **f.** réussi, mention **g.** échoué, redoubler, Terminale **h.** trompé(e), faute
482. a. ~~le BTS~~ **b.** ~~l'X~~ **c.** ~~une faculté~~ **d.** ~~la science~~ **e.** ~~HEC~~ **f.** ~~une prépa~~ **g.** ~~le bac~~
483. a.7 **b.**5 **c.**6 **d.**2 **e.**3 **f**8. **g.**1 **h.**4
484. a. master, droit, Sciences Po **b.** polytechnique, études **c.** cursus, doctorat **d.** Chartes **e.** ENA **f.** HEC **g.** conservatoire
485. a. cursus, enseignement **b.** Brevet, Technicien **c.** matière, université **d.** grande, faculté **e.** prépa, administration **f.** histoire, École **g.** licence, master, doctorat **h.** dramatique, conservatoire
486. a. licence **b.** université **c.** X **d.** supérieur **e.** cursus **f.** concours **g.** conservatoire **h.** BTS
487. a. enseignement, supérieur, étudiant **b.** master, université, faculté, grande **c.** Brevet de Technicien Supérieur **d.** conservatoire, dramatique **e.** préparatoire, concours, administration **f.** Polytechnique **g.** cursus, doctorat **h.** HEC
488. a.3 **b.**4 **c.**5 **d.**7 **e.**8 **f.**2 **g.**6 **h.**1
489. a. comme étudiant **b.** prendre des notes **c.** un bureau administratif **d.** 6 mois **e.** oralement **f.** en équipe **g.** partiel **h.** la note
490. a. amphi, groupe

15

b. labo c. notes, abréviations
d. dissertation, sujet, limite
e. contrôle, partiel, final
f. semestre g. exposé
h. recherches, emprunter
491. a. magistral, distance
b. final, partiel **c.** coefficient
d. notes, abréviations
e. emprunté, recherches
f. inscrit, assister **g.** exposé, sujet
h. dissertation, limite
492. a. note **b.** inscription
c. contrôle **d.** présentation
e. recherche
493. a. s'inscrire **b.** assister,
magistral, amphithéâtre
c. notes, abréviations **d.** sujets,
dissertation, limite **e.** contrôle,
partiel, final, semestre,
coefficient **f.** groupe, équipe
g. recherches, exposé
h. enseignement, distance
494. a.2 **b.**7 **c.**1 **d.**6 **e.**4 **f.**8 **g.**3 **h.**5
495. a. universitaire
b. s'organisent, supporter
c. se découragent, abandonner
d. gérer **e.** progrès,
concentration **f.** résidence,
campus **g.** bourse
496. a. travailler dur **b.** travaille
beaucoup **c.** il n'a pas assez de
forces pour tout faire **d.** veut
être meilleur que les autres
e. pression **f.** pratique **g.** à la fin
du stage
497. a. concentration **b.** motivé
c. s'organiser **d.** décourager
e. bosseur **f.** abandonner
g. résidence **h.** stagiaire
498. a. Au début, je ne savais pas
bien m'organiser. **b.** J'ai appris à
gérer mon temps pour être plus
efficace. **c.** Vous devez bûcher
toute l'année pour réussir
vos examens. **d.** Le restaurant
universitaire est sur le campus
de la fac. **e.** Dans les grandes
écoles, la compétition entre les
étudiants est très forte. **f.** Il faut
être un bosseur pour passer en
2ᵉ année ici. **g.** Je voudrais faire
mon stage pratique dans un
journal.
499. a. supportent, pression
b. s'organiser, gérer, progrès

c. motivé, abandonner
d. concentration, bosser
e. campus, résidence **f.** cafétéria
g. bourses **h.** stage, rapport

Bilan
1. maternelle, primaire
2. collège, lycée, bac, Terminale
3. cantine **4.** cartable, cahier,
feuille **5.** cour **6.** emprunter,
bibliothèque **7.** rentrée **8.** test,
réviser **9.** bavarder, puni
10. apprentissage **11.** trimestre,
moyenne, matières **12.** mention,
grande **13.** étudier, droit, faculté
14. Licence Master Doctorat,
université **15.** magistral,
amphithéâtre **16.** groupes,
équipe **17.** assister, distance
18. abréviations, prend
19. sujet, dissertation, limite
20. conservatoire, dramatique
21. inscription, secrétariat
22. compétition, décourager
23. supportent, abandonner
24. organiser, gérer, progrès
25. stage, rapport **26.** partiels,
final, coefficient **27.** exposé,
capacité **28.** bosseur, bûcher
29. universitaire, campus
30. bourse

Chapitre 13

500. a.2 **b.**5 **c.**1 **d.**7 **e.**8 **f.**4 **g.**3 **h.**6
501. a. élu, exécutif **b.** nommé
c. cabinet **d.** Conseil **e.** Intérieur,
sécurité **f.** Affaires, diplomatie
g. reine **h.** monarchie
502. a. ~~un ministère~~ **b.** ~~un préfet~~
c. ~~la diplomatie~~ **d.** ~~la diplomatie~~
e. ~~le président~~ **f.** ~~le Conseil des ministres~~ **g.** ~~un président de la République~~
503. a. ministre, Affaires,
diplomatie **b.** ministère, Défense
c. régions, départements
d. préfets, préfectures
e. monarchie, reine **f.** pouvoir
exécutif, gouvernement
g. chef, Premier ministre
h. fonctionnaire
504. a. faux **b.** faux **c.** vrai **d.** faux
e. faux **f.** vrai **g.** vrai **h.** faux
505. a. chefs, État **b.** Premier

ministre, Conseil **c.** ministre,
Affaires étrangères, diplomatie,
cabinet **d.** gouvernement,
secrétaires d'État
e. fonctionnaire, département
f. préfecture, préfet, région
g. reine, monarchie **h.** budget,
fisc
506. a.2 **b.**5 **c.**1 **d.**3 **e.**4 **f.**6 **g.**8 **h.**7
507. a. à l'Assemblée Nationale
b. grande ou petite **c.** un endroit
d. plus grande **e.** les élus et le
territoire de la commune **f.** oui
g. des financements de l'État
h. est élu
508. a. conseil, municipal,
départemental, régional
b. maire, commune **c.** députés,
lois, Assemblée nationale
d. sénateurs, sénatrices, Sénat
e. Hôtel de Ville, mairie
f. municipalités, subventions
g. Parlement européen
509. a. maire **b.** municipalité
c. Hôtel de Ville **d.** subvention
e. conseil départemental **f.** un
sénateur, une sénatrice **g.** loi
h. un député, une députée
510. a. Sénat, Assemblée,
sénateurs, députés **b.** pouvoir
législatif, voter, lois, contrôler
c. maire, municipalité
d. mairie, Hôtel **e.** subventions
f. communes, conseil municipal
g. départementale **h.** députés
européens
511. a.3 **b.**5 **c.**2 **d.**1 **e.**7 **f.**4 **g.**8 **h.**6
512. a. de toute la France **b.** un
travail pour une personne élue
c. l'opposition **d.** sans parti **e.** des
débats **f.** une mauvaise chose
g. droite **h.** un sondage d'opinion
513. a. <u>au centre</u> **b.** <u>municipale</u>
c. <u>la majorité</u> **d.** <u>la popularité</u>
e. <u>un discours</u> **f.** <u>une dictature</u>
g. <u>un programme</u> **h.** <u>le bulletin</u>
514. a. droit **b.** électeur
c. suffrage universel **d.** mandat
e. gauche **f.** majorité **g.** bulletin
h. opposition
515. a. démocratie **b.** suffrage
universel **c.** mandat **d.** discours
e. programme **f.** droite
g. majorité
516. a. Le maire de notre

village est sans étiquette. **b.** Les élections législatives permettent d'élire les députés à l'Assemblée nationale. **c.** On connaît la popularité d'un homme politique en faisant un sondage d'opinion. **d.** Ce parti politique n'est ni à droite, ni à gauche, mais au centre. **e.** Le candidat a fait un discours intéressant pour présenter son programme. **f.** Ce candidat aux élections municipales a été déstabilisé par une affaire.
517. a. démocratie, élections **b.** élu, suffrage universel **c.** Assemblée **d.** partis, droite, gauche, centre **e.** électeurs, bulletin **f.** majorité, votes **g.** popularité, sondage **h.** referendum
518. a.3 **b.**4 **c.**5 **d.**2 **e.**7 **f.**1 **g.**8 **h.**6
519. a. l'émigration **b.** asile **c.** abri **d.** la diminution **e.** l'immigration **f.** lutte **g.** l'augmentation **h.** chômage
520. a. inégalité **b.** consommer **c.** immigration **d.** développement **e.** corruption **f.** famine **g.** demandeur d'asile **h.** illégal
521. a.= ; **b.**= ; **c.**≠ ; **d.**≠ ; **e** = ; **f.**= ; **g.**≠ ; **h.**≠
522. a. capitalisme **b.** augmentation, consommation, diminution **c.** inégalités sociales **d.** famine **e.** lutte, chômage **f.** corruption **g.** pauvres, émigration, situation, illégale **h.** demandeur, asile, expulsion
523. a. lutter, chômage, inégalités **b.** sans-abri, aides **c.** augmentation, diminution, consommation **d.** conflit, réfugiés **e.** pauvres, famine, émigration, immigration **f.** capitalisme, développement durable **g.** migrants, illégale **h.** asile, expulsion
524. a. inégalité **b.** mineure **c.** minorité **d.** homosexuel **e.** délinquant
525. a.2 **b.**1 **c.**5 **d.**4 **e.**3
526. a. féministe **b.** agression **c.** alcoolisme **d.** culture **e.** trafic **f.** tribunal, juge **g.** voyou **h.** procès, jugement,
527. a. l'égalité entre les hommes et les femmes **b.** différentes cultures **c.** mineur **d.** juives **e.** minoritaire **f.** de boisson **g.** une décision
528. a. diversité **b.** variété **c.** violence **d.** égalité **e.** racisme
529. a. mouvement féministe **b.** respecté, égalité **c.** alcoolisme, violence **d.** diversité, variété, cultures **e.** racisme, antisémitisme **f.** bande, délinquants, trafics, drogue **g.** tribunal, procès, homosexuel, agressé
530. a. respect **b.** agression **c.** discrimination **d.** jugement **e.** aide **f.** réaction
531. a. féministe, respect, égalité **b.** agressions, violence **c.** mineure, délinquant **d.** antisémitisme, racisme **e.** diversité, variété **f.** homosexuel, hétérosexuel **g.** tribunal, jugement, procès
532. a.6 **b.**3 **c.**7 **d.**2 **e.**1 **f.**5 **g.**8 **h.**4
533. a. pollue **b.** mauvaise chose **c.** international **d.** collectif **e.** lettres **f.** de l'électricité **g.** un gaz **h.** renouvelable
534. a. solaire, renouvelable **b.** éolienne **c.** atomique, déchets, radioactifs **d.** changement **e.** protection, environnement **f.** militants, pollution, pétition **g.** participatif, pression **h.** fondation, plastique
535. a. pollution **b.** changement **c.** protection **d.** demande **e.** fondation
536. a. environnement **b.** changement **c.** CO2 **d.** pétition **e.** éolienne **f.** renouvelable **g.** marée noire **h.** sigle
537. a. Le solaire et l'éolien sont des énergies renouvelables. **b.** Cette côte a déjà eu plusieurs marées noires. **c.** Les militants contre la centrale atomique ont créé un projet participatif. **d.** Cette fondation finance la production d'un plastique sans pétrole. **e.** Cette organisation non gouvernementale agit contre la pollution dans la mer.
538. a. protéger, environnement, pollution **b.** militant, organisation non gouvernementale **c.** centrale atomique/nucléaire, déchets, radioactifs **d.** renouvelables, solaire, éolienne **e.** climatique **f.** participatif, plastique, pétrole **g.** organisation, pétition, pression **h.** sigle, fondation, écologie

Bilan
1. président, pouvoir, exécutif, chef, mandat **2.** ministre, gouvernement **3.** députés, élus, suffrage universel, Assemblée, élections législatives
4. Ministère, Affaires
5. sénateurs, pouvoir législatif
6. municipal, mairie, maire
7. régions, départements, préfet
8. fonctionnaires **9.** monarchie, roi, reine **10.** subventions
11. démocratie, élections, dictature **12.** ministre, secrétaire, cabinet **13.** candidat, étiquette
14. sondages, popularité
15. chômage, pauvres, famine, immigration **16.** développement, durable **17.** conflit, réfugié, asile, expulsion **18.** sans-abri
19. militant féministe **20.** égalité, respectée, discriminations
21. mineure **22.** variété, diversité, racistes **23.** jugement, tribunal **24.** voyou, bande, trafic **25.** délits, crimes, jugés **26.** organisation, pollution, pétrole, plastique
27. militants, participatif, éolienne, solaire, renouvelables **28.** centrale atomique/nucléaire, déchets, radioactifs
29. écologie, organisation non gouvernementale
30. environnement, changement

Chapitre 14

539. a.5 **b.**3 **c.**4 **d.**2 **e.**1 **f.**8 **g.**6 **h.**7
540. a. une femme **b.** ordinateurs **c.** d'une usine **d.** on construit **e.** supérieure **f.** que l'on mange **g.** une activité **h.** le tracteur
541. a. une qualification **b.** passer **c.** une ferme **d.** les télécommunications **e.** l'agriculture **f.** du textile **g.** un champ **h.** une marque
542. a. atelier **b.** pharmaceutique **c.** construction **d.** luxe **e.** informatique **f.** chaîne **g.** cultivatrice **h.** textile
543. a. chaîne, hypermarchés **b.** ouvrier, qualification **c.** électronique, informatique **d.** chantier, construction **e.** laboratoire, chimie **f.** cultivateur, tracteur **g.** élevage **h.** ferme, agroalimentaire
544. a. ouvrier, qualification, usine **b.** construction, Bâtiment Travaux Publics **c.** atelier, électroniques, informatique **d.** laboratoire, chimie, médicaments, pharmaceutique **e.** distribution, chaînes, hypermarchés **f.** agriculture, ferme, champs, élevage, cultivateurs, tracteur **g.** marque, luxe **h.** agroalimentaire
545. a.6 **b.**4 **c.**5 **d.**7 **e.**3 **f.**1 **g.**8 **h.**2
546. a. réseau **b.** services, conseil **c.** entrepôt, caristes **d.** communication, publicité **e.** logistique, camions **f.** aide, domicile **g.** artisans, commerce **h.** ménage
547. a. restauration **b.** hôtellerie **c.** privé **d.** indépendante **e.** commerce **f.** cabinet **g.** artisan **h.** aérienne
548. a. banque, réseau, agences **b.** cariste, camion **c.** communication, publique, privée **d.** notaire, profession, indépendante **e.** logistique, entrepôts **f.** commerce, compte **g.** aides, domicile, garde, ménage **h.** imprimerie, presse, édition
549. a. Cette compagnie aérienne est une entreprise publique. **b.** Ces agents immobiliers ont développé un réseau d'agences. **c.** Nos services aux entreprises comprennent du conseil en communication. **d.** Tu connais quelqu'un pour garder les enfants et un peu de ménage ? **e.** Les camions s'arrêtent devant l'entrepôt et les caristes apportent les marchandises. **f.** Il fait une profession indépendante, il a ouvert une étude de notaire. **g.** On a développé un service de restauration à domicile.
550. a. services, privées, conseils, études **b.** réseau, agents **c.** publicité, édition, imprimer **d.** logistique, entrepôts, caristes, camions **e.** compagnie aérienne, hôtellerie, restauration **f.** indépendante, étude, notaire, cabinet, avocat **g.** artisan, commerce, compte **h.** aider, domicile, ménage, garder
551. a.2 **b.**4 **c.**3 **d.**1 **e.**8 **f.**5 **g.**6 **h.**7
552. a. a reçu **b.** sort de l'entreprise **c.** a acheté des actions **d.** on peut acheter des actions **e.** de l'argent que l'on doit payer **f.** une charge **g.** à produire **h.** le bilan
553. a. bourse **b.** indice **c.** croissance **d.** exportation **e.** un graphique **f.** perte **g.** robot **h.** investissement
554. a. actionnaire, investir, dividendes **b.** coût, main d'œuvre, robots **c.** concurrence, délocalisation **d.** d'affaires, charges **e.** rentabilité, dettes **f.** crises, faillite **g.** croître, exportations **h.** bilan, résultats
555. a. investir **b.** augmenter **c.** diminuer **d.** croître **e.** importer **f.** exporter **g.** perdre
556. a. cotée, bourse, actions **b.** investissement, robots **c.** graphiques, bilan, résultats **d.** charges, main d'œuvre, profits, dividendes, actionnaires **e.** importations, exportations **f.** résultats, pertes, dette, faillite **g.** concurrence, mondialisation **h.** chiffre, affaires, croître
557. a.3 **b.**4 **c.**1 **d.**2 **e.**7 **f.**8 **g.**6 **h.**5
558. a. embaucher **b.** un bulletin **c.** un prélèvement **d.** l'expérience **e.** un profil **f.** un profil
559. a. candidature, poste **b.** motivation **c.** embaucher, qualification **d.** présenter **e.** profil **f.** expérience, métier **g.** flexibilité **h.** brut, cotisations
560. a. postuler **b.** métier **c.** CV **d.** entretien **e.** profil **f.** embaucher **g.** prime **h.** cotisation
561. a. candidature, poste **b.** motivation, présenter, entretien **c.** expérience, références, profil **d.** métier, qualification **e.** embauché, employés, complet **f.** sup, flexibilité, horaires **g.** minimum, prime **h.** brut, cotisations sociales, prélèvement, impôt
562. a. offre, poste, qualification, métier **b.** candidats, motivation, entretien, embauche **c.** expérience, références **d.** profil, contrat **e.** horaires, salaire, minimum **f.** partiel, complet **g.** sup(plémentaires), primes **h.** net, cotisations, sociales, prélèvement, impôt
563. a.3 **b.**1 **c.**7 **d.**2 **e.**4 **f.**8 **g.**5 **h.**6
564. a. faire les choses bien **b.** qualifié **c.** ponctuel **d.** dur **e.** mettre à la porte **f.** des congés **g.** la carrière **h.** la retraite
565. a. organisé **b.** savoir-faire **c.** répétitif **d.** enrichissant **e.** congé **f.** carrière **g.** stressant **h.** retraité
566. a. gérer **b.** former **c.** démissionner **d.** licencier **e.** renvoyer
567. a. consciencieux **b.** disponible **c.** résoudre **d.** nuit **e.** stressant **f.** démissionner, porte **g.** congé **h.** retraite, pension
568. a. consciencieux, autonome **b.** ponctuel, gérer **c.** conditions, pénibles **d.** stressant, conflits, promotion **e.** enrichissant,

épanouir **f.** licenciement, former, compétent **g.** démissionner, employeur **h.** carrière, retraite, pension
569. a. dynamique, organisé, **b.** savoir-faire, ponctuel, gérer, résoudre, conflits **c.** conditions, pénibles, répétitif, stress, disponible, nuit **d.** enrichissant, promotion, former **e.** employeur, licencier, porte, renvoyer **f.** congé, arrêt **g.** démissionnes, Pôle Emploi **h.** carrière, retraités, pension
570. a.3 **b.**1 **c.**5 **d.**2 **e.**7 **f.**4 **g.**8 **h.**6
571. a. ~~un conseil d'administration~~ **b.** ~~une filiale~~ **c.** ~~un siège~~ **d.** ~~jeter~~ **e.** ~~aménager~~ **f.** ~~un adjoint~~ **g.** ~~une imprimante~~ **h.** ~~une corbeille~~
572. a. entrepreneur **b.** filiale **c.** hiérarchie **d.** ordre du jour **e.** imprimante **f.** cartouche **g.** fournitures **h.** photocopier
573. a. présidente **b.** directrice **c.** dirigeante **d.** adjointe **e.** collaboratrice
574. a. multinationale **b.** adjointe **c.** conseil **d.** siège **e.** jeter, corbeille **f.** tâche, agenda, ordre **g.** dossier **h.** agrafeuse, trombone
575. a. conseil d'administration **b.** patron, patronne **c.** adjoint, division, groupe **d.** hiérarchie, collaborateurs **e.** agenda **f.** ordre du jour, tableau, feuilles **g.** dossier, corbeille **h.** fournitures, mail
576. a. conseil, administration, groupe, Président - Directeur - Général, division **b.** hiérarchie, cadres, dirigeants **c.** collaborateurs, adjoint **d.** taper, mails, imprimer, imprimante **e.** fournitures, dossiers, classeurs, agrafeuse, trombones **f.** agenda, ordre du jour **g.** photocopier, cartouche d'encre, scanner, numériser **h.** corbeille, jeter
577. a3b ; **b**4e ; **c**5a ; **d**2g ; **e**7c ; **f**1d ; **g**6f
578. a.= ; **b.**= ; **c.**≠ ; **d.**= ; **e.**≠ ; **f.**≠ ; **g.**≠ ; **h.**=

579. a. recruter, télétravail **b.** promotion **c.** juridique **d.** notes, compta **e.** fournisseurs, clients **f.** syndicat **g.** expats, rapport **h.** négocier
580. a. recrutement **b.** gestion **c.** paiement **d.** règlement **e.** promotion **f.** respect **g.** achat **h.** vente
581. a. promotion commerciale **b.** fournisseur **c.** règlement **d.** rapport **e.** juridique **f.** note de frais **g.** syndicat, grève **h.** délégué du personnel
582. a. télétravail **b.** facture **c.** délai **d.** vente **e.** personnel **f.** expat **g.** syndicat **h.** grève
583. a. recrutement, contrats, juridique **b.** délais, fournisseurs **c.** promotion **d.** notes de frais, comptable, remboursement, paie/paye **e.** Comité, cantine, activités, négocie, formations, télétravail **f.** délégué, personnel **g.** syndicat, grève **h.** expatrié, mission

Bilan
1. ouvrier, usine, fabrique **2.** construction, chantier, personnel **3.** agriculteurs, ferme, champs, tracteur, élevage **4.** chaîne, groupe, distribution **5.** publique, privée **6.** agents, immobiliers, réseau, agences **7.** logistique, entrepôt, caristes, camions **8.** tourisme, compagnie aérienne, hôtellerie, restauration **9.** indépendants, cabinet, étude **10.** qualification, garder, aide, domicile, ménage **11.** commerce, artisan, compte **12.** cotée, bourse **13.** bénéfices, dividendes, actionnaires **14.** augmenter, chiffre, exportations **15.** concurrence, coûts, œuvre, mondialisation **16.** bilan, graphiques, croissance **17.** résultats, dette, investir, faillite **18.** offre, adjoint (e), motivation, Ressources Humaines **19.** dynamique, organisée, promotion **20.** cotisations, prélèvement, primes, supplémentaires

21. répétitif, stressant, épanouir, congés, démissionner
22. embaucher, profil
23. licencier **24.** comptabilité, factures, achat, vente, notes, retraite **25.** ordre, réunion
26. cadres, collaborateurs/trices, mails, dossiers **27.** agrafeuse, trombone **28.** cantine, Comité **29.** syndicat, grève **30.** mission, expatrié

Chapitre 15

584. a.3 **b.**6 **c.**4 **d.**2 **e.**7 **f.**8 **g.**5 **h.**1
585. a. en espèces **b.** papier **c.** métal **d.** payer exactement la somme **e.** un DAB **f.** comptant **g.** une puce **h.** plafond
586. a. règlement **b.** somme **c.** sans contact **d.** puce **e.** retirer **f.** plafond **g.** chéquier **h.** virement
587. a. faux : le destinataire **b.** faux : en espèces **c.** faux : un distributeur automatique de billets **d.** faux : un code par SMS **e.** vrai **f.** vrai **g.** vrai **h.** faux : un petit élément électronique
588. a. retirer, liquide **b.** billet, monnaie, appoint, pièces **c.** reçu **d.** somme, pièce **e.** virement **f.** prélèvement **g.** sécurisé, envoi
589. a. appoint **b.** monnaie **c.** montant, chèque **d.** paiement comptant, crédit **e.** taper, code secret **f.** liquide, espèces **g.** reçu, règlement **h.** régler, somme, virement
590. a. paiements/payements, espèces, carte **b.** distributeur, retirer, liquide **c.** appoint, monnaie **d.** pièces, billets **e.** somme, comptant **f.** règlement, chèque, montant, ordre, signer, pièce, identité **g.** puce, taper, code, sans contact **h.** virement, prélèvement
591. a.4 **b.**6 **c.**5 **d.**1 **e.**3 **f.**8 **g.**2 **h.**7
592. a. ~~le bordereau~~ **b.** ~~un conseiller~~ **c.** ~~l'adresse du client~~ **d.** ~~un livret~~ **e.** ~~des intérêts~~ **f.** ~~un livret~~ **g.** ~~un placement~~ **h.** ~~un débit~~
593. a. relevé **b.** courant, RIB **c.** livret, intérêts **d.** versement **e.** déposer **f.** dépensé, découvert **g.** conseiller **h.** placement

594. a. courant **b.** livret **c.** solde
d. bordereau **e.** disponible
f. découvert **g.** Relevé d'Identité
Bancaire **h.** placement
595. a. courant, livret
b. relevé, débits, crédits, solde
c. versement, guichet
d. bordereau, déposer **e.** frais,
intérêts **f.** conseiller, placement
g. faire, découvert **h.** somme,
disponible
596. a. ouvrir, compte, courant,
livret, épargne **b.** versement,
guichet, agence **c.** dépose,
bordereau **d.** Relevé d'Identité
Bancaire **e.** relevé, compte,
débit, crédit, solde **f.** disponible
g. dépenses, rouge, découvert,
frais **h.** conseiller, placement,
intérêts
597. a.3 **b.**1 **c.**6 **d.**2 **e.**5 **f.**4 **g.**8 **h.**7
598. a. emprunter **b.** prêter **c.** un
emprunt **d.** un prêt **e.** d'intérêt
f. chaque mois **g.** faire
opposition **h.** dois combien
599. a. emprunter **b.** prêter
c. voler **d.** rembourser **e.** changer
f. devoir
600. a. Nous avons un crédit
immobilier sur 20 ans. **b.** Avec un
nouveau crédit, vous aurez des
difficultés pour rembourser.
c. Si on n'économise pas, on aura
du mal à payer nos mensualités.
d. Vous devez combien à la
banque pour votre emprunt ?
e. La banque nous a proposé
un prêt avec un taux d'intérêt
à 5%. **f.** Si vous avez besoin de
devises, nous avons un bureau
de change.
601. a. prêter **b.** emprunt
c. prêt, taux, intérêt
d. économies, rembourse,
mensualités, crédit **e.** devez
f. devises, change, taux **g.** volée,
perdue, opposition **h.** coffre-fort

Bilan
1. régler **2.** montant, somme
3. espèces, liquide **4.** appoint
5. rendre **6.** Distributeur
Automatique de Billets
7. code secret **8.** validité
9. chéquier, chèque, identité
10. virement, compte courant
11. Relevé d'Identité Bancaire
12. versement **13.** guichet,
agence **14.** bordereau, déposer
15. relevé, compte **16.** débit,
crédit, solde **17.** disponible
18. intérêts **19.** économies, livret,
épargne **20.** conseiller
21. placement **22.** opposition
23. emprunter, emprunt
24. prête, prêt **25.** mensualités,
rembourser **26.** devez **27.** devise
28. bureau, change **29.** taux,
change

Chapitre 16

602. a. mec **b.** meuf **c.** gosse
d. frangin, frangine **e.** pote
f. beauf **g.** gamine **h.** verlan
603. a. type **b.** nana **c.** mômes
d. frangine **e.** potes **f.** keum
g. beauf
604. a.3 **b.**1 **c.**5 **d.**2 **e.**7 **f.**4 **g.**6
605. a. meuf, nana **b.** type, mec,
keum **c.** frangine **d.** beauf
606. a.5 **b.**3 **c.**1 **d.**6 **e.**4 **f.**2
607. a. moche **b.** bien foutu
c. costaud **d.** gueule **e.** poil
608. a. un tif **b.** baraqué **c.** moche
d. balaise **e.** la gueule
609. a. baraqué **b.** miro **c.** moche
d. poil **e.** pif
610. a.3 **b.**5 **c.**1 **d.**6 **e.**4 **f.**2
611. a. claqué, pompé **b.** patate,
frite **c.** hosto **d.** toubib **e.** crève
f. patraque
612. a. claqué **b.** crève
c. toubib **d.** boume **e.** patraque
613. a. pompé, claqué
b. toubib **c.** frite, patate **d.** crève
e. patraque **f.** hosto
614. a. patate → forme
b. frangins → frères **c.** gueule
→ visage **d.** mômes → enfants
e. keum → homme **f.** claqué →
fatigué **g.** costaud → fort
h. toubib → docteur
615. a.3 **b.**7 **c.**8 **d.**2 **e.**6 **f.**4 **g.**1 **h.**5
616. a. pointé **b.** cavaler **c.** filer
d. paumé **e.** bazarder **f.** mater
g. gaffe **h.** gouré
617. a. Il se pointe toujours à la
bourre à ses rencards. **b.** Mate le
bus qui est là, magne-toi sinon
on va poireauter pour le suivant.
c. J'ai plein de trucs à faire, je
vais cavaler toute la journée.
d. On ne peut pas garder tous
ces machins, on les balance à
la poubelle. **e.** Tu as paumé le
chapeau que je t'avais filé, tu
pourrais faire gaffe ! **f.** Je me suis
gouré de rue et du coup j'étais
paumé dans le quartier.
618. a. rencard **b.** cavaler
c. bourre **d.** se grouiller,
se magner **e.** se casser, se barrer
f. paumer **g.** filer **h.** se gourer,
se planter **i.** poireauter **j.** taffer
619. a.3 **b.**2 **c.**1
620. a. biffeton **b.** claqué
c. fauché **d.** radin **e.** piges, balais
f. bornes **g.** plombe
621. a. fric, pognon **b.** fauché
c. biffeton **d.** claquer **e.** radin
f. plombe **g.** pige, balai
622. a. ≠ ; **b.** = ; **c.** ≠ ; **d.** ≠
623. a. rencard → rendez-vous
b. fric → argent **c.** se gourer →
se tromper **d.** se grouiller →
se dépêcher **e.** à la bourre → en
retard **f.** piges → ans **g.** fauché(s)
→ sans argent **h.** se casser →
partir **i.** plombe → heure
624. a.3 **b.**4 **c.**5 **d.**1 **e.**7 **f.**2 **g.**6
625. a. une baraque **b.** godasses
c. pieu **d.** godasses **e.** costard
f. piaule
626. a. des godasses **b.** se saper
c. une baraque **d.** une piaule
e. un plumard, un pieu
f. roupiller
627. a.6 **b.**7 **c.**5 **d.**1 **e.**2 **f.**8 **g.**4 **h.**3
628. a. ~~un caoua~~ **b.** ~~un cuistot~~
c. ~~un bistrot~~ **d.** ~~de la bidoche~~
e. ~~un gueuleton~~ **f.** ~~de la bidoche~~
g. ~~un troquet~~
629. a. creux, bouffe **b.** cuistot
c. pinard **d.** flotte **e.** troquet,
apéro **f.** picolé, beurré **g.** saoule
630. a. pompette, beurré, paf,
rond **b.** pinard, flotte **c.** cuistot
d. bouffe **e.** creux, dalle **f.** picoler
g. casse-dalle **h.** bidoche
631. a. piaule → chambre
b. godasses → chaussures
c. picolé → bu **d.** bouffe → mange
e. pinard → vin **f.** flotte → eau
g. beurré → ivre **h.** bidoche →
viande

Corrigés

632. a.8 **b.**4 **c.**2 **d.**7 **e.**6 **f.**3 **g.**1 **h.**5
633. a. bosse **b.** pompé **c.** viré
d. boîte
634. a. bahut **b.** bosser **c.** bûcher
d. chouchou **e.** fastoche
f. boucan **g.** virer
635. a. un cinoche **b.** kiffer **c.** se marrer **d.** flipper **e.** une baffe
636. a. flics **b.** clope **c.** fonce
d. fous **e.** kiffe, trouille **f.** dingue
g. marre
637. a. un bouquin, bouquiner
b. une balade **c.** cloper **d.** une bagnole **e.** cailler **f.** avoir la trouille **g.** chialer **h.** se marrer
i. un flic
638. a. kiffe, bouquin **b.** fous
c. clopes **d.** balade **e.** caille, trouille **f.** bagnole, flics **g.** marre, chiales
639. a. se marre → rit **b.** plombes → heures **c.** clope → cigarette
d. boucan → bruit **e.** bosser → travailler **f.** bouquin → livre
g. cinoche → cinéma **h.** trouille → peur

Bilan
1. keum, meuf, mômes **2.** moche, foutu **3.** costaud **4.** gueule
5. claqué **6.** casse **7.** grouiller
8. rencard, bourre, poireauter
9. gouré **10.** fric, fauchés
11. piges **12.** bornes, marre
13. piaule **14.** baraque **15.** saper, godasses **16.** bouffent, dalle
17. pinard, flotte **18.** picolent, beurrés **19.** bûcheur **20.** boucan, roupiller **21.** boulot, bosse
22. clope **23.** bouquins
24. bagnole **25.** flics **26.** caille
27. trouille **28.** chialer
29. dingue, kiffe **30.** marrés

Chapitre 17

640. a. une blouse **b.** un meuble
c. doubler **d.** la file
e. un croisement de routes **f.** une sorteuse **g.** la compréhension
h. le torchon
641. a. cache-poussière, moumouches **b.** jobé **c.** station
d. lessiveuse **e.** souper **f.** robe de nuit
642. a. académique **b.** poigner
c. file **d.** torchon **e.** garde-robe
f. sorteur **g.** lessiveuse **h.** quatre-bras
643. a. jober **b.** lessiveuse
c. quatre-bras **d.** torchon
e. souper **f.** station
644. a4a ; **b**2b ; **c**3c ; **d**1f ; **e**5e ; **f**6d
645. a. un bec **b.** le chambreur
c. du thé **d.** un barjaque **e.** un fourneau **f.** une lavette
646. a. barjaque → bavard
b. saoulon → un alcoolo
c. un galetas → un grenier
d. encoubler, → dérange
e. des herbettes → des herbes aromatiques **f.** un signofile → un clignotant
647. a. gymnase **b.** fourneau
c. gentiment **d.** camisole
e. lavette **f.** galetas
648. a. fourneau **b.** encouble
c. panosse **d.** bec **e.** gymnase
f. lavette
649. a1c ; **b**5d ; **c**3a ; **d**4b ; **e**2e
650. a. un classeur **b.** une brochetterie **c.** un paramedic
d. chialer
651. a. babillard → un panneau d'affichage **b.** cartable → un classeur **c.** champlure → le robinet **d.** chiales → râles
e. ambulancier → une personne pour les premiers secours
652. a. champlure
b. brochetterie **c.** bac **d.** caribous
e. cartable
653. a.3 **b.**1 **c.**4 **d.**2 **e.**5 **f.**6
654. a. billeteur **b.** louage
c. publiphone **d.** frère
e. chefferie
655. a. cheb **b.** festoyard
c. taxieur **d.** billeteur **e.** ferraille
656. a. cheb **b.** marieuse
c. festoyard **d.** fantasia
e. publiphones **f.** salon
657. a.3 **b.**5 **c.**2 **d.**4 **e.**1
658. a. démokoussée **b.** gréver
c. katizer **d.** ambianceur
e. diacre
659. a. cafouillage **b.** apollo
c. katizer **d.** taxiphone **e.** sapeur
660. a. sapeur **b.** zémidjan
c. démokoussé **d.** chicotté
e. gréver **f.** diacre

Bilan
1. cache-poussière **2.** garde-robe
3. lessiveuse **4.** file **5.** doubler
6. torchon, panosse **7.** fourneau
8. signofile **9.** gymnase **10.** syndic
11. babillard **12.** cartables
13. chialer **14.** magasiner
15. paramedic **16.** ambianceur
17. sapeur **18.** taxieur **19.** Nana Benz **20.** zémidjan **21.** diacre
22. cafouillage **23.** festoyard.

Transcriptions

Piste 30 ex 155 p 62
Écoutez et écrivez les mots dans le tableau.
Exemple : super
a. j'adore
b. c'est bien
c. c'est bon
d. pas terrible
e. j'en ai marre
f. intéressant
g. je hais
h. je suis déçu
i. on en a ras le bol
j. ça me plaît
k. insupportable
l. génial

Piste 40 ex 207 p 82
Écoutez l'audio et écrivez la liste des légumes dont on a besoin pour la recette.
– Alors, pour cette soupe, on met quoi ?
– Tu prends un chou.
– Un chou-fleur ?
– Non, un chou vert. Tu ajoutes un navet.
– Tu mets du poivre ?
– Non, mais des poivrons. Et des petits pois.
– C'est original !
– Et n'oublie pas le céleri en branche.

Piste 43 ex 220 p 86
Écoutez l'audio et écrivez les noms des fruits.
Exemple : J'ai fait un gâteau aux raisins secs.
a. Je vais prendre un kilo d'abricots, un demi-kilo de brugnons, et un melon.
b. Vous avez des tartelettes aux prunes ? Non, alors je prends une tartelette aux poires et un flan à la noix de coco.
c. Tu préfères un kiwi ou une figue ?
d. On va préparer une salade de fruits avec des pommes, une mangue, des mandarines, du raisin, un peu de jus de citron.
e. Je n'aime pas beaucoup la confiture de prunes, mais j'adore la confiture de myrtilles.

Piste 108 ex 614 p 260
Écoutez, écrivez le mot familier entendu et son sens.
Exemple : J'te trouve moche avec ce chapeau.
a. On revient d'vacances, on a la patate !
b. T'as des frangins ?
c. Il a une jolie petite gueule, ce garçon.
d. Vous avez combien de mômes ?
e. C'est qui ce keum ?
f. J'ai pas envie de sortir, j'suis claqué !
g. Il faut quelqu'un de costaud pour ce travail.
h. T'inquiète pas, le toubib va arriver.

Piste 109 ex 623 p 263
Écoutez, écrivez le mot familier entendu et son sens.
Exemple : Tu fais un truc ce soir ?
a. On a un rencard à quelle heure ?
b. T'as apporté le fric pour le cadeau ?
c. J'me suis gouré en faisant le code de la porte.
d. T'as vu l'heure, il faut te grouiller maintenant !
e. Bon, on y va, on est à la bourre.
f. Mon frère va avoir 25 piges.
g. On peut pas payer aujourd'hui, on est fauchés.
h. C'est pas intéressant, on se casse !
i. Vous mettrez seulement 2 plombes en train.

Piste 110 ex 631 p 266
Écoutez, écrivez le mot familier entendu et son sens.
Exemple : On a déjà mangé un casse-dalle.
a. Ils ont pris une piaule à l'hôtel.
b. Comment tu trouves mes godasses ?
c. On a un peu trop picolé, hier soir !
d. Qu'est-ce qu'on bouffe à midi ?
e. Vous préférez ce pinard ou un autre ?
f. Moi, je bois que de la flotte.
g. Quand il est beurré, il fait n'importe quoi.
h. Y'a de la bonne bidoche dans cette boutique.

Piste 111 ex 639 p 269
Écoutez, écrivez le mot familier entendu et son sens.
Exemple : L'année prochaine, notre fils va aller au bahut.
a. On s'marre bien quand on est ensemble.
b. J't'attends depuis des plombes !
c. Tu m'passes une clope, s'il te plaît ?
d. Avec tout ce boucan, on peut pas dormir !
e. Bon, il faut retourner bosser maintenant.
f. T'as lu quel bouquin de lui ?
g. On s'fait un cinoche ce week-end ?
h. Qu'est-ce qui te donne le plus la trouille, par exemple ?